英国史
前沿
译丛

主　编
H. T. 狄金森
钱乘旦 刘北成

没有民主的政治
（1815—1914）

英国政府的观念与关注

〔英〕迈克尔·本特利 著
王皖强 译

商务印书馆
创于1897 The Commercial Press

Michael Bentley
POLITICS WITHOUT DEMOCRACY 1815–1914
Perception and Preoccupation in British Government

根据布莱克维尔出版社 1999 年版译出

英国史前沿译丛

总　序

任何人都需要有历史知识，否则他就无法理解他所看到或体验到的现实，也就无法做好准备去影响未来。没有适当历史知识的人就如同患了失忆症，无法真正理解世界，只能随波逐流，既无法做出任何明智的现实决定，更无法采取审慎的行动来塑造未来。当然，无论多么热忱，无论多么努力，任何人都不可能洞悉整个世界的所有历史。对于一个公民来说，首先需要了解自己国家和社会的历史。除此之外，为了开阔视野，就应该努力了解一些特别重要国家和社会的历史——尽管那些国家与自己的国家经历不同，但对世界历史产生过深刻的影响。因此，我建议中国读者既要了解中国历史，同时也不妨了解一些英国历史。英国位于世界的另一端，社会文化与中国迥然有别，历史经验也大相径庭。最明显的差别是，中国历史悠久，人口众多，领土广阔，而英国的领土不大、人口不多，却利用近海之便而成为世界强国。英国在历史上有些事情乏善可陈，但它无疑也有一些惊人的成就，而且它对世界的影响超过了任何同等规模的国家。人类能够从过去的成功和失误中有所借鉴。对于今天的中国人来说，了解英国的历史经验及其对整个人类历史的贡献大有裨益，这将有助于他们理解周围的世界。因此，我们在确定这套译丛的书目时，力求能够反映英国历史的重要方面。我们希望能够有助于中国读者不仅了解英国历史，而且也能更好地理解中国的过去、现在和未来，还能窥见西方的历史学家是如何处理历史问题、历史资料以及研究方法的。

英国的历史无疑受到其特殊气候环境和地理位置的制约。英国是由欧洲西海岸附近的一系列岛屿组成的。这里气候宜人，没有长时间的严冬和酷暑。英国大部分地区土地肥沃，适宜农作物生长，山区也适宜放牧牛羊。英国自己能够提供重要的原料，如木材和煤铁矿石，沿海有丰富的渔业资源。这里没有人迹罕至的沙漠和高山峻岭，反而有众多可以通航的河流与天然港口。所有的居住区都距离大海不超过一百公里。在古代，这些岛屿迎来了一波又一波的和平移民和武装入侵者。但是最成功的入侵是在 1066 年，距今已有千年之久了。其他国家很少能有如此长久拒强敌于国门之外的和平时期。英国到欧陆的海上距离还算比较近，这就使得英国很容易与欧陆的巨大人口展开贸易活动，但是一旦英国开始建设强大的海军，大海也是防范欧陆强敌入侵英国的一道生死攸关的壁垒。英国的海军能够有效地保卫英伦群岛，但不能被某个专制君主用来压迫本国居民。借助海军，英国也致力于掌控跨洋贸易和占有远方的殖民地。当欧洲列强开始越过大西洋把自己的贸易和势力扩张到非洲和美洲时，在与西班牙和法国这些地广人多的国家竞争时，英国因为自身的地理位置、众多的天然港口和日益强大的海军而处于优越地位。因此，英国历史可以说是一个表明气候与地理在多大程度上可以塑造一个国家命运的故事。

在享受英伦群岛的天然优势方面，英格兰人（日耳曼人的一支）比苏格兰、爱尔兰和威尔士的凯尔特人和其他族群受益更多。英格兰人居住在最大岛屿（大不列颠岛）最富饶的地区，享有更好的气候条件，拥有更多的自然资源。他们的人口也逐渐多于比邻而居的凯尔特人，而且这种数量优势在几百年间变得越来越大。不仅在英伦群岛，而且在整个欧洲，英格兰人建立了第一个拥有明确边界的统一民族国家。因此，英国历史在很大程度上是英格兰人如何与英伦群岛上其他族群互动的故事。这是一个英格兰人侵略近邻苏格兰、爱尔兰和威尔士以及这些近邻武装反抗的故事。这也是通过王朝联盟、谈判订约以及和平方式来建立兼君共主政体、统一的行政机构和立法机构以及一个共同市场，从而创造一个人口众多的强大国家的故事。这就导致了英格兰对英伦群岛的文化和语言霸权，促进了文化融合，但是也造成了英伦群岛上非英语居民的某种反感。因此，英伦群岛的历史也是一个有限空间中更强势族群与人口更多的族群之间矛盾冲突的典型案例。这是一个关于把常常武装对立的不同族群变成新的统一民族国家是多么困难甚至是否可能的故事。许多英国近现代史学家都在思考，是否有一个大不列颠民族，英格兰人、苏格兰人、爱尔兰人和威尔士人之间的文化历史差异是否已经消除？许多英国近现代史学家也非常关注中央（以伦敦为基地的王室、行政机构和立法机构）与边缘（英格兰的偏远地区以及英伦群岛的其他部分）之间的政治关系。大多数英国近现代史学家非常清楚地意识到，旧有的英国史实际上仅仅是英格兰的历史，但是他们也发现，在撰写英伦群岛的历史时如何公正地对待中央和边缘，其实并不容易。不管怎样，近年来，他们开始尽力而为。

由于英国历史的一个重要脉络就是英伦群岛是如何统一为一个国家和形成统一的政治体系，由于英伦群岛在近千年的时间里没有遭受重大的外敌入侵，还由于英伦群岛开始把贸易活动和帝国统治扩展到世界各地，历史学家所争论的一个问题是，英国历史主要是由欧洲大陆的事件塑造的，还是说英国具有与其欧陆邻邦明显不同的历史经验？一方面，英国卷入了许多次与欧陆国家或敌或友的战争，也一直与欧陆保持着非常重要的贸易联系，同时也深受西方世界重大宗教和思想运动的影响，如基督教的传播、宗教改革、文艺复兴、启蒙运动以及世俗社会的兴起。另一方面，英国也在某种程度上孤立于欧陆之外，在许多世纪里免遭来自欧陆的入侵。英国先于其他欧洲国家建立了议会和代议制的体制，并且在许多世纪里维持和扩展了它们。英国先于其他欧洲大国建立了一个开放和流动性比较高的社会，而且比其他欧洲国家更早粉碎了建立威权式国教或绝对君主制的图谋。17 世纪中叶，英伦群岛发生了第一次伟大的现代革命（先于美国、法国、俄国和中国革命）。尽管这场革命没有实现最激进的目标，但是它传播了许多新观念和新期望。1688—1689 年光荣革命之后，英国建立了有限君主制，实现了出版自由，确立了每年定期召开议会的制度，逐步扩大了选民的数量，保证了独立的司法和法治。与其他任何一个欧洲国家相比，甚至与世界上的其他任何一个大国相比，英国所经历的革命、内战或外敌入侵都比较短暂。英国先于世界上所有的重要国家建立了一个稳定而适度开放的政体，而且通过改良而不是革命的方式与时俱进。中国读者在了解这种演变是如何发生的之后，或许能借鉴不少东西。

直到 19 世纪之初，即便是按照欧洲标准来衡量，英格兰乃至整个大不列颠群岛领土面积不大，人口也不算多。但是，其他因素，如气候、地理位置、没有入侵之虞、便于进入欧陆市场，其海外领地生产欧洲人所渴求的产品，所有这些都有助于把英格兰乃至随后的整个大不列颠群岛变成世界上的第一个现代社会，并一度成为最先进的经济体。封建主义在英国的崩溃先于欧洲其他任何地方，因此自由的居民能够施展才能，改善自己的社会经济地位，财产和财富也得到更广泛的分配。英格兰社会越来越多样化，开始发展成一个公认的现代社会，其中包含着一个有产业的资本主义精英阶层，一个很有分量的中产阶级，一个与土地无联系的庞大的工人阶级。英格兰最初是以荷兰为榜样，逐渐变成欧洲最先进的农业经济体和最强大的金融中心，继而成为世界上最大的商业国和第一个工业国。这是第一个“现代”社会。在这个引领潮流的国家里，大多数人生活在城镇里，主要从事工商业而不是农业。这些变化很快就传播到其他国家，但是在某些地区现在还停留于早期阶段。最近数十年，中国已经成为这种潮流的一个主要参与者，因此中国读者可以了解英国是如何应对这些曾经影响并依然影响每一个现代社会的发展变化。

英国不是第一个建立海外大帝国的欧洲国家，但是前面所谈到的那些因素有助于解释为什么英国最终拥有了世界历史上最大的海外帝国。我们可以提出许多理由来批评大英帝国的兴起，肯定它在最后60多年里的土崩瓦解。不过，大英帝国的兴衰属于近现代世界历史上最重要的现象之列，值得仔细研究。我们需要了解这个大帝国因何建立起来，它给世界历史带来什么改变，它为何并如何土崩瓦解。例如，加拿大、澳大利亚和新西兰原先是大英帝国的白人殖民地，它们的历史与英国历史紧密相关。甚至可以说，如果不了解英国历史，也不能很好地理解印度和其他东南亚国家的历史。大英帝国的衰落当然牵涉到英国殖民地的民族主义与独立运动的兴起，但是即便在为了摆脱英国统治而进行过长期艰苦斗争的国家里，英语、英式议会和司法体制依然有很大的影响。许多现代国家曾经是大英帝国的一部分，非殖民化的进程并没有使得这些国家完全消除英国的影响。英国与其前殖民地的联系在今天也依然非常重要。不过，人们往往忽视了大英帝国的历史对英国国内历史的影响。只有认识到今天的英国是一个后帝国时代的大国，我们才能更全面地理解英国现代历史。为此，只要看看自20世纪中叶来自印度次大陆以及非洲的大规模移民涌入英国的情况，我们就能理解今天的英国如何受到其帝国历史的影响，可以说，今天的英国是其帝国历史的产物。大英帝国的历史在某些方面应该受到谴责，但绝不可忽视，否则就难以理解世界许多地区的历史和发展。

在确定本译丛的选目时，我们的目的不是对英国历史做一番褒贬。英国优秀的历史学家所受的训练让他们在考察历史时不能带有傲慢、偏见或敌意。无论我们今天如何褒贬，这毕竟是一个不同寻常的故事。我们所挑选的著作都是西方学界公认的重要学术著作。这些著作不仅有助于读者从新的角度来理解英国历史，而且显示了现代历史学家如何改进历史研究的方法和路径。它们不是以传统的不容争辩的方式面面俱到地讲述英国历史的教科书。这些著作之所以受到好评，是因为它们揭示了以前没有充分探讨的历史侧面，它们以新颖的方式进行探讨，它们追问新的问题，进行扎实深入的研究，挖掘以前被忽视的史料，采用新的研究方法。它们受到其他学科，如社会学、语言学、文学批评和哲学的影响。它们对英国历史提出了全新的甚至颠覆性的解释。它们提出新的思路，引发新的争论，并且成为最高学术标准的样本。它们让读者看到了深入英国历史的全新路径，这些路径也是深入理解任何社会的新思路。我们相信，读者不仅仅能获得有关英国历史的新信息，了解到有关英国历史的新解释，而且也能学到令人兴奋的研究历史的全新方法，进而用于研究其他国家的历史。例如，我们在这些著作中所获得的如何研究历史的教益也可以用于研究中国。

哈里·狄金森

爱丁堡大学教授，前英国皇家历史学会副主席

2010年

（刘北成译）

献给杰弗里·埃尔顿爵士（1921—1994）

目　录

致 谢

杰弗里·埃尔顿教授邀请我来写这本书，我首先要感谢他的信任和鼓励。莫里斯·考林和我的同事克莱德·宾菲尔德、约翰·史蒂文森阅读了全部或部分书稿并提出了修改意见，当然，他们无需对本书可能存在的错误负责。我的妻子珍妮帮我校对了书稿。我还要感谢我任教大学的校内基金在撰写本书期间提供的资助。

我广泛利用了学位论文，其他学者的著述也让我受益匪浅。通常很难与这些作者一一取得联系，在此我要对无意中侵犯了他们的版权表示歉意。书中注释注明了从这些论文中获取的资料，书后附有完整的书目。我想尽量避免过多的引文让正文变得滞涩，因此只有直接引用原文和特别重要的地方，我才会引用相关资料。为了减轻读者的负担，本书反复提及的各种头衔、机构和立法尽量不用大写字母，除非会引发歧义或读起来不通顺。

迈克尔·本特利

于谢菲尔德大学

1984 年 1 月

安德里亚·格林格拉斯为本书第二版提供了宝贵帮助，在此谨表谢忱。

迈克尔·本特利

于圣安德鲁斯

1995 年 11 月

埃尔金和奈恩
巴尔莫勒尔
布雷马
格拉斯哥
爱丁堡
特威德河畔贝里克
中洛锡安郡
法洛登
豪威客
内瑟比
南希尔兹
拉恩
克利夫兰
巴纳德城堡
惠特比
贝尔法斯特
约克郡
西赖丁
哈德斯菲尔德
格林姆斯比
迈阿姆特拉斯纳
奥尔德姆
利物浦
伯肯黑德
温特沃斯-伍德豪斯
梅努斯
克隆塔夫
都柏林
东哈特福德
斯托克波特
克伦伯
维尔贝克
托尔斯比
查茨沃斯
柯里奇
威克洛
波特马多
拉纳斯蒂姆杜依
彭特里奇
塔姆沃斯
伯利
德雷顿庄园
阿瑟斯通
克莱尔郡
韦克斯福德
新罗斯
沃特福德
伯明翰
奥尔索普
赫里福德
梅瑟蒂德菲尔
布伦海姆
哈特菲尔德
布罗克特
博伍德
伦敦
迪韦齐斯
斯特拉特菲尔德萨依
诺尔
沃尔默
朗利特
威尔顿
亨普斯特德公园
韦勒姆
奥斯本
塔维斯托克
博德明

地图　部分城镇

第一版序言

在本书所讨论的历史时期，英国从来没有民主可言。同样，这 xiii
一时期的政治家们自始至终没有意识到，民主是一种激励、一种令人沮丧的必然或是一股遥远而可控的趋势。然而，这种对话对 19 世纪政治史的影响，往往消失在历史学家抹平“高阶政治”复杂性的努力中，他们寻求某种更根本的东西，即“现实政治”（*Realpolitik*）的终极内核，如果我们审视一番，这一内核似乎很像是工人阶级至高无上的历史。似乎对政治发展的解释应该被视为披着等级制度的外衣，建立在群众（未经验证但不可逾越）的审慎力量之上，而政治家们的行为必须与这种力量相对照，才能让人理解。我在本书中选取了不同的视角。本书的观点是，英国统治阶级的历史本身就是一个丰富而重要的主题；政治理解的出发点不仅可以是劳工史或“阶级斗争”观念，也可以是政治家们对于自身所作所为的看法，以及他们认同的那些为他们评估目标和轻重缓急提供了依据的观念。

《英国议会议事录》或任何其他政治机构的记录几乎无法为我们提供令人信服的答案。因此，虽然我一再提及下议院、上议院、君主制、内阁、文官和政党，但它们都不是本书的主题。相反，本书关注的焦点将是当时人们关注的焦点：我们将考察**关注**本身。在内阁一级的政治中，19 世纪的从政者随时都会面临一些突出问题。它们可能是“猝不及防”或始料未及的“议题”；可能反映了有关政党政策或选举困境的战略考量；可能涉及对财产和农业的深层次担忧。当时的人们很少认为这些问题具有同等重要性。因此，如果说政府担心城市 xiv

革命或爱尔兰自治，那几乎没有深入政治家们的思想世界，因为这一时期的史料表明，只有一两个内阁成员有这种担忧，其他人更担心的是其他事情：近在眼前的财政赤字、桀骜不驯的阿富汗人、政府在郡选区的不利地位，或是格莱斯顿皈依了罗马天主教的传闻。换言之，政治参与的尺度需要校准历史刻度。本书概述了一个多世纪里的关注，不敢说圆满完成了专家微调历史刻度的任务；但对于那些想要了解英国从寡头政治向民主政治转型过程中高阶政治特征的读者来说，本书或许能为之提供一个视角。

政治家的生活往往意味着要面对一件又一件该死的事情；事实上，我的任务就是撰写一部叙事史。因此，为了避免落入记流水账的窠臼，我会在每个章节安排一定的篇幅，跳出林林总总的事件，将主题和发展置于更广阔的背景之中。然后，我们必须加快节奏，追踪那些肩负着统治责任的人的足迹，看一看他们眼中的问题和命运转折。19 世纪出版的文献既能反映其主题，也讲述了编者的故事，根据它们来绘制政治家们的行踪图，可能会冒犯那些依然把挖掘原始档案视为硬性规定（*de rigueur*）的纯粹主义者。不过，本书有一个合宜的目标：让读者领略 19 世纪政治的风采，把握这一个世纪变革的脉络。无论如何，现代研究成果提供了匡正手段，我会利用这些成果，同时尽量保持个人特色，使本书不至于成为死气沉沉的综述。第二个困难在于读者的知识储备，这个顾虑似乎并非空穴来风。我试图让本书的叙述既能吸引严肃的学者，又不至于让感兴趣的普通读者退避三舍；这么做有一个明显缺陷，那就是为了力求真实，必须提及众多人物，又限于篇幅无法一一介绍。为此，我在书后附上了一份人物传略，希望可以弥补这个缺陷，也为正文增添了另外一个维度。此外，本书还附上了一张政治地名地图（大致标出了一些很出名的城镇），希望能对地理意识跟不上历史兴趣的读者有所帮助。

本书是供阅读而不是“使用”的，因为它有着循序渐进的目标。

从本书讲述的故事，有时从字里行间，可以追溯到一个具有多面性的 xv
演变过程。无论你感兴趣的是内阁政府的历史，还是自由党、教会、经济压力、帝国、知识界，抑或是政治人物的影响的历史，这种演变过程给人留下最深刻的印象是，这一时期作为一个整体的概念不断扩大。此外，我很乐于交流我对维多利亚时代和爱德华时代政治的看法，我希望能够将这种热情传达给读者，刷新他们对于这个最丰富多彩的世纪的认知，进一步激发他们对其奥秘和乐趣的好奇心。坎宁和皮尔、格莱斯顿和阿斯奎斯的年代，理应摆脱其福音传道者所强加的那种令人窒息的严肃意识。

第二版序言

xvii 修订十年前的观点和文本，让人有了一些教训：历史判断的短暂性，知识风尚对于写作的影响，个人未来心理状态的不确定性，决定了我们如何看待过去的关键语境。这些制约因素似乎太大，所以我常常想，要对一个世纪的纵览做出“修订”，唯一的办法是重写全书，而且要用不同方式来写。不过，不光时间有限，繁忙的工作任务也让人分身乏术。我也可以图省事，只更新参考文献，其余部分原封不动。当然，这样一来，复杂的参考资料和原有文本可能会让读者举步维艰。也许我们应该避免走极端，采取一种折中办法（*via media*）；这就是我想要做的事。本书的修订有三项明确的目标。首先，我通读全书，修改或完善原书中难以理解或含糊不清的句子。其次，借此次修订的机会，为了更好地展开讨论，我添加了少量参考书目和引文，尤其是1984年以来出版的原始资料。最后，我回顾了评论者的意见，在保持本书基本风貌的前提下，尽量采纳这些意见；我还订正了人们指出的错讹之处，使本书比第一版的错误要少。

这些都算不上什么艰巨任务，但实际操作的难度远远出乎我的意料，尤其是两个方面的问题。读者会注意到，我在第一版序言中将本书定位为叙事体，从最受关注之人的关注着手，讲述19世纪政治渐次展开的故事。过去十年来，人们对“叙事”的接受和理解发生了革
xviii 命性变化，这主要是由于海登·怀特和保罗·利科[1]的反思工作。专业历史学家越来越清楚地认识到叙事形式所带来的特殊机遇和影响，在修订《没有民主的政治》时，我不止一次想推倒重来，重新讲述整

个故事，或是重写叙事文本，但无法既保留原有形态和情节，又不至于改变原有的内在导向。删去一个句子，代之以“更好”的句子，这不是什么难事。然而，修改了几页之后，我发现原先的句子对下文的叙述至关重要，如果删去这些句子，下文的叙述也要相应修改。不过，在修改时，我的思绪被带回到前一章的评述，该部分预测了事态的发展，按照时间的推移来记叙一系列事件，如 W. H. 沃尔什常说的那样，将这些事件“串联”起来。[2] 拉扯一根线头，能拆散整个织物。不管我讲述的故事有多少错误和“不真实”，由于本书采用插叙的手法，很难直接加入新材料或删去旧材料。

有评论者认为本书讲述的独特故事是错误且不真实的。事实上，有些人为此大做文章。事实证明，他们的文本细读往往对这个修订版颇多助益：评论家指出事实错误，发现某些地方不好理解，我的一部分任务就是在新版中纠正这些错误。但是，另一些人则因为“错误”而大动肝火，只要真正回到文本，就会发现这些所谓“错误”只是他们碰巧不相信的争议观点。有时他们是对的，但我也不相信他们。他们要么没有读第一版序言，要么没有把握第一版序言的要点，我清清楚楚地指出，本书的宗旨始终是研究“关注”，考察当时的政治家如何看待他们的世界。《没有民主的政治》讲述了同时代人眼中所看到的世界。它根据他们对于轻重缓急和价值观的判断来梳理历史。它说英帝国很无聊，不是因为事实如此，而是因为我们掌握的资料表明，这是当时许多资深议员的看法。它讲述了伦道夫 · 丘吉尔勋爵的私生活，不是因为作者对此比对（比如说）英国经济动态更感兴趣，而是因为作者笔下的那些人物无疑都对丘吉尔的私生活津津乐道。对此持批评态度的人如果不承认描述当时人们的观念有任何历史价值，并因此认为本书根本不应该问世，那么他们的理由是无可挑剔的。他们设定这样的前提，就已经偏离了本书的宗旨，却按照他们自命的逻辑对本书百般挑剔。

xix 在全国各地旅行时，我发现各大学和中学高年级广泛使用了本书，所谓的政治史的消亡看来是言过其实了，这让我深感欣慰。我起初有一个担心，因为本书使用了大量引喻，我担心刚接触这一时期的年轻读者和不熟悉19世纪的普通读者读起来会有困难。事实表明我的担心是多余的，读者们告诉我，他们阅读时毫不费力。另一些人的态度则不难想见。1980年代初，人们见证了一种相当呆板的"阶级分析"的最后挣扎，本书的立论并没有对其做出让步，语气也不温和。无论如何，有人觉得受到了冒犯，因为本书似乎将工人阶级和妇女排除在外，专注于"高层"发生的事情，甚至达到了扭曲的程度。有人认为本书是"自上而下"地看待世界，而非"自下而上"地审视这个世界。这样的观点主宰了1960年代的政治史，尤其是"劳工史"。人们为了了解佩里·安德森、E. P. 汤普森和路易·阿尔都塞的新论，会去读《新左派评论》；历史上有过"1968年"那样的信念和"炎症"。（在写这篇序言时，我是带着一种中年人的怀旧之情而不是愤世嫉俗：1990年代的年轻人要是能为某些事情释放自己的激情就好了。）然而，这种通常是理智的讨论往往留下的是一种英国政治运作方式的感情用事的形象，一种声称高层有信念，下层有"影响力"，却又没有切实的历史证据来佐证的形象。不仅如此，这种观点的支持者出于对重大主题、事业和社群的道德义愤，似乎反对将注意力集中在内阁大臣身上。人们似乎担心，这样一来，历史将失去其严肃目的，堕落成"八卦新闻"的报道。这样的历史作者放弃了更广泛的社会和经济图景，蜕变成某种追踪过去的狗仔队，正如一位一流的历史著作评论家所说，变成"闺房皮条客"的兄弟会。

我在1984年就认为这种观点是愚蠢的，如今依然认为它是荒谬的。但是，在这种花言巧语背后，人们可以构建起比其大多数支持者所认为的更强烈的批判。关于本书，可以明确指出的一点是，它对结构主义做出了贡献，而它试图攻击的正是结构主义的含义。1984年时，很少有人能预见到（我当然也没有预见到）这个十年终了之际，不仅马克思主义的分析，而且几乎所有系统性社会科学都会陷入严重的危机，更不用说那些经常使用确定性话语作为一种认可方式的暴政国家的崩溃了。鉴于这十年的经验，也许本书可以归入更大的类别，而不会陷入1960、1970年代学术界极为钟爱的“社 xx
会”泥淖。然而，这也说明了一个不争的事实，那就是每本书都有一个起点，而我们现在并非处在本书开始的地方。如果能重新来过，我无疑将采取一些不同的分析形式和形态。这并不是说关注的中心会发生大的偏离，因为我依然坚持本书的立论，依然认为它们事关对现代英国政治运作方式的理解。

在这一版中，我修订了“推荐读物”，原始资料和研究论文部分则一仍其旧，因为原文主要是基于这些资料和论文。我认为没有必要列出所有1984年后出版的书籍和学术杂志，虽然推荐读物中收录了一些新出版的重要著述。如果想全面了解本书提及的1984年后出版的著作，不妨借助综合性文献目录，如皇家历史学会主持编纂的《英国历史文献目录》，其中第五卷（1815—1914）由约翰·史蒂文森和我编纂，牛津大学出版社出版。

杰弗里·埃尔顿在生前最后几个月曾表示很高兴本书新版很快就能在书店上架。如今，斯人已去，我却无法以书相赠。因此，本书的这一版题献给他，以表达对他的崇敬之情。

迈克尔·本特利

1995年1月

上篇

外部压力（1815—1865）

第一章　政党的转型

政治家与战后局势 3

莫斯科光复，普鲁士解放，拿破仑陷入重围：1814年初，欧洲的战争已接近尾声。然而，在接下来的12个月里，最终和平的前景很难让政治家们感到激动和欣慰。拿破仑在世人心目中留下了如此大的污点，因此，这位皇帝奇迹般重返战场，比起他的失踪，反而多少不那么让人不知所措。战端再起，显然意味着劳民伤财；但这也意味着政治家们要做二十多年来一直在做的事情，到拿破仑战争行将结束的这二十多年涵盖了大多数当权者的政治学徒和政治教育期。这意味着战时的下议院不得不容忍的领导风格以及对社会机制的控制，这些机制自1790年代末以来一直有效遏制了动荡和反叛。尽管战场上血流成河，但对于政治家们来说，夸特布拉斯战役和滑铁卢战役的那几个月是回归最后一刻的正常生活和熟悉视野。从此，政府就要面对以前被压制和忽视的期望和压力。此外，政府的核心成员还要找回对政治国家的记忆，而中年人自少年时代起就从未经历过这样的国家。

在现代人看来，对1780、1790年代的这些印象显然与战后英国没有多少关联，但当时的人们却对更贴近的时代背景做出了回应。政治经验丰富的人自然会求助于已知的、成功的过去，正如1870年代让死去的帕麦斯顿还魂一样，1784—1801年皮特主宰的英国政坛再好不过地诠释了何为政治家风范和有序安宁。虽然皮特于1806年去

世，却给许多同时代人留下了一个具有典范意义的精神参照，其中一
4 些人将在 1810、1820 年代的英国政坛扮演重要角色。在战后的政治家看来，皮特让时下的领导人相形见绌。“我们需要另一个皮特”，托利党贵族雷德斯代尔勋爵在 1820 年写道，“但这样的人到哪里去找呢？”[1] 就连从前的摄政王—— 1820 年其父去世后，登基成为乔治四世——也准备以这个曾在 1780 年代让他壮志难酬的人作为标尺，来评判现任首相利物浦勋爵及其喋喋不休的同僚。我们将会看到，英国政治中将一再出现这种回到过去寻找成功模式的做法。尤其重要的是，这种做法有助于政治家们形成对 1793 年后英国社会变迁的判断。

一些重大的社会变迁无疑给当权者留下了深刻印象。这些政治家是最早一代拥有统计数据来佐证人口爆炸性增长的政治领导人，而且还有刚刚问世的一项理论告诉他们为何应当对此感到担忧。1801 年和 1811 年，最早的两次全国人口普查用无可辩驳的证据表明了人口急剧增长；此时，托马斯·马尔萨斯的《人口论》（1798）已不再被视为经济占星术，而是被看成一种传统智慧：如果人口得不到有效控制，饥荒在所难免。这种担忧推动了 1801 年后加速进行的农业圈地，并促使政府强迫农场主将贫瘠土地投入农耕。由于拥有和开发土地的人主宰了权力结构，农业及其遇到的问题在政治圈子里早已耳熟能详。事实上，和平时期的危险在于，农业利益在整个经济中占据了不成比例的重要地位。

然而，虽然土地舆论牢牢掌控了政治领导权，但人们逐渐形成了一种看法，即“公众舆论”并不仅仅只有农场主的声音。体面的城市公众得到承认和重视，“中产阶级”一词最早出现于 1812 年前后，并且被宽泛地定义为报纸读者，在这个世纪的前十年，带印花税票的报纸销量不断增长，表明这个阶层的人数日益增加。报纸通过邮局发行，在伦敦的咖啡馆或外省的酒馆里，只需一杯咖啡的价格就能买到，因此，如何给报纸定调和利用报纸，就成为所有政治经理人的必

修课（*sine qua non*）。在今天看来，那些自认为控制了公众舆论（以及一般意义上的“宪法”）的人对于其限度和运作的判断，往往显得不合时宜、目光短浅和漫不经心。然而，它们部分源于对秩序、财产和宗教的一系列环环相扣的设想，部分源于对英国制度运作方式的观 5
察。关于这些制度的稳定性和持久性，在 1815 年时大多没有一个简单的答案。

即使是一个半世纪后的今天，我们依然很难探明英国政治安排在 1832 年结构性改革前的 30 年里究竟发生了哪些变化。之所以说“安排”而不是“制度”，原因在于，虽然许多历史学家热衷于讨论所谓的“未经改革的制度”，但它恰恰不成其为一种制度。1815 年存在的事物应当被看成历史沉积物，而非任何间架性设计的产物。国王、上议院和下议院的组合有自己的理论家，却没有明确的起源；蒙太奇般拼贴而成的选区和选举权以及早已过时的地域划分和资格限制，并不是来源于中世纪的契据登记簿或是智慧女神的计划；呈现在人们面前的无数色点和结构点各自有着层累的过去，又只是一段历史的开端。这种累积的沉积物，白芝浩后来称之为“习俗结块”，构成了政治家们行动的媒介，为政治国家之外的人提供了视角。重要的是，政治家们对宪政进步抱有乐观态度，就像工人阶级激进派常常认为 15 世纪之前的英国一直有成年男子普选权。[2] 但不成形的安排无需做出任何正式的改变。18 世纪末的政治结构并非不可能发生微妙的重心转移，并按照自己的时间和方式记录下权力和压力新出现的细微变化。

例如，1815 年后，君主制在高层政治家心目中的地位与皮特时代不可同日而语。滑铁卢战役前四年，长期遭受精神病折磨的老国王无可救药地疯了；而摄政王从来不具备他父亲那样的个人尊严和政治权威，登基成为乔治四世以后亦是如此。乔治三世从来没有像辉格党宣传中的宪政海盗那样行事：他无可挽回地慢慢变得无能，而不是在暴政统治之后回到相对正常的状态。可以肯定的是，在利物浦、坎

6 宁、戈德里奇和威灵顿等政治家的心目中，卡尔顿宫*仍占有一席之地，但国王控制内阁和操纵选民的权力显然大为削弱，甚至在经济紧缩时期不可避免地打击闲职和所有赞助方式之前就已经削弱了。[3] 1822 年，坎宁重返内阁，1829 年，天主教解放，这两件事都让乔治四世暴跳如雷，但他无计可施。他可以像他父亲那样，向他视为国王之友的上议院提出建议。但 1829 年已非 1783 年，威灵顿公爵既不是福克斯，也不是诺斯。**

上议院也发生了变化。它进入一个一直持续到 1840 年代的时期，在这段时间里，它的作用变得不确定，并因此面临危险。然而，在接下来的 100 年里，上议院权力衰落的褶皱中隐藏着一段有关其影响力的丰富历史，而行政史家很容易忽视这种影响力。它已经开启了从权力到地位，从政治结构的顶峰到社会等级制度顶点的转型。贵族阶层的社会构成并未被皮特打乱，尽管一批辉格党贵族的遗孀对此深信不疑。当然，贵族人数大幅增加，但新增成员大多是通过擢升而不是册封。为了填补随着闲职和现金津贴减少而出现的赞助空缺，重新设立了侯爵爵位（大多数现代侯爵的源头可以追溯到 1780 年代），并大量增设公爵爵位。索尔兹伯里家族的头衔就是一个典型的例子，而且与本书的主旨相关，因为第三代索尔兹伯里侯爵日后成为当时最著名的首相。历代索尔兹伯里伯爵是伯利勋爵罗伯特·塞西尔第二段婚姻的后代，伊丽莎白一世对伯利的宠幸，似乎预示着 1885 年后维多利亚女王对索尔兹伯里的倚重。皮特将索尔兹伯里伯爵擢升为侯爵，既是因为索尔兹伯里那位了不起的妻子、从前的艾米莉·希尔夫人的社会权力，也是因为伯爵本人的美德；但是，这一举措也在不经意间创造了一种新的权力。[4] 贵族头衔在当时不仅常常作为效忠的奖赏，也是

---

* 摄政王的宫殿。（本书页下注释均为译者所加，不另注。）

** 查尔斯·詹姆斯·福克斯，1749—1806 年，辉格党政治家。弗雷德里克·诺斯，1732—1792 年，托利党政治家，曾任首相。

一条升迁的途径。1816 年，激进派亨利·格雷·贝内特对克里维表示，辉格党需要“一位有房子有钞票的领袖”，他有尊严地表达了愤怒之情，同时也不忘讲求实效。[5] 此外，人们可以看出激进派恼怒的弦外之音：1815 年后，贵族对内阁职位的控制力有所削弱。1810 年，内阁大臣中有两人是平民，1818 年时已有六人，在该世纪余下的时间里，内阁中平民大臣的数量一直稳定在六人。[6] 虽然 1830 年前的四位首相中有三人拥有上议院席位，但评论家们认为，下议院才是政治抱负和政府关注的中心。

和平时期下议院最引人注目的一点是，其成员构成在很大程度上保持不变。议员中军官和商人的数量没有明显增加，这两类人被认为有可能施加压力。下议院中鲜有“其貌不扬之人”或是托利党少校和中校的踪迹，要到一个世纪后的另一场大战之后，他们才会进入威斯敏斯特。虽然律师在整个 18 世纪都很有势力，但直到改革法案之后，他们的影响力才达到顶峰。[7] 当然，家庭关系仍然是一个强有力的纽带。皮特曾将下议院议员斥为“一帮小兄弟”，这句话即使放到现在依然很适用：议员们的年龄不大，四分之一的议员首次当选时还不到 25 岁；他们中很多人是望族世家的幼子，其门第可以追溯到 18 世纪初乃至更早时代，他们有着声名显赫的姓氏：格兰维尔、费恩、奥斯本、卡文迪什、曼纳斯、斯宾塞、霍华德、芬奇、劳瑟。真正的变化可能更多地体现在下议院的职能及其与政府的关系上。 7

下议院越来越专注于事务性工作，而不是展示口才的舞台或审议地方和个人不满的场所。1800 年的英爱合并以及农业圈地运动的推进，都加速了行政事务的发展，政府在议会会期每周要花两天时间来处理自身事务。正是在这样的背景下，1810 年，建立了私法法案办公室，1818 年，下议院创办了一座工作图书馆。不过，议会会期的日程安排仍一成不变，例如，在猎松鸡日和复活节，议员们雷打不动地要休假。1811 年，一位下议院议员解释了个中缘由：“圣诞节后，爱尔兰议员不方便到会；而英格兰议员不方便在仲夏后到会。”[8]行政事务日益繁重，议会会期却没有延长，这只会导致一种结果。1830年，克罗克向威灵顿内阁的大臣菲茨杰拉德报告说，前一天共处理了137项事务。“我从未见过如此庞大的工作量，而且似乎在与日俱增。”[9]

对于普通的议会骨干分子而言，新环境中的很多方面他们在（比如说）1790年代就已经知道了：一两个特别委员会可能要占用一个下午的时间，有时会收到通知连夜开会，这样的会议日后将成为家常便饭，除此之外就没有什么事了。另一方面，内阁大臣和其他政界要
8 人举足轻重。他们在议会开幕前举行党团会议，以便对当前事务拿出“深思熟虑的决定性意见”[10]。议会发言的流行风格逐渐变得不合时宜，因为议会更倾向于罗伯特·皮尔行政式的言简意赅，而不是乔治·坎宁式的滔滔不绝。实际上，看一看51岁的坎宁在不同风气下获得的无关紧要的资本，便可部分解释他在1820年代初的低谷期仕途受挫的原因*：“下议院第一位发言人的荣誉对我有什么用吗？毫无用处。它只会让人认为，‘第一个发言’对于政府事务的开展并非必不可少——有它固然很好——非常高兴能有它，但没有它照样能把事情办好。事实也是如此。”[11]这并不是说议会发言不再漫无边际、夸夸其谈：从本世纪下半叶格莱斯顿就预算案或爱尔兰自治问题发表的演说，我们就可以看出这条路还有多长。这其实是一个风格和方法问题。政治家需要培养的不是柏克和谢里登**的风度，而是一种更为内敛的高超技能，可以承担1822年克罗克言简意赅地布置的任务，其中之一是“能够一连几个小时，滔滔不绝地讲出一连串观点和术语，既不会让政府承担责任，又不会因陈词滥调和无病呻吟而降低内阁大

---

* 坎宁这段发言本身语无伦次，不知所云。

** 埃德蒙·柏克，1729—1797年，英国政治家、演说家。理查德·布林斯利·谢里登，1751—1816年，英国剧作家、政治家。两人都是文体大家和演说家。

臣的身份”。[12]

党派意识为大臣们和后座议员的语言注入了活力。但清楚一点很重要，那就是19世纪初的政党并非20世纪的制度；事实上，它们根本算不上是一种制度。至少在议会层面，辉格和托利两“党”都是家族集团和个人效忠组成的松散联盟，其间还夹杂着各种“反复不定”和多变的姻亲关系。两党“领袖”并非由政党推选产生，而是由国王召唤某人组阁时选定的。一旦被选定，这位领袖就会挑选一人担任下议院领袖，他本人作为党派领袖，并不在下议院任职；他会任命少数几位亲信担任“组织秘书”，设法将散乱的人马团结在一起。然而，“辉格党”与“托利党”之分还不是议会政治中唯一的分野。它可能会与拥护和反对政府的立场混为一谈，尤其是1812—1830年，某个政党掌握了压倒性权力。它可能会被巧妙操纵的议题扭曲，甚至被推翻。因此，政党分野与其说是团结一致的群体之间的对峙，更妥当的说法是将政党视为一个起伏不定的存在，有时成 9
为政治活动的中心，有时又游离于政治活动之外。也许我们由此可以得出一个结论，敏锐的历史学家会到随时间流逝而改变的夹缝中寻找政党的踪迹。1815年，政党扮演着与1821年不同的角色；1827年，它完全被抢去了风头；1830年后，它改头换面，重新登场。

这倒不是说“辉格党”和“托利党”对于使用这两个词的人而言毫无意义。1809年以来，“托利主义”已经发展成皮特派对抗内部敌人的话语，带有土地、佃农和咄咄逼人的教士阶层的浓厚色彩。另一方面，“辉格原则”从遥远的过去中寻找凝聚力：1789年后一系列政治灾难使得1689年具有了更大的魅力。然而，“光荣革命”确实光荣的信念并不能为当下提供足够的指引。辉格党人支持了拿破仑战争后出现的带有新的毒性的经济改革呼声；但他们在议会改革问题上没有表态，因为他们内部围绕这个问题争吵不休。到1815年，辉格原则已经成为一种在野党的惯用话语，就像托利主义变成一种执政风格一样。

在竞选和选区层面，人们的党派热情更加高涨，也更加普遍。[13]改革前的下议院共有658个议席，南部和东部选区的市镇议员所占份额大得不成比例；英格兰选区有417名议员，其中一半以上来自从沃什到塞汶的沿海各郡。[14]这些地方通常有很强的党派情怀，尤其是那些大到足以滋生严重腐败且赞助人无法有效控制的选区，当然，论规模和“普通税”*选民人数，没有哪个选区能与威斯敏斯特相提并论。[15]在郡选区，政党忠诚并不是一个显著的特征，因为拥有大量土地的当权者及其继承人一手遮天；反之，自治市镇在推举新议员人选时往往会保持相当高的政党忠诚。不过，在地方利益和金钱法则面前，忠诚之类的因素总是显得苍白无力。塞缪尔·罗米利这个自命的（*soi-distant*）激进派甚至把金钱当作对抗“权势”的手段。1807年，他花3000英镑买下了韦勒姆选区，还在日记中为自己开脱说，只有用金钱才能摆脱赞助人的控制。[16]即使在各郡——1821年前，英格兰每个郡可以推选两名议员——外来者闯入强大的既得利益集团的情况也并不罕见，在著名的1830年约克郡选举中，亨利·布鲁厄姆就成功拿下了议席。

在腐败猖獗和公开投票的环境下，地方暴力事件不绝如缕，但政
10 治家们并未因此认为世界已经失控。1820年，卡斯尔雷在写给兄弟的信中说，最近在道恩和德里的选举“十分顺利，除了请朋友们吃一顿丰盛晚餐外，没有任何花销”，这反映了他控制选民、赢得选举的期望。[17]毕竟，政治家们所接触的民众，是政治结构与错综复杂的等级制地方社会关系相契合的那些人：郡治安长官与治安法官，乡绅与教区牧师，地主与佃农。赞助和恩惠成为“权势”和“利益”机制的润

---

* 普通税（scot and lot）是1832年议会改革前由下议院议员和其他人缴纳的地方税，只有缴纳普通税的居民方有自治市镇选举资格。

滑剂，使得政治结构内部很难萌生和维持颠覆性的激进主义。我们将会看到，到这个世纪中叶，这种状况将受到冲击。但就目前而言，门第、土地与金钱让政治家们头脑中形成了一种不苛求的社会观念，这种观念为他们的关注和节奏提供了一种自然的辅助手段。例如，来看一看乔治亚娜·谢里丹小姐在1830年的一小段私人通信，请留意主人公（*dramatis personae*）的出场顺序。“眼下还没定我的婚期，”她告诉自己的兄弟，“但婚后我会出国过冬，去意大利和莱茵河沿岸。也就是说，如果国王还没死的话，我们每天都觉得他要死了，可怜的人！如果那样的话，我就只能去德文郡（她未婚夫的父亲那里），因为他将在那里的某个市镇被选为议员。”[18]这样一个世界的精神家园并没有引起那些在其中如鱼得水的人的注意。正如罗米利对买下市镇感到焦虑一样，激进派有切肤之痛并且愤愤不平的是，他们发现政治生活中充斥着他们不愿承认却又无从回避的特权和义务。

另一方面，站在政治金字塔顶端的人不仅接受了自身岌岌可危的地位带来的风险，而且往往认为这些风险属于开明的政治家风范的一部分。同样，他们也期望政治景观能与他们自己一年中的节律保持一致，议会随着季节变化收放自如。1月底2月初，议会开幕，政治活动开始，然后一直延续到春季或初夏。1820年7月，格雷维尔写道，“伦敦社交季渐近尾声”：这种时间和空间的同步蕴含着多么深厚的仪式感。夏季照例要外出旅行（也许去日内瓦或巴黎），8月是猎松鸡的季节。在危机时期，比如1819年，秋季可能要再次召开议会；但通常情况下，秋天至圣诞节前会轮番到亲友们的乡间别墅做客。哪怕是格兰维尔勋爵认为形势危急的1820年，大臣们也没有重新召开议会，甚至没有留守首都。他们“奔赴四面八方：威灵顿公爵去了切斯特，巴 11
瑟斯特去了朗利特和我不知道的某地，哈罗比在道利什，K（国王）去了布莱顿，一切都乱糟糟，他们相信能撑过下个月，直到议会开幕引发了大危机”。[19]必须设法将危机拖一个月左右，拖到圣诞节之后，因为通常要与亲密家人平平安安地过圣诞节，或者像查兹沃斯庄园那样一起（*en masse*）过节。每到年底，在下一波浪潮来临之前，有了片刻的喘息之机。这段时间也用来写写信。19 世纪政治家的通信中，许多反思性和战略性声明的落款时间都是圣诞前夕到元旦之间的日期。

他们在信中都写了些什么？这个问题本身并没有历史意义；政治家们的信中充斥着大量事件和观点，这些都是决定国家大事的要人们势必会谈及的。不过，这种表象之下有一个频繁出现的主题。这些书信给人的总体印象是，这是一个封闭的世界，用看起来往往很奇怪的标准来衡量事情的相关性和重要性。授职和谋职形成了一种高高在上的氛围，长此以往，身处其中之人就丧失了分寸感，遇事每每小题大做，随时准备在每个茶杯中发现风暴。在极度个性化和竞争激烈的环境中，这样一种观念应运而生：衰老、疾病和死亡才是触发变化的关键因素。像 20 世纪封闭的专制政体一样，19 世纪初的内阁异乎寻常地关切个人健康。1816 年，许多内阁成员都卧病在床的小道消息传得沸沸扬扬，另一个不胫而走的传闻是，首相的脉搏“3 月是 40，他从巴斯回来时是 54，眼下又是 40”；威灵顿报告说，路易十八“好像得了疥癣，满脸疹子和红斑”，他不是在谈论鸡毛蒜皮的琐事，而是在预测一些事情。[20] 1829 年天主教危机时期，下议院议长得了红斑狼疮，克拉伦斯公爵太阳穴上吸附的水蛭的准确数量，国王和威灵顿公爵的放血量（重量和体积）：所有人都在谈论这些事情所预示的变数。与这个政治世界的许多其他事情不同，病痛无法控制，甚至无法“收买”。曾有人听见兰布顿勋爵喃喃自语说，一个年收入 8 万英镑的人却睡不着觉，真是苦不堪言。

不仅如此，这个身体不堪重负的群体还将这样的看法延伸到对政治体的认识上。一种自然和健康的状态，没有疾病、躁动和（他们最
12 喜欢的术语）炎症就成了目标。像政治人物一样，政治国家最大的恐惧莫过于那些人类无法控制的事情。在第二代利物浦伯爵罗伯特·班

克斯·詹金森看来，1815年时，政治体最明显的“发炎部位”并不是宪法范围内的部分，而是宪法之外的部分。

叛乱、镇压与内阁（1815—1820）

利物浦担任首相三年来——1812年5月，其前任斯宾塞·珀西瓦尔被一名疯子刺杀——表现得更像是继承了既有的政府执政风格，而非决意开创一种新的风格。如同1806年后的历届内阁一样，他的内阁带有皮特的印记，所不同的只是有爵位者人数增加，内阁成员的名头发生了变化。亨利·阿丁顿曾在两届皮特政府之间担任过三年左右的首相，如今以西德茅斯勋爵的头衔担任内政大臣，而曾在他手下担任外交大臣的那个人，如今以霍克斯伯里勋爵的头衔领导内阁。现任外交大臣卡斯尔雷子爵步入政坛之初也曾得到西德茅斯的提携，新任财政大臣尼古拉斯·范西塔特也是如此。一些有名望的大臣，巴瑟斯特、哈罗比、马尔格雷夫以及梅尔维尔勋爵，更是与皮特本人关系密切。然而，此时离1790年代末和1800年代已有多年，这些人中有些也成为晚辈的赞助人。日记作者、日后曾担任大臣的约翰·威尔逊·克罗克就是造币厂督办、威灵顿公爵的哥哥韦尔斯利-波尔的门徒。同样，未来的首相弗雷德里克·罗宾逊出自卡斯尔雷门下。此外，这种传承并不仅仅意味着对老古董的欣赏。它还有助于解释1815年后的政治演进以及政府对外部刺激的反应。因为当时和现在一样，正如俗话所说，强将手下无弱兵。

除了罗宾逊和克罗克等初出茅庐的新人，大多数大臣都生于乔治三世朝初年，只有两人属于更早的年代，一位是不老的西德茅斯（“如此冷静、正直、睿智、无畏”[21]），另一位是1815年时已经64岁的御前大臣埃尔顿，摄政王喜欢叫他“丑老太婆”。这些人虽然都有地产，但名下土地没有辉格党高层那么多，尽管也不乏威斯特摩

兰、白金汉希尔和哈罗比这样的巨富。他们往往就读于有意从政者的
13 摇篮，尤其是牛津大学基督教堂学院和剑桥大学圣约翰学院；他们生来就与行政部门有着千丝万缕的联系，因为他们的父辈跻身于下议院、法律界、军队、外交部门以及东印度公司。如果不是生来就拥有土地，他们可以买下地产（例如，为了掩盖自己在纽卡斯尔的煤炭业背景，埃尔顿广置土地），更常见的做法是与土地阶层联姻。然而，对于那些要领导一个高度地方化的政治制度的人来说，他们的经验局限于非常有限的地域范围。梅尔维尔和卡斯尔雷分别是安插在苏格兰和爱尔兰的特洛伊木马，但他们未能准确地向内阁报告这两个地区潜在的不稳定局势。马尔格雷夫和罗宾逊在约克郡有庄园，但他们接触的只是斯卡伯勒、里彭和瑟斯克的上流社会，对于一派阴郁景象的西赖丁一无所知。至于其他人，眼里只有东南部和西部的家乡诸郡*，而此时工人阶级骚动和政治激进主义的轴心正急剧向北和向西摆动，转向曼彻斯特和格拉斯哥等中心城市。他们也不了解东安格利亚土壤贫瘠地区农业社群所遭受的苦难，这些人在 1816 年的骚乱中喊出了“面包还是流血”的口号。

当然，局势的焦点并不是这些地方，甚至不是伦敦，而是维也纳和巴黎。1815 年初秋，卡斯尔雷前往法国首都，协助组建英国、俄国、普鲁士和奥地利的四国同盟，尽一切可能摆脱可能将英国拖入新的欧洲大陆战争的外交纠葛。俄国、奥地利和普鲁士的反动君主新结成的“神圣同盟”带来了危险，用卡斯尔雷让人过目难忘的话来说，就是“一纸崇高的神秘主义和无稽之谈的空文”，英国根本无意加入这个同盟。因此，11 月 20 日，在巴黎签署了对法和约，重申了一项基于维也纳和会安排的同盟条约（法国被排除在外），再次强调通过经常召开“会议”来缓和国际紧张局势。就对法国的处置而言，正如

---

*　家乡诸郡指伦敦周边的一些富裕郡，如肯特郡、萨里郡、伯克郡等。

几周前首相向巴瑟斯特保证的那样，和约完全符合英国的利益：“对法国的严厉处置与维护路易十八的王位并行不悖。”[22] 前一年春天拿破仑退位后，如何让法国国王坐稳王位一直是一个主要的关注点；在此基础上，利物浦及其内阁期待外交事务进入一段缓和期，当条约规定的三年占领期满后，英国可以撤出在法国的军事存在。届时国内如果有麻烦，军队很可能派得上用场。

对于一个贸易国家来说，一场长期战争之后不可避免地出现了 14
经济凋敝，而最近以《根特条约》宣告结束的英美战争的影响，进一步恶化了局势。[23] 政府通过人为举措刺激农业和工业，一旦停止执行这些举措，势必造成经济失衡。当政府试图重新将纸币与黄金挂钩，新发行的纸币导致了严重的通货紧缩。由于拿破仑的贸易禁运以及1812—1814年与美国的战争，英国的进口大幅萎缩，当这些不利因素消失后，必然引发了对于不受保护的经济的担忧。此外，1813年和1814年粮食丰收也给农业部门带来了额外压力。从政府角度来看，丰收之后面包价格下降有助于平息北部和中部城镇的卢德骚动；但谷物价格出现了灾难性暴跌，1813—1815年，谷物平均价格几乎下降了一半，政府后院起火，绝望的农业游说集团要求征收保护性关税。乡村生产者与城镇消费者之间展开了对话，却无法达成双方满意的结果。这将成为1846年前托利党政治的主旋律。

谷物法本身并不是什么新鲜事物，因为此前曾多次对谷物进出口进行管制。1815年谷物法之所以异乎寻常，有两方面的因素，一是它设置了很高的门槛，只有当谷物价格达到每夸脱80先令，法案才生效；二是它放弃了关税手段，而是采用国内谷物平均价格标准，一旦超过临界值，即全面禁止谷物进口。这个法案在议会自然一路绿灯，因为像政府一样，议会在野党也是由土地所有者组成，虽然他们中一些人代表选民提出了反对意见，及时递交了针对该法案的请愿书，但还有一些人如罗伯特·皮尔爵士对工业地区的状况了如指掌，也反对该法案。[24] 问题出在伦敦的暴民，在弗朗西斯·伯德特爵士和激进派演讲的鼓动下，他们在 3 月时袭击了多位大臣。卡斯尔雷在返回伦敦宅邸时被一路追逐，下议院窗户被打破，罗宾逊的宅邸受到暴力围攻。“外面喧嚣震天”，3 月 7 日，年轻的爱尔兰事务大臣罗伯特·皮尔写道，“昨晚下议院附近多亏有军队维持秩序。一些议员遭到了最激烈的嘶吼和谩骂，有些议员逃跑时被扯掉了外套，还受了点
15 皮外伤”[25]。然而，这场骚乱非但没有阻止政府继续推进立法，反而使得政府更不可能回心转意，向无法无天的暴民低头。当然，没有证据表明这场骚乱让大臣们惶恐不安；议会闭幕时，利物浦告诉基督教堂学院的老朋友乔治·坎宁，拿破仑卷土重来，让整个国家重新团结起来。诚然，当年秋天，银行业崩溃引发了严重依赖信贷的农场主的担忧；但城镇并未发生大规模暴乱，人们不由得松了一口气。议会直到 2 月 1 日才开幕，比往常还要晚，这表明内阁即使不是信心十足，起码是乐观的。

大臣们清醒认识到当前的关键在于财政，但这个问题远比预想的棘手。内阁起初决心取消财产税，最终还是决定在和平时期继续征收，这完全是拜拿破仑的“百日王朝”所赐，才有了一个勉强站得住脚的理由。从那时起，一场反对战争税的全国性运动就已经蓄势待发。此外，这场运动不仅针对财产税，[26] 还针对麦芽税和（由于辉格党人大力煽风点火）所得税。1816 年，利物浦政府输掉了所有这些问题的下议院分组表决，因为那些未表态的托利党人抛弃了他。利物浦的困境给在野的辉格党人，尤其是著名的演说家布鲁厄姆，注入了一针强心剂，他们频频向利物浦施压，要求说明“全面实行紧缩的理由，包括对王室、财产税、工作机会、土地利益的困境等各方面的影响”，[27] 而政府几乎无法做出任何回应。利物浦竭力摆出一副咄咄逼人的架势，把矛头同时对准了摄政王的王室专款和陆军。但在全国上下强烈反对如今所说的公共开支的情况下，这样做很难在政坛赢得掌

声。当年上半年，他唯一的称心事是件私事；春天时，白金汉希尔伯爵从马上摔下来，从而空出了印度监督委员会的职位，利物浦便把自己的朋友坎宁引入了内阁。这件事让卡斯尔雷心灰意冷，他曾在1809年与坎宁进行过一次著名的决斗，雪上加霜的是，他在欧洲大陆事务上的成就始终未能赢得下议院的青睐，当时下议院似乎正沉迷于国内经济问题。

6月，淫雨霏霏。由于一周接一周地下雨，泡水的庄稼烂在地里，政府不得不重新考虑粮食价格飞涨对城镇的影响。西德茅斯从来没有忘记这一点，因为自去年冬天以来，他手下的内政部密探一直源源不断地报告有关叛乱活动的耸人听闻的消息。8月，他在给兄弟的 16
信中写道：

> 一些地方的灾情十分严重，但骚动的苗头比预想的要少。人们普遍认为需求和就业不足在所难免，必须采取措施来减轻其影响。但我担心的是秋冬季节。[28]

秋季，汉普顿俱乐部一类的组织迅速发展壮大，加上科伯特于11月发行未贴印花税票的《政治记事报》，西德茅斯的担忧显然成了现实。随后，1816年11月15日和12月2日，伦敦斯帕广场先后举行了两次集会，尤其是第二次集会时，一家枪匠店铺被抢，一人（意外）死亡，这一事件对政府造成了影响，它本已关注暴乱的势头，积极考虑在接下来的议会会期引入立法，以遏制埃尔顿所说的“捣乱”。

我们尚不清楚政府的真实想法。西德茅斯和埃尔顿知道自己想要什么，但历史学家在论及这一时期的内阁政治时，总是将内政大臣和御前大臣的言论作为唯一的原始证据，以此证明暴乱已成为高阶政治关注的问题。辉格党人汤姆·格兰维尔曾轻蔑地提及“西德茅斯的人马”，[29] 他其实是想以这种有意歪曲事实的方式来自娱自乐，我们在回顾这一时期的历史时不应信以为真。说到底，内政大臣是个独断专行之人，他手下密探和卧底（*agents provocateurs*）的报告会左右他的想法。埃尔顿是个上了年纪而又睚眦必报的英国国教徒，身上难免残留着边界地区长老派的阴郁气息：在他从小生活的世界里，绞刑和鞭刑让有罪之人感到“耻辱和懊悔……这对人和狗来说都是莫大的安全保障……”[30] 内阁其他人就没有这么执迷不悟了。他们当然也担心叛乱，但他们还操心其他事，尤其是一个老大难问题：在几乎无法筹集到资金的情况下，如何用很少的钱来治理国家和管理下议院。因此，1817 年议会开幕前两周，辉格党活动家乔治·蒂尔尼告诉朋友说，大臣们“束手无策”，“下层的政府追随者无不感到绝望”；[31] 但重要的一点是，他认为造成这一局面的症结并不是革命，而是财政收入不
17 足。事实上，耐人寻味的是，辉格党人并不打算在下届议会时拿假想中的革命威胁大做文章。相反，他们希望取得议会多数，把利物浦赶下台，因此，他们围绕紧缩政策和议会改革是否有助于实现这一目标而争论不休。

从某种程度上说，真正让内阁大臣紧张的，是伦敦暴民袭击摄政王马车事件。这件事本身微不足道；1817 年 1 月 28 日，摄政王在宣布议会开幕后乘车离开圣斯蒂芬大教堂，卡尔顿宫后面的公园里发生了打斗，有人投掷石块，打碎了摄政王马车的车窗。头脑冷静的皮尔对斯帕广场的骚乱不屑一顾，视之为“愚蠢之举”，反对“把一群乌合之众夸大为反叛”，但目睹了 1 月 28 日事件之后，他深感不安。无论如何，政府很可能要设立一个秘密委员会，调查国家的状况。显而易见的是，投掷石块事件之后，汉普顿俱乐部的请愿活动迅速升温。秘密委员会也很快启动了。西德茅斯的内政部向秘密委员会提供了大量证据（1816 年夏季提交了一份标注为“骚乱”的文件），政府先是暂停《人身保护法》，随即出台了《危及治安集会处置法》。用板球

比赛来打比方，当西德茅斯把球打得满场飞，利物浦则守在三柱门前，用有关闲职的立法进行阻击，在政府寻求坚定支持的过程中始终坚守第二条战线。

两人当时都不知道比赛已经胜券在握。议会闭幕时，格伦维尔派脱离了辉格党，开始与政府谈条件。当然，这算不上一支强大的援兵，但它确实对在野党的士气造成了不小的打击。对于国家而言，最糟糕的阶段似乎已经过去。春季和夏季的三场大骚乱、曼彻斯特的“负毯者进军”、彭特里奇和哈德斯菲尔德的两次起义，与其说是危险的征兆，不如说是无可奈何的绝望之举。负毯者之名来源于示威者携带着毛毯，长途跋涉前往伦敦，但大多数人在斯托克波特被劝阻回去；由于“奸细奥利弗”（真名叫 W. R. 理查兹）和其他被收买的告密者的出卖，德比郡和西赖丁的武装暴动被扼杀在萌芽状态。两地的暴动都以惨败告终，在彭特里奇，当局秋后算账，实施了野蛮的处决和流放。政府人士因为形势好转弹冠相庆，但他们其实毫无作为：他们的处境好转既得益于经济形势的缓解（部分原因是人为地将黄金支付推迟了两年时间），也得益于他们的反对者陷入窘境和束手无策。
但是，西德茅斯想必很珍视 1817 年 9 月埃克斯茅斯勋爵发来的这封 18
信，不然也太没有人情味了：

> 在德文郡，生活必需品的价格下降，农场主的恐慌情绪也在消退。最重要的是，之前一直‘很有销路的’不满情绪再也见不到了……本郡所有人都因为丰收在望和带来丰收的好天气而高兴。我和邻居们完全有理由认为，我们眼下的和平和幸福前景全都仰仗您坚定果断地压制了民主派。[32]

埃克斯茅斯也许过于乐观或愚蠢，但他的看法仍有其价值，反映了人们的情绪和态度。这些看法在英国精英阶层舆论史上的意义，丝毫不亚于劳工史学家经常引用作为革命即将来临的证据的那些神经过敏的猜测。

形势在整个冬季继续好转。来年春天，利物浦向威灵顿公爵报告了税收增加、农业复苏和制造业兴旺的消息。事实上，唯一的阴影是王室带来的。1817 年 11 月，摄政王的女儿夏洛特公主死于难产，而乔治丑闻不断的婚姻在政界引发了许多可怕的猜测。忧心忡忡的克罗克不禁向皮尔抱怨：“我们的政治前景从未如眼下这般晦暗不明。”[33] 但 1818 年春，利物浦很自然地把心思放在其他事情上。当他目睹狼狈不堪的辉格党人在 1818 年议会费尽心思地想要说点什么，享受着辉格党人缺席时上议院的寂静——按照福克斯顿勋爵的说法，“9 点到 10 点，在讨论最有趣的问题时，上议院总是空空如也”[34]——时，他想必是以一种志得意满的心情回顾过去的一年。他确实没能成为众望所归之人，但他至少应该听说过，那些高呼“面包还是流血”的暴动者想要的不是他的脑袋，而是摄政王的脑袋。他手下的大臣们的确出乖露丑，但在野党更是有过之而无不及。如果不是身居首相之位，他甚至想冒险举行大选。

尽管辉格党人焦头烂额，而政府占据了上风，但如果就此认为 1818 年 6—7 月的大选竞争不激烈，那未免有点不切实际。更有活力的辉格党人进入民主活动阶段，其热情让斯宾塞夫人感到厌恶：“紧
19 握脏兮兮的手”，“亲吻油乎乎的腮帮子”，还要降尊纡贵地“讨好我们的君主：人民”。[35] 威斯敏斯特等人口稠密的选区发生了多起暴力事件；事实上，就连各郡也竞争激烈，这是 18 世纪末 19 世纪初大选中不寻常的新动向。从一开始，政府就处于下风，一些大臣担心新一届下议院会出现忠诚问题。评估双方选举的得失，可以看出政党忠诚开始松动，但研究选举的历史学家发现，在野党一共增加了 15 个议席。[36] 不过，当时的辉格党人都认为己方能在新一届议会中安插至

少 150 名铁杆反对派。另一方面，利物浦没有什么理由惊慌。他从大选中得来的教训完全与暴乱无关；他心里认定了一点，若要避免在下议院失败，就必须采取紧缩政策。社会动荡的危险已经过去，当年年初恢复了《人身保护法》，7 月又暂停执行《危及治安集会处置法》。从那时起，直到来年夏天骚乱再次爆发，大臣们的心思基本上转到了其他地方。

内阁将大部分精力放在了外交政策上，筹备 1818 年 10 月在亚琛召开的同盟国会议。对于卡斯尔雷来说，这是一个大展拳脚的机会。1815 年底以来，他一直有苦难言，首先是他无法吸引下议院的关注（这对他来说始终是个难题），其次是 1816 年夏坎宁获准进入内阁并对首相施加影响。在亚琛，与卡斯尔雷同行的是另一个政治对手威灵顿公爵，后者于 1819 年初进入内阁。就政策而言，亚琛会议签署了一份秘密议定书，续订了 1815 年的四国同盟，公开让法国感到自己被纳入同盟，并定于 11 月 30 日从法国撤出占领军；很显然，如果政府打算将来在国内实施镇压，撤军之举意义重大。国内政策同样不明朗。1819 年的第一个议会会期——在这个危机之年，议会两度开会——内阁自顾不暇。一个棘手的难题是，既然叛乱似乎已经平息，是否要用
皮尔取代西德茅斯，当时有传闻说，人人都认为坎宁入阁让皮尔很是 20
恼火。翻开铨衡长官*查尔斯·阿巴思诺特的日记，不难看出这件事的乌云笼罩了整个地平线：其中倒不涉及什么“脏兮兮的手”或“油乎乎的腮帮子”。实际上，这个夏天坎宁和皮尔两人都是竹篮打水一场空。来年年底，坎宁已经离职，而且十有八九政治生涯就此画上了句号；而皮尔直到 1821 年西德茅斯辞职才得以进入内阁。但阿巴思诺特有一点说对了，那就是这个夏天会有变数。

* 1801 年，政党组织秘书获得了财政部政务次官的官方头衔，它很快被称作“铨衡长官”（patronage secretary），也译作“恩惠次官”，因为其不仅管理政党经费，还掌握了政府公职的推荐权。

去年秋季，镇压立法到期后，工人阶级组织再度开始动员起来。约克郡西北部工业区和伦敦广泛建立了工会联合会和“政治新教徒”俱乐部。但政府没有任何反应，因为它认为自己的主战场在议会而不在民间。例如，就连摄政王也意识到征收麦芽税必将引发“一片哗然和物议沸腾”，利物浦却一意孤行，理由是议会容许开征麦芽税，不会批准开征财产税。[37] 由于政府对经济繁荣的看法主要来自纳税申报，即民众纳税的意愿和能力，因此，1819 年初夏，政府一直在作茧自缚。诚然，利物浦天生就是个悲观主义者，但如今他身边有了坎宁，他在执政末期越来越倚重坎宁。坎宁在 1816—1817 年骚乱时惶惶不安，因此赞同采取镇压措施，但如今他对前景感到乐观。“我们已经度过了最糟糕的时期，”他在 1819 年 7 月写道，“如果今年不再有骚乱，我想我们未来可以高枕无忧了。”西德茅斯通常对局势有更清醒的认识。就在坎宁写下这封信的三天前，内政大臣向全体郡治安长官发出一份函件，指示他们提醒辖下的义勇骑兵队防范即将到来的暴力事件。[38]

说到“1819 年”，人们总会马上想到曼彻斯特圣彼得广场以及 8 月 16 日那里发生的流血事件，即历史上著名的“彼得卢事件”：当天早上，6 万名群众在圣彼得广场和平集会，演说家亨特发表了关于议会改革的演讲，集会遭到义勇骑兵队和轻骑兵袭击，11 名平民死亡，140 人被砍伤，另有 400 多人受伤。彼得卢事件无疑是一个具有重大意义的事件，但它对接下来几个月政府政策制定的影响可能被过分夸大了。动用武力驱散集会的决定是地方当局做出的；大臣们收到的初步报告表明，这是一次造反的集会，而且镇压造成的伤亡很小；无论如何，只有少数几位大臣收到了报告，因为许多大臣当时不在国内。西德茅斯公开为地方行政长官的谨慎叫好，埃尔登
21 叫嚣必须要立法，痛斥温和派和激进派在内所有人的“疯狂”。其他大臣度假回来后，并没有听到他们有什么说法。利物浦–坎宁的“双

头政府”依然信心满满，认为经济繁荣将很快缓解民众带来的压力。10月，西德茅斯愤愤地抱怨说，同僚们不理会他提出的召开秋季议会的呼吁。就在这个时候，埃尔登也崩溃了，他的那些歇斯底里的信件被用来证明“这届政府”深陷恐惧之中，但人们通常忽略了这样一点：一个年近七旬的老人，“从10月28日早上7点，到（次年）8月31日晚上9点，一直不间断地工作”。夏季，大多数同僚都躲得远远的，只留下他在伦敦任劳任怨地工作。他已经身心俱悴。（“我再也受不了了。”）[39]

如果没有召开秋季议会及其通过的镇压立法，托利党大臣们本想得过且过。毫无疑问，利物浦寄希望于经济复苏，等待国家安定下来。同样毋庸置疑的是，这一方针对于他的政府来说是致命的。我们掌握的潜在民众骚乱的所有证据都表明，1819年秋季将发生大规模骚乱；然而，由于内阁的无能，反而避免了最糟糕的局面。政府决定免去菲茨威廉伯爵的约克郡郡长之职，以惩罚他写信公开支持曼彻斯特集会，这个决定对政治家们的影响超过了彼得卢事件本身。那些在曼彻斯特遭到砍杀和践踏的人在政治国家里没有任何地位可言，而菲茨威廉勋爵却是政治国家的堡垒之一。用这样的方式攻击一个土地权贵，肯定会把本已破旧不堪的“穷酸的辉格党原则”的褴褛衣衫缝补起来。[40]在政府的刺激下，辉格党人团结起来发起攻击，政府觉得有必要召开秋季会议，回应辉格党人的攻击，粉碎辉格党人似乎一心想要煽动的叛乱。最终通过了一系列法案，即所谓的《六项法令》，这些法案赋予政府所需的权力，严厉打击哪怕是最轻微的骚乱。秋季议会闭幕时，大臣们先后驳回了兰斯多恩在上议院提出的关于国家状况的议案，奥尔索普在下议院提出的设立一个特别委员会的议案，以及一位后座议员提出的关于制造业地区状况的议案。12月29日，政治家们散会，来年2月前似乎没有必要再次开会。

然而，政局有了新的重大转折，内阁失去了对局势的掌控，前景
22 再度变得扑朔迷离。这倒不是说老国王之死带来了多大变故，近十年来他一直没有参与政治。但1月29日之后，有三件事情势在必行。一是大选，因为法律规定要在君主去世后6个月内举行大选。二是会有一位新国王，利物浦及其同僚十分清楚摄政王的为人处事，因此对前景忧心忡忡。三是最糟糕的，有了新国王，还得有新王后。王后问题使克罗克在夏洛特公主死后观察到的阴云再次出现，1820年也因此成为皇家政治的一年。

2月大选时，王后问题还没有成为关注的焦点。当务之急是处置刚刚查明并挫败的卡托街阴谋。圣诞节前夕，斯帕广场的退伍军人亚瑟·西斯尔伍德和50名支持者准备在伦敦东北部发动起义。这一计划落空后，他们又策划在2月22日内阁会议前的晚宴上行刺大臣。一名政府密探打入了密谋者内部，当局迅速行动，在艾奇韦尔路附近的卡托街将他们一网打尽，起义以失败告终。当局的高效或许在大选中助了政府一臂之力：辉格党人在大选中鲜有斩获。但卡托街事件很难说是全国性运动的一部分，虽然它可能与春天晚些时候苏格兰西部的暴动有间接关系。[41]这个事件对政治社会唯一的长久影响在于助长了哈罗比夫人的尚武精神，她在家中的餐厅里扬言要将内阁成员斩首示众。其他人的注意力转向了国外，有传言说王后打算回国洗刷自己的污名，夺回王后之位。

威尔士王妃在1815年离开英国时被指控犯有通奸罪，鉴于摄政王对婚姻誓言的灵活解释，这或许是一个莫须有的罪名，但她在国外的所作所为很难替自己洗脱罪名，和她比起来，叶卡捷琳娜大帝对男色的贪婪也不免相形见绌。新国王秘密调查了卡罗琳在欧洲大陆的私生活，下定决心离婚；但离婚需要议会通过一项法案，这就将大臣们置于尴尬的境地，因为卡罗琳在国内颇有人望，大臣们

陷入了左右为难之中。内阁很快意识到，不让卡罗琳回国才是上策；23
1820 年 3—7 月，政府千方百计地阻挠卡罗琳回国。内阁草拟了一份备忘录，答应每年为卡罗琳提供 5 万英镑津贴，条件是待在国外并放弃王后的权利。这份重要文件交由布鲁厄姆和哈钦森勋爵面呈卡罗琳。结果，他们在伦敦到圣奥梅尔之间的某个地方弄丢了文件。大臣们想掌控自己的命运，闹剧重新上演，乔治时代政坛的弊病暴露无遗。不过，事情已成定局，因为卡罗琳告诉窘迫的来客，她决意立刻启程回国。6 月 5 日，她抵达英国，受到民众热烈欢迎（因而引发了担忧）。从那时起，直到政府放弃审判卡罗琳和实施《褫夺公权法案》，"王后"事件成为政治揣测的焦点，即使当她的愿望在来年逐渐落空，乃至 1821 年 8 月她喧闹的葬礼上，这件事始终是人们津津乐道的话题。*

当然，人们对王后事件的兴趣大多是淫秽的，但在政治家们看来，王后的魅力在三个方面意义重大。首先，它具有鲜明的阶级性。埃尔登在 6 月指出，"王后的百姓"似乎属于下层阶级，因而可能带来这样的危险，即民众借王后的事情来发泄自身的不满。其次，它还具有广泛性。虽然王后最坚定的拥护者来自伦敦，但在随后几个月里，外省也出现了对王后的广泛支持。最后，也是最重要的一点是，它对当时仍拥有相当大政治权力的君主制产生了重大影响。由于内阁在这件事上的处置，而不是因为煽动叛乱或紧缩政策，国王毫不犹豫地在 11 月"解散"了内阁。"我敢肯定，"白金汉侯爵在 9 月从线人那里得知，"这件事让国王简直要疯了"。[42] 政治家们认为卡罗琳回国会威胁到自己，并且真的认为她与反叛政治遥相呼应。6 月，埃尔登确实对此事不屑一顾：他觉得凭借他的《六项法令》，所有问题都能迎刃而解。但其他人因为无法掌控事态而深感不安。8 月，威斯特摩

---

* 1821 年 8 月 7 日，卡罗琳暴病而亡，出殡队伍引发了公众骚乱，造成两人死亡。

兰告诉阿巴思诺特夫人，大臣们人心惶惶。皮尔也发现整个事情“很棘手”。直到1821年王后的灵柩运回欧洲大陆，西德茅斯仍对王后事件的余波忧心忡忡。韦尔斯利-波尔则给王后安上了将毁灭国家的傲慢和抗命的罪名。

24 不过，大臣们当中最痛苦的当数坎宁。王后事件之前，坎宁就因为印度监督委员会的低级职位牢骚满腹，卡罗琳回国后，他连这个位置也坐不稳了。他过去与卡罗琳关系密切，因而反对政府骚扰卡罗琳，这只会让国王愈发相信他是她的情人大军的一员。在这种情况下，即便《褫夺公权法案》未能通过，对坎宁来说也无补于事。他是一个让君主深恶痛绝的大臣，不得不为自己的前途担忧。“我真的认为，”他在10月从欧洲大陆写信给赫斯基森说，“从来没有哪个国家有过这样的无妄之灾，而且完全没有任何补偿。”[43] 卡罗琳事件后，利物浦一直没有批准坎宁的辞职请求。他希望通过“一番深入长谈”[44] 来劝说坎宁留任。事实上，12月7日两人在沃尔默的谈话无果而终，但几天后坎宁辞去了政府职务，我们似乎有理由推测，那天早上坎宁在海滩上独自徘徊的两个小时里，他做出了重大决定。

政党、政策与坎宁（1820—1826）

坎宁的失宠来得真不是时候。新议会比上届议会多了一些辉格党人，但王后下葬后，暴乱很快就平息了，而政策重心转向国际舞台，不久将成为第二代伦敦德里侯爵的卡斯尔雷依然是这个领域的最高权威，在这种情况下，一位前大臣想要东山再起，实在是机会渺茫。所有迹象都表明，事实也将证明，将有一届长期议会，政府的批评者会发现自己的反对通常无济于事，在这样的议会，加入政府似乎要比击败政府更讨巧（*modus operandi*）。此外，坎宁年事渐高，很难再搞两面三刀的背叛勾当。“考虑到51岁的年纪，”他在辞职后的来年春天给妻子写信说，“我不能冒险新的尝试和组合……下一步不管怎么走，都是一生中的决定性步骤。”[45]他有充分理由相信，国王无论如何不会让他出人头地。最现实的期望是谋得一个帝国总督的差事，在遥远的异国他乡度过一段显赫时光。然而，他在两年之内就当上了外交大臣，而且首相对他言听计从；短短六年时间，他一跃成为 25
英国政治史上最令人畏惧和最受人鄙视的政党领袖之一。究其原因，根本在于1820年代上半叶这段平静的岁月，而历史学家对他们眼中政治因果关系所依赖的“进程”和“趋势”进行宏大叙述时，往往忽略了这段岁月。原因在于政策，因为“自由托利主义”在某种程度上与坎宁本人息息相关。原因更在于政党现实，因为政策始终服从于政党现实。

在野党似乎不太可能在不久的将来助坎宁一臂之力，因为事实证明，辉格党人在战后年代自顾不暇。最近，他们在选民心目中的形象有所改善。政府因为叛乱留下的烂摊子疲于奔命，在野党至少可以从政府的困境中获益，政府向菲茨威廉下手，在王后事情上更是搞得一团糟，都让在野党的处境有所好转。到1821年，有迹象表明，辉格党的政策可能会强化为一种公认的形态。尤其是议会改革事业在过去几年里取得了重大进展。在今天看来，它在很大程度上是一场潜移默化的运动，这一点从当时的往来书信中可以看出端倪，但政治家们很少公开表态，他们担心在这个问题上做出任何类似于政党宣言的表态都会造成分裂。1821年，格伦维尔派倒向政府，同年，格兰庞德腐败案曝光，议席却给了约克郡，*激进的辉格党人由此认定，现行政治框架给了权贵和贪赃枉法者徇私舞弊的空间。

---

* 格兰庞德是康沃尔郡一个仅有42名选民的袖珍选区，1818年大选时发生贿选。罗素提出剥夺它的选区资格，把席位转给新兴工业城市利兹，但上议院通过了一项修正案，把席位转到约克郡。

辉格党人之所以有这种看法，白金汉侯爵起到了推波助澜的作用。格伦维尔派脱离辉格党的想法最初并不是出自白金汉，他只是认为这会助他一臂之力，有利于他获得始终念兹在兹的驻巴黎大使之职。从此，他一直首鼠两端，在 1818—1819 年政府在议会陷入困境时要挟政府，在 1820 年政府快要倒台的那几个月又希望利物浦不要为他提供政府职位。1821 年秋，在卡斯尔雷（我们将继续这么称呼他）的鼓动下，格伦维尔正式开始与政府谈判，出人意料的是，政府在那一届议会没有遇到多大麻烦，卡斯尔雷似乎过高估计了格伦维尔及其 20 名下议院支持者的政治重要性。[46] 当年年底，双方达成了一
26 笔交易：格伦维尔派在议会支持政府，作为交换，白金汉获得公爵头衔，白金汉提名的查尔斯·威廉姆斯·韦恩进入内阁。有观察家评论说，“从来没有哪个无足轻重的小党派要用如此高价来收买”。[47] 这些交易无疑让坎宁越发感到被排斥和屈辱；1822 年，一些辉格党人想利用他的愤怒做文章。

表面上看，种种征兆似乎有利于议会持续对政府发动攻击，因为虽然对叛乱的担忧有所缓解，但不断恶化的经济形势激化了农业的动荡（从而也就意味着议会的动荡）。事实上，自 1817—1818 年的经济繁荣以来，政府政策就出现了严重失误。1819 年，政府在一拖再拖之后决定恢复黄金支付，从而在经济明显步入衰退之际开启了一个通货紧缩时期。从那时起，一场直到 1822 年秋才跌至最低谷的经济萧条给农业地区造成了严重困难。1818 年后的四年间，小麦价格下降了一半。议会中的土地利益舆论势必向政府施加压力，要求削减税收并尽快实施谷物法，但政府除了口头承诺和成立了一个特别委员会之外，并没有采取任何实际行动。人们强烈意识到，尽管特别委员会提交了反对贸易保护的报告，政府仍将在 1822 年面对一项新的谷物法议案，下议院里将爆发一场恶战。

乡村绅士中流行的观点是基于一种假设，那就是当权者和他们

一样认为农村的困境是政治家不能容忍的邪恶，而政府政策的重中之重就是消除这种邪恶。他们想错了。大臣们对农村的疾苦并非一无所知，尤其是危机深重的 1821 年，当时科伯特和贸易保护压力集团的声势达到鼎盛；但大臣们看到的是普遍的改善，其他人却将这种改善归因于难得一见的好运气。罗宾逊报告说，他最近从岳父那里继承的林肯郡庄园十分繁荣，足以驳斥激进派活动家提供的令人沮丧的数据。阿巴思诺特夫人不遗余力地传播沃尔特·司各特爵士关于苏格兰繁荣的消息，也许还要加上她本人与丈夫和威灵顿公爵三人（*à trois*）骑马旅行的亲身经历："过沃克斯豪尔桥，经布里克斯顿、图庭，绕到旺兹沃斯，再从切尔西返家，一段穿越大半个萨里郡的赏心之旅，尽管我们每天都挨饿受冻，但大家看起来都很富足、快乐。"[48] 在政府看来，这个国家仍是一艘能够扬帆远航的船，西德茅斯就常常把这个说法挂在嘴边。按照常理，只要能顶住来自议会的压力，当情况好
转时，农业经济就将迎来整体复苏。谷物法实施后，1820 年，英国 27
关闭了进口小麦的港口，造成了持续的经济困境，在一定程度上抑制了贸易保护的呼声。至于议会，利物浦在 1821 年秋曾有过一些担忧，但收编了格伦维尔派之后，他完全掌控了议会。诚然，1822 年议会期间，乡绅们给政府出了难题，但阿巴思诺特告诉他们，若再有叛乱，将导致政府辞职，随之而来的是辉格党人上台，乡绅们很快就明白过来，最好还是见好就收。

其他政策领域也让大臣们分心，使他们不能将全部注意力放在农业上。西班牙和那不勒斯革命期间，下议院通过了普伦基特法案，废除了禁止天主教徒担任公职，加之王室干政问题持续存在，不仅转移了在野党攻击的火力，还有助于将卡斯尔雷塑造成政府的中流砥柱。坎宁离职后，卡斯尔雷成为外交政策上的智者、"天主教徒"争取公民解放事业的主要支持者，以及国王深恶痛绝的一届政府中最宠信的人。从 1821 年卡罗琳王后葬礼上卡斯尔雷受到的欢呼来看，

他甚至一度很有人望。“他比以前更出色了，”克罗克在当年年底写道，“也就是说，更冷静，更沉稳……更和蔼可亲和受人尊敬。”公共舆论对卡斯尔雷的态度仿佛发生了奇特的逆转。“从前我多么不受欢迎，”他断定，“1821 年就多么受欢迎。”[49] 他也并非只是一个傀儡。身为爱尔兰贵族，卡斯尔雷得以进入下议院，* 这个机遇强化了他的权力，例如，1821 年，他成功阻挠皮尔晋升为财政大臣。在那一年，首相的地位明显下降，这也让卡斯尔雷感到振奋。1821 年下半年，利物浦想把国王绝不肯起用的一位大臣强加给国王，从而惹上了麻烦，按照坎宁的话说，这招致了国王不加掩饰、毫无保留的憎恶。此外，利物浦也未能笼络住坎宁，他的职业生涯从此一蹶不振。57 岁的利物浦第二次结婚，这表明他开始远离政治世界，同僚们已经意识到这一点，认为他将在接下来的执政期与更强硬的人展开一场权力之争。

另一方面，到目前为止，国王乔治的统治是顺利的，甚至可以说是值得称道的。他最大的对头——他的妻子——已经死了。得知这一消息时，他正从霍利黑德启程前往爱尔兰进行国事访问，不难想见，
28 他很快就走出了悲伤。“前往都柏林途中，”一位随行者写道，“国王陛下吃着鹅肉馅饼，畅饮威士忌，还唱了许多欢快的歌曲。”[50] 她的葬礼上发生了骚乱和意外，他却一直在国外。他挫败了利物浦把可恶的坎宁强加给他的企图。他要把坎宁赶得越远越好，并且期待在 1822 年夏对苏格兰进行皇家访问。然而，就在国王乔治似乎要充当英格兰的沃尔特·司各特之际，他运气欠佳，而坎宁显然时来运转。1822 年 8 月 15 日，国王在停泊在利斯锚地的“皇家乔治”号游艇上

---

* 一般来说，世袭贵族不能成为下议院议员。但 1800 年的英爱合并法案规定，未进入上议院的爱尔兰贵族，可以在爱尔兰以外的议会选区当选为下议院议员。不仅卡斯尔雷，日后曾任首相的帕麦斯顿也是以爱尔兰贵族的身份进入下议院。

收到了一封急件，这一次不会有馅饼、威士忌和歌曲了。三天前，猎松鸡日的早上，外交大臣用小刀割断了自己的喉咙。

卡斯尔雷已经有一段时间不大对劲了。同僚们，尤其是威灵顿，注意到卡斯尔雷突如其来的痴呆症，这可能与尴尬的性事招致的勒索有关，当时正值克洛赫主教与卫兵有染之事刚刚披露出来，公众正处于亢奋之中。* 不过，卡斯尔雷的自杀是一场大灾难。议会已经休会（对于利物浦而言，这是不幸中的万幸），因此，高层政治家们的往来通信中记录下他们的震惊和阴谋诡计。国王从苏格兰回来之前，利物浦一直闭门谢客，写下了痛苦的备忘录，上面反复出现“危机”一词。在政治光谱的另一端，布鲁厄姆也看到了相同的颜色。“把他们所有人放在天平的一头，”8 月 19 日，他在给克里维的信中写道，“可怜的卡斯尔雷一人在另一头，他的份量显然更重。”激进派对未来的看法与首相不同，布鲁厄姆反问道：“至于他的继任者，又有谁在乎呢？”利物浦手头有一些人选，但都不能令人满意。他要处理两个难题，因为卡斯尔雷身兼外交大臣和下议院领袖两个职务。让坎宁出任下议院领袖显然是合理的，他的口才远远胜过其他人。但还要顾及皮尔的态度，几个月前，利物浦刚刚让他入阁，接替退休的西德茅斯执掌内政部。9 月初，两人面谈了两个小时，结果，利物浦觉得皮尔希望领导下议院，而皮尔的印象是利物浦不会答应。范西塔特成为“真正的污点和罪人”，[51] 由于他始终对财政一窍不通，被免去了财政大臣职务。1814 年后，经济政策的掌控者一直是默默无闻的森林专员赫斯基 29
森，而韦恩被提拔进内阁，充当白金汉的傀儡，这丝毫无助于减轻赫斯基森被冷落的痛苦。首相怀着极度沮丧的心情推迟了与切斯特小姐的婚礼。

---

* 1822 年，克洛赫主教与一名军人约翰·默弗利进行性交易而被捕，保释后逃亡法国。

由于年深日久，如今很难准确说出坎宁究竟哪里“出了问题”。格雷对这位女演员之子的嘲讽十分出名，但这似乎是一个拙劣的解释。坎宁有不寻常的父母，但他的祖父母并不是政治社会的怪人或弃儿，他本人的教育和成长经历也完全是体面的。牛津大学基督教堂学院并不是什么孤儿院，他就是在那里结识了利物浦。* 另一种解释是他的“自由托利主义”，但这似乎同样是老掉牙的说法。他自称是一个自由派（*liberale*），支持希腊独立，而同僚们时常对他的信条不以为然；他对天主教徒不无同情，对俄国的专制制度嗤之以鼻，另一方面，他坚决反对议会改革，并在战争结束后支持西德茅斯的人马。无论如何，人们与其说是对他的信条失望，不如说更多是怀疑他根本不相信这些信条。事实上，问题似乎并不在于坎宁相信什么或做了什么，而在于他的个人风格，正如托利党圈子内外的传闻暗示的那样，这种风格意味着离经叛道和野心勃勃。他总是忙个不停，总是全力以赴。人们从小道消息的传声筒阿巴思诺特夫人那里听说坎宁卷入了“见不得人的阴谋”，又从自相矛盾地力荐坎宁担任外交大臣的威灵顿那里听说未来两三年的政策失败以及（或许更为重要）坎宁没有固定的“地址”**。大多数政治评论家，无论是托利党人还是辉格党人，都不断传言说利物浦将被迫任命坎宁为下议院领袖和外交大臣，这个决定将导致辉格党人上台，并且掩盖了本应关注的事情。近来历史学家令人信服地证明了1822年并非“自由”托利主义与早先压制性、冥顽不灵的托利主义的分水岭：1821年之前就已经出台了许多自由化举措。

---

* 坎宁未满周岁时父亲去世，其母不得已当了舞台演员，这在当时是不体面的职业。其母数次与人同居并遭遗弃，因此出身名门的格雷讽刺坎宁幼时走上了“通往绞刑架的道路”。但坎宁的叔父斯特拉福德·坎宁是一个富有的银行家，他让坎宁接受了传统教育，先后就读于伊顿公学和牛津大学。

** 英国贵族都有土地和庄园，通信落款地址通常是自己的庄园或封地。坎宁是平民，没有这样的固定地址。

但是，1822 年秋季那几个月对于政治精英的意义怎么强调都不为过。一种新的政治风格呼之欲出。

这种风格在很大程度上源于对欧洲大陆和爱尔兰迅速发展的事态的反应。1823 年，西班牙成为舞台的中心。1820 年革命后，五国同盟内部面临越来越大的压力，要求释放被俘的国王斐迪南，废 30
除 1812 年宪法，恢复君主制的合法性。1822 年 10—11 月的维罗纳会议上，威灵顿反对干涉西班牙的意见被否决，会议达成了一项协议，向西班牙政府递交最后通牒，如果最后通牒被拒绝，则由法国发动对西班牙的入侵。1823 年 1 月，维莱尔提交照会，3 月，法国入侵西班牙，从而埋下了坎宁和威灵顿在外交政策上分道扬镳的第一颗种子，威灵顿从此对未来的首相越来越不信任。威灵顿在这些年间外交政策的定位是正统主义和亲法国；因此他认为坎宁奉行支持革命和亲西班牙的政策。1823 年，尤其是 8 月，坎宁否决了出兵葡萄牙、协助葡萄牙国王镇压革命的提议，威灵顿与坎宁渐行渐远。不仅政府内部分歧日益尖锐，辉格党人也因为同样的问题矛盾重重。“我们一味相互指责，”约翰·罗素勋爵在 3 月写给布鲁厄姆的信中写道，“强硬派嘲笑温和派，而温和派对强硬派怒目而视。”[52] 爱尔兰问题上也出现了两极分化。熬过 1822 年的马铃薯歉收之后，这个国家恢复了一点元气，“天主教解放”事业似乎也跟那种农作物一起烂掉了。但是，1823 年，丹尼尔·奥康内尔建立了天主教协会，到 1824 年，政治家们会更多地听到协会和奥康内尔的声音，因为一根看不见的线从都柏林延伸到南美，将奥康内尔和玻利瓦尔联系在一起。

遥远异国的人和事之所以占据了政治家们的头脑，是因为国内政治显然已经稳定下来。当年年初进行了政府改组，赫斯基森终于进了贸易部，范西塔特被赶出了财政部。后一个举措避免了“尴尬”，因为取代范西塔特的是卡斯尔雷的门徒罗宾逊，从而保持了坎宁和伦敦德里的阴魂*之间的权力平衡。不过，经济萧条已有缓解的迹象，这使得赫斯基森难以证明自己的价值。无论如何，赫斯基森有的只是“法国人所说的行政经验”，在“规矩”大过一切的圈子里，这些经验于事无补。因此，1823年秋，内阁已经改组，当韦恩以局外人眼光审视这个“真正高效的内阁”，他眼里依然只有利物浦、巴瑟斯特、威灵顿和坎宁。[53] 正是从此时起，首相开始抱怨内阁中派系林立，他
31 的这些话经常被用来当作证据链的一部分，表明政府政治已不尽如人意。另一方面，议会政治却成为一个不同寻常的友好舞台。1823年和1824年议会是这个十年中最平静的时期。辉格党人保持低调，部分是因为他们认为坎宁很快就投靠他们，部分是因为他们的领袖格雷伯爵再度变得意志消沉。“我记忆中从来没有这么安静过，”1824年初阿巴思诺特夫人写道，“简直无事可记。”夏天结束时，她还认为，尽管大家都听到过首相的消息，但他和死了没什么两样。[54]

然而，这种看法虽然普遍，却具有误导性。1824年非但不是风平浪静，激烈的政治敌意反而超过了1815年以来的任何时期，只是政治斗争的场所改变了。虽然非议会活动向来不受重视，此时却成为政治家们眼里的关键所在。几个月之内，它上升到令人窒息的内阁斗争，即便是国王也只能充当爱莫能助的旁观者。1824年，三位最重要的政府成员，利物浦、坎宁和威灵顿，至少三次威胁要辞职；他们的辞职威胁都是为了同一件事：英国政府是否应当正式承认一些前南美殖民地独立。引发轩然大波的导火索是1823年威灵顿和坎宁在西班牙问题上的立场。历史上的西班牙帝国在南美洲留下了一批陷入无政府状态的富饶的前殖民地。法国入侵这些殖民地的宗主国，势必带来一个问题：是否坐视法国吞并这些殖民地，并从其财富和贸易中获益？坎宁决心阻止欧洲的力量平衡被打破，主张英国政府承认新生的

---

* 卡斯尔雷是第二代伦敦德里侯爵，他于1822年自杀了。

南美国家独立。威灵顿则认为，这样的政策会瓦解五国同盟，鼓励闹革命的野蛮人，并把英国的资金和武器投入“没有白人政府”、缺乏稳定和自我保护手段的国家。[55] 事实上，坎宁和国王一样不愿“在晨觐时接见可可豆肤色的外交使节”，[56] 但他认为体面事小，贸易和投资事大。因此，坎宁和利物浦在1824—1825年与其说创造了一个新世界，* 不如说引发了一场投机狂潮，12个月之内，它将成为堪与“南海泡沫”** 相提并论的经济帝国主义事件。

国王对丛林战士和可可豆肤色的使节有自己的看法。在他看来，玻利瓦尔在秘鲁的革命是世界范围内对君主制攻击的一部分，承认这 32
种冒险事业的合法性，无异于支持爱尔兰的奥康内尔以及英格兰的亨特和科伯特。威灵顿并非没有注意到南美与爱尔兰的联系；他也不知如何才能做到既正式承认玻利瓦尔，又压制奥康内尔。此外，1825年，随着反对承认前拉美殖民地的运动在很大程度上成为威灵顿的独角戏，这场斗争也进入公众和政治视野。天主教徒的不满在于，如果当选为议员，他们无法凭良心宣誓，*** 一旦他们当中有人赢得议席，这种不满可能会发展成一种广泛的呼声。尽管辉格党人迫切希望在议会里有所作为，但这种前景也会在下议院掀起一场轩然大波。

天主教协会成立伊始，就慢慢动员舆论，反对长期以来禁止天主教徒担任公职的规定。1824年，奥康内尔发明了“天主教捐”，即每人每月缴纳一便士的群众性募捐，这个高明的策略极大促进了天主教徒的事业，而政治家们在这一年从根本上意识到天主教问题的紧迫性。政府圈子的舆论转而抨击爱尔兰总督韦尔斯利，他虽然

---

* 1825年1月，英国正式承认阿根廷、哥伦比亚和墨西哥为独立共和国。坎宁自夸说：“为了恢复旧世界的平衡，我创造了一个新世界。”

** 1720年，英国南海公司引发的一场投机狂潮。

*** 按照惯例，议员进入议会必须进行宣誓，天主教徒也不例外，但原有誓词都是为新教徒拟定的。直到1829年的《天主教解放法》才解决了这个问题，办法是为天主教议员单独草拟一份誓词。

是威灵顿的兄弟，却有亲天主教倾向。1825 年议会期间，爱尔兰事务大臣古尔本引入了旨在取缔天主教协会的法案，为了规避这项法案，协会旋即自行解散，然后改组为新天主教协会。备受瞩目的是，弗朗西斯·伯德特爵士试图引入一项天主教解放法案，条件是剥夺爱尔兰年收入 40 先令的自由租地农（下一章我们还会提及这个群体）的选举权。这件事造成了两个重要后果：首先，许多辉格党人彻底看清了坎宁见风使舵、两面三刀的真实面目，他和卡斯尔雷一样，并不打算推动天主教徒的解放；其次，议案在上议院遭到否决，因此利物浦有可能以“新教”纲领举行大选，从而打破一直以来关于他“改变政治立场”、皈依天主教的传言。在上议院结束对伯德特法案的辩论时，利物浦使出浑身解数，做了半个小时的精彩演说：

> 他说，天主教徒在一个新教国家无权享有平等权利，而他将坚持这一观点……区别在于——他马上接着说——新教徒完全效忠于君主，而天主教徒则是分裂的……他知道有人要说，教育的进步和文明的发展已经在天主教徒当中铸就了奇迹……但他提醒在座
> 33 的各位大人，暴风雨来临前，天边是最晴朗和最宁静的。他诉诸历史，询问各位大人，可曾有哪个时期的国教比查理二世复辟时期更为繁盛？然而，在那之后 20 年，在国教会的那种状况下发生了一场最大的革命，近乎奇迹的是，由于一位天主教王子的阴谋，它没有与这个国家的政府和宪法同归于尽。[57]

事实上，利物浦自己的政策彻底堵死了这条路。他十分倚重坎宁，因而很难拒绝坎宁提出的将天主教问题推迟到下届议会结束的要求，坎宁希望届时这个问题已经降温了。此外，利物浦放手让坎宁在外交政策上当家作主，已经将政府仓促地带入南美的丛林。随着承认

拉美独立而来的投机狂热开始退潮，贸易部发现，越来越多的证据表明一场灾难近在眼前。1825 年 9 月，政府决定推迟大选，赫斯基森警告说，金融危机迫在眉睫，只是因为当年收成尚可，危机才没有立即爆发。危机最终于 12 月爆发，伦敦的银行（及其控制的郡银行）开始倒闭。圣诞节前一周，皮尔不得不派兵保卫针线街*。[58] 诚然，这场危机相对较快地过去了，这届非常长的议会—— 1716 年《七年会期法》以来最长的一届议会——的最后一个会期也平安结束了。但是，农业社群日益加深的困境以及奥康内尔改组天主教协会后势必带来的爱尔兰的威胁，都在诉说着自己的故事。不论这场势在必行的大选结果如何，一些问题凸显出来，如果说当时存在任何公认的政党，那么这些问题跨越了“政党”的界限。在“民众”当中，只有农场主和爱尔兰人对利物浦的长期议会产生了显而易见的影响。然而，利物浦内阁解散前夕，政治家们清楚地意识到，他们的视野和前景与 1820 年截然不同了。

解放、改革与威灵顿公爵（1826—1830）

1826 年大选没有提供多少政治教训。当时观察家们一致认为“新教徒”议席数量有少许增加，尽管他们不能确定具体数量，而历史学家也无法澄清这个问题。[59] 然而，这次大选在一定程度上表明了反天主教政治在一个被坎宁败坏了名声的世界里的前景，助长了接下 34
来三年里始终鞭策着政治家们的一个惊人猜测：政府不得不面对“天主教”问题，而只有“新教”政府才有足够力量面对这个问题。当然，坎宁无法再寄希望于扶植一个托利党中心和辉格党外围。面对“老托利党”根深蒂固的势力，他如果想当上首席大臣，就必须与在

---

*　针线街，伦敦街道名，金融机构集中地，英格兰银行即坐落于此。

野党达成协议，而不是向在野党示好。坎宁的政治立场取决于三个问题：天主教解放是否可取，重新出台谷物法的压力日益增强，以及威灵顿的替代性外交政策。就目前而言，一次新教大选避免了彻底的（*à outrance*）分裂。在春季，为了防止北方制造业城镇的骚乱进一步蔓延，罗宾逊的谷物法已经强加给土地利益集团，而这次大选大大巩固了奥康内尔在爱尔兰的地位，尤其是“天主教”运动取得巨大成功，一位主张天主教解放的新教徒在沃特福德当选为议员。1827 年 2 月，利物浦中风并辞职，其实早在几个月前，他的托利主义就已经死亡并被埋葬了。11 月初，在议会开幕前内阁晚宴上，威灵顿发现，六周没见面的大臣们彼此无话可说。赫斯基森曾在给坎宁的信中对政局前景表示乐观，他还不知道三个月前东雷特福德选区的暴行已经引发了连锁反应，这些事件将在 18 个月后波及他本人的前途。

1826 年秋，没有迹象表明威灵顿公爵很快会在托利党政治中扮演重要角色。虽然 1819 年后他一直担任内阁大臣，但他的职位（军械总管）很难为他带来很高的政治声望，而他与坎宁在南美和葡萄牙问题上的斗争也始终没有公开。事实上，他是坎宁外交政策的参与者，1826 年春，英、俄在圣彼得堡讨论调停希腊和土耳其问题时，他以全权代表的身份与会。尽管如此，他还是表明了自己一贯的新教立场以及保护农业的态度，这对他在 1827 年巩固对上议院的控制发挥了巨大作用。与此同时，由于约克公爵去世，威灵顿成为新教的支柱和贵族阶层的导师；1827—1830 年，一批能左右政党走向的重量
35 级人物相继去世，约克公爵是这些人当中的第一位。

约克公爵之死对于天主教徒和新教徒来说都意义重大。作为国王的弟弟和王位继承人，他狂热地反对天主教解放，且掌握了雄厚的宣传资源：他在上议院讨论 1825 年伯德特的天主教解放法案时发表的演说用金箔印制并广泛流传。他的死从两个方面有利于天主教徒的事业。首先，一个反对派从此永远闭嘴了。其次，这意味着如果乔治四

世真的疯了——此事不但有很大可能，而且已经闹得满城风雨——克拉伦斯公爵将成为国王。克拉伦斯虽然天性聒噪，情绪不稳定，但他并不理解他哥哥的宗教狂热，又不像他弟弟那样惹人厌烦，似乎天生就是“一位非常正派的国王”。[60]另一方面，对于新教徒而言，约克公爵之死更是一件大好事。在接下来的12个月里，威灵顿将获得约克所具备的大部分魅力，并更有效地加以利用。就眼下来说，约克甚至在死后依然能折磨他的对头。1827年1月，坎宁参加约克葬礼时，天气十分寒冷，葬礼又没完没了，因此感染风寒，几个月后，他也死了。

利物浦中风之前，坎宁就已经是事实上的首相了。然而，他正式继任领袖之路并非一帆风顺，1827年2—4月坎宁组阁期间，政治家们令人眼花缭乱的小动作[61]表明当时有很多可能人选。然而，此时的氛围已非1822年8月可比，值得注意的是，首相去世引发的喧闹远没有五年前外交大臣之死的动静大。政治家们如今面临的关键问题不是党内的平衡，而是党际的融合。因为从一开始就很清楚，坎宁不可能接受威灵顿和他的“老党”；同样清楚的是，他也几乎没有可能把整个（*en bloc*）辉格党拉过来。因此，坎宁可能会收到温莎*提出的组建政府的要求，这预示着两党分道扬镳；随着其他候选人相继退出角逐——“议会内外的交谈中”提及的有威灵顿、巴瑟斯特、皮尔、罗宾逊、韦尔斯利和哈罗比[62]——上述两种可能性都兑现了。威灵顿、皮尔、埃尔登和巴瑟斯特出局；哈罗比和贝克斯利（最终）坚持了下来；罗宾逊被授予贵族头衔，以诺克顿的戈德里奇子爵的头衔领导上议院，这个决定不久将给他带来无尽的痛苦，他也因此成为19世纪政治史上最可悲的首相。辉格党方面，兰斯多恩、蒂尔尼和德文希尔得 36
以进入混合内阁，但其他重量级辉格党人像布鲁厄姆说的那样，宁愿

* 温莎城堡是英国最古老的王宫之一，指代英国王室。

"活在 1780 年"。格雷依然厌恶坎宁，宣布保持中立；埃伦伯勒坚决反对新政府；奥尔索普为首的年轻的辉格党-激进派团体希望明哲保身，置身事外。然而，坎宁一时间成功实现了摧毁政党的目标。伦敦德里勋爵调侃说，他使一部分辉格党人退出辉格党，使一部分托利党人退出托利党。[63]

在新的政党背景下，坎宁必须控制同僚们谈论的话题，尤其是在议会。当时最迫切的问题——天主教解放问题——必须尽快被扼杀。从利物浦生病到坎宁继任之间的过渡期，伯德特第二次在议会提出天主教解放议案，但未获下议院通过，这是自 1819 年以来的第一个动议，也是 1826 年大选结果的一个标志性写照。虽然表决失利的票数不足以影响坎宁继任，但他显然将在议会开会期间尽一切可能躲开"爱尔兰"。坎宁还会避而不谈议会改革，坎宁和老托利党残余在这个问题上一贯持反对态度，对于他们来说，这个问题是不可接受的，而后者一旦被激怒，会直接出走。当然，外交政策一如往昔。威灵顿离开之后，辉格党喜欢坎宁在希腊问题上表现出来的自由主义，时机已经成熟，当年夏天签署的《伦敦条约》确认了 1826 年的《圣彼得堡议定书》。然而，一个令人不快又无法避免的问题接踵而至。就像天主教问题的最终解决一样，新谷物法的威胁去年秋天就已经出现，在本届议会上，这个问题势必会使坎宁与基层托利党人的关系恶化。坎宁将最初的举措淡化处理，使下议院能够接受谷物法议案。但威灵顿首次在上议院以公众政治家的形象现身，他增补了一项"最低价"66 先令的条款，禁止进口低于这个价格的小麦，从而毁掉了这个法案。事实表明，在上议院，戈德里奇不是威灵顿的对手。接下来几个月的事态发展将一再证明这一点。

坎宁的身体明显不行了，他于 8 月去世后，似乎没有人能延续 1822 年以来他的领导作风。国王不会同意辉格党人组阁；他也不想让皮尔和威灵顿当首相，他不喜欢前者、畏惧后者。因此，他只能去找戈德里奇。这位优柔寡断、忧心忡忡的坎宁派没有议会的支持（议会在 6 月就解散了），乔治四世如愿以偿，在六个月里成为了他 37
一直想成为的国王。他召唤戈德里奇组阁，开始了一个王室凌驾于政府和政策之上的时期：事实上，戈德里奇糟糕表现的唯一宪政意义就在于带来了君主权力的复兴。国王独揽大权，强行让赫里斯而不是兰斯多恩担任财政大臣，并将所有看不顺眼的辉格党人拒之门外，尤其是查尔斯·詹姆斯·福克斯的侄子霍兰德勋爵，他天生是不可救药之人。[*] 被这样一届政府拒之门外谈不上什么耻辱，这几个月里最尴尬的政治家反倒是与这届政府有瓜葛的人。威灵顿一念之差犯了错，答应担任陆军总司令，却又没有内阁席位，他的效力被一些顽固的托利党人视为向坎宁派投降。另一方面，作为唯一的“行政”政治家，赫斯基森对戈德里奇的无能大为恼火。这届政府最终垮台后，他在给格兰维尔的信中写道，“从来没见过有谁处理事务时如此软弱、犹豫和惊惶”。[64]

赫里斯与赫斯基森发生了一次小争吵后宣布辞职，戈德里奇随即在议会没有开会的情况下辞职。更大的麻烦在于，1828 年 1 月底议会召开时，不会再有辉格党人充当“垫背”了。国王决心摆脱所有辉格党人和不听话的托利党人。他召唤哈罗比勋爵组阁，这表明他已经走投无路了。哈罗比仕途的巅峰是在四分之一个世纪前的 1804 年，当时皮特让他主管外交部，但他从外交部的楼梯上摔下来，并因健康不佳而辞职，他的仕途就走下坡路了。从此他只是托利党政治中枢的一个贵族摆设，他一眼就看出国王的组阁邀请不会有好结果。由于哈罗比拒绝组阁，国王只好回头找威灵顿和皮尔，从而重新卷入托利党的派系斗争。他几乎不把辉格党人放在眼里。辉格党人暂时停止了政

---

* 查尔斯·詹姆斯·福克斯在美国革命和法国大革命期间非常激进，所以乔治四世迁怒于他的侄子霍兰德勋爵。

治“采购”，直到天主教问题得到解决、新国王登基、议会改革重新成为格雷伯爵所看重的辉格党事业，他们才重新活跃起来。

威灵顿在这些年里一直很清楚，一个纯粹的新教政府无法生存，因此他并不打算组建这样的政府。不过，他分得清“天主教徒”和
38 “辉格党人”的区别。他没有向格雷发出入阁邀请，曾在坎宁和戈德里奇手下任内政大臣的兰斯多恩也没有收到邀请。“奸人们”——那些反对与坎宁联手的人——倒是可以考虑，但他们当中大多数人都不可思议地激进，所以合适人选实际上只有埃伦伯勒一人，最终他入阁担任掌玺大臣。从政党而不是爱尔兰人的角度来说，赫斯基森是威灵顿所能接受的最左的人选；前坎宁派成员大体上保住了戈德里奇时期的职位。埃尔登则无人问津。一位辉格党人不无酸楚地宣称，这届由“军官花名册和极端托利党人炮制而成的政府”并不值得夸耀，也确实引发了对其社会等级不高的非议。毕竟，在埃伦伯勒这样的贵族后代眼里，赫里斯和古尔本都属于“次官级别”。阿巴思诺特夫人更刻薄的说法是“下等人”（*rif raf*）。[65]

不出所料，皮尔重返内政部并担任下议院领袖，只不过他有可以理解的顾虑。与坎宁决裂之后，他的形象就一落千丈：总是往人身边凑，总是站着，总是谈论他自己、他的信条和他的难处。政治家同僚们很快就厌倦了这么一个不断替自己辩解、重新定义自己与宇宙关系的人。他坚持让赫斯基森作为管理下议院的副手，但那里的斗争愈演愈烈，实际上他不得不孤军奋战。威灵顿在上议院要面对更艰巨的任务，天主教问题一触即发，而格雷和兰斯多恩都帮不上什么忙。尽管如此，这些难处可能言过其实了。如果说格雷是奥林匹斯山的神祇，他至少还能待在山上。如果兰斯多恩迷失了方向，用一位该党成员的话说，他始终“被公认为有史以来最可恶的白痴”。[66] 辉格党肯定要向政府公开发难，并最终把政府拉下马来。但首先要找到可以大做

文章的议题，方能重整旗鼓，弥合坎宁造成的分裂。

天主教问题并非一个好的由头。它激起的激情直接引发了近年来的纷争，而且面对公开信奉"新教"的政府和选民，它在议会里成功的机会渺茫。不从国教者的不满倒是大有文章可做。辉格党人在这方面有悠久的传统，他们曾要求废除查理二世统治时期为防范不从国教者的民事危险制订的《宣誓法》和《市镇机关法》。1780年代后，辉格党人没有认真讨论过这个问题，但如果说他们什么时候需要重新祭起传统的旗帜，那就是眼下了。不从国教派信徒迅速增长，自信心也日益提升，行动时机已经成熟。但约翰·罗素勋爵废除《宣誓法》的 39
动议与其说是迫于民众压力，不如说是受到新政党格局的影响。[67] 此外，这一策略奏效了：政府在下议院遭到挫败，被迫接受威灵顿和巴瑟斯特强烈反对的改革。辉格党人达成了某种共识，这让埃尔登和纽卡斯尔等顽固派怒火中烧，他们认为废除《宣誓法》是走向天主教解放的第一步。坎宁派余党在这个问题上与首相唱反调，也无助于内阁团结。1828年议会闭幕时，年轻的辉格党皈依者詹姆斯·格雷厄姆爵士期盼政府犯下"大错"，从而"带来千载难逢的机遇，可以根据某种广泛而明智的原则在下议院组建一个政党"。近年来辉格党人并不以开朗乐观见长，如今却有了一番新气象。"我确实倾向于认为，"格雷厄姆接着写道，"通向权力的大门是敞开的。"[68]

他的乐观其来有自，两个月前，威灵顿的左翼失守。赫斯基森、格兰特、帕麦斯顿和达德利等坎宁派对威灵顿一意孤行的外交政策不以为然，几年来英国的政策是阻止俄国与土耳其爆发战争，结果却适得其反。在国内，废除《宣誓法》无助于缓解紧张局势，而其他两个问题上的争论变得白热化。一是谷物法问题，坎宁派的查尔斯·格兰特抨击威灵顿不遗余力地保护农场主，威胁要从贸易部辞职。格兰特本人无足轻重，事实上威灵顿很乐于让他走人，但不想留下把柄，好像要绕弯子将真正的关键人物赫斯基森免职。但没有这个必要了，

1828 年 5 月，赫斯基森终于在东雷特福德栽了跟头，相比 1826 年大选后被撤销选区议席的分配，经济事务就小巫见大巫了。赫斯基森在内阁中宣布全力支持把彭林和东雷特福德的席位转给没有代表权的大城镇。顽固派反对坎宁派主张，提出把议席转给邻近的乡村百户邑，内阁决定采取折中方案，将彭林的席位给了一座城镇，将东雷特福德的席位给了巴塞特罗。赫斯基森感到大失所望，于是提出辞职，但他大概没有想到自己的辞呈会被批准。事实上，威灵顿二话不说就批准了辞呈，他巴不得用这样“公平的”方式甩掉这个一直与他作对的“四人团伙”。最重要的是，托利党政府在议会改革上碰得头破血流；议会解散后，人们把这一教训带到霍兰德庄园、博伍德、奥尔索普、
40 温特沃斯伍德豪斯，尤其是豪威克去消化。要到 1830 年初，辉格党人才会致力于议会改革，因为坎宁派的离职最终使得天主教问题到了不得不解决的地步。

威灵顿决定一不做二不休，让维西·菲茨杰拉德接替格兰特在贸易部的职位。格兰特的议席是爱尔兰克莱尔郡选区，依据法规（这一规定直到 1918 年才废止），菲茨杰拉德的晋升需要参加补缺选举。1828 年 7 月，丹尼尔·奥康内尔在这次补缺选举中获胜，这就将政府逼到了悬崖上，因为一个天主教徒赢得了爱尔兰议席，而议员就职的英国国教誓词又使得奥康内尔无法进入议会。这种事态发展使得政治家们在当年下半年要解决两个当务之急。威灵顿、皮尔和林德赫斯特草拟了一份秘密备忘录，劝说国王收回成命，允许内阁讨论天主教解放问题（但未能成功）。在民众层面，新天主教协会的活动更加声势浩大，但在英国遭到了坎伯兰公爵和埃尔登勋爵发起的新教或“不伦瑞克”运动的强烈抵制。这一次，议会休会给大臣们带来了麻烦，因为他们没有任何渠道来平息民众“不要天主教”的呼声，以免这种日益高涨的民意阻挠天主教解放的立法。内阁与国王的谈判严格保密，所以威灵顿无法向亲天主教的爱尔兰总督安格尔西侯爵透露自己

的底牌，后者因违抗内阁命令在年底被解职，之后一直喋喋不休地指责大臣们的不妥协，而这恰恰有违政府的初衷。

不用说，圣诞节期间，各方都在摩拳擦掌，为国王的新年演说做准备。一方无意承认天主教解放，另一方无力阻挠解放，天主教解放既是一个战场，也是一个战斗口号；辉格党头面人物坐山观虎斗，等着看威灵顿如何对付国王和皮尔，如果他要提出一项解放法案，这两人将是最大阻碍。赫斯基森“骑上了两头马”，随时准备见机行事：如果辉格党人成功惩罚了威灵顿，使其放弃解放天主教徒，他就带领自己的小部队前去投靠；如果顽固派成功拉拢了新教徒，他就换一边站队。然而，1829 年 1—4 月，法案在上议院获得通过，辉格党人和坎宁派的希望全都化为泡影。议会开幕前，威灵顿收买了皮尔，皮尔辞去了牛津的席位（“一个民主但违宪的事件”，克罗克抱怨说），并 41
在下议院做了长达四个小时的解释，从而放下了心头的重负。国王要更难对付一些。他原本答应在新年前几个星期充分协商，但当他发现必须修订最高权威宣誓*时，就不肯再与此事有任何瓜葛了。不过，当他对大臣们发动攻击时，却已错失良机，威灵顿宣布解散政府，就像 1828 年 1 月时一样，没有人前来解救国王。国王垂询了埃尔登，他推荐了里奇蒙公爵，这个人选比哈罗比还要荒唐。24 小时之内，国王只得请威灵顿回来，威灵顿被人嗤之以鼻的法案已经十拿九稳了。

这几个月里，政治家们见证了政策和人格的全盘错乱（*bouleversement*）。他们听到格雷对皮尔赞不绝口，滔滔不绝的溢美之词听上去像某种实验性的世界语。他们眼睁睁地看着政府众叛亲离，却又没有任何旗鼓相当的对手。格雷维尔捕捉到一种普遍的情绪，6 月 11

* 1688 年《权利法案》的规定，最高权威宣誓（oath of supremacy）与效忠宣誓（oath of allegiance）要求国家高级官员、神职人员以及臣民宣誓拒绝承认任何外国人或罗马教皇在教会和宗教上的权威和管辖权。

日，他写道："目前谈不上什么党派，所有事情都一团糟，政党、政治等莫不如此。"在大势已去的气氛中，政府寄希望于"托利党人的专长（*métier*），支持国王的政府"。[69] 辉格党人更希望趁着威灵顿尚未凭借无可否认的显赫成就巩固地位，建立起新的纽带。在高阶政治层面，政府吸纳新生力量（最好是老辉格党人），并趁对手陷入混乱的有利时机解散议会，以此来巩固地位。但在低阶政治层面也必须站稳脚跟。不论是废除《宣誓法》，还是出台《天主教解放法案》，都不是出于"民主"动机；然而，不论威灵顿个人有何种看法，政策具有伸缩性这个简单的事实助长了一种情绪，即压力意味着一切。

1829—1830 年，政治家们频频在演说和通信中表达了对"民众"及其与政治家关系的思考，这些颇为中肯和严肃的思考是之前的言论中比较少见的。当然，我们不妨将时钟拨回到 1820 年，皮尔曾给克罗克写了一封著名信件，在信中给公共舆论下了一个著名定义，认为必不可少的政治渠道太过狭窄。他的这些想法形成于博格诺度假期间，与内阁政治的心态（*mentalité*）相去甚远，但皮尔并未在随后的政治活动中将这些想法付诸实施。天主教解放之后，情况就不一样了。1829 年秋，严重的经济衰退给制造业和农业地区带来了广泛苦
42 难。1830 年 1 月，议会重新开幕，观察家注意到议员们对威灵顿没有认真对待这个问题感到不满，抱怨声此起彼伏。天主教问题上的成功显然让公爵有些飘飘然了：1829 年，他经常把滑铁卢之战挂在嘴边。不断有人站出来唱反调，这让他火冒三丈，他不再有 1823 年以来形成的相当可靠的政治判断力。他认为自己要做的只是将议会中的个别批评者延揽进自己的政府。他还认为格雷站在自己一边，殊不知此时格雷正因为没有收到入阁邀请而耿耿于怀。谄媚的密友阿巴思诺特让他产生了错觉，他认为自己依然很得人心。

另一方面，辉格党迸发出新的活力。1830 年 2 月，罗素提出授予曼彻斯特、利兹和伯明翰选举权的议案，虽然该议案以失败告终，

却有助于提振辉格党人和激进派的士气。关键是格雷从此走出了阴影，感受到改革精神的力量，此时，下议院有了新领袖，即斯宾塞之子奥尔索普勋爵。甚至有传闻说，赫斯基森及其小团伙也许能学会与格雷共事。在这种情况下，对于公爵来说，最好的结局是放弃所有大选计划，咬牙挺过剩下的议会会期，并在秋天努力缓解公众和议会的紧张局势。但威灵顿失去了对局势的掌控，只能随波逐流。当时发生了两件大事：6 月，国王驾崩；一个月后，法国爆发革命。

乔治四世的身体早就垮了，1830 年 4 月，他的健康进一步恶化，还患上了浮肿病，政治家们开始认真考虑他死后要立即举行的大选。像 1820 年一样，君主的健康状况无法预测，政府不得不在不利条件下举行大选。像 1826 年一样，夏季大选将迫使政府在同样不利的情况下召开秋季议会。仿佛串通好似的，正当英国政府竭尽全力在国内灭火之际，法国查理十世的政府眼看要葬身火海。1828 年波利尼亚克就任首席大臣以来，甚至可能从 1824 年查理十世登基以来，法国政坛就一直不稳。威灵顿起初很高兴能有一个盟友共同抵御俄国的野心，因而没有考虑到波利尼亚克鲁莽的国内镇压可能会激起强烈反抗；无论如何，法国“七月危机”对英国造成了严重后果。如今我们 43
知道，法国的革命并未影响到英国 1830 年的大选。当法国爆发革命的消息传到英吉利海峡对岸时，只有少数英格兰选区的选举结果还没有揭晓，即便是这些选区，改革的动力似乎也没有明显增强。[70] 当秋天临近，法国事件成为政治思考的参照点，工头斯温 * 的乡村暴动蔓延到英格兰东部和南部大部分地区，越发凸显法国事件的意义。

虽然议席争夺并不激烈，但在法国事态的影响下，大选结果对政府极为不利，尤其是在各郡，布鲁厄姆几乎毫无悬念地重新当选为约克郡议员，这还只是在野党最引人注目的成功例子之一。政府如果

---

* 工头斯温（captain swing），又译斯温上尉。

想要亡羊补牢，显然必须联合某个政党或者大派别，但在新的权力平衡下，政府要比前一年更难做到这一点。9月，赫斯基森在新开通的曼彻斯特至利物浦的铁路上被火车轧死，从而为政府与前坎宁派达成协议铺平了道路。但是，政府在10月邀请有意制造麻烦的帕麦斯顿加入，这表明他们有信心组建一个替代政府。事情已经很明显，不论是压制“你们每天都在传播的最暴力、最民主的原则”[71]，还是维持1823—1827年大相径庭的环境中形成的政治格局，都为时已晚。人们期盼政府推行大刀阔斧的改革，这显然超出了精疲力竭、消息闭塞的威灵顿政府的能力范围。此外，这样的期盼不仅出现在下层社会的酒馆、改革俱乐部和外省报纸，还存在于政治国家内部。如果从大众激进主义的角度来解释1827年后林林总总的事件，就会认为高阶政治只对“国家”及其要求做出回应，从而忽略了当权者对自身行为的看法，并且错误地设定了他们行动时寻求指导或警示的参照点。另一方面，当时的政治家即便有耐心和远见来思考这些微妙的解释，也很难专注于此。事情尚未尘埃落定，一切皆有可能。当威灵顿在必败无疑的情况下准备迎接新一届议会时，政治家和民众都表达了对宪法和财产的担忧，因为他们心里没底，不知道将要上台的辉格党政府将何去何从。

第二章　革新与巩固

改革的马车（1830—1834） 44

有些长寿的辉格党人可能还对福克斯时期的辉格党原则记忆犹新，但大多数辉格党人已经很隔膜了。兰斯多恩侯爵一直穿着辉格党人的传统服装：浅黄色马甲和带铜纽扣的蓝色大衣。但是，辉格党中虽然不乏兰斯多恩、格雷、霍兰德、德文希尔这样“满脑子都是地道辉格党人旧怨”之人，[1] 但罗素、达勒姆、斯坦利、詹姆斯·格雷厄姆爵士等人却将辉格党当成向威灵顿进攻的改革战车。这些人从政时并没有什么党派门户之见：格雷厄姆虽然是辉格党人，却出身于一个坎伯兰托利党家族；反之，身为辉格党人的斯坦利很快就要建立一个兰开夏托利党王朝。他们认为自己有责任推行适度的选举权改革，这与许多“行政”托利党人在这个问题上的看法不谋而合；他们寻求建立一个明智、节俭和稳定的政府。不过，格雷的辉格党有些与众不同的特质，这些特质可能会影响他们的执政。辉格党人不像托利党人那样明显受到农业压力的影响，但他们拥有更多的土地，在郡选区有更稳固的地盘。当然，他们当中也有激进的边缘人物，但奥尔索普这样的人与派特切里的居民在一起要比与伦敦政治家在一起更放松，而格雷喜欢待在豪威克更是尽人皆知的事情。这些关系密切的政治家当中，一个明显的“外人”是日后的辉格党大臣、下议院议长詹姆斯·阿伯克龙比，他曾是德文希尔庄园的管家，而且代表的是兰斯多恩的口袋选区卡恩。

事实上，对于1830年后的辉格党新成员来说，联姻作为一条成功捷径，并不只是停留在传说里。爱德华·“大熊”·埃利斯娶了格雷的幼妹之后，从“毛皮国度”加拿大一步步爬到辉格党幕后操纵者的位置。1816年，未来的达勒姆伯爵娶了格雷的女儿，从此有了一个
45 政治家舅舅和一位权势熏天的岳父。诚然，1830年代另一位辉格党实权派邓坎农没有与格雷家族联姻，但他和帕麦斯顿成了连襟，两人分别娶了梅尔本的两个妹妹，他还因为成为菲茨威廉的表亲而捞到了额外好处。像其他事情上一样，奥尔索普在婚姻上也缺乏政治敏感。但斯宾塞伯爵的儿子用不着通过联姻来提升自己的政治能量，因为此时第二代斯宾塞伯爵的血液循环正在减慢——1831年，医生无法让他的脉搏增加到每分钟34次以上，在北安普敦郡拥有巨大影响力的斯宾塞家族显然很快就要易主。这些姻亲关系背后的黏合剂是关于英国国教、自由贸易和国际关系的各种混杂的（*mélange*）教义和代代相传的立场，这些观点在最大的辉格党沙龙霍兰德庄园里大行其道，第三代霍兰德勋爵延续了福克斯家族的不朽风采，虽然这离不开他那位令人敬畏的妻子的指导。1830年秋，激进派约翰·卡姆·霍布豪斯曾到访霍兰德庄园，他发现这群人“言行举止仿佛还停留在佩勒姆家族和沃波尔家族的时代，一副趾高气扬、得意洋洋的样子”。[2]

不过，辉格党人的自鸣得意事出有因。议会开幕几周后，他们就击败了威灵顿，而格雷组建了一个致力于改革的政府。投票结果揭晓后，公爵下台只差走个程序：站在今天的角度来看，我们当然很难想象他有什么理由继续恋栈。当时的观察家认为，威灵顿在1830年11月2日发表的坚决反对议会改革的声明带来了很大的负面作用，但威灵顿本人并不认为灾难的源头是自己的声明。圣诞节期间他回顾了这几个星期的事件，认为天主教解放和法国大革命才是导致他下台的根本原因，近因则是当年夏天形成了反对他的政治联盟。[3]我们已经指

出，威灵顿对七月危机的看法是错误的，当他反驳说，他的反改革声明并非导致其政府垮台的关键因素时，他对此是心知肚明的。他这样做完全是一种政治手腕，意在煽动极端情绪来支持自己，事实上，由于与坎宁派的谈判无果而终，他已经没有多少转圜余地。下议院内部形成了新的权力平衡，加之议会外持续不断的农业骚乱所造成的破坏性影响，迫使威灵顿于 11 月 2 日树起自己的旗帜，但这只是为了确保当他因为其他原因辞职时，这面旗帜还可以屹立不倒。

在下议院，政府在王室专款的表决中被击败，这是个合适的辞职之机。然而，即便威灵顿没有当机立断提出辞职，第二天，当布鲁厄姆代表辉格党及其盟友提出一项改革动议时，他也几乎肯定会再度被 46
击败。公爵已经表明态度，不愿向辉格党及其盟友靠拢；正如 1829 年皮尔不愿被人当成卑鄙小人，从而决定了他对改革的态度一样，威灵顿的态度也变成坚决不走坎宁走过的路。很显然，就算“保守党”（*le parti conservateur*）的前途还没有终结（因为我们将看到它的再度崛起），威灵顿的政治前途也已经走到头了。人同此心。威灵顿已经完蛋了，“除非我们当机立断，”——一个令人不安的念头——“采取波利尼亚克*的策略。”[4]

威灵顿的接替者只能是格雷，因为他主张改革，认为改革马车应当加速前进，止步不前反而风险更大。这并不意味着他的政府要走向危险的激进主义。兰斯多恩侯爵、卡莱尔伯爵、霍兰德勋爵的加入，带来了往昔老辉格党的气息；入阁的还有坎宁派（戈德里奇、格兰特、出任内政大臣的梅尔本，以及因为资格更老的辉格党人拒绝出任外交大臣而入主外交部的帕麦斯顿），他们的忠诚理应得到回报；此外还有里奇蒙公爵，由于是霍兰德的表亲，他的托利党经历被一笔勾

* 波利尼亚克亲王，1780—1847 年，法国政治家，极端保王派，前文中提到了他采取镇压措施，成为引发 1830 年“七月革命”的直接原因。

销了。新内阁中只有达勒姆和布鲁厄姆代表激进观点，布鲁厄姆的影响由于坐上了上议院议长的座位而被冲淡，在那里“他可以尽情咆哮、大呼小叫，不会伤害任何人”。[5]布鲁厄姆的对手是大名鼎鼎的鼓动家丹尼尔·奥康内尔，他本可以获得布鲁厄姆想要的掌卷法官一职，但他拒绝了。约翰·罗素勋爵是与国内改革运动联系最密切的辉格党人，但他在最近这次大选中失去了贝德福德的议席，未能进入内阁，而詹姆斯·格雷厄姆爵士却得以入阁，这让他大为恼怒。1831年夏，罗素仍未进入内阁，而此时他已是重大改革问题的主要发言人。

1831 年，有四人受命研究改革问题，并向内阁提交议案建议。格雷决定让达勒姆当这个小组的召集人，作为一个想要控制激进主义的岳父，格雷此举并不出人意料，而达勒姆召来了格雷厄姆，作为一位想提拔自己门徒的赞助人，达勒姆的选择似乎也在情理之中。罗素之所以入选，是因为这个小组需要了解改革者的真实想法。邓坎农的加入则完全是因为过去几年里他与辉格党组织秘书走得很近。但在圣诞节和新年期间，他们关注的是国内的麻烦和国外的革命。前一年
47 8 月，比利时爆发了反对荷兰统治的起义，帕麦斯顿入主外交部一周后，波兰爆发了反抗俄国的起义，意大利也濒临革命的边缘，这些事态提醒人们七月危机并未结束。1 月，奥康内尔被捕，被指控犯有密谋策划、煽动叛乱和非法集会等 31 项罪名，极为讽刺的是，政府前不久刚刚为奥康内尔提供了一个重要的司法职位，但政府的做法只会加剧危机重重的气氛。不过，有必要指出一点，英国很少有人走上街头抗议。11 月，国王造访伦敦金融城时平安无事，证明政府的担心纯属杞人忧天；虽然新兴的全国政治联合会不断发展壮大（到 1830 年 4 月，伯明翰同盟已有 6000 多名成员），但他们采取递交请愿书的传统方式在宪政体制内施压，而不是通过宪政体制之外的方式。乡村地区的斯温暴动依然让人头疼。这些暴动在城市里没有响应者，但以

两种间接的方式影响了政治结构：一是促成了各种极端情绪合流，因为暴动席卷了从沃什湾到塞汶河的广大地区；二是完成了梅尔本的政治教育，因为各地骚乱的报告最终送到内政部梅尔本的办公桌上。格雷维尔恰如其分地形容当时的心情“紧张而兴奋”，而埃伦伯勒在不知情的情况下认为，政府的反应不难推断，新法案必定会变得更加激进。[6]

事实上，格雷已经拉着缰绳将马车赶向了另一个方向。1831 年 1 月底，四人委员会向内阁提交报告，他否决了实行无记名投票制的建议，只是在税务总署告知年收入 20 英镑的户主寥寥无几，没有必要提高选举门槛时，他才同意给予年收入 10 英镑的户主选举权。报告还确定了现行代表名额增减的指导原则，即议会改革后选区的选民人数不得低于 300 人。方案的主体包含四份选区清单（或“附表”），第一份清单列出了将失去两个议席的选区（附表 A），第二份名录是将失去一个议席的选区（附表 B），第三份则是获得两个议席的地方（附表 C），最后是获得一个议席的地方（附表 D）。1831 年 3 月 1 日，以塔维斯托克议员的身份匆忙重新进入下议院的罗素向下议院宣读了这些清单，议员们有的目瞪口呆，有的大声嘲讽。实际上，本届议会开幕后，政府屡屡遭到嘲笑，几乎毫无建树；政府的税收提案被彻底否决，提交议案的新任财政大臣奥尔索普成为冷嘲热讽的对象。“他恨不得杀了我们，可怜的家伙，”克里维在 2 月底报告说。改革方案至少可以为政府提供一个大显身手的机会，也让在野党认为辉格党很快 48
要垮台的预期化为泡影。

当天上演了议会舞台上司空见惯的一幕：起哄、惊呼、哄笑、质疑，皮尔“脸色苍白、神情绝望……他的脸不时……抽搐”。[7]1831 年 3 月—1832 年 6 月，议会宛如一个你方唱罢我登场的戏台。随着《改革法案》（不论其内容如何）的呼声日益高涨，对威斯敏斯特隔膜且陌生的公众也开始意识到从 3 月到 9 月下议院围绕《改革法案》的斗争以及上议院和国王对法案的阻挠。从 1831 年 4 月第一次提交的法案在下议院委员会审议阶段被否决，到次年 10 月第二次法案被上议院否决，改革的前景蒙上了一层阴影，民众势必越来越清楚地意识到症结何在。

种种迹象表明，改革法案无法在下议院通过，格雷不得不面对一个不可能完成的任务，即说服国王解散议会，而此时爱尔兰正因为奥康内尔被起诉而群情激愤（即便政府在此事上想改主意，也为时已晚）。法案一读获得通过，托利党人大为震惊，但他们自欺欺人地认为法案不可能通过二读。然而，3 月中旬，排队摸查表明投票结果会很接近，托利党人乐观不起来了。3 月 22 日，下议院进行表决，所有人的神经都绷得紧紧的。23 日凌晨 3 点，下议院以 302 票对 301 票通过了法案。（议员约翰·卡尔卡拉夫特在最后一刻临阵倒戈，让战略家们狼狈不堪。事后他受到双方的指责，几个月后自杀了。）这是一个伟大的胜利，虽然很难说是令人信服的胜利。一些改革者希望立即解散议会，而一些反对改革者依然坚信，随着政府丧失公信力，还有翻盘的希望。大臣们只能硬着头皮往前走，因为他们没有退路可言。“除了议会改革问题，”克罗克在法案通过的前一天写道，“他们是英国有史以来最软弱、被人嘲笑最多、鄙视最甚的政府。”

相比在众目睽睽之下英勇地败下阵来，更要命的是修正案卡在了委员会审议阶段；幸亏加斯科因在 4 月提出一项动议，规定不得削减英格兰和威尔士的代表人数，这一战术上的妙招击败了政府，格雷趁
49 机向不情愿的国王和下议院施压，要求解散议会。威灵顿大惊失色，当大选结果开始体现出改革的影响时，他越发心惊胆战。“人员变动要比以往任何一次大选多一倍，”他抱怨说，“竞选活动、选举晚宴等场合的言论表明，如今议会中颠覆性舆论大行其道，让我们难以招架。”他夸大了舆论的摇摆，改革法案二读时投反对票的议员只有 6 个人还能继续坐在更为开放的郡议席上；虽然随后的补缺选举表明托

利主义在民众中依然很有市场，但政府新近获得了 130—140 席左右的议会多数，第二次改革法案的通过几成定局。[8]

内阁挫败了拖延新法案或是全面修订其条款的企图，6 月 24 日，罗素再次提交了改革法案。这次的二读顺利通过；但委员会审议阶段却拖泥带水，从夏天一直拖到 9 月。政府对土地利益阶层做出了一个重大让步，接受了所谓的“钱多斯条款”，该条款赋予土地年收入 50 英镑以上的自由租地农选举权。接下来，议会对法案细节吹毛求疵，让奥尔索普几近崩溃，皮尔也在 8 月底离开了伦敦。9 月是法案通过的最后时刻，人们将关注的目光投向上议院，威灵顿肯定要在那里发动攻势。有人认为，如果他成功了，就会爆发革命。公爵本人却认为，如果他失败了，就会爆发革命：

> 我们确信这个国家将发生革命。革命从何而来？来自武力和暴力。我蔑视那些使用暴力的人。历史表明，约克家族与兰开斯特家族的战争以来，除议会之外，英国从未发生过任何权力机构促成的重大变革……即使在最近，我们也有最广大的人群抗拒法律的例子，他们在最有利的条件下开始反抗，但他们很快就发现根本无力对抗政府和法律联手的力量。[9]

不是所有的托利党贵族都这样自信满满。

双方针锋相对，捍卫各自的原则，辩论整整持续了五个晚上，却丝毫没有动摇贵族们阻挠法案的决心，他们当中许多人被认为是“深居简出和不中用之人”。1831 年 10 月 8 日上午，法案以 41 票之差被否决，或者如邦德街上的一张标语牌所示：“199 票对 2200 万票！”[10] 愤怒的民众在诺丁汉和德比发动了骚乱，大臣们提心吊胆，不知道下一步将何去何从。奥尔索普承认，“眼前的危机相当危险”，但他认为只要挺过接下来两周，就能够转危为安；从内政部收到的报告来看，50

梅尔本认为形势不仅危险，而且暴力又升级了。另一方面，皮尔火速赶往德雷顿庄园保护自己的孩子，以免他们受到伯明翰政治联盟和德比暴乱分子的伤害。[11] 此外，几乎就在布里斯托尔大骚乱的消息传到首都的同时，还传来了桑德兰爆发印度霍乱的消息，人们早就预计这场霍乱会从欧洲大陆蔓延到英国。不过，所有这些事情并未对政府造成多大的影响。政府决定迅速宣布议会休会，取缔政治联盟的所有军事组织，并在圣诞节前重新召开议会，再次引入法案。这一决定可能有助于平息骚乱，退一步说，骚乱的严重程度很可能被夸大了。实际上，到 10 月中旬，弗朗西斯·普莱斯就认为危机已经过去，甚至对伯明翰同盟嗤之以鼻，认为它不过是“天方夜谭”。[12] 同时，霍乱始终局限于少数地区，成为“下层社会”独有的问题，这反而提升了对辉格党的支持，因为人们普遍认为当局为了分散对议会改革的注意力，编造了关于霍乱的谎言。

鉴于上议院贵族挡住了去路，改革马车有三条路可走。首先，放弃或推迟改革；其次，说服上议院贵族，使其承认他们的立场站不住脚；最后，威胁要册封大批辉格党贵族，压倒托利党人在上议院的多数，迫使其接受改革法案。第一条路肯定行不通，因为改革正处于存亡关头，而且政府做出了公开承诺。格雷抱着将信将疑的态度，尝试走第二条路，即与一群被称为摇摆者、哈罗比派或温和派的贵族谈判，这些人认为与其否决新法案，不如接受经过修改的老法案，以避免更大的灾难。这一派的首脑人物是华恩克利夫和哈罗比，但他们根本无力说服任何一方改变立场。另一方面，内阁中有人坚决主张强行推进法案，尤其是达勒姆、布鲁厄姆和霍兰德，而格雷、里奇蒙和奥尔索普则惴惴不安，新登基的水手国王威廉四世摆出一副与法案势不两立的姿态。法案稍作修改之后，于圣诞节前第三次在下议院获得通过，最终的结局已没有悬念。

然而，1832 年四五月间的事件让所有预言全都落空了。春季，骚乱有所缓和（只有苏格兰的形势依然很严峻），托利党中的摇摆者竭力劝说各方保持克制，上议院似乎肯定将通过法案的二读。事情就这样解决了，这倒不是辩论分出了胜负，而是贵族们意识到辉格党内阁已经得到国王应允，将册封足够多贵族以通过法案。随后，法案进入漫长的噩梦般的委员会审议阶段，但再一次横生枝节，这次是托利 51
党人林德赫斯特提出动议，在选举权条款获得通过前暂停讨论取消选区条款。格雷政府在分组表决中被击败，国王趁机接受了辉格党人辞职，这样便可以摆脱可恶的册封贵族方案。改革马车又一次停了下来，而国王浪费了 10 天时间，试图组建由威灵顿领导的政府，正如我们将要看到的，这个政府从一开始就注定要垮台。尽管如此，它的垮台至少意味着改革的前途从此一路平坦。国王万般无奈，只能请格雷出山，并且答应册封贵族。即使是顽固分子也开始意识到大势已去，7 月 7 日，议案在空空荡荡的上议院提交审批委员会。据一位目击者记载，国王的那位特立独行的弟弟、叛逆的改革派苏塞克斯公爵在议会大厅现身，宣布这是他一生中最幸福的一天。“在他身后，一个老托利党人惊恐地高举双手，失声尖叫道：‘哦，上帝啊！’”[13]

改革马车并未抵达终点，必须继续前进。这种紧迫感与其说是源自辉格党或激进派的意识形态，不如说是因为大臣们意识到，一旦停下马车，回归消极路线，辉格党随时有分裂的危险。1830 年以来，正是由于将自己改革“运动”捆绑在一起，辉格党人才得以走出财政和外交政策上的重大困境。下议院领袖奥尔索普一天比一天焦虑，私下里甚至考虑过自杀，认为这也许能给政府带来好处。两年来的政治动荡和最近的丧亲之痛，让格雷身心俱疲。因此，在可预见的未来，事态可能向两个方向发展。要么达勒姆像格雷厄姆所说的那样，实现自己的抱负，成为“投身改革运动的政府的首脑”；[14] 要么一个更温和的人，如唯一能在下议院与皮尔分庭抗礼的辉格党人斯坦利，出来主持局面，推行缓慢但稳妥的改革进程。当爱尔兰再度成为首要政治问题，这两条路都走不通了。

1832 年 12 月的大选是实行新选举权的第一次大选，选举结果揭晓前，任何猜测都是徒劳的。不出所料，改革派在选举中表现出色，托利党人一败涂地。但人们很快发现，议会里并没有出现当时评论家“最担心的……250 个激进派”，更接近真实的数字是 100 人左右。[15] 然而，
52 至少同样重要的是，爱尔兰问题死灰复燃，因为现在奥康内尔身后有将近 40 名支持者致力于取消英爱合并，尽管许多爱尔兰下议院议员都是新教徒。这股力量很快就会与激进派全面合流，变得更加强大。因此，当奥尔索普在 1833 年 2 月代表政府提出爱尔兰教会法案，批评者对法案的初衷极尽冷嘲热讽，也就不难理解了。这一法案意图改革在爱尔兰被鄙视的外来的英国国教。奥康内尔在新一届议会表示，“世界历史上从未有如此贫穷的民族拥有如此富有的教会”。[16] 新举措包括改组主教辖区，废除教会税（“地方税”）和“初年圣俸”*，由皇家委员会监管教会收入。法案并未触及“圣俸转拨”问题，即教会收入的盈余是否应当用于教会之外的用途。在了解高阶政治的人看来，这意味着主导者是斯坦利而非达勒姆，后者一直希望把内阁引向更激进的方向；但教会法案以及紧随其后的强制法案，迫使达勒姆于 1833 年 3 月辞职（为了补偿他所谓的身体欠佳，他得到了一个伯爵头衔）。一位举足轻重的激进主义者就这样在接下来几年里淡出了高层政坛。

斯坦利也自身难保。政府一直避而不谈爱尔兰骚乱的根本原因——圣俸转拨和什一税，但并没有一劳永逸地解决问题，请愿书如潮水般涌向下议院，而奥康内尔一如既往地发表激情澎湃的演说。

---

* 初年圣俸（First Fruits）指神职人员上任后第一年的圣俸。宗教改革前，初年圣俸都要献给教皇。1534 年，亨利八世规定初年圣俸应献给国王。

此外，斯坦利在爱尔兰事务上树敌甚多，因此，格雷趁达勒姆辞职之机将斯坦利调到殖民地部。然而，此举削弱了政府在议会一个关键政策领域的力量。1833 年 7 月底，格雷维尔认为政府难逃垮台的命运，“政府没有赢得拥护，也没有赢得敬重和尊敬，没有追随者……”[17] 可以说，政府败局已定，来年就要垮台。1833 年底，内阁在葡萄牙问题上陷入分裂，格雷和帕麦斯顿希望助葡萄牙国王佩德罗一臂之力，让他女儿玛利亚继承王位，但因斯坦利和奥尔索普等人的反对而作罢。只是国王出面说情，格雷才没有丢官罢职。与此同时，约翰·罗素勋爵亲自前往爱尔兰了解情况，爱尔兰问题变得更加复杂。在爱尔兰的所见所闻使他坚信政府必须转拨教会收入，这最终将把改革马车推入深渊。

罗素未能说服内阁同僚，而斯坦利在 1834 年议会提出的什一税法案并未涉及圣俸转拨。但是，斯坦利在 5 月 6 日介绍该法案时，似 53
乎要让政府推翻圣俸转拨原则，罗素宣布宁愿脱离政府，也要为爱尔兰伸张正义。一片喝彩声中，斯坦利给格雷厄姆草草写下了一张著名的便条：“约翰·罗素把马车弄翻了。当他宣布‘如果说有哪个民族有权申诉冤情，那就是爱尔兰教会的人民’，我们无法再走下去了。”当月月底前，斯坦利、格雷厄姆和里奇蒙相继辞职，这还只是第一波辞职潮。7 月，格雷本人——复活节后他一直威胁要辞职——也因为爱尔兰问题辞职。

格雷政府最后几个月的悲惨境遇无需赘述，只需指出一个关键，那就是爱尔兰强制问题再度成为绊倒政治家们的绊脚石。格雷不愿放弃强制政策，而奥尔索普拒绝向议会提交动议，这给了首相一个退出的机会。新任辉格党领袖梅尔本勋爵抱定一个宗旨：改革已经过时（*passé*），辉格党正走向另一个方向。霍兰德夫人担心“兰布顿（即达勒姆）与运动党（*parti du mouvement*）将占据上风”。[18] 但他们平缓地向中间移动，缓慢进入斯坦利、格雷厄姆及其支持者（“德比马车”[*]）腾出来的空间。从某种意义上说，这是一次撤退，改革马车的车轮如今在空转。从另一个角度看，这也是确认时机已经成熟，辉格党人要以自己的方式在政党主流中与皮尔斗争，正如 1830 年前格雷最终不得不与利物浦和威灵顿斗争一样。但这一次形势发生了逆转。作为执政党领袖，梅尔本优势尽在掌握。轮到皮尔尝试构建一种可信的在野党信条，而且要在一个基本上全新的政治结构中实现这一目标。

新的结构

要了解政治家们在 1832 年的所作所为，有关选区和选民的事实和数据并不能为我们提供全部答案。统计数据几乎无法说明改革的始作俑者究竟想做什么；同样，统计数据也不会告诉我们政治家们在改革后第一届议会聚首时是如何看待自己的所作所为的。如果不了解核心人物的意图和信念，那么对 1830、1840 年代政治的任何解释都是
54 苍白无力的。新的政治结构框架内明显发生了一系列变化，如果对这些变化视而不见，那未免太掉以轻心了。

改革后的下议院保持了原有的规模，依然是 658 个席位；但议席分布反映出改革方案的调整。三类地区从议席重新分配中获益：“凯尔特外缘”的爱尔兰、苏格兰和威尔士（这对 1830 年代末奥康内尔的地位来说至关重要）；英格兰的郡选区（某种程度上牺牲了附表 A 中闭塞的自治市镇）；北部工业城镇，其中许多是首次获得选区资格。伯明翰、曼彻斯特、利兹和谢菲尔德获得议席并不令人意外，但人们很容易忽视一点，斯托克波特、桑德兰、博尔顿和奥尔

---

* 德比马车（Derby Dilly）是以斯坦利为首的大约 40 名下议院议员组成的中间党派，1835 年大选后力量大为削弱，逐渐与皮尔的保守党合并。这个名称是 1835 年 2 月 26 日丹尼尔·奥康内尔在下议院发言时给这个小集团起的绰号。

德姆等城镇也获得了议席，尽管它们分别只有一个席位。理论上说，重新分配议席的门槛是选民人数不低于 300 人，但仍有 30 多个英格兰选区的选民人数低于这一门槛。[19] 事实上，这些例外情况提醒我们，选区设置依然没有规则可言：新的安排与其所取代的安排一样，很难说是一种“制度”。尽管指导原则是年收入 10 英镑的城镇户主、各郡有 10 英镑收入的公簿持有农和契约租地农享有选举权，但新选区的地域划分和分布与老选区一样混乱不堪。投票权附加了五花八门的限制条件，根据钱多斯条款，年收入 50 英镑的任意承租人和年收入 50 英镑的契约租地农有选举权，但由于“自由保有权”并未精确界定，铁路公司的合伙人能像农场主一样轻而易举地获得选举权，新体制承认根据过去的 40 先令自由保有权而获得资格的选民，改革法案允许他们保留特权，但不允许他们遗赠；所有这些问题令我们很难对格雷及其同僚的成就做出一般性描述。我们只能描绘一个大致的印象。在人口和财富迅速增长的背景下，若是单独截取某个时间节点加以描述，就可能会忽视接下来二三十年的结构性变迁，这种变迁将使得帕麦斯顿的世界不同于格雷的世界，也使得皮尔的世界不同于前两人的世界。

辉格党人声称他们的目标是创立一个包容“中产阶级”的政治制度，而这个阶层的社会权力和声望早已超越了其政治地位。然而，辉格党人并没有真正落实这一目标。内阁大臣中只有奥尔索普一贯主张给予商业和制造业利益以更大的选举权。实际上，罗素最初打算在这些地区实行差别选举权，并采取措施防止改革前在中心城市周边的农村腹地享有投票权的城镇选民“挤占”郡议席。我们 55
很难对这样的意图做出准确解释，这主要是因为它们通常使用的措辞含糊不清。例如，在 1830 年代，“people”一词指“中产阶级”，“populace”是指“工人阶级”或“下层阶级”。“土地利益”一词的含义也不明晰。半个世纪以来，土地所有者从事“两栖的”经济活动，他们往往从事多种经营，集工业资本家和农业巨头于一身，在改革的十年里，“土地”激起的回响超出了沃波尔惯常听到的声音。例如，1832 年，罗素将伦敦和大城镇的代表列入他所理解的“土地利益”的范畴。[20] 然而，只要从结果来看待这个问题，其中的疑点就迎刃而解了。可以肯定的是，如果说辉格党人曾打算建立民主政体，那么他们把事情弄得一团糟。选民总共增加了 30 万人左右，即选举权扩大了 80%。英国总人口是 1600 万人（不包括爱尔兰），改革后的选民人数略微超过 65 万人，其中大多数依然在英格兰。在议会政治层面，似乎也看不到社会革命的痕迹。不论是改革后的 1833 年议会，还是更长的时间里，中产阶级议员人数都没有显著增加。事实上，1847 年的一份分析报告表明，下议院仍有 267 名议员出身贵族或是与贵族联姻。[21]

然而，人们认为改革后的政治结构所支撑的环境已远非威灵顿和利物浦如鱼得水的旧环境。政治家们对两者之间的差异并没有清晰的认识，而且经常看重那些本身并不重要的符号：新议会辩论时的“粗话”、奥康内尔的野性、科伯特不合时宜的咆哮。他们对一些想象中的民主制度大加挞伐，就像威灵顿抨击小店主（他比拿破仑还要瞧不起“小店主”*）或是抨击“索尼齐派教徒和无神论者”以及其他不从国教者：

> 选举中引入了一种新的民主势力，即居住在城镇的公簿租地农、自由租地农和契约租地农，他们本身并不选举议员。这些
> 56 人都是国教会之外的不从国教者；他们在任何地方都是非常活跃的党派，与地主阶层的所有贵族势力唱反调。但事情还不止于此。这个国家的每个村子都有不从国教者；他们是铁匠、木匠、

* 拿破仑曾嘲笑英国人是一个“小店主”的民族。

泥瓦匠之流。在城镇中站稳脚跟的新势力将这些人纳入他们的队伍。[22]

选民登记簿上的证据为人们的常识提供了佐证，表明威灵顿的这种社会分析纯属耸人听闻的无稽之谈；这种不经之论本身无足轻重，值得注意的是，它出现在政治结构的上层并传播开来。

此外，威灵顿挥剑指明了一个重要方向。城镇中不从国教者在1820年代末经历了一个平稳发展时期，力量发展壮大，不论是绝对数量还是占总人口的比例都有了很大提升，引起了政治家们的警觉，并将在1830年代带来重大后果。这一现象并未突出反映在议会中：到1834年，只有两名不从国教者因新获得的选举权进入改革后的议会。然而，其中一人，利兹的爱德华·巴恩斯，凭借地方势力以及与《利兹信使报》的关系，代表了一种无需议会席位也能存活下来的民间力量。1834—1835年，威斯敏斯特的政治家们在考虑市政当局的政治问题时，首先浮现在脑海中的正是这种地方势力。《宣誓法》已于1828年废除，但不从国教者的议事日程上还有更多的目标。一些地方的激进不从国教者期望，如1832年的《特别黑皮书》* 所揭示的那样，改革后的议会将废除什一税甚至——谁知道呢？——把主教也废黜了。

不难想见，主教们指望有一个不一样的未来。他们认为关键在于如何进一步弥合政教关系的裂痕，而1828—1829年的事件被视为政教关系破裂的征兆。辉格党政府不仅未能让主教们满意，格雷厄姆的《爱尔兰教会法》还带来了新挑战，达勒姆主教范·米尔德特将这个法案视为对高教会派教义的侮辱，更严重的是，它“颠覆了所有对英

* 《特别黑皮书》是19世纪英国著名神学家约翰·韦德揭露英国国教会弊端的一部作品，全名是《特别黑皮书：英格兰和爱尔兰联合教会之真相》。

国国教的理性认识”，严重危及人们对于英国国教的理解。[23] 面对这样的挑战，只有英国国教会的极端派别才能稳操胜券。1833 年，约翰·基布尔的巡回布道开启了英国国教高教会派持续的理智主义时期，牛津成为这些人的精神中心。（年轻的威廉·尤尔特·格莱斯顿充分表明了这场运动给后代带来了多么深重的负面影响。）同时，英国国教会的激进派别福音派教徒（“圣徒们”）在道德劝说方面大获
57 成功，在他们的不断敦促下，辉格党政府于 1833 年废除了殖民地的奴隶制。在更核心的教会层次，不论是国教派还是不从国教者，直到 1840 年代才迈过一个重要关口，1844 年，爱德华·迈阿尔创立了反国教协会，它不仅开辟了不从国教者政治行动的新视角，也为英国国教徒提供了一种抵制话语，用来对抗那些似乎不仅希望废除国教制，还想使整个国家非基督教化的人。

像教会一样，有产者也以自身的方式抗拒新秩序。有些抗拒方式粗暴愚蠢，例如，索尔兹伯里侯爵宣称要将家人和资产送到国外，然后拿起枪来保卫剩下的财产。大多数抵抗是不动声色的，而且维持在改革后的制度框架之内。对于那些拥护奴隶制的人来说，维护奴隶制就是维护财产；整个 1830 年代，约有 60 名殖民地土地所有者进入英国议会，这绝非偶然。[24] 更有甚者，在上议院，民主每前进一步，都要面对阻挠改革的重重阻力。上议院贵族的方针是避免重蹈 1832 年的覆辙，当时政府威胁要册封辉格党贵族来稀释他们在上议院的人数优势。他们的权力并未因 1832—1835 年的事件而削弱，反而可能有所增强。在权贵自己的“故乡”，重新划定选区边界时通常秉持一个宗旨，即尽量缩短接待选民的时间，这往往使当地权贵的地方影响力进一步扩大。整个 1830 年代，贵族在自己控制的议院提拔经验丰富的议员，巩固了在上议院的地位，这些议员的存在推翻了那种认为上议院贵族是一群无知的乡巴佬的看法。[25] 尽管阿伯丁深信上议院无力阻挡改革，因而雄风不在，但在 1832 年后的十年，它依然充满活力，

尤其是在阿伯丁擅长的外交领域。

事实上，在1830、1840年代的政府及其议会支持者看来，关键的政策领域既不是外交事务，也不是殖民地事务。他们更关注政府本身的指数式增长，更关注1815年后形成的城镇与乡村之间的根本性紧张关系，以及爱尔兰这个大包袱。关于第一个问题，即所谓的政府“革命”，历史学家设定了各种模型或反模型，试图解释这个世纪第二个25年政府规模的急剧扩大。我们没有必要复述这些模型，[26]关键是要有这样一种认识，从1834年《济贫法修正案》、1835年 58
《市镇机关法》，再到工厂改革、环境卫生、铁路和移民的一系列法案，源源不绝的立法在很大程度上使政治家们要面对一个变化了的环境。传统上的贬义词“部门政府”如今成了一个中性词汇，因为它所代表的罪过已是不可避免。即使是政府部门也发现自身的最高权威岌岌可危，专业行政人员驾轻就熟地处置高度复杂的政府事务，像殖民地部的詹姆斯·斯蒂芬这样的政务次官甚至成为能够胁迫上司的“政务主官”。统治阶级的这种退位让政治家们不相信他们在改革后的世界仍然掌握着决策权。反之，他们疑窦丛生，认为英国落入了“身无长物的理论家”之手，尤其是大卫·李嘉图和拿骚·西尼尔等新兴的“政治经济学家”之手。1835年，这些人表达了对过去几年种种征兆的乐观看法。“简言之，这个国家从未像现在这样开垦、挖渠和施肥。”[27]

理性化的激进主义往往激起一群“哲学激进派”的共鸣，经济学家就是其中之一。当然，1830年后，这个群体的力量已经显现无疑。激进派的力量并非源于他们宣扬某种社会研究的边沁式时代精神，更不是因为他们成为新生民主的先锋。实际上，他们在议会的代表没有一个是来自1832年获得选举权的北方城市。不仅如此，在1830年代的进程中，激进派往往会丢失原有的议席。他们在1837年大选中全面受挫，凸显出一个教训，即激进主义不能借助帕克斯、格罗特、罗巴克[*]之流来表达自己的诉求。1830 年代中叶，激进派的流变反映出政治结构的重大转变。当激进主义暂时由户外转入室内之际，激进派化身为一批国会议员。当印刷品的作用日益提升，尤其是报纸影响力急剧扩大的时期，激进派化身为作家和记者。

就争论的双方而言，改革刺激了政治新闻的拓展和深化。许多工人阶级报刊都是“无印花报”（即不通过官方邮政发行，不交印花税），通过抨击改革法案的“背叛”，达到了影响力的高峰。《穷人卫报》《黑矮人》和其他许多报刊对无产阶级心理带来的累积效应很难准确评估，但可能是十分巨大的。另一方面，在政治国家内部，改革得到辉格党人和激进派的支持，也受到在野的托利党人的联手攻击。
59 在这种情况下，政治文人卷入高阶政治讨论的中心，而不仅仅是在高阶政治的边缘大声疾呼。报纸编辑的地位同样有所提升，政治家们意识到必须与公众进行沟通，而在他们看来，公众的规模已经大到足以构成威胁。格雷维尔报告说，皮尔的 1834 年《塔姆沃斯宣言》发给了“三家大报”:《泰晤士报》《先驱晨报》和《晨邮报》。在政府方面，帕麦斯顿也不忘为辉格党报刊撰写社论，还用政府的机密费为《观察家报》提供津贴。[28] 这些报刊中最有影响力的当然是罗伯特·巴恩斯主编的《泰晤士报》。1834 年，它改换门庭，效忠对象从辉格党变为托利党，对政府而言这是一个沉重打击，因为当改革问题趋于缓和之际，政府试图继续掌控公共舆论。如果说迪斯雷利向党的领袖保证公众舆论和《泰晤士报》是一回事的时机还没有到来，那么威灵顿宣称“我们的统治者叫作《泰晤士报》”，希望以这种含沙射影的方式来震慑住记者的时代已经过去了。[29]

1830、1840 年代的经验促使敏锐的观察者注意到城市化的发展，

---

* 约瑟夫·帕克斯，英国律师。乔治·格罗特，英国史学家、哲学家。约翰·亚瑟·罗巴克，英国发明家。

公开信息的重要性日益提升。人口迅速增长的事实一目了然，根据1821年和1831年的两次人口普查，每十年人口的增长都超过了200万人，但城市的扩张似乎更为惊人。1820、1830年代，伦敦以及北部和西部“新”城市的人口增长率高达40%—50%，这是理解1835年及以后争夺市镇政治控制权的激烈斗争的重要背景。城市内部涌现出新的组织和压力集团。人们不可避免地关注1830年代末和1840年代的宪章派和反谷物法同盟，它们还只是皮尔公开表示厌恶的“外部压力”中名气较大的组织。1832年后，已经有多个中心的全国政治联合会仍然是一个鼓动机构；全国工人阶级联合会、伦敦工人协会也预示着同样的情绪。全国大统一工会联合会虽然很快就解体了，却是向产业组织迈出的重要一步。这些压力集团也不只局限于城镇。除了反谷物法同盟发出的喧嚣声，农业地区支持谷物法协会的宣传也不容忽视。例如，1833—1834年，埃塞克斯成立了八个支持谷物法的协 60
会，1830年代末，林肯郡有13个类似协会，“在事关自身利益的问题上，为收集和向议会表达农家的意见提供便利”。[30] 乡村和城市相互敌视。此外，随着1832年后谷物价格暴跌和1836年后工业萧条席卷城镇，双方的紧张关系似乎无望很快得到缓解。

在没有民主的情况下，政治家们认为政策重心应当是先农业后工业，先贵族后平民。1830年代的历次大选（1830、1831、1832、1835、1837年）中，要求实行无记名投票制的激进思想掀起了一阵风潮，但最终不了了之。直到1872年，无记名投票才成为现实；1883年，选举腐败才得到控制。与此同时，英国统治阶级并不依靠不可抗力（*force majeure*）来实现自身目的。作为一个通勤社群，他们半年在伦敦、半年在外省，公共马车和铁路拉近了两地的距离，他们的社会凝聚力是欧洲的对应社会阶层望尘莫及的，这在很大程度上解释了1848年英国没有发生革命的原因。然而，前期准备和铺垫足以让政治家们思考他们所造就的选民群体以及他们必须掌握的工具——政党。辉格党人很难指望激进派和爱尔兰人会一直心甘情愿地充当梅尔本的附庸；也很难指望选民在改革已经完成的情况下仍然愿意支持他们。同样，皮尔也认为，重组一个扶植什一税收税人而忽视制造业危机的教会和土地的政党，没有任何前途可言。1828 年出台了谷物法，在这样的背景下，坐等经济繁荣到来并不是争取新选民的明智策略。

“保守党”与“自由党”（1831—1841）

1830 年代的政治灾难之后，罗伯特·皮尔爵士与新婚妻子在新建的德雷顿庄园开始了新生活。由于远离了主流政治，他得以用不同于威灵顿的方式来思考。毋庸置疑，皮尔对改革既恨又怕，尤其是他认为 1832 年辉格党人的所作所为并不意味着改革就此止步。但他也看得很清楚，威灵顿公爵从政治上向格雷发动正面进攻纯属徒劳。因此，1831 年，这两位托利党领袖的关系降温了，次年更是降至冰点，
61 因为 1832 年 5 月威灵顿组阁时，皮尔拒绝加入这个在劫难逃的政府。稍具常识便可看出，铁公爵和下议院议长（曼纳斯·萨顿，威灵顿似乎真的认为他有能力领导政府）根本无力阻挡辉格党人。相反，5 月的惨败让皮尔确信只有强有力的政府才能将辉格党人拉下马来。从那以后，他时而让下议院的支持者刮目相看，时而让他们怒火中烧。很显然，他现在是议会在野党首屈一指的政治人才，但他似乎不愿用咄咄逼人的方式来发挥所长。然而，德雷顿庄园落成后，大批政治家应邀前往庄园商讨对策。1833 年，皮尔最终破茧而出。

皮尔带来的“保守党”并不是一个新概念。改革危机期间，威灵顿和克罗克发动拉起吊桥、放下闸门的攻势时，多次使用这个词。然而，皮尔所说的“保守”并非一味维护现状。他阐述了统治阶级更积极的义务，超出了威灵顿认为可取和必要的范畴。他预见到改革将引

发反弹，只要处置得当，政党便可以利用这种反弹。他目睹辉格党因为爱尔兰问题而崩溃，不禁为孤立无援的斯坦利和格雷厄姆等人的命运感到担忧。他看清了 1832 年改革的本质，那就是高阶政治的目标是让选民名册上有越来越多的保守党投票人，从而赢得大选。事实上，皮尔式保守主义的新颖之处不仅在于言辞本身所传递的信息，更在于加深了对政治手段的理解，卡尔顿俱乐部和 F. R. 博纳姆的竞选活动正是建立在这种理解的基础之上。虽然辉格党异见分子并未与辉格党合作，辉格党政府也没到不可救药的地步，但 1834 年格雷退休时，皮尔已经意识到新的潮流正在席卷而来。

1834 年 8 月组建的梅尔本政府很快在左右两翼都遇到了麻烦。激进派扬言要公然抗命，尤其是未能进入内阁的布鲁厄姆。右翼一直有传闻说奥尔索普靠不住，有可能被打发去上议院。9 月，第一个威胁成为现实，达勒姆和布鲁厄姆公开争夺改革领头羊的头衔。11 月，第二个传闻也兑现了，斯宾塞终于死了，奥尔索普继承了父亲的头衔，62
事情变得特别尴尬，因为梅尔本刚刚言之凿凿地向国王表态，只有奥尔索普在，政府才能在下议院站稳脚跟。火上浇油的是，梅尔本提名约翰·罗素勋爵来替代奥尔索普，国王对 1831 年罗素的“派系的私语”演说仍然耿耿于怀，于是解散了政府，这让所有人都大吃一惊。这是英国历史上最后一次君主如此大胆行事。格雷维尔说，伦敦“亢奋不已”。威灵顿应国王的召唤从斯特拉菲尔德塞伊乘车前往布莱顿接受皇家垂询，这让漫画家们激动不已。不过，威灵顿给国王的建议是务实的，他建议国王把政府交给皮尔，正在意大利度假的皮尔很快奉召回国。

有人会说，皮尔在没有掌握议会多数的情况下执政，违背了 1832 年以来针对保守党所做的一系列声明。但是，他对局势了然于胸。他深知除非能说服斯坦利和格雷厄姆加入，否则政府维持不了多久。这次组阁也是一个良机，可以借机在大选前向公众发布党的新信条。事实上，从这个角度来看，1834 年 11 月到 1835 年 4 月，皮尔的言行有着一以贯之的逻辑。如果斯坦利和格雷厄姆拒绝入阁，他可以组建一个清一色的保守党内阁。赫斯基森派已经转投辉格党，可以不必理会；只剩下格伦维尔派，韦恩和弗里曼特尔的官职表明他们皈依了名副其实的托利主义，但白金汉公爵未能在内阁谋得一席之地。实际上，评论家们认为，古尔本出任财政大臣和亚历山大・巴林主持贸易部，表明白金汉代表的土地利益势力有所削弱。威灵顿（他已于 1834 年与皮尔和解）和阿伯丁伯爵依然是政府中旧秩序的孤岛。下议院激进派戏谑地表示，政府中“无人出自古老的家族，贵族阶层衰落如斯！”[31] 12 月，皮尔解散议会和发布保守党原则的宣言，同样可以视为更广泛战略的一部分。塔姆沃斯并不需要一份宣言，1832 年后皮尔在那里从未遇到过竞争对手，宣言也不是出自皮尔一人之手。向外界发布之前，林德赫斯特（新任御前大臣）宅邸举行的内阁晚宴一直持续到午夜，反复推敲宣言的细节。《塔姆沃斯宣言》和随后的伦敦市长官邸演说（“我们很反感外界的压力”）意在向国民披露关于党内年终对话的统一信息，准备来年 1 月的大选。

短期看，前景并不是很乐观。皮尔当然希望在选举中有所斩获，
63 但也很清楚人们的忠诚不会在一时三刻间发生重大转变。事实上，辉格党人认为解散议会是皮尔的一个败招，他们可以借题发挥，宣扬自己的改革功劳以及被不公正解散。1835 年 1 月底揭晓的选举结果可做两种解释。一方面，保守党人在英格兰市镇优势明显；另一方面，他们的整体表现很难让他们继续执政。然而，虽然政府很容易受到辉格党人、爱尔兰人和激进派的联手攻击，但在野党战略家们十分清楚，要组建这样的联盟，就必须立即行动起来。在这种情况下，一件不起眼的小事变成了大事，那就是推选 1835 年议会的议长。现任议长、保守党人曼纳斯・萨顿落选，等于是狠狠扇了皮尔一个耳光。但这件事的真正意义在于，通过伦敦利奇菲尔德庄园的会议，在野党各

派别组成了一个齐心协力的投票集团。这种“自由派”认同的形成表明过去 6 个月里各党派重新划定和确立了彼此之间的关系。

1835 年 4 月，皮尔的“百日”政府走到了尽头，因为他的少数派政府在立法上没有任何建树，任命的第一个大使、卡斯尔雷同父异母的兄弟伦敦德里勋爵（传闻他神经有些不正常）也被撤职。然而，皮尔已经实现了自己的目标，没有理由感到痛苦，也不会有任何痛苦的感觉。他完成了基本任务，即重新确立政党认同，政党从此有自身独特的语言、选举地理，要面对不同的（如 1835 年格雷维尔注意到的）议会压力：

> 他（皮尔）的政党大多由富人和时髦人士组成，这些人一直忙于这样那样有吸引力的事情，他们常去的地方是城西的俱乐部和宅邸。几乎不可能在接到通知的一瞬间把他的分散力量集合起来。在野党有一大群人在下议院的围墙之外没有任何职业，他们就住在附近，要么不用正餐，要么在附近小饭馆吃饭，他们早早地把议会长椅挤得满满登登，在事情结束之前根本不挪窝……[32]

“德比马车”介于两党之间，在不长的一段时间里颇为吃香，两大党派竞相拉拢他们。1835 年 3 月，这个党派因为圣俸转拨问题分裂，斯坦利和格雷厄姆转投了保守党。在议会之外，人们不禁要问，64
皮尔在各郡选举中能否像市镇那样成功？即使是这一时期，也有证据表明辉格党人在各郡力量薄弱。例如，在最近一次选举中，辉格党人帕麦斯顿失去了南汉普郡的席位。他本人将此归咎于地主的影响：“乡绅和教区牧师以前并没有这么大的影响力。”[33]然而，辉格党人在当年的其他补缺选举中接连失利，表明任何地方层面的解释都是站不住脚的。人们注意到，皮尔下台后，辉格党大臣在郡选区补缺选举中并不是十拿九稳。（罗素失去了南德文郡的席位，而莫珀斯在西赖丁与沃特利斗得难解难分，只是勉强保住了席位。）同样，辉格党人晋升为贵族，为他们的长子提供了一展身手的机会，而这些二代子弟在补缺选举中纷纷落败，表明郡议席不再是私人财产。

因此，1835 年 4 月，梅尔本再度执政并不意味着自由党从此走出困境，反而将其他一些棘手的问题暴露在聚光灯下，爱尔兰相关问题成为重中之重。罗素曾经表示自己加入内阁的前提是梅尔本默许转拨爱尔兰教会的收入。因此，新首相面临这样一种前景，即他所炮制的法案很可能会遭到一半党内人士的唾弃，而且肯定会被上议院否决。奥康内尔也同样有破坏性的影响力，利奇菲尔德庄园的协议让他的身价水涨船高。诚然，他不得不放弃取消英爱合并的主张，这是自由党支持他的交换条件（*quid pro quo*），但他始终是自由党辉格派的眼中钉，在 1835 年的大多数时间里，托利党宣传家们也对他极尽冷嘲热讽之能事。这些都是政府很难真正克服的软肋。对于政府而言，上策是争取掌握市镇当局改革的控制权，刹住选举颓势。

几年来，一个委员会一直在研究这个问题。委员会秘书是约瑟夫·帕克斯，他还有一个更出名的身份，即伯明翰政治联合会的顶梁柱。他毫不讳言自己的目标是改组市镇当局，因为改革前的市镇当局是公认最腐败、最顽固的托利主义中心，他希望用这种方式摧毁保守党的根基。皮尔领导的保守党认可了市镇改革的方针，只是希望由他们来推行改革，防止任何极端主义倾向。皮尔的下台给梅尔本带来了一个天赐良机，年初在市镇选举中惨败（*débâcle*）之后，梅尔本绝不会放过这样的机会。1835 年的法案规定市议员和市府参事均由选
65 举产生，从而打击了托利党地方利益集团的势力。选举制本身并不能使市议会成为自由党人议会选举的桥头堡，但许多人认为新的市议会将如林德赫特所说，使城镇变得“激进化”，从而彻底动摇保守党的根基。激进派埃布林顿勋爵认为这一转变至关重要：如果说上议院自由党贵族的反对让梅尔本政府举步维艰，那么城镇对保守党的抵制将

使皮尔政府寸步难行。这样的想法使霍兰德在 1835 年底对未来充满乐观。“看不到任何内部分化的迹象、担忧或萌芽，”他试图说服悲观的埃利斯，“从外部压力的形态和性质来看，似乎能带来巩固而不是瓦解。”[34]

1836 年，自由党和保守党都没有分崩离析。实际上，议会闭幕时评论家平静而厌倦的口吻让人回想起 1824 年的往事。自由党人在根据《市镇机关法》举行的首次市议会选举中获胜，经济繁荣带来的宽容，以及斯坦利派尚未与皮尔达成合作共识，使政府安然度过了这一年，只有上议院贵族站出来唱反调。然而，即使在这几个月里，政府中更有政治头脑的人还是听到了让人担心的声音，因为除了爱尔兰和罗素念念不忘的圣俸转拨问题，他们几乎没有什么可谈的。当然，他们可以解散议会，但 1837 年初保守党人出人意料地在伦弗鲁郡赢得选举，这意味着当下需要谨慎而不是勇气。但威廉四世驾崩等于是替他们做出了举行大选的决定。1837 年夏天，国王身体越来越差，让人不禁对前途感到担忧，尤其是维多利亚公主只有 19 岁。6 月 20 日，国王去世，自由党人越发提心吊胆。

政府手里有两张牌：《市镇机关法》和不从国教者。梅尔本一眼就看出两者互为表里。他在谈及不从国教者时表示：“他们才是真正从（《市镇机关法》）中获益的阶层，而不是暴民和理论家，他们会在每年的选举中越来越清楚地展现出力量。”[35] 针对不从国教者的《婚姻法》和 1836 年的《什一税代偿法》有着同样的思路。表面上看，自由党人在 1837 年大选中成功压倒了皮尔，因为保守党新增的议席只有区区 13 个，还赶不上在苏格兰和爱尔兰丢掉的议席。[36] 但是，虽然皮尔未能把梅尔本政府赶下台，保守党人却完全有理由对结果感到满意。保守党人的斩获除了那 13 个议席外，还应该加上 1835 年后历次补缺选举中赢得的 8 个议席。（如果把时间拉长，还可以加 66
上 1841 年前赢得的 10 个议席。）更重要的是，这些新增议席集中在英格兰，自由党人在英格兰的市镇和郡两级都败下阵来。此外，自由党人不仅选举失利，还失去了激进派的支持。面对即将到来的与皮尔的较量，梅尔本手里只剩下 30 个议席的议会多数，几乎难以支撑以分歧和倒戈著称的政府。罗素一针见血地指出了自由党的两难处境。他在给梅尔本的信中表示，“如果他们做得少，他们的朋友就会懈怠；如果他们做得多，他们的敌人就会强大”。[37] 接下来的几年里，他的党的经历基本上可以看成是这个主题的变奏。

1834 年后梅尔本做得很少，1837 年后他做得更少。事实上，维多利亚女王登基后，梅尔本对自身职责的理解进入一个新阶段。梅尔本甘愿充当这位年轻君主的私人秘书，集王室侍从、私人保镖和告解神父的职责于一身，这意味着他不得不退出政府的日常事务。他从此尽量不插手阻止激进动议和防范政府改组，直到 1839 年时才被迫介入。此外，温莎城堡的田园生活改变了威斯敏斯特的权力平衡。* 罗素不仅是内政大臣和下议院领袖，而且成为 1830 年代末自由党的主要战略家。然而，这种变化给激进派带来的喜悦并没有维持多久。新议会开幕后，政府的第一个举措是罗素宣布 1832 年的解决方案应当被视为“最终”方案，从而紧急叫停了自由党进步派及其攻击上议院的雄心。当然，罗素也不再像处理爱尔兰问题时那样头脑发热，否则他成不了高明的政治家。但他并没有变成梅尔本那样纸上谈兵的辉格党人。他不会因为社会动荡而丧魂落魄，在内政部办公桌后与宪章派对峙时依然能保持冷静。同样，他将反谷物法同盟视为一个潜在的工具，而不是一个可怕的威胁。他不再仅仅关注自由贸易，对殖民地和国际事务也很感兴趣。到 1840 年，罗素完成了蜕变，从心浮气躁之人转变成运筹帷幄者。

---

* 梅尔本平时很少在伦敦，总在温莎城堡陪伴年轻的维多利亚女王。

鉴于自由党在选举上的弱势以及在议会中岌岌可危的多数党地位，罗素必须重新确定政策方向。然而，当我们回顾这些年时，似乎还有更多值得关注的事情。首先映入眼帘的是政治家们的关注范围日益扩大，这一方面是因为加拿大、美国、法国的政治版图不断扩张，67
从而成为关注的焦点；另一方面是因为英国的工业中心地带再度出现了广泛的民众骚乱和政治风潮。人们开始抨击保护部分经济部门（对消费者不利）的关税体制，也引发了这个萧条时期的担忧；1837 年，也就是经济形势严峻的第一年，格雷维尔将注意力转向了谷物法和废除谷物法的前景。自由党人一直在寻找选举认同，看问题时总是要么把镜头拉得太远，要么更换镜头。因此，当各个要素同时出现在镜头里，他们不是直接把焦点对准宪章派或是反谷物法同盟，而是考虑应对各种事态发展的策略，诸如加拿大的反叛、牙买加的奴隶制以及穆罕默德·阿里在叙利亚的劫掠。保守党人的目标和反应也很迷茫。皮尔现在与阿伯丁和古尔本走得很近，也得到了地方选举专家博纳姆的协助，觉得不必操之过急地制造危机。虽然下一次大选可能要推迟到 1843 年，但这种不思进取让许多追随者感到不安和沮丧。

1837 年圣诞节前，有两件事对政党政治造成了影响。11 月 20 日，罗素发表“定局”演说，激进派觉得自身前途渺茫，而斯坦利派（如今已正式成为保守党人）认为他们对中间政治的影响是罗素改变态度的原因。在这种背景下，12 月 22 日，加拿大发生暴乱的消息传到英国。对于研究激进主义和加拿大的历史学家来说，这些联翩而至的事件可以分开讨论，但英国政治史家会将两者相提并论。（法属）下加拿大发生反对英国当局的叛乱，为激进派提供了一个检验政府自由派成色的试金石，而恰好在此时罗素对激进派提出了质疑。梅尔本的应对就像是和一个拙劣的对手下棋，移动一个棋子将对方的军，他给了为首的激进主义代言人一个伯爵头衔，并派他代表政府前往加拿大视察骚乱情况。达勒姆接受了任命，首相通过这一招棋，将 1833 年从格雷政府辞职后成为激进派不满情绪代言人的人送到了大洋彼岸。这个举措还转移了人们对无能的殖民地大臣（查尔斯·格兰特，现已是格莱内尔格勋爵）的注意力，无需在危机平息前罢免他。在保守党方
68 面，皮尔因为没有表态而受到指责，威灵顿则因为殖民者气急败坏的言论而受到攻击，就连上议院贵族也觉得这些言论大可不必。1838年的达勒姆报告被视为加拿大宪政发展的里程碑，但达勒姆被政府撤职以及他对政府的蔑视并未在国内激起多大涟漪，这表明了1837年后激进主义的孱弱。激进派成员、哲学激进派乔治·格罗特未能说服下议院相信大选实行无记名投票制的好处，同样是激进派收场白的一部分。

奥康内尔的爱尔兰政党在议会中的势力不断壮大，进一步加剧了加拿大问题带来的紧张局势。很显然，圣俸转拨问题是个死胡同。它不仅在自由党人把持的议会走不通，也不太可能在皮尔掌控的议会获得通过。因此，“自格雷勋爵内阁分裂以来，爱尔兰政策的铰链”[38]生锈了。此外，自由党人也有了不同以往的需求。1835、1837年选举中，自由党人在英格兰接连受挫，更想把爱尔兰变成选举堡垒，而不是发起对爱尔兰教会的讨伐。1838年的爱尔兰市镇机关法议案就体现了这种新思维，自由党人希望皮尔能让议案获得通过，作为交换，自由党人可以停止圣俸转拨并着手解决什一税问题。然而，皮尔的淡泊无为并不意味着放弃重大的选举优势（无论是否存在贿选），政府不得不撤回议案并重新修订。

加拿大和爱尔兰所代表的殖民地事务造成了一个惯常的后果：政治家们厌烦了。1838年，由于双方议员都不清楚自己希望达到的目标，出席下议院的人数逐渐减少。人们看到梅尔本与女王一道骑马，却很少出现在该出现的地方。皮尔暗中报复的策略虽然谈不上光明正大，但足以牵制罗素。爱尔兰人被哄得开心，但依然不满足。两年来政府避重就轻、虚与委蛇，激怒了激进派，他们摩拳擦掌准备大干一

场。面对宪章派和新成立的反谷物法同盟的挑战，政府的防线远远谈不上稳固。

“宪章运动”有广泛的基础，但虽然成立了全国性组织，它的力量主要来自伯明翰、西赖丁、威尔士、泰恩塞德和克莱德赛德等地方基地。它往往被视为一个突出例证，证明工人阶级形成了阶级意识以及无产阶级具有巨大政治潜力。但我们同样可以公允地指出，要求制订《人民宪章》的骚动成分复杂，既有浓厚的乡土意识，也表现出方向不明的特征。宪章的六项内容（普选权、议会每年改选、无记名投票、平等代表权、议员支薪、废除议员财产资格限制）在 1856 年前全都没 69
有实现；尽管宪章运动在英国劳工史上具有毋庸置疑的深远意义，但 1842 年前它对内阁政治的影响微乎其微。1839 年的伯明翰斗牛场骚乱后，政府才像西德茅斯时期那样行使特别权力。在此之前，政治通信中很少提及宪章派，偶尔提及宪章派时，观察者的情绪更多是恼怒而不是恐惧。这种情形在所难免，因为这个社会中信息和谣言的传播依然是聚众性和封闭性的。例如，1839 年春，兰斯多恩的儿子讲过一件事，他随义勇骑兵队前去管控宪章派在迪韦齐斯举行的集会，他发现鼓动者自己也受到群众威胁，“被迫向市长和民政当局申请保护……对付一些闹事者”。[39] 今天看来，当时的场景简直是滑天下之大稽：迪韦齐斯并非宪章派的中心，而且讲述者在字里行间一味恶意中伤，完全把这件事当成茶余饭后的谈资。然而，从这样的观察中可以看出，统治阶级的政治态度变强硬了。显然，“暴民”统治和外省宪章派袭击的“惊人”报告让这个阶级的成员感到担忧。[40] 但内阁圈子里并没有剑拔弩张的气氛。我们看到，在伦敦圈子里，梅尔本政府的暂时下台抢去了 1839 年宪章派第一次大规模请愿的风头。罗素重返内政部后，继续对宪章派采取听之任之的态度，直到 7 月发生暴力事件，政府可以名正言顺地逮捕宪章派领袖。

曼彻斯特的工业家在很大程度上推动了 1838 年反谷物法同盟的

成立。像宪章派一样，反谷物法同盟的支持者最初往往被政治家们划入外部压力的范畴，而不是体制内的一股新势力（尽管同盟的棉纺业巨头拥有巨大财富和影响力）。1841 年，理查德·科布登在斯托克波特当选为议员（1837 年大选中以微弱差距落选），反谷物法同盟最有影响的宣传者之一进入议会。1843 年，科布登打击犯罪的搭档、贵格会教徒约翰·布赖特也当选为达勒姆的议员。然而，到 1840 年代，出于选举战略的考虑，同盟的风格和方法有所改变。它暂时表现得像一个传教组织，抓住了经济萧条引发的普遍情绪。《泰晤士报》也曾
70 捕捉到这种氛围，而皮尔认为谷物法问题将成为即将召开的 1839 年议会的重中之重。[41] 但是，从保守党的角度来看，谷物法问题并不是离间激进派与政府中辉格党人关系的合适工具。哲学激进派认识到李嘉图谴责贸易保护主义的力量，但现在的许多激进派似乎既不是哲学激进派，也不是工业激进派。事实上，激进派领导层往往与辉格党人同出一门；父子两人分别站在自由主义的议会制度两端的事例并不罕见，双方最终都自诩为领地贵族制度的捍卫者。1839 年，梅尔本对贵族同僚表示，废除谷物法乃是“人类所能想到的最疯狂的计划”，[42] 他说这番话时很清楚，即便到更激进的场合，他也有申辩的机会。贸易保护犹如一条有约束力的纽带。皮尔要的是能够制造分裂的东西，他找到了这个东西，那就是牙买加问题。

1830 年代末，西印度群岛至少在两件事上让自由党大臣们陷入了尴尬：一是维持对殖民地的行政权力，二是改善黑人的处境。在 1839 年的牙买加，这两个问题相辅相成。内阁决定暂停实行《牙买加宪法》，因为当地种植园主一直抵制英国的介入，尤其是抵制尽快废除黑人学徒制，这一制度始于 1833 年废除奴隶制，按照原定计划将于 1840 年废止。但政府的立场看上去陷入了自相矛盾，即用专制的方式来实现解放。自由党人进退维谷，如果背弃了黑人，就会激怒“圣徒们”；如果违背了代议制政府的行为准则，就会惹恼激进派。

对于皮尔来说，为种植园主辩护并且表面上约束宗主国权威，肯定也是一件尴尬的事情；但追随者逼着他这么做，他们希望以此羞辱梅尔本，而梅尔本显然会被即将到来的下议院辩论弄得焦头烂额。皮尔可能并不认为政府会垮台，目前也不是上台执政的最佳时机。因此，1839 年 5 月 6 日的牙买加表决中，一些激进派议员反戈一击，梅尔本政府的议会多数只剩下区区五个议席，梅尔本政府宣布辞职，皮尔发现自己必须马上拿出应对方案。

然而，皮尔未能组建起他应邀组建的政府。年轻的女王不愿与宫廷女侍分开，她们许多人是辉格党大臣的妻子、姊妹或女儿。这场所谓的“寝宫危机”本身无足轻重，但维多利亚负隅顽抗的消息引发了流言蜚语和轩然大波，不妨将其看成自由党高阶政治起伏发展的一个 71
插曲。皮尔不愿与君主为敌，梅尔本重新上台也就在情理之中了，但梅尔本回来时所带的人马反映出 2 月以来的信心崩溃，当时他第一次被迫调整内阁人事。格莱内尔格在加拿大之行失败后即被免职，此事成为改组内阁的由头。8 月，斯普林-莱斯从财政部退休，梅尔本还失去了波利特·汤姆森以及格雷的儿子豪伊克勋爵，这些人的激进主义与梅尔本的“稳定系统”格格不入。事实证明，罗素调任殖民地部有助于平息事态，安抚了宪章派，但政府与激进派就无记名投票和谷物法问题达成的赤裸裸的修补协议（两个问题都获准成为“未决问题”）很难说奠定了未来双方合作的基础。

1833 年后一直让帕麦斯顿如坐针毡的外交危机使得双方合作的前景愈发渺茫。当年签订《安吉阿-斯凯莱西条约》是英国外交大臣的一个重大战略失误。为了对付从前的臣属埃及总督穆罕默德·阿里帕夏，土耳其苏丹向英国求援，帕麦斯顿拒绝伸出援手，从而将土耳其人推向了北方宿敌的怀抱；帕麦斯顿从此一直想拆散 1833 年的俄土联盟。他的机会来了：1839 年，穆罕默德·阿里入侵叙利亚，并击溃了前去驱逐他的土耳其军队。帕麦斯顿趁机向列强施压，要求响应财政破产的俄国的请求，援助土耳其对抗阿里帕夏。然而，向俄国和土耳其宫廷的暴君统治提供援助，肯定无助于安抚国内的激进派，尤其是自由派梯也尔领导的法国政府明确反对胁迫阿里，甚至扬言要发动一场欧洲战争。在英国国内，也不只是少数残余的哲学激进派站出来反对。全国各地都发生了坚决支持法国路线的骚动，一些宪章派人士发挥了重要作用；此外，罗素、霍兰、埃利斯和斯宾塞也在高阶政治层面施压，这预示着帕麦斯顿与罗素之间的裂痕将在接下来的 20 年里成为自由党阵营的常见特征。直到罗素开始怀疑梯也尔动机不纯，反对帕麦斯顿的声音才逐渐平息，到 1840 年下半年，激进派的残骸散落得到处都是。

如果说殖民地和外交政策破坏了自由派联盟的一个铰链，那么迟迟未能在爱尔兰建立令人满意的选举体制则破坏了另一个铰链。对于罗素来说，1840 年剩下的时间已经不多了：1832 年改革法案的爱尔兰条款规定，投票“证书”将在八年后到期，该证书授予年收入 50 英
72 镑以内的自由租地农投票权。除非政府能建立一种更好的替代体制，否则一旦保守党人对选民登记制度提出疑问，爱尔兰的选民人数将急剧减少，这几乎肯定对自由党人不利。实际上，保守党人的优势就在于至少能在爱尔兰实现一个目标。他们可以提出自己的法案，使选民变得更少、更排外；如果这条路走不通，至少要让罗素出台不了任何扩大选民规模的法案。1840 年斯坦利的《市镇机关法》是第一条思路的产物，尽管它打着“革除弊端”的幌子。此外，保守党人嗅到了血腥味并找到了新的激情，在该法案通过过程中多次在下议院击败政府。“当爱尔兰受到伤害时，”奥康内尔在一个酸楚的时刻若有所思地说道，“没有什么能挡住他们。”[43] 罗素最终用一项修正案扼杀了该法案，但他承诺政府将提出一项新法案，这对于 1841 年来说无疑是一个不祥的预兆。

皮尔所做的事情已经让这场斗争变得没有必要。上一个议会会

期的倒戈和补缺选举失利后，罗素在下议院的多数党优势已经荡然无存，1841 年 6 月 4 日，罗素在不信任案表决中以 312 票对 311 票败下阵来。自由党人想要重整旗鼓，亟需立一个靶子，部分是考虑到反谷物法同盟的人气和实力，他们决定向经济保护主义发动攻击。1838、1839、1840 年的财政赤字使资产负债表变得很难看，两任财政大臣斯普林-莱斯和巴林陷入四面楚歌的困境。像 20 年前的利物浦一样，梅尔本及其同僚不得不面对最棘手的税收难题。对于罗素来说，降低关税既可以刺激进口、增加收入，又能够提供更廉价的粮食。其实他也没有什么更好的办法，因此，不能把这一政策归因于某种观念转变，否则未免有点头脑简单。即使是托马斯·巴宾顿·麦考莱——当时是政府大臣，很快将成为一位浪漫派历史学家——也无法从自由贸易的狂热中感受到任何理想主义的气息。“我们党的前途在此一举（自由贸易），”他在一封信中表示，“我们要押双倍，否则就会出局。”[44]

皮尔派政治的窒息（1841—1846）

短期看，自由党人赌输了。大选结果很糟糕，尤其是普遍反感放
松贸易保护的郡选区。罗素本人侥幸过关，在伦敦城候选人中位列第 73
四（一共有四个席位），勉强保住了脸面；但约瑟夫·帕克斯和他的朋友们为了评估选举失利的程度，不得不在“郡死者的坟墓”度过了悲惨的几天。事实上，皮尔以大约 80 个席位的优势胜出。然而，保守党人的喜悦很快被冲淡了，因为这场胜利主要是来自英格兰和威尔士郡选区增加的席位；这些选区的选民并不是《塔姆沃斯宣言》之后皮尔所说的广泛基础；这次大选没有以任何直观方式反映出 1830 年代下半叶保守党在城市中的主导地位。事实上，保守党的执政地位恰恰是来自当时看起来毫无希望的方向，那就是以郡为基础的抵抗政

治。对于执政的这个人而言，其立场的逻辑和完整在于升华了对马和猎犬的情感并且希望强行让托利党人获得自由。正如皮尔在执政一年后对阿巴思诺特所说，“对于那些惊恐万状、怨天尤人的极端分子来说，真正的朋友是那些能够阻止其中一些极端分子一意孤行所必然带来的后果的人”。[45] 会有什么后果？在接下来的几年里，人们对保守党（*parti conservateur*）经过一段艰难的尝试后重新站稳脚跟时可能会发生的事情有了相当深刻的认识，尤其是除了奥斯丁·张伯伦和内维尔·张伯伦之外，皮尔的所有继任者都学到了一个教训，那就是上帝也不能把保守党人领到他们不想去的地方。

9 月初，梅尔本在议会遭遇不可避免的失败之际，保守党人还没有这样消极的想法，皮尔着手组建政府，皮尔不仅延揽了健在的 1820 年代的治国干才，还启用冉冉升起的新星。两位前首相戈德里奇（如今是里彭勋爵）和威灵顿都获得了内阁职位。里彭先是入主贸易部，后接替菲茨杰拉德勋爵（1828 年的维西·菲茨杰拉德）出任负责印度政策的印度监督委员会主席，但他在这两个地方都不得志。铁公爵也生锈了；他在 1840 年两次中风，无法再主持外交部，因而入阁担任不管大臣。1828 年威灵顿内阁的外交大臣阿伯丁勋爵重返外交部。他并没有提升这个部门的声誉，也不具备行政能力。他身体欠佳（“脑袋里总是嗡嗡作响、意识模糊”[46]）影响了对英国海外代表发出的指示，他的外交政策往往迷失了方向。另一方面，1840 年的战争恐慌之后，英法关系成为人们最关心的问题，而阿伯丁与法国总理基佐私交甚笃；当整个政府在印刷所广场 * 不受欢迎的时候，他
74 还能和接替巴恩斯出任《泰晤士报》主编的 J. T. 德莱恩说得上话。华恩克利夫勋爵（1832 年的摇摆者）和白金汉公爵（1832 年的“钱多斯”）在内阁代表温和派和土地利益的捍卫者。林德赫斯特再度出任

* 英国最大的日报《泰晤士报》编辑部和印刷所所在地。

御前大臣，属于熟悉的老面孔。

新面孔中热衷仕途的是背叛了辉格党的斯坦利和格雷厄姆。斯坦利执掌殖民地部，他日后解释说，这个职位让他处于政策死角，因为1840年代殖民地事务的分量远不如加拿大和牙买加时期。正因如此，他开始与皮尔离心离德，最终在1846年接受了本廷克和迪斯雷利的托利主义。反之，格雷厄姆向前迈进了一大步。他出任内政大臣，这是一个很大的升迁，虽然他人缘不好，他的冷淡和傲慢一直招人反感，但这位新任大臣很快成为皮尔的左膀右臂。往来书信表明两人都有一种身心交瘁之感，他们的行政领导风格使得他们备受长时间工作的煎熬，而这种风格在政府日益膨胀的背景下已经不合时宜了；他们还有心灵上的共鸣，用《笨拙》杂志的挖苦话来说，“两人共用一个脑子”。[47] 回过头看，1830年代后期，博纳姆和古尔本一直是皮尔的先锋，格雷厄姆的晋升无疑影响到古尔本，他虽然已是财政大臣，但在一个首相发号施令的愿望压倒一切的政策领域，他不得不听命于皮尔。唯一敢在经济和贸易事务上与皮尔唱反调的，只有年轻的贸易部副大臣威廉·尤尔特·格莱斯顿，1843年，他进入内阁，说话更有分量了。他还向社会公众发表意见，相继出版了《国家与教会的关系》(1838)和《论教会原则的后果》(1840)；不久，爱尔兰问题的阴云于1845年笼罩英国，他因为这两本书承受了很大压力。

爱尔兰的阴云暂时还没有飘过来。爱尔兰的暴力和叛乱让格雷厄姆忧心忡忡，但身为内政大臣，他自然要关注全国各地的暴力和叛乱。但皮尔更倾向于对爱尔兰局势冷处理，他安慰格雷厄姆说，“国家还算平静的时候，政府最好是听而不闻”。[48] 皮尔从一开始就
很清楚自己的首要任务是财政收入和经济保护。他必须采取措施消 75
除弥补财政赤字，因为正是居高不下的财政赤字让执政末期的梅尔本政府焦头烂额，此外还要应对自由派的选举压力，因为自由派要求对谷物实行低税率的固定关税，废除1828年的高额进口税。这个

时期的皮尔对自由贸易的看法与罗素完全不同：1830年代末的歉收让大臣们惴惴不安，而1840年代初的丰收年景还没有到来。然而，不同阵营的政治观察家都感觉一场重大变革近在眼前。1841年大选期间，一位观察家在私底下写道："我认为谷物法要完蛋了，是托利党人还是自由党人实现这一目标并不重要，我有把握预言，不出三届议会，贸易委员会必定出台限制性政策。"[49] 皮尔在这个问题上主要考虑的是增加财政收入；除非重新开征1816年废止的皮特时期的所得税，弥补降低谷物税导致的财政收入缺口，他才会批准调低1829年的税率。1841—1842年冬天，内阁一直闭门讨论这个问题。直到1842年1月白金汉公爵辞职，公众终于明白过来，皮尔要让各郡的期望落空了。

正如格莱斯顿所说，皮尔当然想"摸清农业人士的脉搏"；[50] 但他和格雷厄姆的顾虑是财政困难。一次党内会议表明，保守党人可能会对谷物税率的微调开绿灯；另一方面，自由贸易游说团体的无能也暴露无遗，维利尔斯每年都提交的废止谷物法动议在议会表决中以395票对92票惨败。事实上，一些保守党人认为可以利用谷物法上的困境捞取政治好处。在很多人看来，白金汉的去职是一个重大胜利，尤其是继任者巴克卢公爵的口袋里装着苏格兰大片土地的地契。在农业展览会和郡会议上，各郡的后座议员们接触到怨声载道的农场主。他们也不能不承认降低税率可能带来严重后果。例如，当谷物价格达到每夸脱66先令，拟议中的保护性关税只有7先令，而不是旧体制下的20先令8便士。然而，由于近年来谷物价格一路走高，各郡议员按捺住心中的不满，几乎没有人站出来反对皮尔的计划。5月，政府取消了进口牲畜的关税，这让他们群情激昂，当年晚些时候，肉类价格暴跌，他们越发激动。话说回来，尽管苏格兰和东米德兰的牧场主群情鼎沸，但议会中的农业反对派并没有发展
76 壮大，核心成员仍然只有60人左右。在高阶政治层面，皮尔和格雷

厄姆判断正确，对于政府来说，税收比肉类更危险。皮尔比谁都清楚地记得，拿破仑战争结束后的那些年里，税收以及由此引发的议会问题让利物浦内阁疲于奔命。如今他开征的所得税并不高（未来三年内，150 英镑以上的收入每英镑税率 7 便士），但他很清楚这触及了议会阶层的要害。

然而，所有这些都是“财产”为了“廉价保障未来”而必须付出的代价。[51] 皮尔心知肚明，经济萧条加深了大众的苦难，对宪章运动起到推波助澜的作用，让反谷物法同盟如虎添翼。像 1819 年一样，1842 年时一些政治家深切感受到社会动荡的威胁，尤其是在动荡的夏天。1842 年 5 月，议会第二次拒绝了宪章派请愿书，激起了英格兰北部的“插销”骚乱：工人们拔掉蒸汽机的插销，工厂生产陷入停顿。8 月，格雷厄姆实施大规模逮捕，表明政治社会已经有所警觉。尽管通了铁路，遥远的北方似乎依然很平静，就像 1843 年底爆发“黎贝卡”骚乱的南威尔士一样。尽管北部工业区水深火热的社会状况的报道不断传到首都——格雷维尔在秋季游历了纽马克特、克罗默、布罗德兰、坎福德和希林顿，他表示这些报道“简直骇人听闻”——但随着伦敦周边地区浪流逐渐消退，形势开始逐步缓解。军队进入形势最严峻的地区，宪章派领导人被抓进监狱，格雷厄姆也镇定下来。同时，阿尔伯特亲王受到宪章派的伯明翰市长的热情款待，市长反反复复“保证整个宪章派团体的忠诚”。[52]

在执政第二年年终，皮尔向给他惹麻烦的印度总督埃伦伯勒勋爵发去一封信，信中很多地方谈到了他的政府在政治上的当务之急：

> 你会看到，我们在国内要应对种种棘手的问题：爱尔兰和取消英爱合并的骚动；苏格兰教会的大分裂；西班牙的内战；不从国教者对教会的嫉恨与日俱增，建立了强大而成功的组织来反对我们的教育计划；贸易始终萧条，税收不振。[53]

这份清单有一个耐人寻味的地方，那就是只字未提一些事情：宪章运
77 动、反对1834年《济贫法》的骚动、阿什利勋爵发起的减少工厂童工工作时间的运动，以及托利党内对皮尔何去何从的担忧。皮尔关注的焦点仍然是外交政策、政教关系、税收，尤其是爱尔兰问题。其中，爱尔兰问题和英国国教问题密不可分地交织在一起。

1842年之际，英格兰的问题掩盖了爱尔兰的问题，但爱尔兰正酝酿着一场重大的变革。在奥康内尔推动下，一场以取消英爱合并为目标的群众运动悄然兴起。“取消合并协会”仿效天主教协会的做法，驾轻就熟地组织群众集会和收取“取消合并租金”。1843年一整年，取消合并协会逐步壮大，而威斯敏斯特认为其副作用是带来了危险的暴民，这让政府日益担忧。“国家必须将他们镇压下去，”威灵顿叫嚣说，“否则他们就要颠覆国家。”[54] 预定10月在克隆塔夫举行的大规模集会被禁，奥康内尔被捕，随后被审讯、定罪和监禁（最后还是释放了），这让人想起了1833年的往事。如果说“整个民族”并没有像1843年夏天格雷厄姆警告的那样濒临叛乱的边缘，那么当年冬天和来年春天发生的事件使皮尔比以往任何时候都更清醒地意识到要安抚爱尔兰人。然而，尽管1841年以来这位首相一直苦苦劝说，但保守党人始终不同意爱尔兰天主教徒担任公职；在国内，皮尔要面对内阁中毫不妥协的英国国教徒，他们坚决反对向天主教徒让步，尤其是斯坦利和新入阁的格莱斯顿，他得罪不起前者，又不能假装理解后者。

从格莱斯顿一丝不苟的日记中，我们不难看出，1841年后他内心一直很纠结，既要抵制混乱不堪的天主教，又要维护作为一种教会体制的宪法。1843年，他目睹了以所谓的“大分裂”而告终的苏格兰教会分裂，这次“最大和最危险”的分裂源于教会无法解决教堂会众任命牧师所引发的冲突。他更痛苦的是他的姐姐海伦皈依了罗马天主教，而约翰·亨利·纽曼辞去牛津圣玛丽教堂的职务后也皈依了罗

马天主教。在 1845 年内阁开始讨论“梅努斯”神学院之前，首相对这位贸易委员会主席的痛苦一无所知。不从国教者在另一个问题上激怒了格雷厄姆，他们反对并挫败了格雷厄姆通过工厂立法的教育条款来遏制叛乱的企图。爱德华·迈阿尔的反国教协会（1844）得以站稳脚跟的舆论氛围，以及不从国教政治所激发的新兴城镇的自由主义，78
标志着格莱斯顿希望避免的政教关系发生了转变。

皮尔的问题清单中没有提及保守党，这让我们了解到他越陷越深的困境，因为自从掌权以来，他奇怪地漠视同僚们赖以求得内心平静的本能。他们当中许多人，也许是大多数人，都是皮尔常常称之为“笨蛋”的人。以往的托利党领导层经常为这些人提供谈话的主题并用循循善诱的方式提供政治指导。利物浦和威灵顿深知鼓励后进的重要性，并在那些自命的局内人当中树立了始终如一的正直形象。反之，皮尔看不起他所说的笨蛋，并将他们一脚踢开。德雷顿的新府邸、“暴发户”（*arriviste*）般的成功、王夫阿尔伯特的青睐、在同僚们当中鹤立鸡群的显赫地位，凡此种种，都使他成为一个孤家寡人。他深信只有自己才能拯救英国，这让他无比欣慰，但他日夜操劳时每每想到可能无力回天，又让他沮丧不已。到 1843 年，他已经大大得罪了党内敏感人士。当政府提议降低加拿大谷物关税时，里奇蒙的儿子写道：“难道就因为他们以退职相要挟，我们就只能同意我们认为对农业最有害的动议吗？”[55] 就连更接近皮尔的同僚也开始担心他的政策可能带来的后果。1843 年 12 月的史密斯菲尔德展览会之后，组建了一个反对废除谷物法同盟，该组织旨在阻止对农业利益的进一步侵犯，扬言要在 1844 年议会发动对皮尔的攻势。关键是皮尔已经下定决心，不论遇到多大阻碍，都要取消棉花、羊毛和糖的关税。

这个决定公之于众后，罗素（如今已是自由党领袖）就有了再次大显身手的机会。到目前为止，自由党人几乎一事无成，补缺选举也连连失利。政府镇压宪章派和处置奥康内尔（1844 年前），让激进的批评者无从置喙。在外交事务上，1842 年的《韦伯斯特–阿什伯顿条约》解决了与美国的边界争端；对中国的“鸦片”战争已经结束，而埃伦伯勒向阿富汗和信德的冒进暂时还没有影响到政府的议会多数。帕麦斯顿却不以为然（“他［埃伦伯勒］在东方干了阿什伯顿在西方干的事情”[56]），但罗素心知肚明，国内政策（鉴于反谷物法同盟的
79 威胁日益严重，这实际上意味着自由贸易）才是未来的希望所在。因此，他在整个 1843 年一直极力挣脱他自己在 1841 年钉上去的固定关税的挂钩。反之，拥有土地的辉格党人很可能再次用固定关税把他吊起来。

正是在这种背景下，1844 年 6 月，皮尔提出的废除糖税的动议遭到否决。评论家们认为这次挫败意义重大，尤其是这已是政府第二次在本届议会遭到挫败。阿什利报复了皮尔，因为皮尔对他提出的把童工劳动时间限制在每天 10 小时的要求置若罔闻。阿什利把这项倍受冷落的条款嫁接到格雷厄姆的 1844 年《工厂法》，成功地让政府沦为少数派。“如今可以说是慈善泛滥成灾了”，格雷维尔的这句话有些莫名其妙，更何况恩格斯在 1844 年《英国工人阶级状况》中揭露了触目惊心的状况。议会以 20 票多数否决了糖税，有 60 多名保守党人站到了多数派一方，皮尔开始意识到已经无法再控制自己的政党。皮尔、格雷厄姆和斯坦利本想立刻辞职，其他内阁同僚劝说三人收回成命，他们要求下议院推翻投票结果。虽然下议院确实推翻了投票结果，但皮尔确信自己很快就要下台。此外，皮尔是在事先知晓末日将临的情况下度过最后几个月执政时间的，既然皮尔本人都清楚这一点，那么历史学家不应当装聋作哑，我们必须做出相应的分析。格雷厄姆在糖税投票后向林德赫斯特表示，“我们的朋友们终于成功地使我们几乎不可能再有任何进展”。[57] 那些心存侥幸的人开始越来越频繁地问一个问题，温莎城堡和奥斯本宫也会一

再问及这个问题，那就是罗伯特·皮尔爵士和约翰·罗素勋爵不能试着合作吗？

很显然，各党派的团结或分裂取决于是否有信心解决谷物法问题。两年来的事态清楚表明这个问题无从回避。反谷物法同盟不再公开地鼓与呼，而是把注意力转向幕后操纵，尤其是争夺补缺选举，拉拢各郡年收入40先令的自由租地农的潜在选民，从而将谷物法问题推到了风口浪尖。例如，1843年，约翰·布赖特重新当选为达勒姆议员，几个月后，一位反谷物法同盟候选人在伦敦金融城选举中获胜，引起了更大的轰动。在里奇蒙公爵领导下，1844年2月成立的反对废除谷物法同盟演变成中央农业保护协会，也退回到自己的帐篷里。皮尔也许被理查德·科布登的观点“折服”——1845年，科布登的一次演说之后，皮尔曾咕咕哝哝地对西德尼·赫伯特说了一句名言：“你来回应这个问题，我答不上来。”——但辩论双方都在壮大的选举力量也影响到了皮尔。在1845年预算案中，他一次性废除了剩 80
下的多项关税，为了弥补财政收入的缺口，他将所得税延长三年，但他并没有触碰谷物关税。克罗克从乡绅们的脸上看到了“垂头丧气”，盼望政府能给一些“安慰和补偿”。[58] 他们的愿望落空了；因为爱尔兰问题又一次“发作”，一个举步维艰的政府没有多大的转圜余地。

爱尔兰的灾难近在眼前，人们却一直蒙在鼓里。1845年9月，政治家们才开始担心爱尔兰西部农民赖以为生的唯一作物马铃薯遭灾绝收，10月，这种担心依然未得到证实。不过，这一茬马铃薯播种之前，爱尔兰问题已经导致格莱斯顿从政府辞职。1844年初，他向首相表示，他不会默许皮尔的计划，即增加政府对培养爱尔兰神职人员的“梅努思”神学院的拨款并使之常态化。当时，奥康内尔被起诉和审判，皮尔急于安抚天主教徒的情绪，但在斯坦利和格莱斯顿的反对下打了退堂鼓。但斯坦利（应他本人的要求）升入上议院，不再有往日的政治影响力，因此圣诞节和新年期间皮尔又重新把提案拿了出来。这项提案本身并没有多少新意，英爱合并以来，历届政府已经两次增加“梅努思”的拨款。另一方面，身为橙带党*的皮尔曾在1829年提议撤销“梅努思”神学院的特许状，将爱尔兰牧师置于政府控制之下，[59]皮尔这次的举动意味着他再次“变卦”（*volte-face*），出尔反尔的记录又多了一笔。格莱斯顿不屑于从皮尔翻云覆雨的做法中捞好处，于1845年1月悄然离开了内阁。但在下议院，保守党人准备拿首相出尔反尔的记录大做文章，有一人尤其卖力。此人逐渐形成了一种风格，糅合了女人气的话语和俏皮的雄辩，犹如想用草叶划伤皮尔的脸颊。此人获悉“梅努思”提案后，呼吁议员们声讨这个“欺骗王朝”，“正告身居高位者，狡诈并不是谨慎，惯常的背信弃义也绝非高明的治国之道”。[60]本杰明·迪斯雷利这个趋炎附势向上爬的人，这个因皮尔未在1841年为他提供一官半职而惆怅不已的人，这个幼稚而百无一用的“青年英国”小团体的发言人，终于等来了出人头地的机会，而托利党议席上的糊涂庸才们也找到了才华横溢的领头羊。

自由党阵营也出现了裂痕。1845年，格雷和斯宾塞相继去世，自
81 由党失去了两个温和派，为格雷的儿子豪伊克勋爵的激进主义敞开了大门，他继承了伯爵爵位，成为第三代格雷伯爵。他也像罗素一样认为皮尔的位置坐不长久；但与罗素不同，他并没有看轻皮尔，如果皮尔被同僚抛弃，他倾向于将激进自由主义作为礼物送给皮尔。阿伯丁尤为深切地感受到权力对皮尔人格的腐蚀，而且对首相拒绝推行亲基佐的外交政策感到愤愤不平，两人的分歧最终促使阿伯丁于1845年9月递交了辞呈。早在4月，他就提醒罗素，要想把皮尔赶下台，自由党人必须先把皮尔派争取过来。[61]“尽人皆知，托利党作为一个政党

---

* 橙带党，又称奥伦治党，1795年创立于爱尔兰，该党派反对爱尔兰民族主义和天主教，主张新教统治世界，因其成员身披橙色饰带而得名。

已经不复存在了”，一位评论家在 4 月晚些时候评论说。即便皮尔挺过了“梅努思”危机，毫发无损地坚持到议会闭幕，他的祭文也已经写好了。回过头看，皮尔的上策是在 1846 年进一步修订谷物关税，虽然要落实这项政策并不容易，因为 1845 年雨水过多，粮食大面积歉收，来自农业的阻力比以往更大。

不过，计划没有变化快。爱尔兰爆发马铃薯枯萎病的消息和即将发生饥荒的预言传到伦敦时，皮尔无法说服内阁同意立刻暂停实施谷物法并且重新召集议会。进入 11 月以后，问题显然没有得到解决，罗素看到了一个机会，可以一举摆脱对固定税率的承诺，并将自由党人拉到自由贸易阵营。但此时他并不在伦敦。议会闭幕后，他陪同患病的妻子前往爱丁堡治病。因此，他的举动是单方面的，未经议会批准。11 月 26 日，他发表了一封公开信，宣布自己改变了立场，敦促皮尔采取行动，这不仅给皮尔施加了更大的压力，也引起了自由党人的热烈响应。皮尔仍然无法说服同僚暂停实施谷物法（这等于是废除谷物关税，人人对此心知肚明），他于 12 月 6 日辞职，给罗素留下一个烂摊子，即组建一个能站稳脚跟的议会少数派政府。谈判进行了十天，最终不欢而散，罗素之所以未能成功组阁，不仅与他的个性有一定关系，格雷不愿与帕麦斯顿共事也是一个重要原因；但最主要的原因是自由党领导层内部夏天就出现了深层分歧。作为一个身心俱疲、担心妻子一病不起而濒临崩溃的领袖，格雷想必是在忍无可忍的情况下才拒绝效力。但格雷拒绝的主要动机是他一直希望携手组建一个由罗伯特·皮尔爵士而不是约翰·罗素勋爵领导的“自由派”政府，“一届皮尔自由派政府，J 勋爵（罗素）应该占有一席之地，但如果他 82
拒绝（他会这样做），我们中许多人都可能会加入”。[62] 格雷就这样扮演了他父亲曾扮演过的角色，他的建议若是放在 1820 年代会备受推崇。但现在的政党已非昔日的政党。圣诞节，皮尔带着老班底（除了拒绝复出的斯坦利）重新上台，格莱斯顿也重返内阁。人人都清楚下一步将何去何从，尤其是皮尔本人。

1846年1月，皮尔提出三年内逐步废止谷物关税的提案，从此时到1846年5月2日上议院二读通过法案，政坛的主线一是势在必行的废除谷物法，二是皮尔的政治生命行将终结。直到最后时刻，皮尔在谷物关税、印度、“梅努思”和货币等政策领域始终是个胜利者。但老托利党已经完全抛弃了皮尔派政治及其独断专行的风格以及危险的灵活性。如果说皮尔派政党并未消亡，那么它从此只能存在于迪斯雷利、斯坦利和乔治·本廷克勋爵划定的保守主义范畴之外。不仅如此，1846年前几个月，保守主义的体系又扩大了。当年上半年，贸易保护主义候选人赢得了两次补缺选举，南诺丁汉郡和北诺丁汉郡的选举尤其备受瞩目，林肯勋爵先是败给了一位反皮尔派候选人，后者的靠山正是林肯公爵反目成仇的父亲纽卡斯尔公爵；接着又被他的兄弟、狂热的贸易保护主义者亨利·本廷克勋爵夺去了姊妹席位。黑暗势力在下议院占据了将近200个席位，在上议院也有一大群忠实拥趸。少数辉格党贵族想拿谷物法问题上的阶级斗争做文章，在此基础上组建辉格党-老托利党联盟——“丑陋而不光彩的联合”，结果被罗素压制下去。事实上，皮尔卓有成效的政治生涯的最后几个月最令人赞叹的地方是，他的政党没有发生重大改组。1829年和1830年的情形并未在1845年和1846年重演。相反，1846年6月25日，皮尔的《爱尔兰刑事法案》被否决后，皮尔派在政治主流中的前景蒙上了一层回天乏术的阴影。

为了理解这种稳定性，就要分析政党与谷物法问题涉及的各方利益集团之间的关系。这场争论的背后显然有着“城镇”与“乡村”对立的因素，但这种对立可能会造成误导。许多贸易保护主义者拥有土地，要求废除谷物法的人当中也不乏土地所有者。迪斯雷利曾经感叹皮尔身边的人都有“好名声”，如菲茨威廉和1845年去世的斯宾塞，尽管他们拥有大量土地，却一直站在反谷物法同盟一边。

反之，逐步参与宪章运动的城镇居民往往反对废除谷物法，他们认为反谷物法同盟沦为了雇主阶层的工具，旨在以废除“面包税”为由进一步降低工资。只是单纯分析不同经济利益的对立集团，无法理清谷物法问题造成的错综复杂的分歧。我们也不能说（克罗克一直说）“乡绅”是贸易保护主义舆论的唯一源头。许多乡绅在下议院投票支持废除谷物法。议员们在谷物问题上的立场有一个更灵敏的风向标，那就是1845年“梅努思”神学院引发的纷争。我们以此作为风向标并不矛盾，反而在情理之中，爱尔兰教会问题虽然是一个截然不同的领域，但它同样灵敏地反映了十年来皮尔大力推动的政党观念。皮尔下台前的几个月里，乔治·本廷克勋爵慷慨激昂地为谷物税辩护，他是在为政党的操守辩护，而不是为土地所有者的权力辩护；它促成了“为了政治道德和公众人物的品格”[63]而自觉组织起来的反对派。 83

诚然，有些人认为1846年的事件有革命的苗头。格雷厄姆和克罗克在两人的大量通信中对未来感到迷茫，一人希望谷物问题上的让步至少可以平息“这个可恶和无休止的民主骚动话题带来的喧嚣”，另一人则无法接受“一个民选政府……一个名义上的君主政体、实质上的共和体制”。在政坛的另一端，菲茨威廉伯爵认为皮尔将成为“民主卫士”。[64]双方都反应过度了。威灵顿这位1830年的耶利米*不再刻意小题大做。皮尔被视为公众舆论的代言人，但他给前来祝贺的布赖特泼了一瓢冷水，他表示自己担任首相时从未觉得公众对这个问题有过任何兴趣。[65]事实上，他任职期间的所作所为并没有使民主更进一步，也没有描摹一个新世界。皮尔派路线遭到摒弃，被视为保守党发展进程中的一种反常现象，旧世界卷土重来。

---

* 耶利米是古代犹大国最黑暗时代的一位先知，被称作“流泪的先知”，他明知犹大国注定覆亡的命运却无力改变。这里是指反民主的威灵顿无法阻挡议会改革的浪潮。

约翰·罗素勋爵组建政府时试图弄清楚皮尔派政治最终能否在其他地方找到归宿，但这个问题太过虚无飘渺，找不到答案。显而易见的是，他组建政府时面临与1830年格雷所面临的迥然不同的任务。当时的任务是如何创造辉格党的未来。现在的任务则是创造自由党的未来，这项任务要付出更多的时间、具备更高的才华，这是罗素力所不及的。

第三章　稳定的机制

焦虑的时刻（1846—1852） 84

废除谷物法造成了一个后遗症，那就是政治家们陷入了迷茫。他们思想世界的一个重要部分即便未被彻底摧毁，显然也已是支离破碎，那些掌握了乡村和城市权力的人对经济状况忧心忡忡，却又热衷于某种经济试验。事实证明，这种担忧大多是杞人忧天。但在接下来的几年里，经济波动和政党动荡将持续给政治家们带来困扰。我们要着重指出一点，除了 1848 年欧洲的大动乱以及宪章派在伦敦第三次递交请愿书的短暂时期，大臣们很少关注革命。虽然爱尔兰的饥荒愈演愈烈，但只有当它出现在财政部的议事日程上，或是与 1848 年史密斯·奥布莱恩流产的起义交织在一起，汇聚成宪章派的威胁时，才能在国内政治中占有一席之地。印度局势有了变化，一位皮尔派接掌印度，却鲜有建树，直到十年后爆发大危机。欧洲大陆的距离悄然拉近，因为帕麦斯顿再度成为形象大使；英国再次有了一位外交大臣，总是将自己对权力的高度个人化理解凌驾于政党和政策之上，尤其是有名无实的领袖罗素之上。然而，大选即将到来之际，政治家们谈论得最多的是新的政党背景及其可能的影响。他们的盘算和预测大多落空了，这与摇摇欲坠的约翰·罗素勋爵政府的历史是分不开的。就像大师对弈的棋局，精彩的地方与其说在于走出来的每一步棋，不如说在于对没有走出来的棋招的解说。

从许多方面来说，这些年间政治民族的心理呈现出最迷人的一面。1840年代初，连年大丰收将土地所有者的忧虑一扫而空；但
85 1846年的歉收带来了灾难，即便投放了保税谷物，谷物价格仍然冲上了100先令大关。歉收刺激了进口，加剧了货币和信贷体系的困境，而猖獗的铁路投机以及皮尔的《银行特许状法》实行的金融管制早已使货币和信贷体系不堪重负。近在眼前的崩溃似乎没有1825年的危机那么触目惊心，当它于1847年10月到来时，仍然冲击了那些对1820年代和1830年代危机记忆犹新的人。贸易保护主义的新领袖乔治·本廷克勋爵曾在20年前担任坎宁的私人秘书，对赫斯基森所说的经济真相有很深的认识。罗素的财政大臣查尔斯·伍德爵士忘不了梅尔本政府末年财政大臣巴林的赤字，发誓要在任期内避免赤字。他的导师是皮尔，遇到问题时经常向这位退休的政治家求救。1850年代，伍德任职早期危机和萧条带来的情绪有所缓解，因为1840年代晚期的农业改良开启了“高效”农业时期，而这正是皮尔式刺激政策标榜的目标。同样，制造业最终也走出了萧条，进入一个更为自信的阶段，一个象征是1851年在专门建造的“水晶宫”举办了万国博览会。但政治家们暂时接受了皮尔派关于1846年事件的神话，以此来理解废除谷物法之后的政治状况。

这个神话基于两个观点：一是保守党分裂为两个派别“皮尔派”和“贸易保护派”；二是这种分裂起因于经济政策上的分歧。这两个推测都于事无补。它们在当时的心理作用在于提升了皮尔派的体面，并且鼓励了那些认为只要改变经济立场，便可将保守党重新团结起来的人。迪斯雷利立刻意识到必须尽快消除这种印象，但他面临一场长期的斗争，那就是使大多数托利党人认识到“贸易保护”只是反对皮尔的一个原因，它只是一个可有可无的象征，而不是事关保守党认同的重大立场。更明智的做法其实是抛弃这种认同，转而追求某种更古老的东西。1850年，迪斯雷利在下议院的演说中反复提

及“托利党”一词，让听众不禁注意到这一点。[1]但直到两次大选打破贸易保护主义，他始终未能推翻这一原则。政治家们此时认为，鉴于“政党、个人和原则普遍混乱的情形”，110 名皮尔派议员掌握了未来的钥匙。[2]人们关注的焦点不再是四分五裂的辉格党，而是支 86
离破碎的皮尔派。

对于自由党人而言，“辉格党”一词听起来很古怪。但在 1846 年，这个政党正在开倒车。1835 年的利奇菲尔德庄园协议已经过去了 10 年，废除谷物法之后，这个依然代表着这个国家最大土地利益的政党承受了很大的压力。我们已经看到，1845 年 12 月，个人好恶导致罗素组建政府的努力功败垂成。1846 年夏天，罗素收起了坏脾气，因此能做到 1845 年底做不到的事情。去年冬天的捣乱者格雷同意到殖民地部走马上任，还答应闭上嘴巴。但是，罗素内阁看上去与梅尔本内阁如出一辙，表明辉格党政治有哪里出了问题。当时众人看得很清楚，辉格党出现了人才危机，内阁中没有年轻人。1820 年代和 1830 年代初，辉格党大佬的子弟为辉格党注入了活力，塑造了贵族阶层责任的话语。实际上，一些历史学家被这种强烈的情怀打动，视之为辉格党-自由党政治长盛不衰、历久弥新的真正根源。[3]然而，当我们回顾 1846 年后的艰难岁月，会越来越倾向于将这个改革时代的年轻辉格党人视为当时政治形态中昙花一现的元素，而任何一种意识形态认同都很难在这种政治形态中长期维持。

事实上，罗素政府的构成并没有为辉格党人指明新方向。在一份内阁传阅的备忘录中，克拉伦登哀叹找不到初入政坛之人。他写道：“多年来，（辉格党原则的）生机和活力一直在衰退……人们认为其观点是贵族式的，其人员是排外的，其指导原则是过去的历史记忆，而不是当下的公众舆论。”[4]尽管如此，政府高层中唯一的新面孔是伍德，此外就是 1851 年任命的皮尔派人士福克斯·莫尔（后来成为达尔豪西勋爵）。格雷厄姆拒绝了入阁邀请，而来自爱尔兰和激进派的阁员纯属摆设。奥康内尔没有被延揽入阁，米尔纳·吉布森这样的激进派领袖只得到了内阁外的职位。科布登和布赖特被拒之门外。有传闻说科布登被任命为驻开罗领事，即便这个传闻不仅仅是空穴来风的恶作剧，也表明政府与激进派的关系耐人寻味。

一些内阁成员频频催促立刻举行大选，在保守党人的伤口上撒
87 盐，阻止保守党东山再起。然而，那些在1846年夏天了解保守党话语的人认为，党派联合的可能性十分渺茫，因为这无异于要循道宗信徒与撒旦结盟。为了让皮尔的追随者加入政府，用本廷克咬文嚼字的话来说，让他们穿着辉格党人的华达呢衣服爬进议会，辉格党人甚至不得不将大选推迟一年。但解散议会是大势所趋，只需简单的算术就不难看清这一点。罗素无望继续执政，因为本廷克的党派掌握了同等数量的议席（大约270席），而中间的皮尔派有100多个席位。从这个意义上说，1847年7月的大选结果对罗素有利，他名义上掌握了大约二三十席的多数；准确数字我们不得而知，因为政党身份的变动异常频繁。不过，辉格党人对这次大选的感受更多是痛心疾首而不是弹冠相庆。首先，皮尔派并没有像辉格党人和托利党人希望和期待的那样一败涂地。他们的中坚力量削弱了，1846年时只剩下70多名议员，但由于新的“自由贸易”保守党人的加入，他们的人数又达到三位数。其次，罗素的支持者将给他制造麻烦：事实证明他们当中有太多人都不是正宗的自由党人。激进派和爱尔兰人致力于取消英爱合并，这增强了他们议会党团的实力。这场运动的旗手布赖特和米尔纳·吉布森在没有竞争对手的情况下重新当选为议员，并让他们共同的选区曼彻斯特变成象征激进运动和口号的“曼彻斯特”。在伦敦金融城选举中，第三名的风头甚至盖过了名列榜首的罗素。罗斯柴尔德男爵赢得了第三个席位，这意味着有望把这个国家最受人尊敬的选区之一变成犹太人的克莱尔郡，只是他不愿进行议会就职宣誓，因而未

能就职。*

1847年大选的表面之下涌动着深层的暗流。贸易保护言论的背后是不从国教者的隐秘力量，1841年以来，这股势力尚未经受大选的考验。此后的事态发展为不从国教者注入了新的活力，1844年，爱德华·迈阿尔的压力集团也建立了新组织。罗素政府提高英国国教会学校津贴的议案让格雷厄姆《工厂法》的争议死灰复燃，也使得“梅努斯”神学院在1847年再度成为检验政党成色的可靠试金石。政治家们发表夸大其词的反天主教言论，借此利用选区里的反天主教情绪。当他们无力阻挡这股浪潮时，就像失去议席的麦考莱、霍布豪斯和罗巴克等人一样，想让同僚们尤其是罗素知道问题出在哪里。也许 88
罗素很快就开始认真考虑他将在1850年的达勒姆信函中表达的观点。也许他已经向放弃“定局”迈进了一步，他和迪斯雷利都曾在1848年提到过这一点，从此开启了专注于选举权的20年。

即便罗素真有这样的想法，那也完全停留在思维的浅层，只是本能的直觉。1847年，政府深陷爱尔兰的泥淖之中。爱尔兰持续的饥荒和重新制订爱尔兰土地立法导致内阁分裂成三派。罗素和（不情愿的）爱尔兰事务大臣克拉伦登冲在了最前面，后者喋喋不休地抨击同僚，不了解他受命治理的国度，同时又像他们一样对爱尔兰党深恶痛绝。[5]另外两派在做最后一搏，一是伍德及其爱钱如命的副手、常务次官查尔斯·特里维廉爵士代表财政部；二是英裔爱尔兰辉格党人，其中兰斯多恩和帕麦斯顿在维护秩序和财产的斗争中一马当先。罗素从同僚那里得到了一部爱尔兰《济贫法》，克拉伦登设法提出了一项软弱无力的武器法案，但两人都无力改变爱尔兰事务的方向（秋冬两季内阁一直在讨论棘手的地主与佃农关系问题）。[6]直到1848年叛乱

* 罗斯柴尔德是犹太人，而英国议会就职宣誓词是为英国国教徒拟定的，1829年后又有了天主教徒的版本。克莱尔郡是爱尔兰的经济、文化中心之一。

之后，政府才在强大的政治压力下制订了 1849 年《抵押土地条例》来解决土地问题，这个法案推动了土地转让，给爱尔兰社会咯吱作响的机制注入了几滴润滑油。

帕麦斯顿正在输掉爱尔兰战场的战斗。不管怎样，他在外交政策的第二战场也败下阵来。他很少涉足国内事务。作为下议院的爱尔兰贵族，他必须参加选举，自从 1835 年在南汉普郡选举中丢脸落败之后，他始终牢牢把持着德文郡蒂弗顿的席位，确保万无一失。事实上，从 1847 年到他去世的 1865 年，他在蒂弗顿只遇到过一次对手（宪章派哈尼参选，但未能获得哪怕一张选票）。像以往殖民地部的诋毁者格雷勋爵一样，帕麦斯顿在外交政策上推行反其道而行之的方针。1845 年 12 月，由于格雷从中作梗，罗素未能任命帕麦斯顿为外交大臣，全欧洲的灯火都熄灭了。[*]（正如梅特涅所言，“我们可以上床睡觉了”。）皮尔下台后，帕麦斯顿的名头仍然让欧洲人畏惧不已。但是，这个 1840 年让梯也尔望尘莫及的人如今却无力阻止法国人，
89 法国人决心让路易-菲利普之子迎娶西班牙女王的妹妹，从而获得西班牙王位的继承权。另一方面，帕麦斯顿向来厌恶法国，这让英国激进派对他颇为钦佩，这也是 1840 年代末左翼自由主义一个矛盾的地方。帕麦斯顿不仅仅被视为外交政策上的食人魔，还成为这些年间国内跨党派政治对话中举足轻重的人物。

尽管欧洲大陆局势动荡，但这种跨党派对话并没有因为镇压工人阶级暴动而受到影响。1848 年春，两场公开骚乱引起了公众关注：一场是激进派发动的骚乱，反对继续征收伍德在预算案中提出的所得税；另一场是 4 月 10 日宪章派在肯宁顿公地举行的集会。前者很难

---

* 1914 年 8 月，第一次世界大战爆发前夕，英国外交大臣爱德华·格雷曾说过一句名言：“全欧洲的灯火即将熄灭。”由于帕麦斯顿推行强硬的扩张政策，欧洲列强对其颇为忌惮。此处借用格雷的名言，意思是帕麦斯顿未能出任外交大臣，让欧洲列强可以安心熄灯睡觉。

说是一场起义，尽管有人高呼“共和国万岁！”（*vive la République*）。“他们抢劫了一家面包店，”一位观察家写道，“还打碎了白金汉宫的灯”；内政大臣向首相提交的报告里也没有任何危机感。[7]更严重的是宪章派可能会在伦敦组织大规模示威游行。威灵顿公爵在政府更迭后继续担任陆军总司令，他决定正面迎接挑战；政府决心已定，出动大批军队，还特别征召了大量巡警（格莱斯顿赫然在列）。政府禁止宪章派游行队伍靠近伦敦市中心，这使唯一的宪章派下议院议员费格思·奥康纳（诺丁汉选区）陷入尴尬的境地，加上当时下着倾盆大雨，宪章派示威很难达到预期的宣传效果。帕麦斯顿要求派遣火枪队去奥斯本宫保护女王，格莱斯顿则在 4 月 10 日晚间独自祷告：“这非同寻常的一天让我们刻骨铭心。”[8]这两件事表明这次宪章派集会受到认真对待，尤其是克拉伦登和特里维廉。但回过头来看，有一点很清楚，肯宁顿公地的集会并未像 1820 年的卡罗琳王后事件那样造成统治阶级的分裂。相反，它使得各党派团结起来，共同维护秩序和宪法。

宪章派以及不久后奥布莱恩在爱尔兰的反叛（“被 50 名警察镇压了！”马姆斯伯里挖苦道）受到的羞辱，让激进派陷入了绝望，他们认为不可能通过高阶政治的游戏来推动民主进程。“我们要‘推翻’统治阶级，”约翰·布赖特在肯宁顿公地集会一周后怒吼道，“不然他们就要摧毁我们。”[9]然而，这种慷慨陈词只会加深那些负责组织外部压力的人对当前政治关注的误解。所得税在统治阶层心目 90
中的分量要高于宪章派；而比这两者更重要的是激进派决定正式与罗素政府分道扬镳。如何重新赢得奥康纳的群众的支持，或防止他们与议会舆论的其他势力汇合，就成为比这些人群及其请愿本身更大的关注点。

皮尔及其前任大臣们置身事外，静观其变。他们总体上保持了团结，只有赫里斯投奔了本廷克，达尔豪西投奔了罗素。今天我们并不清楚皮尔究竟意欲何为：1850 年，他从马上摔下来后过早去世。皮尔戛然而止的政治生涯留下了一个重大的解释问题。由于英年早逝，他以一种最确定无疑的方式避免了晚节不保。他提前退出政治舞台，因此获得了长寿的罗素无法获得的东西，那就是超越党派的声望，如果他还活着的话，很可能会在 1850 年代备受攻讦。但当时人似乎很清楚皮尔不打算在不远的将来重返政坛。格雷厄姆对政策问题发表了意见，但拒绝了罗素和本廷克开出的报价。年轻的皮尔派（格莱斯顿、西德尼·赫伯特、林肯勋爵、爱德华·卡德韦尔）很快就对皮尔放弃领导权感到不满，他们认为与迪斯雷利的托利党搞到一起纯属枉费心机。他们深信，天使们已经睡去，让政党（“说得好听一点是”）自生自灭，尤其是他们自己的政党，卡德韦尔在 1849 年抱怨道，它“已经迷失了自我，自然也就被世人遗忘……一个简单的事实是，罗伯特·皮尔爵士的政党从混乱中拯救了英格兰，回报却是自身的毁灭……所有政党的普遍解体日甚一日，混乱愈演愈烈”。[10] 这种想象的流动性中最引人注目的一点是缺乏流体。罗素当然担心自己政党的凝聚力，但 1848 年并没有发生特别严重的倒戈事件。事实上，这几个月迪斯雷利的闷闷不乐恰恰给人留下了截然相反的印象：事实证明，过于僵化的政党路线无法助他一臂之力，实现他所希望的政党重组。

有一件事令迪斯雷利头疼不已，他想让托利党人把精力放在其他事务上，本廷克却痴迷于用贸易数据来揭示贸易保护主义的真相。1848 年初，因为反感党内对罗斯柴尔德事件的“茶桌闲聊”，[11] 本廷
91 克辞去了领袖之职。但迪斯雷利依然不能放开手脚。迪斯雷利、赫里斯和格兰比侯爵组成了一个不合时宜的理事会来管理党务，迪斯雷利觉得太过束手缚脚，于是又回去写小说了。无论如何，经济环境无助于打消本廷克对贸易保护的痴迷。人们普遍认为废除《谷物法》是造

成农业萧条的罪魁祸首，土地利益集团的不满日益强烈。迪斯雷利在1849年的信中写道：“农业的形势极为严峻，普遍繁荣可望不可即，即便我们愿意，似乎也不可能按照皮尔的标准进行融合。”几年后土地危机爆发时，托利党人担心的革命是农民暴动，而不是无产阶级起义，让他们惶惶不安的是这样的前景：“如果我们不做点什么……4—20个月内，每个农民都会变成共和派。”[12] 在这种情况下，皮尔之死并不能推动皮尔派原本会考虑的与托利主义的和解。这个农本的政党似乎不太可能与皮尔派走到一起，而心怀不满的当地农民将皮尔的儿子赶出了阿瑟斯通狩猎区。

罗素认为没有必要去缓解这些摩擦。事实上，他提出的三项旨在巩固自由党地位的政策措施反而使情况进一步恶化。自由党人认为，消除陆上贸易限制的必然结果是消除海上贸易限制。政府废除《航海条例》和《糖税法案》的辩论让人回想起1846年的痛苦往事。现在，1849年的这些动议是为了再次争取激进派的支持，并在格雷厄姆最后一次拒绝加入政府后让皮尔派振作起来。尽管如此，自由党人的法案还是造成了近乎适得其反的效果。17世纪的《航海条例》规定许多货物必须由英国船只运输，那些仍对皮尔的所作所为耿耿于怀的托利党人将其视为英国重商主义的最后堡垒。1849年5月8日，上议院辩论似乎要推翻下议院的自由党多数对该法案的支持，进而造成罗素近来一直担心的后果：解散议会以及随之而来的激进派骚动。更重要的是，帕麦斯顿担心立即举行大选可能会引发自由党人原本完全不用考虑的问题，如“投票、扩大选举权以及诸如此类的问题”。[13] 此外，农场主也会把票投给贸易保护主义者。因此，各方都在为上议院的恶战厉兵秣马。5月8日晚，各方尽最大努力匆忙收罗“投票委托书”，组成“投票搭档”，甚至还发生了一件臭名昭著的丑闻：一位贵族阁员喝得东倒西歪，站都站不住，居然也参加了投票。在野党更没有什么顾忌。爱德华·斯坦利为我们描述了

92 当时的场面：托利党组织秘书从计票人身边推开了两名相当疯狂的贵族，他们是从其机构赶到议院来的，“其中一人的监护人就守在大厅里”。[14] 结果，由于采用了委托投票的巧妙手段，政府以 10 票的微弱多数赢得了表决。

帕麦斯顿预料到选举权问题迫在眉睫，这与下议院的担忧不谋而合；因为自由党人的战略是重新回到议会改革上来，以此重拾激进派的信心。这样还可以分散科布登、布赖特、罗巴克、休姆及其朋友们的注意力，使他们不再抨击政府的财政政策，自伍德的 1848 年预算案以来，政府的财政政策一直备受非议。路易·拿破仑在法国崛起后，帕麦斯顿强烈主张加强南部海岸的防御，抵御可能发生的入侵，这让局势变得更加复杂。科布登掀起一场要求大幅削减国防开支的运动，曼彻斯特和利物浦的群众集会发出了民众的呼声。[15] 事实上，要求“紧缩”的压力越来越大，乃至迪斯雷利考虑是否要采纳这一方案，将激进派纳入托利党。在高阶政治层面，激进派找到了一个不太可能的盟友，那就是伍德本人，他决心实现财政盈余。但在议会改革问题上，罗素仍然是他们唯一的盟友；从 1849 年到 1851 年 2 月政府在下议院被击败，一个主线就是罗素始终未能说服内阁认真对待选举权问题。值得注意的是，反对者往往以没有任何要求扩大选举权的民众压力为由抵制他的主张。**没有**民主的政治本身就成为改革法案的一个压力点；而这种压力的源头几乎与民主的动力毫无关系。

罗素对 1846 年后“自由党”的需求有一种直觉认识，这种认识决定了他的改革思维以及 1850 年对待新教问题的立场。与财政紧缩和议会改革不同，让罗素政府头疼的宗教争端基本上超出了他的直接控制范围。他希望通过资助神职人员来争取爱尔兰人的支持，结果一无所获。1850 年，埃克塞特主教发现 G. C. 戈勒姆牧师的洗礼教义异乎寻常，于是试图阻止后者到自己管辖的教区就职，但未能如愿，这件事多少能说明政治家对主教的影响，却几乎没有反映出政治家们能够操控民众宗教情绪。罗素在这个领域有一个重大举措，那就是在1850 年秋回应了教皇庇护九世自宗教改革以来首次在英国恢复天主教教阶制的要求。英国大主教（怀斯曼）管辖下的本土主教制取代了 93
从前（爱尔兰以外地区）的宗座代牧和传教牧师体制，它被罗马教廷视为一个宗教创举，并未触及英国国教会与英国国家的关系，格莱斯顿曾在 1838 年极为热切地探讨过这一问题。在“愤怒”的《泰晤士报》煽动下，英国公众舆论对此事有不同看法，罗素相机而动，决心利用他所说的天主教会“凌驾于英格兰王国之上的自命不凡以及个人独揽大权的主张，从而有违女王至高无上的地位，有违我们的主教和神职人员的权利，有违这个国家的精神独立”。[16] 11 月 4 日，罗素公开发表了写给达勒姆主教的所谓“达勒姆信函”，此举是想把辉格党的旗帜插上新教的高地，因为那里已经有一代人没有看到辉格党旗帜了。罗素是单枪匹马插旗的，像五年前从爱丁堡发出的那封信一样，达勒姆信函事先也没有经过协商。罗素的同僚克拉伦登立即表示这封信是巧妙的伪造。[17] 这封信还触怒了激进派和皮尔派，人们不禁好奇罗素为什么要写这封信，为什么执意在 1851 年的《教会圣职法案》中使用归谬法（*reductio ad absurdum*）？[18] 事情或许如斯坦利认为的那样，罗素觉得德比勋爵想让时光倒流，像 1833 年那样扮演教会捍卫者的角色，因此他必须先发制人。或许他只是想给风头正旺的某个人泼冷水。

1848 年以来，帕麦斯顿在各种场合大出风头。众所周知，王室对他颇为厌恶，激进派却对他赞许有加。这一次他卷入政治漩涡中心，是因为要解救一个陷入困境、自称拥有英国公民权的直布罗陀犹太人唐·帕西菲科。帕西菲科对希腊政府的不满事出有因，他的财产被希腊政府没收。尽管如此，在中立的观察者看来，英国派舰艇封锁希腊港口显然是反应过度了。事实上，这个事件本来要葬送帕麦斯顿的仕途，但他在议会大言不惭地为自己辩护，将坎宁以来英国的自由主义外交政策大肆颂扬了一番。1850 年 6 月，帕麦斯顿发表了“我是罗马公民”（*Civis Romanus sum*）演说，一举奠定了他在罗素政府（更重要的是以后历届政府）中不可替代的中流砥柱地位。[*]1851 年议会开幕前书信往来的日子里，迪斯雷利的计划里肯定有他的一席之地；机会来得比他预想的还要快。罗素为选举权问题上政府遮遮掩掩的做法表达了歉意，但未能将激进派拉过来共同压制 1851 年 2 月东
94 萨里郡自由党议员 P. J. 洛克-金提出的改革动议，因此，可以说首相是败在了自己的支持者手里。然而，让迪斯雷利大为光火的是，德比根本不考虑组建一个少数派政府，除非能争取到皮尔派的支持。人人都知道格雷厄姆败局已定，因此德比认为格莱斯顿才是打开局面的钥匙。像 1834 年一样，拿着钥匙的人不在国内，而是在意大利。然而，格莱斯顿拒绝回国任职，托利党人便放弃了组建政府的尝试，只有迪斯雷利在那里生闷气。

罗素政府死里逃生，但也只是苟延残喘而已。政府领导人发现自己陷入了进退维谷的境地，前有最后一代资深辉格党人在内阁掣肘，后有强大的议会党团（投票支持洛克-金动议的 100 名议员），如果帕麦斯顿决定退出政府，这帮人就会站到帕麦斯顿一边。1851 年秋，这种可能性变得越来越大。不论在私下还是公开场合，罗素与帕麦斯顿的关系都恶化了，背后的原因不仅有国内激进派的不满，还有匈牙利与奥地利问题上的斗争。这个棘手问题在前一年刚刚在英国政坛掀起很大风波，当时，外交大臣纵容英国民众粗暴地对待 1850

* 1850 年 1 月，帕麦斯顿利用唐·帕西菲科向希腊政府的索赔要求，派舰队封锁了希腊比雷埃夫斯港。6 月 25 日，帕麦斯顿在下议院做了长达 5 小时的演说，提出了一个著名宣言，即不论身在何处，英国臣民都受到英国政府保护。他把大英帝国和罗马帝国相提并论，因为罗马的公民可以保证身处异域时不受侵害。这就是著名的“我是罗马公民”演说。

年9月来访的“鬣狗将军”（残暴的奥地利将军海瑙）*。如今矛盾再度升级，帕麦斯顿以个人名义接受了对他支持匈牙利和波兰自由战士的公开致谢。此事极为敏感，因为内阁刚刚勒令外交大臣不得在伦敦款待匈牙利民族主义者拉约什·科苏特。毫无疑问，帕麦斯顿违抗命令接受公开致谢既是因为不甘示弱，也是考虑到公开致谢的发起者是伊斯灵顿和芬斯伯里这两座城镇，后者是激进派汤姆·邓库姆和托马斯·沃克里的大本营。帕麦斯顿很清楚，驱使他以身犯禁的机制同样会阻止罗素惩治他。从罗素的角度来看，要将外交大臣解职，必须给他安上一个不受欢迎的罪名。因此，1851年圣诞节和节礼日，当帕麦斯顿被解职的消息在伦敦传开时，公开的理由是帕麦斯顿单方面承认路易·拿破仑自封为法国皇帝——这在激进派眼中可不是什么好事。

罗素政府也走到了尽头。新年期间，热情洋溢的信件如雪片般飞向皮尔派大佬的宅邸，却只收到了不温不火的回复。可想而知，议会开幕后，人们又一次冲进了改革的避风港。2月20日，帕麦斯顿对《民兵法案》提出著名的“以牙还牙”修正案，修正案获得通过，德 95
比随即上台。事实胜于雄辩，这一修正案让罗素从此失去了政治领导权，直到被他解职的那个人去世。“请你注意，”罗素在执政第一年写信给伍德说，“我的目标始终是确保自由党的多数地位，而不是过多注重辉格党人掌控权力。”[19] 1852年，他同时失去了辉格党人和自由党人的支持。前者不喜欢他在爱尔兰推行的土地征用，也厌恶他喋喋不休地谈论国内改革；后者认为他的改良主义是肤浅的，并对帕麦斯顿最近的所作所为深信不疑。罗素的执政非但没有将1846年时支离破碎的“自由党”拧成一股绳，反而使其变成一盘散沙。

---

* 雅各布·冯·海瑙是镇压匈牙利和意大利起义的奥地利将军。海瑙（Haynau）与鬣狗（Hyena）发音相近。

随后上台的托利党政府乏善可陈，它唯一的职责就是为大选做准备。它的大多数阁员当然不会是什么家喻户晓的人物。耳聋的铁公爵不认识他们，当被告知这些陌生的名字时，他不停地大声问道："什么？谁？"这也成为第一届德比内阁的绰号，此后一直沿用至今。迪斯雷利本想拉拢帕麦斯顿，他确信帕麦斯顿至少不会"在原则问题上……找麻烦"；[20] 但德比担心帕麦斯顿重回外交部会招惹是非，而帕麦斯顿又不考虑任何低于外交大臣的职位。另一方面，格莱斯顿拒绝与政府合作，理由是政府依然在理论上致力于贸易保护。"纯粹的"托利主义的幽灵带来了一个极端的预言：关税将引发社会革命。其实政府根本没有考虑过关税问题；实际上，它没有考虑过任何事情。相反，德比的打算是在 1852 年 7 月大选中政府不向公众做任何明确表态。虽然口头上宣布放弃贸易保护主义实际上又将它作为备选方案，罗素自 1840 年代初以来一直没有走出这个问题的阴影。评论家们一致认为，大选期间最好不要横生枝节。在一些领域，新教仍然是有号召力的口号；在农业地区，关税问题的讨论仍是必不可少的（*sine qua non*）；在城市，激进方案受到追捧。但是，所有有思想的托利党人都全力以赴地投入摧毁皮尔派这一中心目标上，几乎没有感受到多大的公众压力。

皮尔派并没有在 1852 年被摧毁。然而，尽管这次大选是近代最混乱的一次大选，他们依然表现得很糟糕，他们在下议院只获得三四十个席位，外加极少数我行我素的自由保守党人。[21] 另一方面，托利党人虽然将议会席位增加到大约 300 席，却未能实现赢得绝对多
96 数的目标。辉格党人在自由党议会党团中的比重滑落到与城市激进派不相上下的地步。这些力量对比的变化并不起眼；因此，我们很容易低估 1852 年大选对政党内部派系的长期影响。大选结果表明德比和迪斯雷利的政党接过了皮尔所抛弃的保守党衣钵；嘴里含着烫山芋的皮尔派被丢到半道上；大选结果还刺激了激进派，使他们立志扭转自

由党的方向，同时也让辉格党人意识到要以 1820 年代格雷的辉格党的紧迫感来推行议会改革。随后十年见证了政府的风云变幻和政党的盛衰起伏。但 1846 年后的历程至少表明，在西欧最成功、最稳定的政治制度内部，焦虑的时刻已经过去。

风云变幻：1850 年代及以后

不妨假定某个议会家族的长子刚刚走出牛津大学或剑桥大学的校门，便参加了 1852 年大选并赢得了议席，他就进入一个他的父亲或叔父在 1815 年后驾轻就熟的环境。圣奥尔本斯是个腐败选区，（就在这次大选前）被剥夺了选区资格，这让人们注意到伟大的改革法案尚未触及的角落。大选本身也没有什么改进。首次当选的议员回顾这次大选时可能会视之为见利忘义的典型，认可卡文迪什所说的下议院充斥着“贿赂和腐败”，或是认可威尔逊·帕滕的质疑：在一个《反贿赂法》被普遍漠视的国家，“整个下议院只有不到十分之一的议员是通过合法选举产生的”。[22] 即便是正直的人也不得不游说拉票，“日复一日、周而复始地强颜欢笑，装腔作势，虚情假意，要殷勤地握住肮脏的手，要笑着回应粗俗的笑话，要令人厌恶和令人窒息地恭维邋遢的妻子和放荡的女儿，还要奉承最卑鄙的宗教偏见”。[23]

下议院给人的第一印象同样符合老一辈人的传统智慧。下议院开会时一排排空荡荡的座位常常让新来者感到震惊。德比勋爵的儿子爱德华·斯坦利收集了 1853—1854 年缺席和从不发言的议员情况，平 97
均只有三分之一的议员会出席辩论，至少有一半的议员从不发言。此外，和阿巴思诺特时代一样，托利党议员的缺勤率让他们的领导人感到绝望。斯坦利发现，代表商业市镇的中产阶级激进派出勤率最高，其次是官员，接下来是爱尔兰人，第四位是乡绅，乡绅如果来伦敦的话，吃完正餐就意味着结束了。1852—1853 年冬天，迪斯雷利在约克郡过完淡季返回威斯敏斯特之后，把怨恨的矛头指向了他自己的队伍：

> 他大声斥责这伙人的冷漠：狩猎季节结束前他们从不出席公务。一场霜降就能让20个人缺席。他说，他们作为一个整体有很高的才华，但没有文化：他们从来不读书，把闲暇时间都消磨在野外活动上，可悲的学校和大学体制出了问题。他们没有学到任何有用的东西，也不了解这个时代的思想。[24]

这样一个世界似乎是安东尼·特罗洛普*笔下的托利党人如鱼得水的世界。它也是自由党人特罗洛普亲身经历的世界，他曾于1868年在一个腐败选区贝弗利参加竞选。

1841年后，大土地势力的控制有所放松。但它依然是（而且被认为是）一个决定性因素。1855年，一位激进的新闻记者指出："我们有的不是一个宪政政府，而是一个地主阶级。"[25] 1852年后连年大丰收，物价和地租一路攀升（尤其是1856年之后），地主阶级的统治地位甚至可能进一步强化了。有显贵风范的不乏其人，但没人能像坦克维尔勋爵这般威风凛凛，他甚至想发动一场针对气候的反革命（"我喜欢周日下雨。这样人们就不能出来享受生活。我讨厌看到人。"[26]）尽管如此，这种统治地位的背后蕴含着冲突，而这种冲突已经开始在政治结构中发挥作用。

不妨来看看诺丁汉郡两个公爵领地：庄园高墙之内俨然成为政治认知的具象缩影。1840年代末，维尔贝克与克伦伯两地因为谷物法之争断绝了往来，乔治·本廷克勋爵捍卫谷物法，林肯勋爵（如今的

---

* 安东尼·特罗洛普（1815—1882），维多利亚时代著名作家。其后期政治小说描绘了当时英国上层政治家的斗争。

第五代纽卡斯尔公爵）则是皮尔派领军人物。本廷克于 1848 年去世，而纽卡斯尔走出了破裂的婚姻，成为大土地利益的焦点人物。他负债累累，庄园已大不如前，但他仍然尽力扮演了类似于 18 世纪第一代纽卡斯尔公爵托马斯·佩勒姆-霍利斯那样的阴险角色。19 世纪上 98
半叶政治家们的往来通信中有不少是发自一个令人神往的地址“克伦伯”。1852 年 1 月的一个周末，在这里的欧椴树丛中，纽卡斯尔、阿伯丁、卡德韦尔、赫伯特和格莱斯顿举行了一次议会开幕前的秘密会议，他们只需扔出一枚炸弹，就能彻底终结皮尔派政治。另一方面，地方和地区政治完全是另一番景象。1846 年和 1851 年，南诺丁汉郡的郡选区举行了两次补缺选举。第一次选举我们在前文中已经提及，林肯败给了一位主张贸易保护的农场主。第二次选举再度拉响了警报，因为索尔斯比庄园曼弗斯家族的子弟纽瓦克勋爵输给了一位代表农场主的候选人，此人甚至不是一个农场主。[27] 纽瓦克勋爵的这次碰钉子给同辈人提供了关于尊重的又一份证据。三年前，乔治·本廷克勋爵在徒步前往索尔斯比庄园的路上因冠心病发作去世。

城镇的新气象也引起了敏锐的观察者的注意。激进派认识到，关键是要明确有别于上一代人的“哲学”立场的定位。宪章派的失败推动了城市政治中引入寻求出路的民众力量。有些民众介入市镇当局的政治活动，抓住《市镇机关法》和 1840 年代结社运动的有利条件，建立起激进派-自由党人控制的市政府，利兹就是一个例子。一些民众投入 1850 年代声势日盛的戒酒运动，或是加入全国性的压力团体，如反中央集权联盟和行政改革协会。议会政治也受到冲击。1847 年，费格思·奥康纳赢得了诺丁汉的第二个席位，给继任者厄内斯特·琼斯留下了一项不可能完成的任务，就连琼斯也在 1868 年放弃了宪章派目标，以自由党人身份竞选曼彻斯特的议员。不过，除这些事态发展外，意义重大的是，工会政治开始复苏。劳工史上老生常谈的是：1848 年后，英国工联主义内部兴起了一股“新思潮”，其主旨是愿意在现行秩序下工作，将提高工资和改善劳动条件确定为工联主义的首要目标。1840 年代的战斗精神在繁荣的十年中消失殆尽，以 1851 年工程师联合会为模式建立的“行业”工会树立了工业进步的新形象。
99 无论是谋求自身地位的工人阶级“贵族”左右了劳工运动，还是劳工分享了 19 世纪中叶以来的经济发展成果，这种短视行为都引起了一代劳工史学家的关注，他们急于用英国经验来检验马克思主义关于资本主义发展的理论。[28] 对于政治家来说，这种新姿态带来了威胁。工程师行业的温和派领袖威廉·纽顿在《技工》杂志上向同行发出倡议，在即将到来的 1852 年大选中，“每个市镇或议会选区都应当设立由选民和非选民组成并且代表他们的技工选举委员会”，[29] 一个让约翰·罗素勋爵和德比勋爵都担忧的危险出现了。

1850 年代，无产阶级极为平静，政治领导人可能觉得无产阶级骚动还离得很远。有过一些骚乱，最突出的有 1852 年工程师罢工，1853 年普雷斯顿棉纺织工人罢工，1855 年反对商店周日打烊的骚乱，但这类事件从来不是关注的中心，人们将注意力放在其他事情上，并未感受到无法抗拒的“公众舆论”的压力。德比的儿子只是“从别人那里”听说过普雷斯顿罢工，尽管罢工地离诺斯利只有 20 英里远。同样，克拉伦登认为，三年后在伦敦西区投掷石块的暴民都是对克里米亚战事进展失望的失意青年。在议会的后座议席，各郡代表依然传递乡村社会的信息，也证明阶级斗争的说法站不住脚。爱德华·利顿爵士（赫特福德郡保守党议员）被那些不了解“我们身边的乡村工人”脾气的人逗乐了。[30] 在这个沉醉于世界博览会和王室家族荣耀的十年，暴动显然失去了锋芒，直到 1860 年代初，欧洲和美国发生的事件才使它重新变得锋芒逼人。即使真的有人惶恐不安，那主要是因为政治家与选民之间的假想关系。1840 年代和 1850 年代的政治通信中有一个明显的关注点，即选区会容忍政府的哪些行为，他们的代表会被诱导接受哪类行为。皮尔派朗德尔·帕尔默称之为“选民崇拜”，“它与真正的保守主义完全背道而驰”。1850 年代末及以后，对议会改革的关注伴随着向美国的党团会议日益靠拢以及英国政治“美国化”的趋势。[31] 幸运的是，那位最放浪形骸的主人公此时还不到 20 岁，仍在伯明翰忙于螺钉的激进营销。*

尽管如此，保守党人的悲观情绪开来。英国共和制的前景吸引了克罗克、格雷厄姆、德比以及情绪低落的迪斯雷利的注意，而当时不太可能发生这样的事情。维多利亚女王找到了自己的王子萨克森–科 100
堡–哥达的阿尔伯特，1840 年两人结婚后，君主制深得人心，具备了乔治三世朝以来从未有过的尊严和效率。阿尔伯特做了两件事：一是让女王不再依赖梅尔本那样的老政治家，二是把宫廷变成了一个皮尔派沙龙。从 1846 年皮尔下台，到 1861 年阿尔伯特去世，王室的好恶直接影响到内阁：阿尔伯特对德比的冷淡，维多利亚对帕麦斯顿的厌恶，以及两人都有对犹太人领导国家的担心。当然，严格意义上说，“王权的影响力”早已是虚有其表；但温莎的宴会、巴尔莫勒尔惯常的狩猎，以及从奥斯本铺天盖地而来的带下划线句子的信函，让人们有了一些参照点。即使是重大战争和殖民地兵变，也没有动摇君主制的自信。**

政治家们在书信中提供了另一个参照点，其出现频率之高让人印象深刻。只要读过这些日记和信件，人人都会感受到 1850 年代《泰晤士报》的立场及其影响力的分量。此外，发行量数据也提供了佐证。1830 年代末到 1840 年代初，《泰晤士报》的发行量翻了一番，这一增长虽然意义重大，但绝非独一无二，因为这个时期见证了报纸

---

* 18 岁时，约瑟夫·张伯伦到伯明翰加入其叔父的螺钉生意，此后生意越做越大，成为著名的螺钉生产商。

** 温莎城堡是英国王室的家族城堡。巴尔莫勒尔是英国王室在苏格兰的夏宫。奥斯本宫是维多利亚女王最喜爱的宅邸。维多利亚女王在写信时特别喜欢在字句下加下划线。重大战争是指 1853—1856 年的克里米亚战争。殖民地兵变是指 1857—1859 年的印度兵变。

知名度的普遍提升。然而，1842年到1850年，《泰晤士报》的发行量又翻了一番，这是了不起的成就，因为当时《纪事晨报》和《晨邮报》等其他大报的发行量都有所下降。1850年代前半叶，作为政府的对头，德兰尼的报纸享有崇高的声望，尤其是刊登了W. H. 拉塞尔关于克里米亚战争中英军管理不善的著名报道。通过亨利·里夫的牵线搭桥，辉格党和皮尔派政治家们与他们颇为忌惮、激进派更是视之为眼中钉的报社建立起密切联系。1855年，政府将报纸的邮费与报纸的重量挂钩（《泰晤士报》的重量要远远超过其竞争对手），并废除了旧的印花税，这表明政府决意遏制一个过于强大的对手。尽管这种压制只是暂时的，但《泰晤士报》的发行量再也没有一骑绝尘。

尽管1858年停止执行歧视性的邮资费率，但政治家与文人的关系进入一个新阶段。1854—1855年克里米亚的灾难性战役期间，社会批评如潮水般涌现在公众面前，推动了1850年代晚期一批实验性
101 期刊的兴起。这些刊物与《评论季刊》《爱丁堡评论》《布莱克伍德杂志》不同，它们是《星期六评论》、《旁观者》（新版）等周刊，《当代》《双周刊》等无主题杂志，《麦克米兰杂志》《康希尔杂志》等评论和文学月刊。受过古典教育或是牛津大学人文学院培养出来的一代人以这些刊物为阵地，阐发关于代议制政府和国民性的观点。他们既不是哲学激进派，大多也不是帝国改革者。相反，他们是凭借天赋、文学知识和头脑脱颖而出的佼佼者。马克·帕蒂森以特有的尖刻口吻指出，牛津大学要对这些人负责，并将责任归咎于他们所受的教育。“它的最高成果是‘能干的编辑’，”他在1868年写道，“在所有事关最高利益的事情上，他们以一种与他们对所涉及主题的全然无知相称的教条和自信来指导公众。”[32] 然而，那些自命为最高利益守护者的人却自认是被教育者中的一员。

1850年代的知识阶层渴望传授的东西，与纽顿、波特和阿普尔加思在无产阶级期刊上传授的东西，与“曼彻斯特学派”所说的务实

责任，基本上殊途同归。这些说教关注阶级融合和社会和谐，有意识地放弃了 1840 年代的立场。议会激进派掀起一场废除印花税和纸税的运动，意在消除知识壁垒，而不是削弱财富和社会地位。科布登的宽宏大量仅限于为工人提供一份报纸，此外再没有任何实际行动。1854 年，迪斯雷利表示工人没有为自己发声的政治代表，这不过是说出了人微言轻的曼彻斯特学派在十年前就指出过的事情。不从国教者也为社会稳定施洗礼，他们的议会领袖爱德华·迈阿尔把矛头对准教会税和公墓，在阶级和选举权问题上则措辞温和。阿伯丁伯爵担任皮尔的外交大臣时一直战战兢兢；但很能说明问题的是，1852 年当上首相前不久，他向格莱斯顿表示，看不到有“任何理由担心民主”，这样的理由“也许比以往任何时期都要少”。[33] 如果说这种霸权意识在今天看来意味着一个“平衡的时代”，那么在当时那些经验丰富的政治家们看来事情似乎并不那么一目了然，他们心知肚明天平哪头高哪头低。

1852 年后，社会紧张局势趋于缓和，从而使人们认为民主不会给世界带来危险，因此它在政治家们心目中的地位下降了。没有任何
单一主题能够取代民主议题，1850 年代可以说是政治问题和议题多 102
样化的十年。下议院尤其如此，“赶时髦”盛行一时，议会大厅和走廊里挤满了神秘的压力集团。当然，这并不意味着《英国议会议事录》的记录如实反映了一种执政心态。高层政治家们并没有在战略性时刻去处理教育法案和不从国教者抵制教会税等具体问题，尽管这些问题在这个十年的下议院事务中占了很大比重。帝国事务悄无声息地进入投票议程；1859 年到 1865 年，下议院在这个政策领域提出质询的次数增加了 50%。[34] 1857 年印度兵变之后，戴维·利文斯通的探险和基督教传教活动引起了广泛关注，议会有这种担忧是很自然的。但这种状况并未在高阶政治中得到反映。1830 年代，达勒姆勋爵和哲

学激进派曾在加拿大问题上轰动一时（*cause célèbre*），如今早已是今非昔比，激进派不再是哲学激进派，达勒姆也不在人世；爱德华·吉本·威克菲尔德一直是帝国事务的热心代言人，也已于1853年前往新西兰。1850年初，格莱斯顿在下议院就《澳大利亚法案》发表了一个半小时演说，他发现自己身处“满不在乎、漫不经心的议院”，面对一群“不情愿的听众”。[35] 但即便下议院议员们厌倦了帝国事务，这种情绪与帝国的扩张和潜力并存不悖。1860年，英国已拥有世界上最大的帝国，这显然将对下一个十年带来深远影响。

当下的政治关注并不像这些征兆所暗示的那样有条不紊地拓展视野，或许也不那么严肃。1850年代中叶，爱德华·斯坦利总结说，这个十年的前几年，每年都有主导了政治意识对话的“一时狂热”；他开列的清单颇有启发性：“1848—1849年，人们最热衷的话题是外交事务，1850年是削减开支和自由贸易，1851年是世界博览会，1852年是对德比政府穷追猛打，1853年是招魂术以及与俄国的争端，1854年和1855年是战争。”[36]

1854年2月，克里米亚战争爆发，此后又持续了两年之久。这个遥远地区不为人知的城镇——巴拉克拉瓦、因克尔曼、塞瓦斯托波尔，成为忧虑和庆祝的象征。但是，引发这场战争的外交纠葛仍然是离英国本土越近的地方越严重。1851年，拿破仑三世加冕为法国皇
103 帝，从而打破了五国同盟机制，也让俄国尼古拉一世心绪不宁，因为他仍将1815年的神圣同盟视为抵御法国扩张的堡垒。在当时称为“近东”的地区，法国曾在1840年的穆罕默德·阿里危机*中陷入孤立，此后便向俄国和奥地利在近东的存在施加压力，谋求与欧洲对手平起平坐的地位。1852年，法国人迫使土耳其人将圣地控制权交给

---

* 穆罕默德·阿里是奥斯曼土耳其帝国驻埃及总督，1839年发动第二次埃土战争。1840年在英、俄等列强武力威胁下被迫撤军，仅保留埃及总督的世袭权和苏丹管辖权。

天主教会，此举与其说是为了保护宗教圣迹，不如说是想给一直控制这些地方的俄国人制造麻烦。俄国人进行外交报复，继而于 1853 年中入侵瓦拉几亚和摩尔达维亚的多瑙河省份，像以往一样，巴黎比君士坦丁堡对俄国人的威胁更敏感。英法两国展开外交斡旋，并且大张旗鼓地调动军队，试图逼迫奥地利就范，都无功而返；不过，在这里我们要让这些角色离开舞台。我们更关注的是这几个月里英国国内兴起的反俄浪潮以及这场战争对英国政治和政府的影响。

公众开始期待惩治“俄国熊”，认为这样的行动会是光荣的、拯救性的和为时短暂的。整个 1854 年夏天，英国和法国尚未决定从何处向俄国发起攻击，人们普遍感到沮丧。当然，秋季在克里米亚的攻势让人情绪激动，这其中既有阿尔玛的胜仗，也有轻骑兵在巴拉克拉瓦震撼人心的自杀式冲锋。[*] 然而，这一年战事几乎始终处于胶着状态；前方不断传回消息，围攻塞瓦斯托波尔部队的状况和士气堪忧，这表明战事要比当初预计的严酷得多。1855 年初春，政府感受到民众对军队弊端的强烈不满。我们看到，反战的激进派在下议院投票中支持罗巴克提出的抨击战争行径的动议，加速了阿伯丁勋爵为首的倒霉的联合政府的倒台；但是，政府更迭并不能阻止事态的进一步恶化。战争接连失利，使整个政府机制受到公众监督的压力；在新闻记者笔下，政府越来越无力解决自身面对的问题。事实上，只有公开报道是新的，大臣们几年前就知道大坝已经决堤。德比的外交大臣马姆斯伯里勋爵被每天等着他的沉甸甸的公文箱压得喘不过气来。他让部里的文官评估近年来公务增加情况，结果发现，外交部每年收发的公文从 1828 年的 5000 份增加到 1852 年的 3.2 万份。他还算幸运的，104
他之后的外交大臣帕麦斯顿要面对战争第一年滚滚而来的 48850 份文

---

* 1854 年 10 月 25 日，英军轻骑兵贸然向俄军发起冲锋，20 分钟内，英国骑兵就损失 247 人和 497 匹战马。消息传回英国，举国哗然。桂冠诗人丁尼生还为此发表了名诗《轻骑兵的冲锋》。

件。另外值得一提的是，克里米亚战争爆发前，斯塔福德·诺斯科特爵士和查尔斯·特里维廉爵士奉命就文官选拔问题提交报告。他们建议通过竞争性考试开放文职部门，议会拒绝了这个建议，二者孰轻孰重仍然是一个有争议的问题。只有在“地方自治”领域才出台了明确的立法举措，这或许是战争期间反中央集权运动和教区委员会运动的成果。[37]

1855 年 9 月，塞瓦斯托波尔陷落，帕麦斯顿新政府承受的公众压力有所缓解。然而，由于维也纳和平谈判和《巴黎条约》（1856 年 3 月签署）让许多人对大规模春季攻势和羞辱沙皇的期望落空，英国当局因为未能乘胜彻底摧毁俄军而饱受非议。尽管战争已经结束，但外交依然是民众政治的中心，帕麦斯顿爱管闲事的性格助长了这一倾向，无论如何，外国列强的行动使得英国有义务进行干涉。中国和印度问题似乎尤为棘手。皮尔政府执政以来，中国一直受制于《南京条约》（1842），该条约规定割让香港岛给英国，赔偿中国当局没收英国商人的鸦片烟款。克里米亚战争的硝烟尚未散尽，第二次鸦片战争又燃起了熊熊大火。在 1857 年议会，过去的同僚格莱斯顿在反对党议席上展示了道德家的力量，他团结激进派共同反对政府的对华政策，这让帕麦斯顿疲于应付。然而，帕麦斯顿无奈举行的大选并未给他造成多大损害。选民显然赞同对中国人采取粗暴政策：此后几年里，他们批准了对中国人的侵扰，最终烧毁了北京的圆明园，英国用武力迫使中国履行未来的辉格党大臣额尔金伯爵詹姆斯·布鲁斯达成的《天津条约》（1858）。

东印度公司被迫放弃印度的贸易垄断权之后，如何治理印度就成为摆在 1833 年后历届政府面前的一个棘手问题。东印度公司的政治和行政权力源于 1784 年的《东印度公司法》，该法案建立了一种双
105 重控制体制：东印度公司负责管治印度，由伦敦的国务大臣担任主席的“监督委员会”负责监督，委员会有权查阅公司文件并最终对英国

政府负责。实际运作中都是东印度公司主导，政府跟进；伦敦的监督委员会主席不是由印度事务专家担任，而是成为卡斯尔雷和坎宁等政治家的跳板。1833 年，辉格党政府错失了实施直接统治模式的机会，这是有意为之，而且是采纳了监督委员会干事托马斯·巴宾顿·麦考莱的建议。政府不愿从伦敦远距离统治一个庞大的大陆，1854 年的《印度政府法》规定，东印度公司特许状将不再续订，监督委员会有所扩充，印度的理事会必须至少有一名成员是东印度公司之外的人：这些举措显然算不上一场革命。此后，锡克战争、埃伦伯勒卸任印度总督以及达尔豪西在印度总督任上的扩张政策都饱受非议。因此，1857 年兵变冲击了本已摇摇欲坠的统治结构。塞瓦斯托波尔让英国公众产生了一种受围心态，而印度的反叛者向坎普尔和勒克瑙寡不敌众的英国守军发动的进攻进一步助长了这种心态。妇女和儿童遭受暴行的消息传回英国，强化了英国人的基督教正义感的自我形象，并引发了疯狂的反响。“这也难怪！”克拉伦登在 8 月写给妻子的信中说，“自拿破仑战争以来，这场可怕的兵变似乎成为整个宇宙关注的焦点”。[38] 前首相之子、1855 年后一直担任印度总督的坎宁试图以最少的流血夺回控制权，但人们对他这样的人没有多少耐心。一位日记作者在 1857 年 10 月写道：“坎宁勋爵也许是很善良的人（他的兄弟是个小人），但他要明白不可能用羔皮手套和玫瑰水来平息野蛮的叛乱，重新征服半个印度。”[39] 诸如此类很戏剧化的反应（兵变从未像公众想象的那样构成军事威胁）产生了两个后果。一是印度事务在一代人的时间里不再是高阶政治的当务之急。1858 年的《印度政府法》将这个国家置于印度事务部的控制之下，从而炮制了通过总督和委员会来维持王室政府的神话，而女王宣布不再在印度次大陆进一步扩张，消除了当地人的恐惧。二是确认了帕麦斯顿成为公众舆论一言九鼎的解释者。

这种形势的背后不仅仅是外交政策。因为像 1820 年代一样，

1850年代有重大政治意义的内政事务在议会辩论中都是悄无声息地
106 通过的，在公众中也没有引起多大的动静。要理解这一点，不妨先来回顾一下泥沙俱下的1852年大选以来政党政治的发展历程。

保守党人在竞选活动中并没有得到足以建立政府的坚定支持。迪斯雷利在秋季放弃贸易保护政策，实现了该党的一个目标；但这不仅没有成功拉拢皮尔派，反而让他们更加愤愤不平，更倾向于加入罗素的阵营，尤其是格莱斯顿拿迪斯雷利的预算案大做文章，使人们对保守党财政政策的可信度产生了怀疑。因此，在皮尔的前外交大臣阿伯丁伯爵担任首相期间，辉格党人和皮尔派两股势力合流，在一段时间内稳定下来。人们发现皮尔派从这一安排中获得了与其实力不相称的好处；1852年底，至少有六名皮尔派入阁，与六名辉格党人和一名激进派平起平坐。在皮尔派林肯勋爵看来，这种联盟完全是共同教义的殊途同归：

> 事实上，对于秉持自由党立场的人士而言，没有辉格党人与皮尔派之分，而是40岁（左右）的人与上一辈人之分。皮尔主义——如果我仍不得不使用这个词的话——实际上是自由党立场的一种高级形式，它摒弃了老辉格党的寡头政治倾向，这些人希望扩大自由，并试图通过民众来实现这一目标，而不是将自己和自己的利益与民众混为一谈。[40]

其他人每每回想起近年来的伤痛，不会说出这样的话。

帕麦斯顿就是其中之一。他一手促成了1852年2月罗素在下议院的失败，还差点接受了德比提供的职位。但他不愿意总是单打独斗，因此，当哈丁之外的皮尔派不愿向保守党人伸出援手时，他一直袖手旁观。对于阿伯丁的联合政府，他肯定有一种患得患失的心理。他不想冒险出任外交大臣，因为罗素没准再次让他背黑锅；但他也不想因为作壁上观而“面对不无惬意的政治孤独”。[41] 理想的折中方案是内政部，它既有举足轻重的地位，又提供了一个藏身之所，而格莱斯顿用 1853 年预算案捅破了天，罗素则撕下了职业生涯的伪装，落井下石。尽管帕麦斯顿一开始很低调，但他对未来几年高阶政治的看法与格莱斯顿或罗素公开表达的看法都值得我们重新审视。毕竟，站 107
在皮尔派的角度看，阿伯丁联合政府就是一座必不可少的桥梁，一直被视为独立党派的皮尔派经由这座桥梁走向了自由党。这种看法并没有告诉我们多少东西，只是表明除格莱斯顿外的皮尔派的走向是可预测的，同时又低估了格莱斯顿 1857 年后政治生涯的复杂性。帕麦斯顿的看法表明，1850 年代高阶政治的关键点不是联合政府，而是从 1855 年联合政府垮台到 1859 年格莱斯顿最终（完全出乎意料）投入帕麦斯顿而不是德比的怀抱之间的某个时刻。

“国家总体向好，贸易增长，财政良好。”[42] 对于内政大臣帕麦斯顿来说，1853 年无疑是不征税的一年。他将精力放在民兵和国防上，这是 1851 年入侵恐慌以来的热门话题。他还热衷于修建下水道和消灭霍乱。然而，他关注的核心问题并不属于他所在部门的职权范围。与俄国的争端不断升级，唤醒了他的战略本能，他成为阿伯丁内阁外交大臣克拉伦登——当年年初德比一气之下辞去了外交大臣——身边令人敬畏的二号人物。在对手和从前的激进派朋友看来，帕麦斯顿考虑政策时流露出危险的亲土耳其倾向：事实上，他和科布登因为这个问题闹翻了。不过，他揭露了内阁讨论中习以为常的表面文章，赢得了其他人士的尊重。他还言必提战争，在以后的岁月里他每每将这些话挂在嘴边。用他的话来说，“和平是美好的，战争是巨大的不幸；但有许多事情比和平更可贵，也有许多事情比战争更糟糕”。[43] 听到自己政府倚重的人说出这样的言论，阿伯丁难免有些提心吊胆。

1853 年底，围绕议会改革，帕麦斯顿的去留问题成为了焦点。帕麦斯顿上任伊始就宣布反对对选举权作任何变更。另一方面，罗素无法走出上届政府末年的阴影，他比以往任何时候都更不放心激进派，尤其是布赖特已经在下议院站稳了脚跟，影响力要比1840年代大得多。因此，罗素在整个1853年秋天一直在推动一项改革法案。帕麦斯顿随即提出辞职，扬言他不会回心转意，除非阿伯丁低声下气前来挽留，并在内阁中搁置改革问题。帕麦斯顿的冥顽不灵主要是源
108 于对民主的看法，那就是如果不对民主加以控制，可能会危及自身。1853年，他闪烁其词地表达了对暴民的担忧，“五六名煽动者就能唆使1000人”。1862年，在信心满满的氛围中，他不再拐弯抹角，直接给罗素上了一课。他告诉这位久经磨练的后辈，历史表明，“群众手中的权力会让社会渣滓浮出水面”。[44]很显然，这样的情绪左右了他在1853年的行为。尽管如此，帕麦斯顿反对改革也是出于策略上的考虑：他显然不赞成罗素提出的方案；他也认为改革将在联合政府中受阻。事实也是如此，由于帕麦斯顿不肯出手相助，罗素失败了。虽然他获准在1854年引入一项议案，将郡选举权财产资格降到10英镑，市镇选举权门槛降到6英镑，但他发现议案在朝野上下没有激起半点涟漪，于是在战争爆发后撤回了议案。

从某种意义上说，这场战争使1853年后的帕麦斯顿式外交政策合法化了，而罗素的失势意味着一旦阿伯丁垮台，内政大臣将成为取而代之的唯一有力人选。罗巴克在下议院提出对战事进展展开调查的动议，迫使罗素于1855年1月提出辞职，并导致政府在2月垮台。不过，帕麦斯顿并没有直接受到召见；王室认为礼貌之举是先请德比、后请罗素组建政府。但两人组阁时势必都要给帕麦斯顿安排一个关键职位。他回绝了德比，因为格莱斯顿不肯与皮尔派分道扬镳，而皮尔派又不愿回归保守党。他接受了罗素的入阁邀请，因为罗素也得不到格莱斯顿的支持，从而退出了战场。实际上，事态很快变得明朗，尽管皮尔派决意坚守政治中心，必欲推翻阿伯丁联合政府而后快，但唯一现实的选择只能是又一次挂羊头卖

狗肉。而帕麦斯顿有一大优势，那就是他俨然已是世人顶礼膜拜的大众英雄，这令格莱斯顿愤怒不已。“我如今已是无可取代的存在（*L'inévitable*）”，这位新首相写道。[45] 或许连他自己也没有想到他将在 10 年内都无可取代。

当前他唯一关心的是 1855 年议会闭幕时是否解散议会。格莱斯顿、格雷厄姆和赫伯特几乎都在加入政府后不久就辞职了，因为他们不赞成帕麦斯顿按照罗巴克的思路考虑举行议会质询；从此他们把口诛笔伐的矛头对准了财政政策。但新政府面临的压力比帕麦斯顿最初担心的要小。他得到了克拉伦登、格兰维尔和兰斯多恩等辉格党头面 109
人物的支持。心灰意冷的殖民地大臣罗素奉命前往维也纳进行和平谈判，这是帕麦斯顿的神来之笔，让罗素背负签订不得人心的和约的污名，最终只能辞职。只有格雷似乎有可能成为领导辉格党人抵抗的领头羊，但他的身体状况和家庭生活让他翻不起多大的浪。另一方面，托利党人的资金几乎耗尽，直到年底才得到德比的资助。[46]

不过，首相年事已高，“一个风度翩翩的新人”取代了这位年迈的政治家。[47] 他的公开言论带有一种新的强横风格，内容涉及战争、对华鸦片贸易或是印度的消息，在此基础上对英国人与生俱来的权利发表了赤裸裸的言论。在高阶政治圈子里，这些言论之粗鲁不亚于他那些至今仍被人提及的函件。但这样的风格对于选举大有裨益，1857 年 3 月大选时（格莱斯顿向政府对华政策发难，将政府拉下马来），帕麦斯顿将激进派和皮尔派全都扫地出门。事实证明，内阁认为帕麦斯顿在各选区将有很高支持率的看法是正确的，尽管在野党在一些市镇大有斩获。在北方，尤其是曼彻斯特，激进派的势头开始衰退，布赖特和米尔纳·吉布森都失去了议席，但这还不是事情的全部。另一个问题是皮尔派残部的解体。形形色色的“自由党人”传递的信息是一目了然的：只要辉格党人、爱尔兰人和激进派能再度携起手来，就足以获得 100 个议席以上的优势。

当然，如何才能在乏善可陈的 1857 年议会组建这样的同盟，似乎就不那么清楚了。几乎没有什么能打破党派的门户之见。“大臣们几乎没有任何制约”，反对党席位上的斯坦利在 6 月时抱怨说，“议会外麻木不仁；议会内政党精神已死”。[48] 罗素在维也纳受挫之后，又相继在意大利和瑞士长期郁郁不得志，当他最终回到国内时似乎已不大适合充当激进主义的门面。由于激进派在大选中元气大伤，也就不值得如临大敌了。正如我们看到的那样，印度事务是当时最紧迫的行政问题，公众和新闻界都躁动不安。但大臣一级的政治家们却出奇地沉着，只有阿吉尔和克拉伦登例外，这两人天生就沉不住气。克拉伦登过去几年来一直试图让内阁关注爱尔兰人，他很清楚很难让同僚们
110 认识到印度问题的严重性。“除了可怜的拉布谢尔，他像打雷时的鸭子一样瞪大了眼睛，似乎没有人意识到危机的严重程度。”甚至连迪斯雷利也假装对政府轻率的“私下语气”感到“震惊”。[49] 因此，即便政党自由主义有动力，那多半也是来自党外。它可能来自保守党，有迹象表明该党的改革派正在积蓄力量，旨在让托利党再度上台执政。它（相关的思想）可能来自格莱斯顿。最近，他大肆抨击 1857 年《离婚法》，许多同僚认为他疯了，对他彻底死了心；但他们很清楚，他对阿伯丁的皮尔派战略方向失去了信心，并且因仕途不顺沮丧万分。事实上，格莱斯顿内心已经抛弃了皮尔派。他的处境既比他们复杂，又比他们简单：他是一个一无是处的财政大臣，“虚度了人生中最美好的年华”。[50] 这是一个相当有趣而重要的次要情节，预示着未来的保守党内阁。

自由英国的诞生（1857—1865）

此时也出现了不利的外部环境。1857 年秋天，议会不得不再度开会，商讨如何应对严重的美国银行倒闭风潮对英国的冲击。金融恐

慌一时间“吸引了所有人的注意力”。[51] 皮尔政府的《银行特许状法》将纸币与黄金储备挂钩，此时不得不放宽限制，贴现率攀升至 10%，超过了 1847 年的水平。但针线街并没有陷入四面楚歌的境地，帕麦斯顿决意像夏季议会那样独断专行地主导秋季议会。自由党人也许会在改革旗帜下团结起来；但正如一位大臣所说，“如果没有承受更大的公众压力”，帕麦斯顿领导的政府不会朝着这个方向前进。[52] 自由党人更有可能在一些问题上各行其是，这些问题只会让中间偏左的自由党人与领导层分道扬镳。1857—1861 年，这些问题主要涉及财政和外交政策。1858 年，罗素把印度、财政和改革当作中心任务；1859 年，刘易斯将改革和意大利作为重点。保守党人方面，德比认为外交政策和预算是 1860 年的重头戏；1861 年，帕麦斯顿内阁财政大臣格莱斯顿预感纸税、国防和改革将酿成下一波风雨。[53] 换言之，这种环境使得自由党内部重新调整的希望渺茫。另外，这可能会推动皮尔派 111
与保守党人的成功合作。

意外与责任共同促成了这一局面。1858 年 1 月 14 日，路易·波拿巴皇帝和欧仁妮皇后的马车在巴黎勒佩尔蒂埃街遭遇炸弹袭击。虽然两位皇室名人都安然无恙，但这起事件演变成一场国际风波，有消息说引爆炸弹的奥尔西尼在旅居英国期间策划了阴谋，用的也是英国出产的炸药。帕麦斯顿一反常态地屈从了法国的压力，法国人要求英国修订反密谋法，不为革命者提供庇护；他显然没有想到自己的做法激起了公众的愤怒浪潮。在下议院，激进派坚决反对英国为逃离外国暴政的流亡者提供庇护的政策有任何松动。米尔纳·吉布森提出的一项阴谋法修正案起到了关键作用，大多数激进派、部分托利党人和辉格党人联手在修正案表决中以 19 票多数击败了政府。格莱斯顿、迪斯雷利和布赖特走到了一起，帕麦斯顿内阁就此下台。不到一年时间，这位首相从议会独裁者沦落到一败涂地的地步；他有这样的下场纯属咎由自取，因为他没有遵循内心的本能。

如果格莱斯顿当初接受德比邀请加入一届少数派保守党政府（像皮尔弟弟那样），那么他很有可能会像 1850 年代初那样将皮尔派余部招至麾下。如果自由党在 1858 年失去了这两个人，就将部分丧失初露锋芒的将自由党宗旨转化为民粹主义措辞的能力。在不远的将来，自由党人只能发出单调的改良主义声音，布赖特属于“低音部”，罗素则是“高亢的男高音”。那么，格莱斯顿为什么临阵退缩？也许是德比没有尽力延揽，而格莱斯顿显然对皮尔派的朋友不离不弃。塞尔伯恩会与他同进退，纽卡斯尔和一些小人物可能也会如此，但阿伯丁仍断然拒绝与 1846 年的党派和解，而卡德韦尔、沃特利等重量级人物几年来已经向自由党靠拢。尽管如此，格莱斯顿很可能不甘心眼睁睁地看着机会又一次从掌心溜走。再怎么说，德比总要好过帕麦斯顿。

由于未能与皮尔派联手，1858—1859 年德比政府的人事和命运与 1852 年内阁大同小异。唯一的新成员埃伦伯勒也很难算新面孔，
112 他一直在内阁外围周旋，尤其是与副检察长亨利·凯恩斯过从甚密，后者日后成为位高权重的保守党政治家。他依然难逃少数派政府的命运，在野党迟早要卷土重来，结束政府磕磕绊绊的执政之路。唯一希望在于启动能最大限度离间对手的事业和议题，从而在潜在的多数派当中制造裂痕。这就拉开了保守党人热衷于议会改革的十年的帷幕，而且其源头是威斯敏斯特而非曼彻斯特。不难想见，托利党政府提议扩大民主的幽灵还是引起了后座议员和党内骨干的震惊。他们担忧的也不仅仅是选举权问题。1858 年的《印度政府法》让一些保守党人心有余悸，因为罗素似乎支持该法案最初的原则，即新组建的印度参事会的五个席位由一些英国城市选区普选产生，但这一原则后来被放弃了。[54] 德比对取消下议院议员财产资格的热情也让人提心吊胆，而这种担忧并非空穴来风，毕竟取消议员财产资格是《人民宪章》的条款之一。又有传闻说，德比和迪斯雷利正在安排秘密会晤来讨论改革法案的条款，而此时除了民众鼓动者外，似乎很少有人想要改革法

案。难怪保守党人开始怀疑他们的政党究竟想要保全什么，也难怪未来的自由党御前大臣会为自己的政党感谢上帝。后者在 1858 年夏天喜不自禁地表示：“过去三个月来民主在英国取得的进步超过了辉格党执政的 20 年。”[55] 这也许是对辉格党历史的一个绝佳注脚，却不是对德比想做之事的评论。

当然，保守党人的“变脸”并不能蒙蔽所有人。格兰维尔一眼就看出空谈“民主”毫无意义，因为政府并未根据这样的原则行事，甚至根本没有任何原则可言。同样，康沃尔·刘易斯深思熟虑之后认为，德比的策略可能是蓄意在下议院输掉一项“强有力的民主议案”投票，从而善意地“拉拢”格莱斯顿。[56] 很显然，只要稍具政治智慧，就不会在德比的民粹主义上浪费时间。不需要多么敏锐的洞察力，也能看出德比之所以支持取消财产资格限制，是因为 1838 年后财产资格评估是基于个人财富而不是土地财富，这使得它在抵御固有的富豪统治集团时毫无用处。德比考虑扩大选举权时同样是戴着镣铐跳舞：要推进选举改革，就必须设定投票门槛和重新分配选区，使之成为保守党人的事业。郡选区（引入市镇选区的选举权资格）的 10 113
英镑财产门槛并不可怕，在没有实行无记名投票制的情况下，乡村选民的增加（如果能实现）往往会强化而不是削弱社会纽带。德比从一开始就反对市镇选区的 6 英镑财产门槛（这是自由党提案的基本要求之一），因为这样会兜起“社会渣滓”，也就是“民众”被算进来之后剩下来的那些人。重新分配选区也是类似的思路。如果要执行取消选区资格的附表 A，那么可以按照人口指标来确定，因此它们的数量仍然很少。此外，重新分配选区时还可以将大多数席位分配给各郡，而不是工业城镇及其不断壮大的激进派。保守党谋士中有多少人还记得东雷德福？这其实无关紧要；即便过去了 30 年，它引发的争论仍未平息。

然而，在 1859 年的政党环境下，议会改革显然既是必要的，也是不现实的。1858 年底，不论何种激进主义都让沃波尔、皮尔和哈德威克惶惶不可终日。亨利和斯坦利也同样忧心忡忡，但他们认为任何温和手段都拔不掉激进派的牙齿，因此应该采取进一步行动。亨利和沃波尔难以平息心中怨气，在新年提出辞职，虽然辞职暂时没有对外公开，但同样具有威胁性。最终提交给议会的方案反映了所有这些磨难，并且尽量把话说得越少越好。反之，口若悬河的迪斯雷利在下议院的表现更胜以往，他的任务就是发出慷慨激昂的声音。他们生活在一个伟大的时代。这个国家首都的人口有了巨大增长，“民众”获得的公共“情报”也普遍增多。“在这种情况下，”迪斯雷利开始讲述他凭空想象的历史，“在英国，一个议题会成为所谓的公共问题；于是，议会改革成为一个公共问题；一个公共问题在一定时候会成为一个议会问题；然后就像剥去最后一层壳一样，它会成为一个内阁问题。15 年来，改革始终是一个议会问题；10 年来，它一直是一个内阁问题。”[57] 经过几分钟的反复论证，该法案的内容乏善可陈：市镇选举资格原封未动（德比不想与自由党人念念不忘的 6 英镑选举门槛有任何瓜葛），也不实行无记名投票制。反之，下议院被告知了一些巧妙而琐碎的条款，增加了一些基于个人财富的特设选举权，以及打
114 破城镇和乡村选举权差异的花言巧语。其实迪斯雷利的本意恰恰相反。在各郡有投票权的城镇户主将只能在居住地投票，而选区划界委员会将包含许多目前不属于选区的城镇。他认为这个一揽子方案将使郡选民增加约 20 万人，这对于托利党人来说简直是天籁之音。因此，法案将设立 15 个新选区，也就是说有撤销危险的选区中只撤销了 15 个。另一方面，自由党人认为这些建议不仅非常怯懦，而且是基于一个堪忧的原则。从乡村选区新当选的自由党议员 J. G. 多德森一针见血地揭穿了迪斯雷利的把戏：

> 值得注意的是，保守党政府竟然提议废除旧宪法中规定的郡

> 与市镇选举权之间的区别……在他看来，该计划的最终目标是在城镇和乡村之间划出一条明确界限，以便尽可能把商业和制造业放在一边，把农业放在另一边……目前，下议院议员代表的是地方，但这项法案将使他们变成只代表阶级利益的代表。[58]

诚哉斯言。3 月 31 日，法案以 330 票对 291 票被否决。

这次挫败表明，如果自由党各派别能达成妥协（*modus vivendi*），就十有八九能上台执政。德比执政伊始，帕麦斯顿就希望一段时间的在野党经历能促使罗素和格莱斯顿重新回到自己麾下；当时人们普遍认为他和他的政党都已老迈不堪，他本人却并不这么认为。1859 年初夏，他前往罗素的彭布罗克庄园，以推动事情向前发展；两人决定在伦敦威利斯厅举行的一次自由党历史性会议上宣布和解。如同 1830 年一样，在野党正在拧成一股绳，任何政府都无力与之抗衡。但与威灵顿不同，德比并没有被迫举行大选的压力，他决定在 1859 年举行大选，这是 4 月和 6 月在下议院先败后胜之后的最佳方案。法国人使得德比的决定有了正当理由。他们临时支持加富尔在北意大利的事业，卷入了对奥地利的战争；而法国人在马真塔和索尔费里诺战役的胜利，时间上正好是德比垮台到帕麦斯顿重新上台。从选举角度来说，关键不在于意大利的事态成为一个鼓舞人心的议题，而是其有助于转移人们对改革的注意力，使得德比可以谈论加强国防和抵制帝国图谋，虽然迪斯雷利敦促他重视“一个广泛而重大的问题……议会制政府是否与现行体制兼容”。[59] 大选结果自然让帕麦斯顿暴跳如雷，保守党人增加了 30 多个议席，还得到了爱尔兰神职人员的大力支持。115
保守党人在爱尔兰获得了绝对多数席位，这是 19 世纪以来的第一次也是唯一一次。爱尔兰天主教徒最不希望看到自由党政府上台，因为这个政府可能全力支持意大利民族主义者反对教皇国主权。这件事以及保守党人继续阻挠自由党人废除教会税，其实都意味着建立教会政党的可能性，迪斯雷利就曾经动过这个念头（这些年没有多少人还有这样的想法），但托利党领导层通常不予理睬。无论如何，帕麦斯顿在 1857 年大选的胜利让德比面临巨大的选举赤字，需要在 1859 年来还债，因此这样的策略已是不切实际的空谈。尽管德比在大选中有所斩获，但在新一届议会中将成为少数派。

女王和阿尔伯特亲王陷入了左右为难的困境。让帕麦斯顿或罗素组建政府都面临重重阻力。前者似乎以抗命为荣；后者的任性和天马行空同样尽人皆知且有迹可循。于是，女王夫妇派人去请格兰维尔伯爵组阁。1846 年以来，“小猫”格兰维尔一直名声在外，他妙语连珠（*mot juste*），风度翩翩，写得一手睿智达理的书信，而且向来衣着入时，举止优雅。前外交大臣的资历也没有让评论家们觉得他是个不靠谱的首相人选。但帕麦斯顿和罗素在彭布罗克庄园会谈时约定只听命于对方，不会容忍第三者冒出来。很显然，任何组阁方案至少包含这两人中的一人，否则不可能成功。女王发现自己别无选择，只能把帕麦斯顿请回来。吊诡的是，多年后的 1894 年，当她帮助自由党人强行让罗斯伯里上台时，她的处境要更好一些。

第二届帕麦斯顿政府从 1859 年一直延续到 1865 年他去世前几个月举行的大选。这届政府有意思的地方在于基本上回避了激进主义，始终以一种行政辉格主义的面貌示人，而不是科布登-布赖特改革运动的形象。事实上，科布登拒绝入阁。布赖特则未获邀请。1857 年选举惨败并迁居伯明翰之后，布赖特摆脱了精神崩溃的困扰，并且变得极为雄辩。* 这些年间他在伯明翰市政厅发表了一系列脍炙人口的演说，还曾在一次演说中将均势外交政策描绘成“为贵族阶层提供的庞
116 大的户外救济系统”。[60] 帕麦斯顿对布赖特的口诛笔伐无动于衷：即

---

* 布赖特自 1847 年后一直是曼彻斯特选区的议员，因反对克里米亚战争，1857 年他失去了议席。他随即迁居伯明翰，1858 年当选为议员，并在此后 30 年里一直是伯明翰的议员。

便不挥舞红旗，他在宫廷里的麻烦也已经够多了。激进派领袖米尔纳·吉布森获邀入阁，他先是在济贫法委员会任职，他调任贸易部后，前一个职位由1830年代和1840年代伍尔夫汉普顿的反谷物法运动领导人C. P. 维利尔斯接手。罗素仍然是唯一让布赖特相信在改革问题上坚持不渝的人，却不得不接受外交部的职位。尽管如此，他还是同意与帕麦斯顿和解，条件是帕麦斯顿将出台1854年那样的改革法案。这意味着要尽力确保市镇选举权的6英镑门槛，而不是德比失败的方案中10英镑门槛，这样的法案对辉格党人来说更像是威胁而不是承诺。格兰维尔、伍德、康沃尔·刘易斯等人不可能对改革法案有热情，纽卡斯尔、赫伯特、卡德韦尔以及再度担任财政大臣的格莱斯顿所代表的皮尔派保守主义残余就更不用说了。

当格莱斯顿决定加入从前的对手帕麦斯顿的阵营，他首先考虑的是什么，这是一个关键问题。我们已经说过，1852年后他跨过了两党之间所谓的桥梁，但这个说法经不起推敲，因为他明显倾向于保守党的政治风格，倾向于德比而不是帕麦斯顿的领导。另外，由于1856—1857年决裂后屡屡受挫，他很希望能有机会一展身手。也许到1859年，任何地位稳固的首相都会为他提供财政大臣之职：他曾经表过态，不会接受帕麦斯顿提供的财政大臣之外的职位。另一个选择是韬光养晦，即投靠一个议会党团，但如果自由党联盟破裂，这个议会党团充其量只能组成一届少数派政府。在这种情况下，似乎没有必要去唤醒迪斯雷利的幽灵。他和格莱斯顿已经在同一个表决厅了。如果德比在乡村能像威斯敏斯特一样表现出色，那么这两个从前的对头本可以坐在同一张桌子旁了。正是接二连三的事件，而不是阶级、意识形态、教养乃至利己策略，演化出一种逻辑，导致格莱斯顿偏离了方向，而这种偏离注定将固化成一种终生的承诺。

帕麦斯顿政府执政伊始，同僚们注意到格莱斯顿疏远了皮尔派。他发现自己与激进派米尔纳·吉布森在很多问题上不谋而合，与其他人则不那么合拍。在选举改革问题上，他当时几乎无能为力；1861年，罗素向议会提交了一份新法案，朝野上下漠然置之，他最终撤回
117 了议案。另一方面，首相决意将国防问题作为一个集结点，这可能为在野党开辟了一个合适的战场，帕麦斯顿和罗素为遏制法国对意大利的野心重启联盟外交，也造成了同样的效果。就在大多数人将目光转向海外时，格莱斯顿却把精力放在了一个内政问题上。这个问题上笼罩的 1857 年阴影本来已经消散了；由于上议院拒绝废除 1860 年预算案中提出的纸税，格莱斯顿与上议院的斗争成为了新的焦点。这场斗争的意义在某种程度上超出了事件本身。多年来，“知识税”一直受到激进派的口诛笔伐，而这些税种之所以得以保留，只是为了避免提高所得税作为替代性增收手段所带来的政治窘境。格莱斯顿威胁要辞职，除非上议院（和帕麦斯顿）让步，这不仅树立起了一面自由主义旗帜，也开创了上议院不得否决财政法案的宪政先例。1909 年，另一位财政大臣正是依据这个先例，威胁要用更厉害的猛药对付贵族。

除了这些事务的少数直接参与者外，国内政治远不如加里波第游击队在意大利发动攻势那样激动人心。相比国内局势的逆境、下议院的改革、上议院的教会税和纸税，民族主义者的壮举意味着行动和危险。1860 年 10 月，约翰·罗素勋爵发出一封著名函件，表示英国不参与国际社会对自由战士的围剿。加富尔公开发表了这封函件，此事在英国国内激起了反响。罗素的函件与其说是一份自由意志原则的宣言，不如说是一位大臣的放手一搏，诚如格莱斯顿所说，它展示了一位老年人的朝气。罗素的鲁莽招致了批评，直到 1866 年奉召担任最高职务，他对英国政治几乎没有任何影响。罗素声望的另一个源泉是倡导改革，但它也同样枯竭了。1861 年，后座议员洛克-金提出一项改革法案，罗素已无法再扮演议会里“投石党人”（*frondeur*）的角色。洛克-金的法案被各党派联手扼杀在下议院。这届议会中对抗似乎减弱了。政治家们默不作声，抱着走一步看一步的心态。事实上，

除了美国、意大利、波兰、丹麦和德国的风波，没有什么能扰乱帕麦斯顿内心的平静。

一连串葬礼让忧伤蔓延。1860 年和 1861 年，皮尔派人士像得了瘟疫一样相继去世，先是阿伯丁，然后是格雷厄姆和赫伯特，1861 118
年底轮到了女王丈夫，这对皇家政治产生了立竿见影的影响，女王从此深居简出。阴郁的气氛让人不堪回首，人人愁眉不展，只有迪斯雷利与众不同。“死了这么多人！”他在当年秋天给伦敦德里夫人的信中写道，“简直难以置信，皮尔、古尔本、达尔豪西、赫伯特、阿伯丁和格雷厄姆都死了，而他们的前辈帕麦斯顿还活着，还在手法笨拙地玩着出尔反尔的把戏！”[61] 不过，一些并非目光短浅的考虑也在潜移默化中起到了作用。意大利的战争（教皇在爱尔兰招募军队）重新唤醒了爱尔兰人，加上 1860 年的大雨使庄稼颗粒无收，进一步加深了人们的绝望感。激进派已经意识到布赖特厌恶政治，而且像他一样认为米尔纳·吉布森已经变成一个辉格党人。1854 年后关于郡和市镇的持续讨论引发了人们对贵族统治的反思以及对贵族统治弊端的担忧；这一点从 1860 年代初斯坦利的日记中能看出一些端倪：爱德华·埃利斯反思名门望族的“显贵”似乎不再对政治感兴趣；查尔斯·伍德爵士表示上层阶级 30 年来一直在“没落”；斯坦利本人在上议院清点出席人数的情况，并对如此伤害政治激进主义的结果表示失望。德兰尼同样捕捉到一种情绪，他展望了帕麦斯顿之后的世界，不同党派的精英们在爱国主义旗帜下携起手来。

只要帕麦斯顿还活着，各党派就不可能有任何沟通。保守党人在等待时机，他们无法承受再次解散议会或是再度组建少数派政府的代价；罗伯特·塞西尔勋爵以托利党式的狂热大肆攻击，他发表演说、出版著作，对自由党人的种种罪过大加挞伐。因此，政府人士能够腾出手来应对那些通常是遥远地区的事态。1860 年，亚伯拉罕·林肯当选为美国总统，引发了美国人多年来一直若隐若现的自我认识危机；1861 年 4 月爆发的美国内战给英国的改革运动树立了鼓舞人心的榜样，也使英国经济面临严峻考验。1862 年，奥托·冯·俾斯麦出任普鲁士首相，同样提出了一种新的利己政策，1863 年，普鲁士向俄国暴君敞开大门，波兰反叛者首先看清了俾斯麦的嘴脸。英国内阁看得更清楚，1864 年，俾斯麦以其特有方式解决了石勒苏益格-荷尔
119 斯泰因争端，只有采取战争手段才能将德国人赶出丹麦。加里波第也不甘人后。1863 年，加里波第访问英国，让 1859—1860 年的争论死灰复燃，不仅使迪斯雷利建立天主教保守党的愿望破灭，也使伦敦想起了爱尔兰移民的狂热。[62]

美国问题是这些棘手问题中给政治家们带来压力最大的。布赖特等激进派看重道义问题，而前座议员们更担心英国中立声明带来的外交纠葛以及加拿大的领土完整。但比这两个问题更严重的是北方封锁南方棉花出口的经济影响。兰开夏的棉纺厂虽然在劫难逃，但灾难并没有立刻降临：1860 年棉花丰收，供应充足。但 1861 年底，兰开夏的支柱产业已受到严重冲击。棉花价格从 1860 年的每磅不到 7 便士飙升到 1864 年的远超 2 先令；随之而来的是济贫院里人满为患。1862 年底，德比伯爵看到贫困在兰开夏郡“迅速而可怕地蔓延”，圣诞节时，估计仅 24 家联合济贫会的济贫院就收容了 25 万人。[63]这种悲惨境况并未孕育出革命的火花，伦敦各家俱乐部的往来书信都在担心下次大选会失去北方市镇选区。格莱斯顿也心有余而力不足。1862 年 10 月 7 日，他在纽卡斯尔发表了臭名昭著的演说，称赞杰弗逊·戴维斯将美国南方邦联缔造成一个国家，这次演说已被证明是大错特错。但这种说法很容易被当成一时疏忽而被一笔带过。日记作者和通信者提供了令人信服的证据，表明高阶政治圈子普遍发自内心地同情美国南方，美国南方被视为一个处境艰难的有产者文明。

1863 年底，丹麦与德国关系恶化，对丹麦人的同情升温。丹麦新国王克里斯蒂安九世单方面将石勒苏益格公国并入自己的王国，并改变了控制邻近荷尔斯泰因公国的安排。从英国政府的角度来看，丹麦防御工事不足、防务开支过低，这一新举措无异于惹祸上身。不出所料，1864 年初，普鲁士和奥地利出兵占领了这两个公国，英国内阁陷入决策困局，而丹麦本土遭侵更加深了这种困境。帕麦斯顿和罗素试图通过现有外交途径召开五个列强参加的会议。但他们不能否认，即使在不得已的情况下，他们也没有任何授权来用军事手段支持丹麦对这两公国的主权要求。首相、外交大臣和御前大臣（韦斯特伯里）发现，由于主张采取战争行动，他们在内阁被孤立了。同样，托 120
利党人中只有塞西尔、卡纳封和曼纳斯赞同他们的观点。[64] 尽管如此，下议院就政府政策提出的不信任案却未能通过，虽然政府只有微弱的优势（313 票对 295 票），这让历史学家失去了重新审视政党对话的机会，这场对话本来可以跨越近年来的政党分野。

1864 年，保守党领导层并未寻求这样的改弦更张。但保守党人已不再害怕议会解散；实际上，补缺选举反馈回来的证据表明郡选区已经开始倒向托利党。保守党人在乡村地区的选举表现让罗素对自由党人在乡村的前途感到担忧。他向一位通信者透露："我们在市镇的表现超出期望，在乡村的表现则让人忧心忡忡。"[65] 1860 年代初，小麦价格一路走低，1864 年跌到 1851 年以来的最低点，而政府停征所得税的善意又使其不得不继续征收麦芽税。结果，在这十年的最初几年，郡一级的政治钟摆大幅摆动。1859—1865 年的补缺选举中有 8 个郡选区席位易主，自由党人只赢得了 3 席，其中两人是在无竞争对手的情况下当选的。1864 年，德比又可以玩客厅里的把戏，拟定新政府（这次是多数派政府）的大臣名单。但这些苗头大多是靠不住的。保守党人喜欢用乡村经验的有限颜料来作画。但时过境迁，即便是乡村经验也已今非昔比，谷物价格再度攀升，小麦价格从 1864 年到 1868 年的最高点翻了一番。帕麦斯顿行将退出政坛和去世也被人们解读出太多的东西。1859 年后，人们已经认为自由党人不太可能因为这种不测事件而分裂。这种看法得到验证，在风云变幻的 1864 年，改革蓄势待发，并找到了一个最不可思议的斗士。

格莱斯顿一举成为一个令人瞩目的政党现象，引起政治舆论各方的关注。它在某种程度上意味着“老前辈”的没落。更重要的是它体现了格莱斯顿对自由主义“公众”的新理解，以及与之沟通所需的新政治风格和手段。格莱斯顿曾经是皮尔派，也学会了如何做一个激进派；但他并未止步不前。他认识到威斯敏斯特的局限性，
121 并且发现了一个更宽泛的政治国家的道德和选举潜力。1864 年，他试图在宪法框架内纳入一个权威领域，他可以借之来灌输一个道德共和国。他心中所想的社会平等只是每天早上八点半服膺的那种社会平等：跪领圣餐时的手足情谊。但他的语言风格充满活力，似乎超出了语言本身的意蕴。这种风格成为支离破碎的自由主义表达自身认同的载体。对于帕麦斯顿而言，即便不靠这种载体也赢得大选，他也确实做到了；我们也不能说格莱斯顿是自由党投身改革的先决条件。然而，1864—1868 年脱颖而出的这个人独树一帜，刷新了后辉格党政治的基调和主旨。

即便在 1864 年，外省已经能听到新的声音。北方商人发起了“改革联盟”，旨在为工业民主做出他们认为自己曾经为自由贸易做出的贡献，这构成了通奏低音的一个声部；阿普尔加思和奥哲尔等工会活动家的“改革同盟”则成为另一个声部。改革联盟宣称接受一定程度的不平等，争取实现户主选举权；改革同盟更坚定地要求降低成年男子选举权门槛，这也让政治家们形成了一种看法，那就是党派之分已不再意味着真正的观点分歧。问题的关键不再是自由党与保守党之争，而是想要“增加暴民权力”之人与反对这种做法之人的对立。在争论的一方看来，E. B. 普西这样的保守派牧师为了巩固教会的地位

而要求信徒支持自由党人争取普选权的主张，这已不再是让人匪夷所思的事情。[66] 同样，还有一些抵制民主的人显然觉得自己比以往任何时候都更有价值并且要防患未然；其中还不乏“自由党”阵营的人。毕竟，这些年来，没有人比患白化病的自由党人罗伯特·洛更坚持捍卫自己的立场，从 1859 年起，他就对辉格党人对历史的理解深为厌恶。[*] 1865 年，一位 1832 年的不从国教派议员之子爱德华·贝恩斯（代表利兹的自由党议员）在一份流产的私法法案中提出将市镇选举门槛降到 6 英镑，自由党议席上的洛发言说：

> 如果这种民主是件好事，那就让我们紧紧拥抱它；如果不是，我确信这个国家的精神和情感足以让我们不会被任何此类模
> 糊的预言所吓倒，即认为这个问题已经在他们坐在一起决定国家 122
> 未来的某个黑暗法庭上做出了决定。每个英国人的命运都掌握在自己心中。[67]

帕麦斯顿对命运和宿命的兴趣仅限于用来唱高调。他关注当下、把握当下，请求女王解散 1859 年议会，意图利用激进情绪拿下新的执政期。他像往常一样获得了成功，但这次大选除了确立了他的显赫地位，决定不了任何事情。在英格兰，政党力量对比几乎与上届议会如出一辙；威尔士和苏格兰激进化了，爱尔兰则回归了传统的效忠路线，自由党人增加了约 20 个席位。但在这种表象之下，自由党议会党团的重心已经向左倾斜，对布赖特激进派产生了耐人寻味的影响，约翰·斯图亚特·穆勒加入这个群体，当选为代表威斯敏斯特的下议院议员，这个席位让人想起了弗朗西斯·伯德特、约翰·卡姆·霍布

* 19 世纪初，一些辉格党人历史学家用历史作为工具来论证辉格党的政见。1931 年，英国历史学家巴特菲尔德出版了《历史的辉格解释》一书，对这种辉格派历史观进行了深刻的批判。

豪斯以及（久远记忆里的）查尔斯·詹姆斯·福克斯等名人。帕麦斯顿回答不了这样的自由主义提出的问题。对于他的传奇生涯有利的是他不用去寻找答案。1865 年 10 月，这位名人因受凉发烧溘然长逝。在金边债券节节下跌的背景下，朝野上下兴起一股怀旧之情，留恋几十年来想象中的确定性。帕麦斯顿曾与喝过皮特的雪利酒的人共事。半个世纪后，他的世界有了自己的“捣蛋鬼”（*enfants terribles*），他本人则成为正统的象征。他与他们中的大多数人并没有交集，但他的生活影响了他们的生活，从而有了一种间接的现代性。这个夏天是约瑟夫·张伯伦在布罗克特的最后一个夏天，他正打算到伯明翰之外的地方施展抱负。如果把时空视角拉远了看，在拉纳斯蒂姆杜伊的石屋里，在劳合舅舅关爱的目光下，乔治夫人两岁大的学步小儿还是个无名小辈。*

* 指日后担任首相的大卫·劳合·乔治，他不到两岁时父亲去世，他的舅父对他影响很大，培养他走上律师之路。

下篇

内部压力（1865—1914）

第四章　占据中心

逆转改革的逻辑（1865—1867）

没有了帕麦斯顿，自由党人想继续奉行帕麦斯顿主义。但许多自由党人将目光转向别处，找到了另一个总体规划的灵感，那就是自由主义的光明前途在于奉行先进的城市激进主义，包括实行更民主的选举权，立法限制土地财富的政治影响。除了新领袖罗素伯爵，迪斯雷利称为“商业自由党人”[1]的自由党领导层更接近吉布森、布赖特、科布顿以及（最近的）格莱斯顿，而不是传统的辉格党名流。一批后座议员和自由党贵族也表现出右翼倾向。“亚杜兰集团”（这是布赖特用圣经典故给他们起的名称*）的核心成员有上议院的兰斯多恩勋爵、格雷、利奇菲尔德，下议院的格罗夫纳、爱德华·霍斯曼以及利奇菲尔德的儿子奥古斯塔斯·安森，这批人反对大幅扩大选举权，重申自由主义作为财产的开明捍卫者的作用。如果说这个团体有自己的议会领袖，那么此人就是尖酸刻薄的考官罗伯特·洛，但这个团体的权势主要是来源于成员的财富和社会声望。在上述两派人之间，这些不尽如人意的自由主义前景蓝图几乎没有为协调解决难题留有余地，而船上的每个人都要面对一个难题：英国第二次踉踉跄跄地走向民主。

---

*　亚杜兰洞是《撒母耳记》里记述的大卫逃避扫罗追杀时藏身的一个洞穴群，也有“避难所”之意。

罗素重新担任领袖是各方在帕麦斯顿去世前就达成的共识，这意味着 1866 年 2 月议会开幕后肯定要出台改革法案。然而，政治行动的基本规则已经改变，使得民众与威斯敏斯特的关系以及政党对话
126 的改革功能都发生了一系列奇特变化。从逻辑上说，改革本应是顺应民众的呼声应运而生，并且与倡导渐进变革的政党休戚与共。帕麦斯顿死后 18 个月的事态发展完全颠覆了这一逻辑。进步的政党发现自己无法恢复 1820 年代赋予其活力的改革先锋身份。反动的政党不仅拾起了改革的旗帜，而且以一种激进主义姿态推进改革，迪斯雷利的激进主义比之格莱斯顿有过之而无不及。尽管民众在 1866—1867 年海德公园的两次大规模集会上推倒了很多栏杆，但在政治家们争夺帕麦斯顿衣钵的忘乎所以的竞赛中，民众并非参与者而是观众。这个现代政党政治历史上最奇特的故事有四个关键因素：政治家们对于公众对待改革的严肃性的认知；1860 年代中叶“自由党人”地盘的范围；1865 年大选后保守党人在议会自始至终处于少数派地位；以及本杰明·迪斯雷利尚未充分施展的强大策略天赋。

1850 年代末，改革再度成为政党关注的焦点，政治家的情绪表明他们并未因为工人阶级革命活动的威胁而感到紧张或恐慌。帕麦斯顿有一个直觉的判断，那就是无需再推进重大的建设性立法，这种看法成为议会两院辉格党人许多判断的基础。1863 年，未来的格莱斯顿政府大臣亨利·布鲁斯就流露出这种放松感。“布鲁厄姆、格雷、麦金托什和霍纳为反对埃尔登公司而斗争的所有目标都已经实现了，”他告诉他的兄弟，“而且非常得心应手，国民并不太关心谁来管理国家。”[2] 改革联盟和改革同盟为改革之争增添了 1863 年所没有的维度。但历史学家认为，书信和日记里保留下来的证据并未表明为首的政策制定者在这个十年的中期已经意识到社会稳定面临挑战。事实上，1865 年冬天爱尔兰民族主义者的起义就属于这种性质的反叛，一群自称的“芬尼亚人”接连发动暴力袭击，让新任爱尔兰总督金伯利勋

爵度过了难熬的几个月。次年，工会成员的一系列“暴行”在1866年10月的谢菲尔德街头达到高潮：一位不再缴纳工会会费的锯木厂工人的家被炸毁了一堵墙。这两场骚乱引发了严重后果，前者使得爱尔兰问题再度成为英国内阁政治关注的焦点，直到1894年，爱尔兰始终是政治关注的重中之重，只是程度有所区别而已；后者促使政府 127
任命了一个皇家委员会来调查工会，我们将要看到，这将导致1868年后劳工历史上的重大发展。这两场骚乱并未让政治家们进一步提升对改革重要性的认识。民众的示威游行非常接近达到这样的效果。然而，1866年夏，民众抗议活动开始严重冲击政府，不可或缺的改革推动者、罗素伯爵的自由党政府在下议院遭到挫败。

罗素政府从一开始就很清楚自己身处逆境。他必须将四分五裂的党团拧成一股绳；而他出了名的憨直让自由党评论家们不敢盲目乐观。内阁人事看上去似乎没有什么变化。克拉伦登（帕麦斯顿在1850年代挑选的人）递补了罗素在外交部的职位，而他在兰开斯特公国的职位则空缺了几个月。1866年2月，查尔斯·伍德爵士晋升为贵族，引起一片哗然，但德格雷伯爵很快填补了他留下的空缺，平息了事态。*另外，德文希尔公爵庞大财产的继承人、年轻的哈廷顿勋爵接替了德格雷在陆军部的职务，也引发了一阵鼓噪，因为格莱斯顿根本不想要他。（这位新大臣私生活混乱，绰号“放荡的哈迪”，在之后半个世纪里一直是辉格党上流社会津津乐道的谈资。）当然，贵族阶层的洗牌并不能解决罗素的问题，只要透过表面现象，就能看出恶性肿瘤的症状。奇怪的是，相比外交大臣的人选，殖民地部常务次官的任命更让权威人士关注。W. E. 福斯特四年前才进入下议院，抛开资历浅不谈，自由党后座议员们对如此破格提拔一位代表布拉什福德的前贵格会激进分子颇有微词，人人都说他的言谈接近“货真价实的普

*　伍德曾任格雷伯爵的私人秘书，1866年被册封为哈利法克斯子爵时任印度事务大臣。

选权人士或诸如此类之人”。[3] 但罗素认为必须要有激进派进入政府。虽然他无法任命布赖特（格莱斯顿不会要布赖特），但他推进改革急需争取激进派支持。福斯特获得了任命，但他提出了就职的先决条件，即引入法案直接解决选举权问题，而不是（比如说）设立一个优哉游哉的委员会。因此，他既助了政府一臂之力，也给它的棺材钉上
128 了钉子。《泰晤士报》主编并非罗素伯爵的忠实拥趸，他在 1866 年 2 月的信中预言了议会开幕后首相的困境：

> 他势必要出台法案，但人人都不相信他能让议案获得通过。如果是一项单一法案（即不涉及重新分配议席的法案），下议院和国民仅凭常识就会否决；如果包含剥夺选区资格的条款，同样机会渺茫。即使要花招在下议院艰难通过，又会因为送交上议院太晚、领先票数太少，所以不会在上议院获得通过。[4]

罗素面临两大拦路虎，一是 1865 年大选产生的议会，二是他决心甩掉亚杜兰集团。下议院在紧张困惑的气氛中开幕，这也许是因为直到 2 月的漫长休会期助长了谣言的传播以及对“运动”杞人忧天的担心，也许是因为一些传统主义者觉得新议员（将近 200 人）与孕育了自由主义的议会世家形同陌路，也许是因为前首相的离世让与会者感到六神无主。亚杜兰集团竹篮打水一场空，布赖特备受冷落，洛和霍斯曼的境遇也好不到哪去。杰出的激进派银行家乔治·约阿希姆·戈申填补了兰开斯特公国的空缺，所有人都大失所望，因为这浪费了补偿亚杜兰集团的机会，而且由于提拔了一个有着日耳曼姓氏的人（他甚至比几个月前破格晋升的福斯特还要年轻），让激进派嫉恨不已，除了主张实行无记名投票制，这个人在其他问题上似乎远远谈不上激进。鉴于保守党人深陷绝望之中，不惜采取一切手段来摆脱边缘化的困境，政党内部和政党之间都会在本届议会上明

争暗斗。这就是1866年围绕选举权改革细节的激烈斗争的背景。这场斗争延续了当年夏天政治讨论的火热气氛。“上层阶级的政治热情比过去七八年都要高，”斯坦利在6月写道，“我不认为民众也有这样高的热情。”[5]

1866年1月到2月，自由党政府在制定改革法案时受到“民众”的冲击，政治家们不得不谨慎从事。1832年那批战略家们认为，15年来的经济增长使那些不应（也不能）获得财产的人拥有了财产；而有了财产就要有投票权。像第一次《改革法案》前一样，旧政治秩序发生了明显改变，面临被颠覆的危险。事实上，当政府向下议院提 129
交一直使用的选举统计资料时，许多担忧似乎都是有事实依据的。已有超过四分之一的选民可以被称为工人阶级；因此，大幅降低选民的财产门槛将使工人阶级在一些市镇“占上风”，这一前景引发了无以复加的忧虑。罗素本人就对此忧心忡忡：1860年的罗素背后仍然站着1830年那个神经绷得更紧的罗素。罗素之前那份改革法案将市镇选区的选民财产门槛定为6英镑，1866年的法案提高到7英镑，而吉布森试图将其下调至5英镑。同样，辉格党人反对将钱多斯提出的郡选区佃户年收入50英镑的门槛下调到10英镑（这也是1860年时的理想），最终的法案是14英镑。内阁把未来作为筹码，而格莱斯顿在算细账。如果城镇的选举权财产门槛降到6英镑，那么将增加25万左右工匠选民，每念及此，不禁让人膝弱如水*；反之，如果财产门槛提高到7英镑，将有15万人获得选举权，再加上获得选举权的房客，选民可能还要增加6万人。理论上说，内阁可以用两种办法降低选民的增幅：要么进一步提高财产门槛，这意味着失去激进派支持；要么将收入计算基础从年租金改为课税价值。

---

* 膝弱如水是《圣经·以西结书》中的典故，意思是人们因为即将来临的灾祸而恐惧担忧。

今天看来，租金与地方税之争既乏味又琐碎，但它是 1866 年政党困境的核心问题，并且最终导致政府垮台。政府按照 1832 年模式，以租金作为获得选举权的基础，从而实现了双重目标。首先是建立了一种选举制度，这种制度的可操作性要比各地不同的额定值影响的选举制度更高。其次是为亚杜兰集团提供了一个听起来令人心安的高门槛。毕竟，大多数下议院议员并不了解租金方案或额定值方案的影响。但 7 英镑听起来比 5 英镑或 6 英镑更让人安心，因为地方税体制下可能需要将门槛下调至 5 英镑或 6 英镑才能扩大同等数量的选民。另外，“额定值”一词对于托利党后座议员有很强的心理穿透力。亚杜兰集团显然与各郡联手，迫使政府对法案做出相应修订。然而，迪斯雷利耐心地向支持者解释说，这不是问题的关键。“无论法案作何修订，它都是他们的法案，而不是我们的法案，
130 它将使他们在未来六年控制市镇。”[6] 因此，邓克林勋爵在委员会审议阶段提议把自由党改革法案从租金方案改为额定值方案，他的初衷与其说是为了修订，不如说是要埋葬它。[7] 他成功完成了自己的使命，但出乎他意料并且让大多数观察家瞠目结舌的是，政府决定辞职。最终，即使女王出面挽留，罗素内阁也没有信心重整旗鼓，继续战斗。保守党人认为这是机遇而不是危险，顾不上去刨根问底。

接下来的几个月，第十四代德比伯爵身边的那些人似乎不太可能在黑暗中跳跃，或者说根本不可能在任何地方跳跃。1858 年，内阁体现出一种平稳的延续性，爱德华·斯坦利（德比的儿子）执掌外交部，迪斯雷利重返财政部，切姆斯福德勋爵坐上议长之位，纳斯勋爵和亨利·凯恩斯爵士等人依然担任低级职务。内阁中只有少数几位平民（盖索恩·哈迪、乔治·沃德·亨特和斯塔福德·诺斯科特爵士），贵族把持内阁的局面一如既往，第三代白金汉和钱多斯公爵、马尔博

罗公爵、卡那封伯爵、里奇蒙公爵等新成员几乎没有任何激进主义的苗头。诚然，这些人并不属于“郡”上流社会的精英：他们很少有资格被收录进 1876 年约翰·贝特曼极为尴尬的《大不列颠和爱尔兰的大地主》。卡那封和马尔博罗共拥有 6 万英亩土地，但在广袤的苏格兰，托利党就只有里奇蒙一个代表。内阁也不会有反动的危险。除了中将乔纳森·皮尔（罗伯特·皮尔爵士愚蠢的兄弟，他花钱买军衔，在陆军中一路高升），政府原则上不反对在适当保障财产和才智的前提下适度扩大选举权。除了可怜的神经官能症患者斯宾塞·霍雷肖·沃波尔（他的人生因为岳父斯宾塞·珀西瓦尔的遇刺、伊顿公学体罚爱好者基特*的虐待、两度任职内政部带来的副作用而蒙上了阴影），内阁并没有因为要面对民众而不寒而栗。换言之，这届很快就彻底颠覆了托利主义的内阁开始时有一种伴随着平庸而来的惰性。

大臣们的背景预示着会有适度变动。像过去一样，他们大多有着东南部乡村、伊顿公学、基督教堂学院和三一学院的背景。但盖 131
索恩·哈迪早年有着北部和工业背景，他用父亲留下来的钱买下了肯特郡克兰布鲁克附近的赫姆斯特德庄园。诺斯科特的德文郡背景让人联想起埃尔登和西德茅斯。爱尔兰自 1868 年以来一直是英国政坛的一个战场，其代表是亨利·科里，他是迪斯雷利的新任私人秘书和忠实助手蒙蒂·科里的父亲；日后成为梅奥伯爵的纳斯勋爵也来自爱尔兰，而亨利·凯恩斯在都柏林三一学院拿到了一等古典学学位。保守党政治领导层中还有其他一些（不稳定的）来源的知识背景。在 1830 年代和 1840 年代英国国教复兴的鼎盛时期，牛津大学奥里尔学院对年轻一代产生了深远影响，到 1860 年代，它的毕业生开始跻身政党高层。同样，牛津大学贝利奥尔学院出身的本杰明·乔伊特要比斯塔福德·诺斯科特更具治国才干。除了保守党人背景中这些一般性

* 基特是伊顿公学以体罚闻名的校长，绝大多数学生都被他亲手鞭打过。

动向，克兰伯恩和卡那封等具有自我意识的知识分子也提供了令人不安的证据，表明保守党所面临的困境。1867 年 3 月，这两人发现自己的心态与皮尔将军如出一辙证明了改革所带来的阵痛以及保守党人普遍的价值观。

1866 年夏天，保守党人几乎没有意识到改革的紧迫性。亨利·布尔沃爵士从巴黎观察英国政治，这种从远方的观察也许不无道理，他在 10 月的私人信件中向索尔兹伯里夫人阐述了自己的洞见：

> 至于改革本身，您需要考虑三个问题。首先，什么对您的政党继续执政最有利，其次，什么对重新执政最有利，最后，什么对整个国家最有利。我久已远离政党，对他们的策略不甚了解，除非是朋友，我对他们的命运也不往心里去。但我向来很关注公共利益。我们的各阶层当中，我倾向于贵族元素和民主元素，倾向于绅士和大众。我并不支持资产阶级，是要与中产阶级磋商，将他们视为政府的支持者，但他们一无维持政府运转的能力，二无维持政府运转的地位。我们对未来最大的期望是让绅士赢得大众的拥戴。这并非难事。但他们为此必须成为普通的英国人，而不仅仅是土地所有者。[8]

问题是很少有保守党人有时间和意愿当一个普通的英国人。当年早
132 些时候曾让一些下议院议员惴惴不安的亚杜兰集团与保守党的合作
并未发生，德比组建的内阁中也见不到改革者的身影。1866 年 7 月，在一场声援改革的大规模示威游行中，示威者无视政府禁令进入海德公园，大臣们的反应并未让反民主人士感到恐慌，只有内政大臣斯宾塞·沃波尔表现出可悲的无能，他的软弱引起了普遍的担心。大臣们认为这个事件表明示威者“主要是捣乱，而不是心存歹意”，这坐实了他们的看法，那就是沃波尔的歇斯底里“完全没有必要，

简直是可笑的”。[9] 当然，大臣们并没有因为这次集会而惊慌失措。也许要成立一个皇家委员会；也许最终会出台若干扩大选举权的一般性决议；也许一两年内会制定一项法案：这些从容不迫的想法反映的主要是德比的心理状态，从中看不出任何回应外部压力的紧迫感。另一方面，在整个夏季和秋季，改革呼声持续高涨，伯明翰、利兹、纽卡斯尔和苏格兰首府等许多外省中心城市都出现了改革鼓动和集会。但人们很难再有 1831 年那样的情绪，政治家们肯定不复当年的心境。无论如何，议会照例在 8 月休会，政府的支持者回到各自的选区、沼泽和农场，他们担心佃农家口吐白沫的牛（1865—1866 年的牛瘟比雷厉风行的改革联盟更让托利党后座议员担忧）；担心自己有可能破产，除非奥弗伦-格尼公司倒闭*引发的金融危机很快平息；担心几周前（7 月 3 日）俾斯麦在萨多瓦战役中打败奥地利人的后果；或是担心议会开幕后要忙得不可开交，因为除了选举权问题，还要处理教育和爱尔兰土地改革问题，谢天谢地，议会要 6 个月之后才召开。

这些直觉和想法在很大程度上忽视了现实中特殊的政党结构，当时无人明白这一点，就连迪斯雷利也不明白。亚杜兰集团并没有被消灭；尽管位高权重的政治领袖（他们在新年时试图拉拢斯宾塞伯爵，但未能如愿）和报界认为他们无足轻重，但他们在议会中的存在仍然决定着政府的存亡。此外，他们和大声疾呼的公众一样高举改革的旗帜，这面旗帜不会轻易倒下。但出于同样的原因，少数派政府无法掌控议会通过法案。其他党派通过结盟和交易，势必阻挠迪斯雷利可能引入的任何方案。因此，政治逻辑把保守党人逼入骑虎难下的窘境。
一旦启动改革，不仅没有退路可言，还要捆住格莱斯顿的手脚，让激进 133

---

* 1866 年 5 月，英国金融界享有盛誉的奥弗伦-格尼公司倒闭，由于其业务范围十分广泛，立即引起了金融信用的崩溃，引发了挤兑风潮。

派、前皮尔派和亚杜兰集团相互厮杀。

只有朝着民主的方向迈出实质性步伐，才能打破反对派对激进舆论的掌控；因此，1867 年 2 月议会开幕后，保守党人似乎已不再畏首畏尾、瞻前顾后。一个可行方案是“户主选举权”，即所有符合居住资格的房主都可以获得投票权，同时为了维护财产利益，像 1859 年时一样在法案中增设一系列“特别选举权”，以回报某些类别的选民，如每年缴纳 1 英镑以上的直接税，或是在储蓄银行有 50 英镑以上存款，或是通过了基本的识字测试。然而，再华丽的装饰也丝毫打动不了皮尔将军。迪斯雷利向首相报告说，只要一提起户主选举权，“他的眼中闪烁着疯狂的光芒”。[10] 其他反民主的内阁成员能够容忍户主选举权方案，但他们提出了限制条件，那就是采取复数投票制和户主年收入 5 英镑（额定值）的财产门槛来降低其危害性。当迪斯雷利为下议院草拟新的改革方案时，这些限制条件受到了抨击，而克兰伯恩终于清醒过来，意识到他的政党似乎打算让大批工匠获得选举权，危机随即爆发。卡那封、克兰伯恩和皮尔以辞职相威胁，除非迪斯雷利对法案条款做出调整。迪斯雷利想必是把这些威胁当真了，因为 2 月 25 日他提交决议案时发表了职业生涯中最糟糕的演说之一，他做作地表示支持市镇选区 6 英镑、郡选区 20 英镑的额定财产门槛，同时不得多次投票。

不管最开始的初衷是什么，保守党人肯定没想到会落得这样的结局。他们关注和担心的并不是暴民或皮尔将军，而是格莱斯顿，生怕他卷土重来，再次兴风作浪和两面三刀，最终长期执政。他们反对迪斯雷利命运多舛的决议案，让迪斯雷利意识到“马与猎犬”的托利主义 * 终于采纳了他自 1846 年以来反复宣扬的教义。他如释

---

* 《马与猎犬》是英国历史最悠久的马术杂志。这里指托利党崇尚传统的乡绅生活方式和价值观。

重负，燃起了新的希望，撤回了决议案，并在周围人惊讶的目光中宣布政府将立即着手制定一项改革法案。止步不前就意味着失败。像 1831 年的格雷一样，迪斯雷利必须让马车跑起来，但这次要爬的坡陡得多，必须让不同政见的内阁同僚下车。3 月 18 日，他带着法案回到下议院，而三位反叛者已经离开。他明确表示户主选举权已经成为政府的政策，其中包括居住资格（市镇满两年，各郡满一 134
年）、郡选区每年 15 英镑的财产门槛以及一系列特别选举权。法案本身对工人阶级选举权的影响不大。但它让格莱斯顿的公信力面临重大挑战，因为这意味着格莱斯顿不得不反对比他去年支持的那项遭到否决的法案更加“民主”的法案。格莱斯顿很快就被逼入绝境。3 月，他所在的政党没有在二读阶段否决改革法案；在 4 月所谓的茶室反叛中，激进派拒绝助他一臂之力，在市镇选举权条款中设定财产门槛。格莱斯顿偃旗息鼓了，正如迪斯雷利一直希望的那样，消失在“乌云之中”。[11]

为了让格莱斯顿继续留在乌云里，就要扼杀他大力支持的所有修正案；迪斯雷利充其量也只能做到这一点。但在法案的委员会审议阶段，他很难挡住其他自由党前座议员和后座议员提出的修正案。我们在此只能约略提及这些修正案的细节，不再展开讨论其意义。[12]我们主要想阐明一点是，委员会审议阶段将选举权的范围扩大了三倍。例如，一项修正案首次引入房客选举权（有年收入 10 镑的财产资格限制）。格罗夫纳·霍奇金森（纽瓦克的自由党议员）提出的修正案大幅扩大了法案涵盖的范围，给予由房东支付地方税的“混合型”户主选举权。随着选举权扩大，势必要废除种种颠覆性限制。“双轨制”，即为了维护财富与教育的优势而给予特定群体额外的投票权，也就“不战自败”了。市镇居住年限从两年缩减为一年。郡选区的选举权门槛由年收入 15 英镑下调至 12 英镑（该条款的提出者是那位无处不在的洛克-金）。虽然这些修正案以及其他修正案让法案变得面目全非，但3月时，对法案做出重大修订已是势在必行，而政府早在2月就已经发生重大转向。从这个角度来看，我们的讲述并不支持这样一种观点，即1867年5月的第二次海德公园集会对激进改革进程起到至关重要的催化作用。[13]急于求成无疑是法案出台后期阶段的一个显著特征。但是，如果没有改革联盟召集群众顶着炎炎烈日在海德公园示威，是否法案就无法获得通过？如果迪斯雷利想从格莱斯顿政治上的暂时挫败中获得长远利益，就必须着手解决一个政党政治的关键问题，那就是如何重新分配选区。原因很简
135 单，谁能控制议席重新分配和选区边界划定，谁就能重新划定英国的选举地理。

1867年8月19日，改革法案获得王室批准。许多问题仍然悬而未决，如（选区）划界法案中争议很大的条款、苏格兰和爱尔兰改革法案的条款，所有这些问题都推到1868年议会。不过，迪斯雷利举目四望，发现六个月来艰苦努力收到了成效。格莱斯顿亲口承认，自由党人陷入了“可以说是史无前例的境地：一个在下议院拥有巨大实力的政党因内部分歧而陷入瘫痪”。[14]当然，许多托利党人即便没有在讲台上，也在俱乐部和茶室里表达了对未来的忧虑。但时间将会证明，1867年做出的决定让保守党人走到政党政治舞台的中心，并在19世纪最后三分之一的时间里始终占据着这一位置，这是乔治四世以来从未有过的现象。目前而言，保守党人必须掘壕自守，尽力保住迪斯雷利在1867年为他们争得的地盘。不过，在“那个犹太人的凯旋战车”[15]卷起的滚滚尘埃中，他们很难看清楚究竟应该在何处挖壕沟。

在黑暗中

德比把几个月来发生的事件说成是“在黑暗中跳跃”，这不仅仅表

达了托利党人内心的困惑，许多自由党人也同样忐忑不安。1868年大选是改革后的第一次大选，自由党组织秘书感到一切都是“新的，都发生了变化而且是巨大的变化，我不得不说有些方面是黑暗的”。[16] 这倒不是说下议院感染了对民主的悲观情绪，除了洛和克兰伯恩总是不自觉地陷入沮丧之中；这种情绪更多是面对未知的恐惧。政治家们意识到近年来他们从政时所要调和的利益发生了重大变化，但他们对于这种新秩序的确切含义并没有清晰的认识。

站在20世纪的角度来看，1870年后英国经济发展不稳定，面对美国和德国工业生产的飙升以及加拿大大草原的开发，这种不稳定很容易让人产生自卑心理。然而，即便政治家们意识到自己卷入了这一进程，也没有对惯常的财政手段做出太大的调整。1870年代末的经济危机期间，迪斯雷利（已晋封为比肯斯菲尔德勋爵）认为理当对下议院直言相告：“女王陛下的政府不打算——我认为所有的政府都不打 136
算——采取任何措施来缓解目前广泛蔓延的痛苦。”[17] 此后20年里，自由贸易和“自由放任”的故乡没有出现关税同盟之类的事物，也没有任何国家社会主义的尝试。无论如何，萧条的地域格局就像拼接而成的百衲被，呈现出地方差异并且充斥着统治阶级经验中司空见惯的五花八门乃至截然相反的传闻。例如，即使是收成很差的1879年，许多苏格兰地主也不觉得有什么可大惊小怪的，而在英格兰，举个例子来说，格兰维尔告诉格莱斯顿，他在沃尔默城堡没有看到什罗普郡和斯塔福德郡的“可怕报道”有任何不良影响：庄稼长势“很好”。[18] 在这些艰难岁月，地主们当然担心地租，确切说担心收不上来地租，但有政治头脑的人也许担心的不是农业的困境，而是土地利益集团在改革后体制中的影响力正在削弱。

这种担忧部分起因于土地所有者背景的议员明显减少，而中产阶级议员意识到工业与金融之间的联系。这种趋势尚未露出危险的苗头，不应夸大它在1880年代前的势头。对1832—1900年保守党下议院议员背景的研究表明（见表4.1）：到1868年，变革的步伐加快了。[19]

表4.1 1832—1900年保守党下议院议员的背景

保守党下议院议员的背景（所占百分比）	1832年	1868年	1900年
土地利益	58.3%	47.3%	21.2%
工业、商业和金融业	22.3%	30.9%	50.4%

问题是，1870年代和1880年代的政治观察家并非总是在社会学研究的基础上形成自己的政治观点。他们感受到“土地”在萧条的经济结构中日益孤立的迹象。近年来，尽管铁路公司依然是可控的能源和资本的一个出路，但他们在矿产（如煤炭）领域的工业参与已明显减少。如果说约瑟夫·阿奇的农业工人联合会（1872）还没有让他们意识到自己的脆弱，那么他们已经作为城镇房地产主卷入迅速变化的城乡关系之中。1872年，第一届格莱斯顿政府引入了无记名投票制，他们从此丧失了公认的选举影响力，这表达而不是引发了一种焦虑，
137 即人们担心土地政治权力赖以生存的“顺从群体”的内部凝聚力日渐瓦解。[20]

无论这种焦虑有何长远意义，城镇都在其中占据了突出地位。1861年的人口普查打破了1840年代和1850年代的自鸣得意，由于爱尔兰饥荒和显著增长的海外移民，人口普查数据并不能反映真实情况。1852年，英国人口比1801年翻了一番；从那以后，十年一次的人口普查表明英格兰和威尔士的人口增长率超过14%。此外，相比人口增速，更令人担忧的是人口增长的格局。“英吉利民族”，用1861年人口普查报告的话来说，“……没有失去对乡村的控制，主要分布在3700万英亩的土地上，但已呈现出城市人口占优的特征”。到1871年，这一优势更加明显（城市人口占62%，农村人口为

38%），而且城镇人口的增速是非城镇人口的两倍。在整个 1870 年代，人口增长曲线的斜率更大，增幅超过 1831—1841 年后的任何一个十年。马尔萨斯的信徒觉得噩梦重来，而政治家们要面对一些新的噩梦。举例来说，如果要排出 1871—1881 年人口增长最快的 10 个城市，哪些城市会上榜？按照增幅由高到低排序，第十位是伦敦；其他九个城市——索尔福德、奥尔德姆、诺丁汉、莱切斯特、赫尔、布拉福德、利兹、谢菲尔德、桑德兰——都有自己的故事。特伦托河以北的工业化英格兰的重要性进一步上升，而政治家们主要是出于自身利益的考虑，给予这个地区的许多工人阶级居民选举权。如果愁眉苦脸的保守党人到下议院图书馆查阅议会改革后第一次人口普查报告就会发现，议员选举区（即向威斯敏斯特输送下议院议员的市镇）的人口在 20 年里增长了 50%。长期以来的“政治国家”概念显然受到了挑战。

当然，“余毒”并未肃清：1867 年后，大多数工人阶级仍然没有投票权。暴力扮演了传统的角色，通常表现为大选期间高度仪式化的形式。1862 年，格里姆斯比在补缺选举中发生了暴徒破坏活动；1870 年代，诺丁汉持续发生选举骚乱。但由于骚乱的季节性特征，只要它们发生在伦敦之外的地方，当局往往是睁一只眼闭一只眼。[21] 另一方面，政治结构中的劳工行动也构成了威胁，要持续进行监控。一群工会领导人在暴力事件后调查其法律地位的皇家委员会上崭露头角。
1868 年成立的工会代表大会就是一个里程碑；两党都见风使舵，在 138
随后的十年里对工会代表大会摆出迎合的姿态，这表明一股新的力量正在崛起。此外，工人们还不仅仅是展示肌肉的力量：1871 年的工程师罢工得到工人支持，人们越来越多地意识到工会是一个合法的政治行动组织，尽管工会在 1880 年代扩大基础、强化战略之前，还不能指望频频登上报刊头版头条。雇主们无需这样耐心等待，他们从 1840 年代就开始了自己的政治学徒期；1860 年代和 1870 年代，属于他们的时代已经到来。从港口地区的船东、中部和北部的钢铁巨头，到西赖丁的羊毛商人和克利夫兰的制铁业主，他们的触角从未伸得如此之长。未来几年里，他们将凭借资金实力在工业地区议席上为保守党人提供基层的压舱石。但眼下他们大多是自由党人，而且是非国教的自由党人。铁公爵眼里不从国教的小店主和铁匠形象需要更新换代了。

“不从国教者的良知”之说似乎最早出现于1870年，不论具体有何含义，它至少应对了三个问题：政教分离、教育和啤酒。1877年，格兰维尔在布拉德福德有过一次失败的公开演讲，听众根本不感兴趣，痛定思痛之余，他认为症结在于第一个问题：“他们不关心东方问题、郡选举权和其他任何事情，只关心迈阿尔和政教分离。”[22]关键在于，布拉德福德的听众之所以反应冷淡，主要原因是政府不愿看到大臣W. E. 福斯特与不从国教的下议院议员来自同一个选区，后者出于自身的“教派”立场，反对福斯特的1870年《教育法》。事实上，爱德华·迈阿尔——他于1874年退休后，接替者是浸礼会教徒阿尔弗雷德·伊林沃思——似乎认为自己有责任告诉威斯敏斯特，布拉德福德人对第一届格莱斯顿政府并不感兴趣。另一项立法，亨利·布鲁斯的1871年《售酒法》，也遭到戒酒游说团体的强烈反对，1860年代后这些游说团体成为一股强大的势力，他们指责格莱斯顿在该雷厉风行的问题上磨磨蹭蹭。整个1870年代，议会中不从国教者的力量迅速壮大，反映出地方势力的急剧膨胀。1880年，大约四分之一的自由党议员是不从国教者。威尔士公理会的亨利·理查德（默瑟选区）等能言善辩之人针对一系列广泛问题发表了不从国教者的观点，尤其表明优先考虑自身利益的独特威尔士政治文化初露锋芒。

139 在离家更近的地方，也就是他们的选区，议会代表们受到1870年代组织严密的“竞选指导委员会”的政治指导，这些委员会的源头是约翰·戈斯特的全国保守党协会联盟（1867）以及由约瑟夫·张伯伦的全国教育联盟发展而来的全国自由党联盟（1877）。但他们始终没有搞清楚新选民究竟想要什么，事实证明这个问题将引来满城风雨。当迪斯雷利佯称要举行英国全民公决来决定爱尔兰教会是否实行政教分离，这个问题就浮出了水面，这个“极端民主”的提议遭到“人民的威廉”格莱斯顿断然拒绝。尽管如此，正是在这个时期，人们开始形成一种观念，那就是政府制定有争议的政策时要获得“授权”。[23] 1870 年代，政治家们试图摸清新受众的底细，他们十分关注补缺选举，反映了同样的忧虑。这些补缺选举成为中期选举中重大政策问题的风向标，比如 1876 年伯明翰郡对迪斯雷利近东政策的态度。补缺选举成为判断是否解散议会、冒险举行大选的依据。1874 年自由党政府和 1880 年保守党政府之所以垮台，都是因为补缺选举获胜带来的盲目乐观情绪。[24]

除了密切关注事态发展，似乎也没有什么可做的。迪斯雷利大概就是这么想的，1877 年，他告诉女王，要将海军部交给一位书摊老板 W. H. 史密斯打理，因为他这个首相需要“内阁里有一位城市或市镇议员”。[25] 史密斯是个百万富翁，又是威斯敏斯特的议员，这样的身份使他成不了散发着肮脏和铜臭气息的保民官；即便托利党人允许史密斯进入自己的俱乐部，表明他们不像辉格党人那么势利，但俱乐部体制有了扩充和强化的趋势，这表明改革后的“人类学”更倾向于排外而不是大众化。保守党人的俱乐部有卡尔顿俱乐部、小卡尔顿俱乐部、圣斯蒂芬俱乐部和宪法俱乐部，自由党人的俱乐部有德文郡俱乐部、八十俱乐部、全国自由俱乐部和新改革俱乐部，这些俱乐部提供不受公众打扰的私密而舒适的谈话场所。反之，1867 年后，公共修辞学的重要性不但没有削弱，反而提升了。格莱斯顿将要展示如何在讲坛上赢得一个世界。1875 年，格兰维尔向他的领袖保证，哈林顿和福斯特已接到指示，在领导层的私人秘密会议之前，除了“神谕”，任何话都不能说，[26]这既反映了这种工具的力量，也限定了其使用条件。

回过头去看，能更清楚地看出选举结构的这些变化带来的后果，
140 代学者的研究也部分揭示了当时的人们看不清楚的局势。[27]1867—1868年，英国选民增加的相对数量和绝对数量都超过了1832年。选举权扩大之前，登记选民大约有130万人，比1832年自然增长了50万人。迪斯雷利改革后，选民人数增加到250万人，但新增的选民并非平摊到各个选区。户主选举权是在城镇实施，因而市镇选民增幅最大，平均比1867年前增加了约一倍半。当然，这在很大程度上取决于既定社群的财产持有结构，以及1850年代和1860年代经济扩张时期选举权“自然”扩大的程度。例如，1867年，伦敦选民增幅较小，只增加了大约40%，而利兹的选民增加了4倍，南希尔兹增加了将近6倍，梅瑟蒂德菲尔更是激增了10倍。1832年时逃过一劫的小市镇被剥夺了选区资格，1868年时迪斯雷利手上有58个席位可供重新分配。这些席位中的45个给了英格兰，而不是苏格兰和威尔士。爱尔兰各郡另有一套做法：虽然降低了市镇的选举门槛，但仍然保留了12英镑的租地人投票资格。在英格兰的选区重新分配中，一半以上的可用议席分给了各郡，这个看似不起眼的例证表明改革的目的在于保守。

1867年改革并没有像1832年改革那样戛然而止。激进主义的余波一直持续到1874年第一届格莱斯顿内阁垮台。例如，人们不要忘了，1869年，除了爱尔兰教会政教分离浪潮之外，政府还在地方政府层面向前推进。如同1835年的梅尔本一样，迪斯雷利对中央代表制的改革引发了地方政府的改革。1869年的《市镇选举法》历来不受历史学家的重视，但该法案赋予了复合地方税纳税人以地方选举权，将居住年限从两年减至一年，而且（约翰·斯图亚特·穆勒在这一年发表了《女性的屈从地位》）赋予已婚妇女和男子同等的选举

权，从而为维多利亚晚期地方议会政治打下了坚实的基础。[28] 1872年废除了传统的公开投票制度，同样奠定了激进主义的一个里程碑：与1858年废除议员财产资格限制一样，不记名投票也是出自宪章派的纲领。此外，1873年后，后座议员乃至低级阁员的舆论开始转向要求在各郡也推行户主选举权，民主潮流汹涌澎湃，让一些辉格党人和前皮尔派忍无可忍。改革后的氛围在坐立不安的托利党分子当中引起 141
了一阵歇斯底里，韦勒姆议员J. S. W. E.厄尔·德拉克斯的一番话十分耐人寻味："韦勒姆的选民们！我知道有居心叵测之人一直散布谣言，说我希望我的佃户和生计全靠我的其他人凭自己的良知投票。这是个卑鄙的谎言，是为了坑害我。我从来没有过这样的念头。我希望并且打算让这些人为我投票。"[29]

他的担心完全是多余的。关于改革后选民的全国性和地方性研究的大部分证据表明，不论是1867年还是1872年，赞助人的权力一如往昔。1880年代，大规模腐败依然十分普遍，某些地方的腐败现象甚至持续到第一次世界大战。1885年，全国仍有30多个腐败选区。1870年代中叶以后，土地的经济优势不再，地主的政治控制才有所削弱。另外，直到第二次改革法案后，赞助人仍然掌握了16个英格兰的郡议席。当然，感观上似乎变化很大。但迪斯雷利所做的一切使得当时的政治家们认为，传统的领地贵族政治——辉格党政治——仍然大有可为。1866年，一位年轻辉格党人以"一个老辉格党人"的署名致函《泰晤士报》，声援这样一些人，

> 他们的观点通常……来自他们的先辈……这些人的才干和交际可能被称为贵族式的……这些人虽然依附于现有的制度，但他们认为，当这些制度受到攻击时，维护它们的最好办法就是在那些薄弱的和站不住脚的地方做出让步，而且……他们相信这样做可以更好地维护其他制度。例如，他们为了抵制民主

> 而投票支持改革法案，为了巩固教会而主张废除教会税。

这位作者承认这些人遇到一个障碍。他们属于一个逃不过格莱斯顿领导的政党，正如另一位年轻的辉格党人所说，格莱斯顿“从未理解辉格党原则，也永远理解不了”。[30]

格莱斯顿式自由主义的发明（1867—1876）

格莱斯顿的加入最终使自由党成为一个不同凡响的政党。问题在于格莱斯顿何时、为何以及在何种程度上改变了自由党的目标和
142 认同。1840年代的个人危机后，格莱斯顿的立场显然有了重大转变。他转向罗马教廷，认为爱尔兰饥荒“纯属天意”，阅读福音派神学著作，尤其是巴特勒主教和托马斯·查尔莫斯的著作，加上1859年后达尔文主义思想的影响，以及意大利和美国自由民族主义的崛起，所有这些都让这位早年牛津运动的道学先生软化了立场。[31] 从这个意义上说，1866—1867年改革危机前10年甚至20年，“格莱斯顿式自由主义”已经初具雏形。但站在清晰可见的政党政治角度来看，1868年前格莱斯顿在自由党精英阶层或更广泛的自由党政治中的所作所为似乎难觅这种自由主义的踪影。不应用某种一应俱全的自由党意识形态来解释格莱斯顿在帕麦斯顿手下任财政大臣时实行的经济改革，它们认可的是皮尔而不是穆勒，这一点从格莱斯顿的自我评价中得到佐证，他说自己是“一个过时的人，一个彻头彻尾的皮尔-科布登派”。[32] 格莱斯顿一直没有走出帕麦斯顿的羽翼，这也说明他没有多少紧迫感。再者，从他在改革危机时期温吞水式的表现也看不出任何自由意志论的迹象。直到在1867年的乱局中碰了一鼻子灰之后，痛定思痛的格莱斯顿才意识到激进主义既是一种责任，也是政党政治需要。他决不能再次让伸缩自如的保守主义逼

得走投无路，像怯懦的机会主义者那样不敢直面民主。“格莱斯顿先生”不再是日记里的那个愁眉不展的唯心论者，而是将被印在横幅、传单和托比杯上的“人民的威廉”，多亏了迪斯雷利，格莱斯顿浴火重生。

新的政治风格并非一蹴而就，也不是自觉形成的。像大多数自由党人一样，在迪斯雷利的壮举（*tour de force*）之后，格莱斯顿抑郁难平，不知何去何从，只是一味等待“起风”。无论如何，罗素仍然是名义上的领袖，直到 1868 年新年，他才退休回到彭布罗克庄园，在精神错乱中度过了最后的时光，就连格莱斯顿的书信也未能让他的狂躁有所缓和。这时已经吹来一阵微风。芬尼亚党人骚乱在伦敦死灰复燃，1867 年 12 月 13 日的克勒肯维尔爆炸事件尤其引起一片哗然，当时有人想用火药解救被囚的芬尼亚党人，结果操作失误造成数人死亡。德比政府只知一味镇压，不可能有别出心裁的举措来应对暴力。但对于自由党人而言，爱尔兰的幽灵既意味着危险——因为一些辉格党头面人物在那里拥有土地——也带来了机遇。如果格莱斯顿能够让党内各派携起手来，制定行之有效的爱尔兰政策，那么就有可能 143
改造自由主义，并把德比和迪斯雷利赶下台。格莱斯顿在 1868 年的行动是为了政党目的而非道德目标，这让一些历史学家感到不悦，[33] 但他对政党政治有透彻的理解，不会去做这样的区分。改革的困境已经表明，为政之道在于对政党的能力范围有切合实际的认识。这个将在 30 年里四度出任首相的人对此有清醒的认识，而这种认识正是皮尔所不具备的。毕竟，从超越党派的角度来看，爱尔兰的社会问题最需要的是行动：声讨不公的土地所有制，声援苦难的爱尔兰佃农。然而，格莱斯顿一眼就看出——他在 1867 年一直在阅读相关资料——爱尔兰问题将比改革更能使他的政党发生严重分裂。他必须把矛头对准辉格主义与不从国教派的交汇点，那就是英国国教在爱尔兰的政教分离运动。不论格莱斯顿最终在爱尔兰有何目标，几乎没有证据表明他当时已经意识到他的任务是平定自由党的内乱。

这一点很重要，更重要的是他成功了。1868 年 4 月底 5 月初，格莱斯顿在政教分离决议上击败了保守党政府，新任保守党领袖迪斯雷利并没有立刻辞职。他硬撑过了整个夏天，无疑是希望局势能够柳暗花明。但是，格莱斯顿提出政教分离问题，向自由党人发出了废除谷物法以来的第一个强烈信号，这个信号与 1820 年代反对《宣誓法》的斗争以及 1830 年代与爱尔兰教会的斗争遥相呼应；自由党人不想放过这个机会。大选一开始，选情就对保守党人不利。他们在英格兰落后 30 多个席位，在威尔士和苏格兰的表现也惨不忍睹，在爱尔兰则延续了 1859 年以来的颓势。格莱斯顿本人在西南兰开夏阴沟翻船，后来作为格林尼治的议员重返议会，但自由党人总体上的领先优势多达 116 席。迪斯雷利觉得没有必要拖到议会开幕，便辞去了首相职务，1868 年 12 月 5 日，格莱斯顿向女王行吻手礼。自由党人自然过了一个兴高采烈的圣诞节。人们不禁要问，从长远来看，如果输了这次大选，对格莱斯顿来说是否更好一些。他以领袖身份提出的第一项重要动议反响很好，但对于一个在 12 月 29 日庆祝了 59 岁生日的人来说，这种经验日后很容易演变成对付党内不同意见的刻板效应。例如，回过头看，1885—1886 年，他试图在爱尔兰自治问题上复制过往的成功经验，1868 年的胜利从很多方面来说似乎是格莱斯顿走向
144 失败的开端。不过，目前唯一的危险在于原地踏步。“如果自由党人像帕姆*时期一样固步自封，”威廉·哈考特爵士警告说，“他们将一败涂地，而托利党人就要卷土重来。”[34]

保守党人要六年后才卷土重来；而 1868—1874 年第一届格莱斯顿政府出台了英国 19 世纪最激进的立法计划，并因此名噪一时。我

* 指帕麦斯顿。

们可以将这届政府分为前后两个阶段：1869—1871 年，下议院政府席位犹如一座火山，喷涌而出的岩浆覆盖了爱尔兰教会、土地、教育、法国人、德国人、啤酒商，大学和陆军；随后，他们在不知不觉中筋疲力尽，迪斯雷利在 1872 年大加嘲讽，“坐在国务大臣席位的对面，”他用最擅长的讥讽口吻告诉曼彻斯特的听众，“大臣们让我想起了南美洲海岸屡见不鲜的海洋景观。一座座枯竭的火山映入人们的眼帘。白皑皑的峰顶看不到一丝火焰闪烁。但那里依然危机四伏。经常有地震发生，远方的大海不时传来阵阵低沉的轰鸣声。”[35] 更奇异的是，这些年里宗教几乎无处不在，成为政党情怀的试金石。英国国教会的衰颓和振兴（“如雨点般密密麻麻的主教辖区”）给格莱斯顿提供了很多机会，他总是能够做出神学上和政治上都无懈可击的任命。它们还成为他的一个持久关注点，一个“日思夜想的问题”。[36] 但宗教的影响并非仅限于主教辖区和爱尔兰教会。由于敏感的不从国教者的鼓与呼，它影响了教育、酗酒以及废除大学宗教考试等问题。在敏感的爱尔兰天主教徒和敏感的英格兰辉格党人的努力下，创办一所爱尔兰大学成为一个坚定不移的目标，一些内阁成员在 1871 年认为这个目标甚至险些导致政府垮台。[37]

格莱斯顿内阁难免带有自由党政治动荡十年的印记。鉴于罗伯特·洛的亚杜兰集团经历，或许要提供一个要职才能吸引他走出洞穴。但格莱斯顿很快就意识到让他出任财政大臣是个馊主意。政党派系另一头的布赖特接受了贸易部的职位，这是他的第一个内阁职位，但他在任上很快就崩溃了，因为行政上的无能加剧了已经持续了好几年的精神崩溃。辉格党派系这边，克拉伦登重返外交部，尽管女王对 145
这一任命十分不满，此外还有格兰维尔（殖民地部）、阿吉尔（印度事务部）、金伯利（掌玺大臣）、哈林顿（邮政署），德格雷则担任枢密大臣。卡德维尔则属于皮尔派的余韵，爱尔兰教会问题解决后，第一代塞尔伯恩勋爵朗德尔·帕尔默同意加入政府，让这种余韵变得更为浓厚。塞尔伯恩的英国国教信仰阻碍了早先的合作（他一直与从前的邻居克兰伯恩过从甚密，后者已经以第三代索尔兹伯里侯爵的身份进入上议院），但塞尔伯恩的信仰问题与其他人相比就显得小巫见大巫了，福斯特之前是贵格会教徒，布赖特至今仍是贵格会教徒，而德格雷于1873—1874年决定辞去枢密大臣职务，皈依罗马天主教，从而给他作为一名基督教社会主义者的奇特生涯画上句号。1871年内阁的新人詹姆斯·斯坦斯菲尔德没准会干出更出格的事情，因为这个哈利法克斯人不仅有一位论派的成长背景，将马志尼视为私人朋友，还隐约牵扯到维多利亚时代英国最令人侧目的S打头的那个词。* 尽管斯坦斯菲尔德一直热衷于废除《传染病法案》，为妇女争取性解放，但他最近接手了富勒姆一家啤酒厂，从而摆脱了职业生涯之初的危险。

管理这个大内阁最初并没有使格莱斯顿的领导才能面临考验。他提出的爱尔兰教会政教分离法案在下议院几乎没有遇到多少阻碍，1869年3月23日，法案以368票对250票通过了二读（“怕是好景不长”，格莱斯顿一语成谶）。[38] 他很清楚，上议院贵族会利用自由党人在这个问题上的分歧，尤其是迪斯雷利的“同时资助”方案**（即为天主教会提供资助，同时继续资助英国国教会）在上议院很有市场。一些大臣的脑海里浮现出一些挥之不去的噩梦，包括“梅努斯”神学院的往事，政府希望撤销《教会圣职法案》，以及布赖特势必会因为资助天主教徒而暴跳如雷。令人欣慰的是，这些幽灵同样也困扰着福音派保守党人，他们认为同时资助的想法过于鲁莽。不用说，迪斯雷利并不这么认为，为了将格莱斯顿拉下马，他甚至提出重新引入

---

*　这里所说的s-word应是指性（sex）。

**　“同时资助”最早可追溯到1836年，这项政策旨在解决爱尔兰的政教关系，同时给予所有教派的神职人员收入。

"彼得便士"*。但党内的混乱让他忧心忡忡，因为这会让德比死后接任上议院在野党领袖的福音派教徒凯恩斯与格兰维尔达成协议，为教会争取更好的补偿条件。第一批立法引发了轩然大波，议会成为高阶政治关注的焦点，这种情况为皮尔政府末期以来所罕见，而且一直持续 146
到1870年议会闭幕。大臣们各执己见，这就很难充分利用这届议会。为了平息辉格党人的严重抵触情绪，不得不推迟出台实行无记名投票制的法案。内阁中的德格雷与内阁外的福斯特试图让首相关注他们想推行的教育改革，但都未能如愿。执掌内政部的新人亨利·布鲁斯很反感芬尼亚兄弟会，认为其存在使他无法全力以赴地推出酒类专卖法案，他想借助这项法案吸引不从国教者的关注，却未能得到格莱斯顿的重视。爱尔兰事务大臣奇切斯特·福蒂斯丘的境遇要好一些。他受到的关注反映出爱尔兰问题在格莱斯顿心中的份量。当新闻界支持采取措施补偿驱逐佃农造成的苦难，格莱斯顿找到了接下来要打的一张牌。

政府从一开始就面临一个艰巨任务，那就是如何善始善终地合理解决爱尔兰土地所有制问题，格莱斯顿像以往一样阅读相关书籍，好做到胸有成竹。他发现人们在佃农地位问题上显然没有任何共识。在英国和英裔爱尔兰地主（因此包括了威斯敏斯特的大部分政治家）看来，只需一名称职的律师，即可通过法庭宣判的方式解决这个问题。然而，在爱尔兰佃农看来，英国人的土地所有权乃是基于征服、强取豪夺以及旨在推翻凯尔特人历史"权利"的法律虚构。因此，佃农们宣称有权改良乃至出售土地，这种合法权利超越了英国法律的规定。这种"佃农权"原则在爱尔兰各地都引发了争议，但在北部地区被公认为一种"乌尔斯特习俗"；佃农的诉求并不仅仅是对佃农的土地改良做出补偿，或是限制驱逐佃农。他们要求实行"固定租期"，把乌

* 英国宗教改革前每户每年给罗马教廷缴纳一便士税金。

尔斯特习俗推行到整个爱尔兰，以之作为地主–佃农关系的唯一合理基础。

1870 年的《爱尔兰土地法》远未满足这些诉求，个中不乏棘手的英爱政治因素，但更多要归咎于独特的格莱斯顿式自由主义本身。1869 年 12 月，格莱斯顿私下里已经感受到风还在吹，爱尔兰人理直气壮地提出扩大佃农权的诉求，倘若在一个理想化的世界，他会推动内阁出台激进的立法。但多一事不如少一事，相比之下坚持信念并没有那么重要。在公开场合，格莱斯顿知难而进，以财产捍卫者的形象示人。当布赖特等激进派在土地问题上发出危险的声音时，格莱斯顿
147 非但不鼓励，反而严厉禁止，告诫他们不得在演说中提及政府的战略，内阁必须“绝对保密，而不是……‘照亮’通向我们目标的道路或路线”。[39] 身为地主的内阁成员——格兰维尔认为其中有洛、克拉伦登、卡德维尔、阿吉尔和哈林顿——反对“因为爱尔兰人的暴力和不满，就一直披麻蒙灰 * 地坐着”，认为格莱斯顿愿意倾听他们的意见。首相不想对公众说的话，也不愿写成文字发给暴躁的同僚（这给历史学家敲响了警钟），因为不知何故，“畅所欲言”说出来的话，“诉诸笔端时不堪入目”。最好是成立一个既不说什么，也不写什么的委员会。“一个委员会就能让内阁安安静静。”[40]

格莱斯顿在爱尔兰土地问题上故弄玄虚，再加上许多辉格党人要求在爱尔兰乡村加大推行强制举措的力度，势必使得政府制定的土地法案不尽如人意，该法案只是规定补偿佃农的土地改良，承认北方的乌尔斯特习俗，限制任意驱逐佃农。欠租依然被承认为驱逐佃农的表面理由（*prima facie*）。就连上议院贵族也不屑于大动干戈地反对这项法案。然而，这个问题已经进入格莱斯顿的灵魂深处，1870 年复活节，他带着这个问题去了教堂。他在当晚的日记中写道：

---

*　披麻蒙灰是一个圣经典故，源自《以斯帖记》，意思是哀悼或忏悔。

“今天我在圣坛前向上帝提出了爱尔兰土地问题，它比其他任何生死攸关的问题更重要。”[41] 格莱斯顿在爱尔兰问题上如此郑重其事，造成了15年后才显现出来的长期后果。它还引发了一个更直接的后果。格莱斯顿大部分时间都在考虑爱尔兰问题，忽视了教育问题。

1862年，纽卡斯尔委员会报告出台后，政治家们已经意识到英国和爱尔兰的教育资源不足。英国国教的“国民”学校、非教派的“英式”学校和其他志愿机构无法满足日益增长的城市人口的教育需求，而政府政策的出发点是至少发挥一定的辅助作用。但是，如果国家负责兴办和维持学校，那么这些学校的办学资金和课程设置必须克服家长和压力集团在宗教教育上的严重分歧。不从国教者对1843年格拉厄姆工厂法及其教育条款的反应，已经表明了他们的强烈反对态度。此外，辉格党人和不从国教团体新近结成了同盟，他们认为关键在于避免1870年教育法那种国家万能论的单一解决途径。至于格莱斯顿， 148
自《国家与教会的关系》出版以来，他走过了一段漫长的心路历程，由于秉持英国国教使命观，他反对任何可能削弱教会在青少年教育方面作用的举措。格莱斯顿很晚才涉足这个问题，直到一些同僚迫使他妥协，他才在“热切而激动的下议院”采取相应行动，接受了南汉普郡自由党议员W. E. 考珀·坦普尔提出的修正案，该修正案规定学校“不得实行任何特定教派的教义问答或宗教规定”。[42] 格莱斯顿以及他在6月底引入内阁的福斯特都不打算对不从国教者针对法案第25条的主要不满做出让步，这项条款允许学校董事会用不从国教者缴纳的税款为英国国教学校贫困儿童支付学费。1870年法案授权地方选举产生的学校董事会在志愿机构未进入或是资源不足的地区开办“寄宿学校”，这是朝着全民教育制度迈出的重要一步。然而，学校教育既非强制性的，也不是免费的。强大的不从国教者游说团体大肆攻击法案的始作俑者，约瑟夫·张伯伦的全国教育联盟（1869）冲在最前面。对于福斯特而言，法案是终结而不是开始；它彻底葬送了他角逐不从国教派激进主义领袖的前途，也给格莱斯顿与他在“爱尔兰”时期大多数时间里一直试图安抚的那个人的关系蒙上了一层阴影。

布赖特比格莱斯顿小两岁，最近却苍老了许多。1870 年夏天，同僚们都担心他的精神要彻底崩溃了。这届议会的两个重大举措都偏离了他眼中的理性自由主义的核心原则；事实上，除了爱尔兰教会的政教分离，他认为格莱斯顿政府几乎毫无建树。意志消沉的也并非只有他一人。6 月，格兰维尔在一封信中透露，许多内阁成员都有支撑不住的迹象：

> 最杰出的内阁成员的身体状况实在堪忧。对于本届议会而言，可怜的布赖特已经名存实亡。克拉伦登有胃痛风，只有在脚上注射强力兴奋剂之后才能好受一点。格莱斯顿昨天告诉贝斯伯勒，他时不时担心自己的脑袋。卡德维尔在上次内阁开会时紧挨着壁炉坐，看起来好像要割断自己的喉咙。[43]

6 月底，克拉伦登去世，格兰维尔接替了他的位置，并将在本届和下
149 届格莱斯顿政府中一直担任这一职务。这次人事变动帮了自由党领袖大忙，他喜欢和信任的格兰维尔从此掌管外交事务，能及时助他一臂之力，在布赖特的要求与俾斯麦的要求之间进行斡旋。

格莱斯顿执政以来，外交事务在内阁和下议院几乎没有引起任何波澜。事实上，这种波澜不惊如此明显，以至于首相不止一次地提及。1866 年，俾斯麦制服奥地利，对此巴黎比伦敦更为不安。1868 年，迪斯雷利派英军前去征服阿比西尼亚国王西奥多，闹出了一些拙劣的笑话，哪怕迪斯雷利巧舌如簧，也未能让国民心服口服。1870 年 7 月 19 日，法国对德国宣战，这件事本身并不是因为什么大不了的事情。这场冲突的表面原因是，德国在西班牙王后伊莎贝拉被废黜后介入西班牙王位继承危机，但并未对英国的利益构成直接威胁。俾

斯麦篡改了德皇的埃姆斯电报，伤害了法国人的自尊心，法国进攻德国的举动在英国政界赢得了很多同情，但法军于9月2日在色当遭到致命失败，这种同情开始消退。格莱斯顿意识到自己面临两个难题。他公开表示对交战双方保持不偏不倚的立场，私下里却认为有必要对俾斯麦采取一些措施；他还想安抚党内和报界的担忧，当时舆论认为必须加强国防，防范欧洲大陆的事态发展。

格莱斯顿像处理爱尔兰问题一样，小心翼翼地推进他的第一个目标。他向同僚们断然否认打算对这场争端进行外交干预，对陆军大臣卡德维尔更是百般安抚。然而，格莱斯顿一直担心最终和平条约的内容以及俾斯麦似乎可能对法国的惩罚。如果他（或是认为辉格党人亲法的福斯特）能说了算，他会设法公开阐明英国的"观点"。但他无法独断专行，只得遵循内阁的路线，不对双方做出任何承诺，尽量与双方都维持良好关系。另一方面，事实证明防务问题是更难驾驭的棘手问题。后座议员和新闻记者陷入了恐慌，让人联想起1859年的往事，格莱斯顿起初决定否决一项"于事无补"的重整军备计划，但内阁要求增加兵力和军费，迫使他不得不收回成命。[44] 布赖特留任问题
也是如此：最终布赖特因为防务问题被迫退出了内阁，公开理由是身 150
体欠佳。格莱斯顿本已被教育问题搞得焦头烂额，又在他永远理解不了的仇外情绪中迷失了方向。他抱怨"气氛变了"，但辉格党大臣们将近来政府的束手无策归咎于他而不是环境。"外交事务超出了格莱斯顿的能力范围"，1871年2月，金伯利私下里写道："当外交事务像现在这样成为重中之重时，（他）从来不会有出色表现。"[45] 当月，法国与德国达成初步和约，俄国趁欧洲人无暇他顾之际，以造成既成事实（*fait accompli*）的方式推翻了1856年条约中的黑海条款，这一切让政府中的激进派心生反感。

选举也开始出纰漏。4月，政府在下议院被击败。由于法国的战败，洛的预算案失去了大部分依据，该预算案提出的征税方案是为了

应对已经不复存在的紧急情况；或者说他原打算这样做，但因为他提出的火柴税招致下议院的反对，他被迫撤回了预算案。与此同时，卡德维尔取消了陆军预付采购佣金的权利，这招致了后座议员和贵族们的极大怨恨，最终只能通过王室令状而不是议会法案来执行，这对于议会治理或代议制民主来说可不是什么好广告。地平线上看不到一丝亮光。5 月，巴黎公社向德国人投降，但德国人在凡尔赛宫宣布德意志帝国成立并不意味着紧张局势的结束。不过，这个事件确实标志着欧洲事务主导政治讨论的阶段已经终结。内阁外的布赖特讲述说，这年春天格兰维尔“一心惦记着法国和巴黎”。[46] 但政府举步维艰，个中原因让格兰维尔和格莱斯顿百思不得其解。就像半个世纪后的劳合·乔治一样，格莱斯顿感到快要精神崩溃了，便前往北约克郡海岸的惠特比，一方面是休养，同时解救他的长子威利，因为当地自由党人对这位新任下议院议员深恶痛绝。[47] 过去三年来，格莱斯顿已经带领自由党向左转，脱离了帕麦斯顿和罗素毕生从事的行政活动的主流。他带领自由党人走出了圣詹姆斯大街的俱乐部——这是惠特比的骄傲，让这个政党成为公民地方情感的载体。他发展出独特的自由主义话语，这种话语在威斯敏斯特只得到部分表达，却在选区中营造了一种期盼的气氛。政府也有开倒车之举。1871 年的《刑法修正案》
151 对工会成员设置纠察线的权利做出了限制，但这一法案几乎没有引起政治家们的关注，他们的注意力都被吸引到防务问题和卡德维尔清洗陆军上，尽管乔治·奥哲尔在前一年萨瑟克选区补缺选举中分散了进步派选票，但这个事件足以向政治家们发出警告信号，只要劳工有意愿，是能够造成伤害的。美国要求赔偿英国为南方邦联建造的“亚拉巴马”号战舰造成的间接损失，政府拒绝了这个荒唐要求，* 表明政府

---

* 美国内战期间，英国为南方邦联建造的亚拉巴马号巡洋舰击沉、捕获、烧毁北方船只 68 艘。1871—1872 年，经日内瓦国际法庭仲裁，英国须以黄金支付赔款 1550 万美元。

能够妥善化解外交压力并达成合理的解决方案。另一方面，要推行合理的政策，似乎就不太可能复兴1869—1870年的自由党民粹主义。格莱斯顿断定需要树立一个奋斗目标，随后三年他一直在寻找这样一个目标。1873年，他曾考虑发动战争讨伐黄金海岸的阿散蒂人，但最终放弃了。他在爱尔兰教育问题上举棋不定，而他的追随者却态度坚决，于是他们在下议院投票反对他。1873年后，国家经济陷入衰退，他转而开始实行紧缩政策，却发现洛已经把财政部彻底变成一个刻薄、无能和鲁莽的斗兽场。

格莱斯顿之所以高估了党内激进派的重要性，原因可能在于新近形成的政党态势。不论当时还是现在，很难说清楚究竟哪些人属于激进派，因为这主要取决于用何种特征来定义激进派。从精确性的角度来说，现代的推测是运用计算机、分类信息表和多重变量分析法得出的；但认为1868—1874年议会有100—125名"激进派"的说法似乎有些言过其实，这也与当时人们的直觉不谋而合。[48]格莱斯顿对激进思想的了解来自米尔纳·吉布森、布赖特和福斯特，或许还有1868年大选时反对他的兰开夏制造商。张伯伦在伯明翰的政治活动或哈考特的激进派辉格党人圈子都没有进入他的视线。与其说格莱斯顿将激进派视为一群边缘的颠覆分子，不如说他从激进派身上找到了政党政治的道德重心。这使得他过分高估一些事情的重要性，1873年重新将布赖特召回内阁就是一个例证，当激进派表达对英格兰和爱尔兰教育的失望，他打算（只有这一次他将那些"丑话"写了下来）把召回布赖特作为与激进派达成"至少是暂时和解的手段"。但这种重视本身并没有抓住张伯伦等人所提主张的要旨，他们抱怨格莱斯顿政府只愿"倾听上层阶级和富裕阶层愤世嫉俗的批评"，"对日益高涨的激进改革呼声充耳不闻"。[49]它也掩盖了格莱斯顿式自由主义在右翼蒙受的损失。 152

辉格党人已经从格莱斯顿那里获得了不少好处。1871年，哈林顿满腔怨气地被调往爱尔兰担任首席大臣，他用一种息事宁人的口吻提醒他的领袖不要忘记“真正的未来”，届时领袖可能要指定继任者。1872 年，当政府最终说服上议院通过无记名投票制时，辉格党人已经忍无可忍。但奇切斯特·福蒂斯丘创办一所爱尔兰大学的计划带来了更大的挑战。1873 年，政府向议会提交了一份法案，但没有为法案做任何合理的辩护，只是一味强调有总比没有好，在爱尔兰事务上，这种做法不仅无济于事，也带来了危险。根据法案，将创办一所爱尔兰大学，为了避免冒犯学生的宗教信仰，学校不得教授神学、道德哲学和现代史。这个方案不仅在知识上荒谬透顶，辉格党人还认为它进一步证实了坊间的一个传言，即格莱斯顿对天主教徒的态度变软，甚至可能已经皈依了天主教。同样，随着格莱斯顿越来越不愿在爱尔兰推行强制措施，尤其是艾萨克·巴特领导了一场运动，旨在将爱尔兰议会党团改组为致力于建立爱尔兰议会的“爱尔兰自治”党，辉格党人对爱尔兰内部状况的担忧进一步加深。因此，1873 年 3 月 12 日凌晨，《爱尔兰大学法案》被否决，原因在于辉格党人而不是激进的不从国教者对格莱斯顿近来的指示做出了反应。这种反应还在继续，人们认为首相绝不应解散议会，任由自奥康内尔的取消合并派以来最危险的一次大选来决定爱尔兰的前途。[50]

既然解散议会行不通，内阁便辞职了，希望迪斯雷利能够组成一届少数派政府；但迪斯雷利看到自由党人显然是一心想要切腹自尽，于是明智地没有答应组阁。因此，1873 年 3 月到 1874 年 1 月的 9 个月里，自由党人精疲力竭的样子在公众面前暴露无遗，最终格莱斯顿在圣诞节休会期间突然解散了内阁。他远走惠特比之后，补缺选举的形势就对政府极为不利，亨利·布鲁斯陷入困境（他的《售酒法案》得罪了商界，被格莱斯顿视为选举一败涂地的罪魁祸首）。[51] 7 月，一次扩大郡选举权的尝试功败垂成，加速了里彭的辞职。到议会闭幕时，大多数自由党人的口风都变得忧虑重重：“我们要夹起尾巴做人”，“船已进水，正在下沉”。格莱斯顿心知肚明，自己需要发出一种呼声，这种呼声“很可能会重新唤起对我们有利的情绪，正是这种情绪以一种非凡的方式让我们在 1868 年的选举中获胜”。[52] 但他 153
想到的却是廉价政府，从而与 1868 年后他所作所为的逻辑背道而驰。这是开征纸税的格莱斯顿，而不是致力于解决爱尔兰教会和土地问题的格莱斯顿；至于结局如何，想必任何人都不会感到意外。

1874 年 2 月的大选中，自由党心脏地带的伦敦和制造业城镇急剧倒向保守党；在野党在英格兰获得了 100 多个席位的多数。即使在凯尔特外缘，保守党人也有所斩获。在爱尔兰，两党都输给了巴特的爱尔兰自治党，但自由党仅仅获得 12 个席位，再清楚不过地表明了挫败的严重程度。所有结果揭晓，迪斯雷利在下议院获得了 350 个议席，自由党人 245 席，爱尔兰自治党的新阵营有 57 席。值得注意的是，自由党阵营出现了一丝现代性的迹象。大选前几周，格莱斯顿向罗伯特·洛表示不惧怕工人阶级，1874 年他的支持者当中有两人是第一次进入议会的工人阶级人士：代表莫珀斯的托马斯·伯特和代表斯塔福德的亚历山大·麦克唐纳，他们的口音表明了自己的身份，发出了一个以前从未被倾听的阶级的声音。

格莱斯顿输了，在 12 个月里变成了一个皮尔式的人物：他蔑视所有人。他痛恨选民堕落和喝啤酒上瘾。在他眼里，同僚们根本不值得尊重，因为他们没有抓住迪斯雷利的《公共礼拜监管法案》大做文章。1875 年 2 月，也就是他第一次辞职 30 年后，格莱斯顿宣布辞去自由党领袖职务，这个政党从此有了一个最可怜的执念（*idées fixes*），那就是寻找一位新领袖。有三个可能人选（福斯特、哈廷顿和格兰维尔），但谁都不能让激进派和辉格党边缘团体心服口服。最后采取了一个过渡方案，即由哈林顿领导下议院，格兰维尔负责上议院；这样，自由党人在一没有路线、二没有地图的情况下，让售票员和导游等待司机返回。事实上，格莱斯顿已经相机而动。他的小册子《梵蒂冈的敕令及其对公民忠诚的影响》广为流传，向不从国教者展示了对教皇无谬说的愤怒，消除了里彭皈依天主教带来的一些尴尬。此外，虽然格莱斯顿在1875年多次缺席党内讨论，但并没有辞去议员职务，也没有离开在野党前座议员席。他的观点很明确：试图重新占领被迪斯雷利征服、占据和挖掘壕沟的中间地带，只能是死路一条。

154

迪斯雷利取代帕麦斯顿（1872—1880）

1872年初，诺斯科特、哈迪、凯恩斯和约翰·曼纳斯勋爵等保守党头面人物在埃克塞特侯爵的乡间别墅伯利开会，商讨如何处置迪斯雷利。1868年以来，这位前首相一直缠绵病榻，除了写完了他的倒数第二部小说《洛泰尔》，几乎再无建树。这个阴谋集团的活动以及他们在伯利做出的由爱德华·斯坦利（如今是第15代德比伯爵）取而代之的决定，也许刺激了迪斯雷利闻风而动。1872年无疑是他担任在野党领袖以来唯一的好年份。曼彻斯特和水晶宫的两场演说反响很好，有助于他在公众心目中塑造一个致力于帝国和国内社会改革的保守主义代言人的形象。年底，迪斯雷利的妻子玛丽·安妮去世，他的病情再度复发，但他曾经描述的枯竭火山此时开始为他带来好处。1873年，他亲眼见证了自由党人四分五裂，亲手镇压了自己党内的反对派（除了1867年的反叛者卡那封和索尔兹伯里）。1874年2月，迪斯雷利再度上台执政，他首先考虑如何降服这两个人以及收买德比，而不是着手解决初露端倪、将在1876年爆发的经济危机以及随之而来的外交问题。

让人意想不到的是，他的一大难题迎刃而解。卡那封同意掌管殖民地事务，而索尔兹伯里侯爵打破长达七年的蛰伏状态，怀着难以言表的厌恶接受了迪斯雷利提供的印度事务大臣职位，他曾于1867年辞去了这一职位。同时，第15代德比伯爵重返外交部（1866—1867

年，他曾以斯坦利勋爵的身份掌管外交部），这就意味着他将三缄其口，他继承了父亲的家产，却几乎不具备其父的判断力和影响力。诺斯科特从贸易部晋升到财政部，让人想起他的精神导师格莱斯顿在1840年代的仕途之路，但他对任何人都构不成威胁。压舱石则是一些久经考验的朋友（凯恩斯、哈迪、曼纳斯），棘手的仍然是如何在低级职位上引入“代表性”人物。首相将这样的人定义为“所有会惹麻烦的人”，尤其是农场主代表，两年来的歉收和地租下降，他们的选区越来越难以驾驭。他倒不至于听从福斯特让人啼笑皆非的建议，让工人领袖约瑟夫·阿奇成为下议院议员，这个建议让保守党下议院议员大跌眼镜，引来了“一片嘲笑和‘不！不！’的喊叫”。[53]但他确实让几位农业代言人担任低级职位，并且在随后12个月里直接参与 155
了《农业用地法》的制定，这个法案向遭到驱逐的英国佃农所做的土地改良提供适度补偿。然而，“田野的反叛”似乎暂时还没有走出田野，迪斯雷利认为没有必要在威斯敏斯特采取行动。

压力无处不在，推动政府朝着制定政策的方向迈出步伐。一些压力来自外部：主教们和工会会员是其中主力。有些压力来自内部，来自发自内心地不愿碌碌无为的政治家们。新任内政大臣理查德·阿什顿·克罗斯就是一个很好的例子。他是兰开夏的律师和银行家，这样的背景使他的政治活动带有行政色彩，他对会议室而不是讲坛更驾轻就熟，上次大选时他在西南兰开夏击败了格莱斯顿，这让他在公众中名声一落千丈。他在拉格比公学时就结识了德比，但现在他很多时候和诺斯科特一个腔调。大臣们当中只有他和财政大臣敦促迪斯雷利采取“前进”政策，例如对苏格兰的政策——托利党刚刚在苏格兰赢得了1852年以来最成功的一次大选——以及工人、售酒和教育等问题上的政策。克罗斯苦口婆心的劝说往往是白费口舌，在苏格兰问题上的建议更是被当成了耳旁风。有时他完全被人抢去了风头。1874年，海军部的沃德·亨特在海上防务问题上歇斯底里的咆哮让政府沦为笑柄，再多的建设性讨论也弥补不了此事带来的副作用。作为一个敏感的英国国教徒，他也很难控制迪斯雷利的一个愿望，那就是让主教们按照自己的方式攻击英国国教会的崇礼主义。

克罗斯并不是单枪匹马地反对《公共礼拜监管法案》。该法案是泰特大主教在迪斯雷利政府的第一届议会提交上议院的，盖索恩·哈迪认为保守党人“疯了”，根本不了解所介入的这个问题。卡那封有自己的独特见解，他认为这是一个旨在打压他本人和索尔兹伯里的阴谋，事实上两人都动过辞职的念头。[54] 但在迪斯雷利看来，这件事与良知风马牛不相及，只是为了平息伴随着一系列政治审判蔓延开来的恐慌，即国教会对罗马天主教礼拜仪式过于宽容，因此要给予主教们更大的权力来加以限制。下议院抵制迪斯雷利眼中的常识，这让他认为下议院已经变成一个“充斥着中世纪迷信的议院”。[55] 那些了解内阁想法的政治家们可能高估了这个话题在议会中的影响力；许多下议院议员很快
156 就对这场辩论失去了兴趣。在高阶政治层面，英国国教崇礼主义之争掩盖了许多问题，如诺斯科特想让人们关注的财政收入不足问题，以及克罗斯想让同僚们关注的劳工立法问题。即使出台了法案，也没有彻底平息这场风潮，20 年后，国王爱德华在林肯郡推行主教制度，再度引起了轩然大波。但在接下来的几年里，随着一些新主教辖区的建立，法案确实为主教权力提供了新的框架。

有组织的劳工给保守党政府带来的麻烦要比英国国教少，这清楚反映出三方利益的博弈。在野期间迪斯雷利曾试图支持工会，因为他们对自由党人的立法，尤其是 1871 年的《刑法修正案》感到失望。这一姿态招致了自由党前座议员和报界的嘲笑和蔑视。迪斯雷利重新上台后组建了劳工立法的皇家委员会，但这未必证明他有激进的意图。然而，1875 年，政府果断回应了委员会的报告，制定了《共谋与财产保护法》和《雇主与工人法》，前者宣布设置非暴力纠察线合法化，后者对工会违约损失的赔偿做出了限制。关于前一项法案，

迪斯雷利以一贯的开诚布公表示，它是“让一个政党深入人心并得到巩固的举措之一”，同时又有助于（这是给女王的一块糖）“减少社会煽动的材料”。[56] 和如今的我们一样，当时的人并不清楚他所说的材料究竟是指什么。当年秋天，就连《泰晤士报》在报道格拉斯哥召开的工会代表大会时，也称赞代表们发言时比宪章运动和暴动年代的前辈们“呼吸到更多的新鲜空气”。[57] 诚然，与其说大臣们招呼工人们进门，不如说他们发现工人们已经站在了门厅；不管怎样，工人们已经从凄风冷雨的肯宁顿公地进到房子里了。

爱尔兰问题也是如此。1848 年的史密斯·奥布莱恩起义似乎与宪章派的请愿一样成为遥远的往事，因为爱尔兰自治党已经明确了自己的战略，那就是采取“阻挠议事”策略扰乱公共事务，让英国人重视爱尔兰问题，这种策略是发表长篇大论、不着边际、无聊乏味的演说，让议员们整晚整晚地在议院里虚耗时间。爱尔兰人扬言要破坏立法计划，这无疑让政府顾虑重重：迪斯雷利表示“一直在考虑我在下议院遇到的困难”，[58] 爱尔兰议员可以将迪斯雷利的这番话看成自己的功劳。实际上，新一代政治家现身下议院，带来了一种街头剧院的气氛，使人们的注意力集中到下议院。但就像格莱斯顿政府一样，这 157
个阶段并没有持续多久。1874 年底，索尔兹伯里和卡那封默许内阁重新讨论福斯特 1870 年法案带来的教育问题，此时议会的重大阻碍基本上已经消除了。1875 年一整年，迪斯雷利和同僚坐在国务大臣席位上，不动声色地看着群龙无首的自由党人通过哈廷顿的穿针引线，“首次尝试组建一个中间党派，回归最初被约翰·穆勒、格莱斯顿和科布登推翻的老自由党立场”。[59] 但是，当首相优雅地向在野党特别委员会抛出他们想要的一切，并在夸夸其谈的道路上越走越远时，他心里很清楚是谁在扮演帕麦斯顿的角色。

1875 年底，当“海外”事务再度成为关注的焦点，迪斯雷利的形象在头脑发热的保守党人心目中变得更加高大。埃及总督急需筹措一笔钱，迪斯雷利抓住这个机会，动用罗斯柴尔德的钱袋子，* 下了一步著名的妙棋（*coup*）：买下了埃及总督伊斯梅尔手上近 50% 的苏伊士运河股份。1869 年苏伊士运河开通后，让一个涵盖印度、澳大利亚和远东的帝国重新调整了政策重心。两党的福音派人士掀起了抗议热潮，他们发现这个精彩的即兴发挥在道德上有亏欠，但苏伊士购买案赢得了吃红肉的托利党人和报界“行家的肯定”（*succès d'estime*）。印度成为重中之重，这只会让事情变得更加复杂。1875 年，威尔士亲王访问印度；次年，女王获得“印度女皇”头衔，激起了比苏伊士购买案更大的反对声浪，从此迪斯雷利更加热衷于扮演帕麦斯顿式的角色。1876 年夏天，当迪斯雷利决定以第一代比肯斯菲尔德伯爵的身份进入上议院，就连格莱斯顿也注意到政府的行事风格与那位老辉格党领袖相差无几。当然，不得不说的是，帕麦斯顿“根本不屑于像这些人那样（大张旗鼓地）迎合民众最庸俗的欲望和嗜好”。[60]

人们往往将 1874—1880 年迪斯雷利政府与帝国主义热情挂起钩来，从而忽略了这届政府几乎没有一以贯之的帝国政策，处理帝国事务的方式也与往届政府大同小异。英国在这些年间相继卷入了印度和
158 非洲的战争，政府头痛医头，脚痛医脚，采用权宜之策来应对困境。迪斯雷利和大臣们没有任何帝国扩张的意识形态，相反，在他们看来，历史经验表明帝国扩张是一件糟糕且危险的事。议员们也并不比他们的父辈更热衷于讨论帝国事务。实际上，在研究这个问题的历史学家看来，这一时期的《英国议会议事录》给今人一个印象，那就是下议院几乎是以憎恶的眼光看待帝国事务侵入其议事议程。[61] 不过，1876—1878 年，帝国事务与俄国和土耳其引发的问题交织在一起。

---

* 1875 年，迪斯雷利政府以 15% 的年息向罗斯柴尔德家族贷款 400 万英镑，以购买苏伊士运河股份。

在帝国守护者看来，这两个国家都很重要：俄国不仅与阿富汗接壤，而且威胁着阿富汗，因此印度西北边境成为至关重要的防御地带。土耳其继续保持独立，成为俄国和英国在东地中海地区利益之争的缓冲国。如果俄土矛盾仍然维持1856年《巴黎条约》规定的模式，英国外交部就可以高枕无忧，在常务次官坦德登勋爵及其爱好和平的大臣德比勋爵领导下，推行后帕麦斯顿式的冷静政策。但近年来，事实表明土耳其人外强中干，俄国人却流露出咄咄逼人的野心。正如索尔兹伯里用惯有的尖刻口吻断言，“只要能说服土耳其不要崩溃”，[62]一切都会好起来。

防止土耳其崩溃再度成为一条政策主线。然而，这不仅要投入政府几乎不可能筹集到的资金，还意味着要让公众认可政府资助一个腐败残暴的暴君。1876年夏天，当土耳其人在保加利亚屠杀基督教臣民的报道不胫而走，这种刻意营造的舆论就派上了用场。从当年9月到1878年7月的柏林会议，北面的奥匈帝国和俄国与东南面的土耳其夹缝中的巴尔干国家的事务，成为英国高层政治讨论的中心议题。议会事务、农场主问题、桑顿勋爵的教育法案、财政问题全都退居次要地位，两党前座议员有了新身份：鸽派与鹰派、“亲俄派”与“亲土派”。

保加利亚惨案*在英国产生了巨大的影响，各选区掀起了一场如火如荼的风潮。这场风潮的始作俑者并不是格莱斯顿，而是愤怒的知识分子，尤其是曼彻斯特主教弗雷泽（他是格莱斯顿任命的），圣保罗大教堂教士、牛津运动成员 H. P. 利敦，历史学家爱德华·弗里曼以及著名的北方记者 W. T. 斯特德（日后担任《蓓尔美尔公报》的激进主编而名声大噪）。保加利亚风潮迸发出群众运动的力量，格莱 159

* 1875年，保加利亚人发动反对奥斯曼帝国统治的起义。1876年，土耳其军队在巴塔克地区对保加利亚展开血腥屠杀，引起了欧美国家的强烈抗议。据调查，保加利亚有58个村庄被摧毁，约1.5万人遭杀害。

斯顿扮演了接棒传火的角色。他在病床上以膝枕纸，草草写下一份手稿，这就是后来出版的《保加利亚恐怖事件》，这本小册子在一个月内售出了20万册。反之，保守党首相“甚至没有最基本的情感”，[63]这对政府在白金汉郡的补缺选举造成负面影响，政治家们希望从这次补选中获得一些指引来走出困境，一是消除保加利亚事件的影响，二是引入桑顿的义务教育法案。虽然保守党候选人保住了席位，但仅以不到200票的优势在这个万无一失的郡选区胜出，这个选区在迪斯雷利册封为贵族之前一直忠心耿耿地支持他。索尔兹伯里觉察到了不祥之兆，他认为此事意味着“传统的帕麦斯顿式政策行将寿终正寝”。[64]因此，索尔兹伯里加紧制定一套将预见性置于感情用事之上的外交政策原则，他认为这种感情用事左右了迪斯雷利的判断。但事实很快就证明，托利党人认为国民已经转而“亲俄”，反土的想法不过是一厢情愿。例如，自由党人休·奇尔德斯表示，“为了将俄国人挡在君士坦丁堡之外，甘愿缴纳每英镑2先令6便士的所得税”。北安普敦郡选区的自由党人让斯宾塞伯爵感到“愤怒和震惊”，他们“简直是丧心病狂地反对格莱斯顿和俄国”。一些补缺选举有了与白金汉郡不同的结果，如11月初的南什罗普郡补缺选举，格莱斯顿认为这是“一次严重的挫折”。[65]政府也分裂为两派，一是迪斯雷利为首的亲土派，想不惜一切代价阻止俄国控制巴尔干半岛，二是德比等人，他们比土耳其人更害怕战争。索尔兹伯里对这两派都不认同，因此，1876年底内阁决定派他前往君士坦丁堡阻止俄土战争，他对前景感到悲观，俄国人显然正准备“解放”奥斯曼帝国境内受压迫的基督教徒。他带着特有的预感出发了，预计此行将伴随着“晕船、大说法语和失败”。[66]

土耳其人的狂妄和俄国人的战略让索尔兹伯里的预言成了现实。1877年1月，君士坦丁堡的谈判破裂了。4月，俄土战争爆发，为来年的政党斗争提供了舞台。12月，俄军攻陷普列文，1878年3月，俄国人在圣斯特法诺强迫土耳其人接受了一项报复性和约（内容包括扶植一个大保加利亚，俄国想将其作为向南扩张的特洛伊木马）。7月，列强在柏林调和了俄国人的方案，虽然英国保持中立，但这个事件在威斯敏斯特造成了很大的政党动荡。在一心只顾及国内影响的 160
英国政治家看来，这场战争带来了三个重大后果。首先，公众和议会对此事的关注迅速消退。迪斯雷利很快就为自己的先见之明额手相庆，他曾表示"普遍的疯狂"持续不了多久；1877年春，格兰维尔的弟弟弗雷迪·莱维森从下议院报告说，议员们对战争"冷漠至极"。[67]其次，战争让自由党高层重回格莱斯顿式的政治风格，哈林顿被彻底抛弃。1877年5月，格莱斯顿不顾大多数同僚的意见，提出一项议会决议案，要求欧洲列强逼迫土耳其就范，从而完成了始于苏伊士运河购买案和保加利亚惨案的激进自由主义的复兴。最后，战争让德比（永久地）和卡那封（暂时地）淡出了保守党高阶政治，并将索尔兹伯里推上了他余生中一直占据的主宰地位。

几个月来，德比一直闷闷不乐。他天生具有自由主义倾向，上一届格莱斯顿政府曾因此提供了一些职位供他选择，回过头看，如果当时他接受了其中一个职位，未尝不是更好的选择。只要能争取到资深保守党人支持他的亲俄立场，他就能继续留在内阁。但是，索尔兹伯里已经转而采取"主战"立场，以防俄国人不肯放弃君士坦丁堡（如果他们能够成功占领的话），而凯恩斯、克罗斯和里奇蒙等昔日的同情者则希望采取更强硬的方针。只有"长舌妇"卡那封站在索尔兹伯里一边，与迪斯雷利、哈迪、曼纳斯、亨特和希克斯·比奇等主战派作最后的斗争。在公开场合，这两位和平主义者在1878年春天之前一直留在内阁，但私下里他们在1月就辞职了。索尔兹伯里接替了德比在外交部的职位，哈迪（现在的克兰布鲁克勋爵）坐上了印度事务部空出来的交椅，1878年下半年，他将给比肯斯菲尔德和索尔兹伯里在柏林树立起来的公共信誉造成损害。

从英国的角度来看，“体面的和平”肢解了《圣斯特法诺条约》建立的俄国控制的大保加利亚，要求土耳其将塞浦路斯岛割让给英国。此外，迪斯雷利在安德拉西、戈尔恰科夫和俾斯麦之间纵横捭阖，展现出成熟的政治家风范，从而挽回了政府的声誉，摆脱了因两年前的保加利亚惨案而蒙受的耻辱。* 然而，正是为了给俄国人拴上绳子，在印度放出了比肯斯菲尔德自己的疯狗。1876 年，比肯斯菲尔德曾希望自己的朋友约翰·曼纳斯勋爵担任印度总督，[68] 如果曼纳斯
161 接受了邀请，事情可能会有另一番结果。但政府任命利顿勋爵出任总督，与俄国的战争警报刚一解除，他立刻抓住机会向桀骜不驯的阿富汗埃米尔施压。1878 年 11 月，第二次阿富汗战争爆发。与此同时，新任南非高级专员巴特尔·弗里尔爵士也挣脱了束缚他的皮带，骚扰起义的祖鲁人及其杰出首领塞奇瓦约。对于伦敦的两位大臣克兰布鲁克和希克斯·比奇来说，印度和南非的事件似乎是合起伙来让他们难堪。比奇尤其感到震惊：他并不因为没头没脑的乐观主义才得到“苦闷的天使长”** 的绰号。他曾试图约束弗里尔，或许是因为不得不在圣诞节写信，信中没有多少圣诞气息：

> 财政收入不足，贸易停滞不前，经济困难重重，如果不增加税收，难以想象明年的财政状况会如何；在国家目前的形势下……任何加税的提议都可能导致政府垮台。[69]

为时已晚。1879 年 1 月 12 日，英国士兵开进祖鲁兰，倒在了伊桑德

---

* “体面的和平”指 1878 年柏林会议达成的《柏林条约》，参加会议的英国首相迪斯雷利宣称这是“体面的和平”。安德拉西和戈尔恰科夫分别是参加会议的奥匈帝国和俄国外交大臣。

** 克兰布鲁克和比奇分别是印度事务大臣和殖民地大臣。比奇的全名是迈克尔·希克斯·比奇，其中迈克尔之名是来源于天使长米迦勒。由于比奇担任殖民地大臣，管辖分布在世界各地的殖民地总督，故有此谐音绰号。

尔瓦纳和罗克渡口的血泊中。*

政府在各条战线上都举步维艰。祖鲁人一直抵抗到6月，给财政部及其大臣带来了巨大压力。阿富汗人为了报复最初的军事失败，在喀布尔刺杀了英国公使。爱尔兰人在出色的演说家迈克尔·达维特领导下再度掀起了减租运动，1879年10月成立的爱尔兰土地联盟标志着这场运动达到高潮。在苏格兰，海菲尔德伯爵即便拥有强大的地方势力，也未能阻止自由党人在9月的补缺选举中重新夺回埃尔金和奈恩，苏格兰人的不满由此可见一斑。在更近的地方，国家财政收入下降让诺斯科特焦头烂额，其中的“农业破产”问题也是比肯斯菲尔德的心病。[70] 首相很自然地转向“土地”寻求对政治的理解，就像格莱斯顿向“酒”寻求理解一样。格莱斯顿在年初接受了邀请，以自由党候选人身份参加下届中洛锡安郡大选，随后他在各选区开展了非常成功的“巡回演说”，落井下石地历数政府自苏伊士购买案和保加利亚惨案以来外交政策上的失败。

比肯斯菲尔德和格莱斯顿两人也许都对公众对外交政策的看法期望过高。直到1879年10月，奇尔德斯依然认为如果比肯斯菲尔德决定解散议会，自由党人仍将输掉冬季大选。尽管如此，政府还是希望借助外交事务或经济事务之外的由头来赢得大选。他们决定以达维特和爱尔兰问题为突破口。由于担心长期的财政收入前景不佳，他们抓 162
住1880年初首批补缺选举的有利结果，以遏制爱尔兰的腐败和不惜一切代价阻止爱尔兰自治为纲领，匆忙宣布解散议会。这是一份软弱无力的宣言，但至少转移了人们的视线，使人们不再关注格莱斯顿对政府从君士坦丁堡到开普敦的灾难的全面质疑。辉格党的忠实拥趸斯

---

* 伊桑德尔瓦纳战役是欧洲军队在非洲的最大败仗，英军主力1500人全部阵亡。之后，驻守罗克渡口的100多名英军散兵游勇，经过10小时苦战，击退了4000祖鲁人的进攻。

宾塞伯爵喜出望外，因为他完全被蒙在鼓里。“我发现迪齐*因为爱尔兰自治解散了议会”，他在 1880 年 3 月给他兄弟的信中写道，“对于我们党来说，这算不上什么棘手的问题，因为其实在这个问题上我们与托利党人没有分歧。我们希望维持帝国议会”。[71] 难怪斯宾塞从未写过回忆录。

* 迪斯雷利。

第五章　保守党的优势

自由党的认同危机（1880—1886）

163

某种意义上说，1880年大选标志着格莱斯顿凭借动人的雄辩和魅力登上了维多利亚时代自由党历史的巅峰。格莱斯顿抨击邪恶的比肯斯菲尔德主义的“中洛锡安”演说，加上经济衰退的影响，带来了一个惊人的后果：理论上说，总计将有414位下议院议员站在新一届自由党政府一边。表面上看，这次大选的成绩要好于1832年以来任何一次辉格-自由党竞选。但只要对1880年的“自由党”稍作分析，立刻就让人怀疑对其前途的乐观判断。首先，至少要去掉60名爱尔兰自治派，因为他们对自由党政策的承诺只有一个方向，那就是走向一条大多数未来的大臣都不希望走上的道路。在英格兰，自由党人在市镇的表现很好，但他们在英格兰所有选区（市镇、郡和大学）的议席总数只比保守党人多53个。爱尔兰、威尔士和苏格兰将这一多数扩大到176席。然而，如此依赖凯尔特外缘，这本身就颇为值得玩味和担忧。斯宾塞报告说，布雷马的一所学校里挂了格莱斯顿、哈廷顿和格兰维尔的肖像，另一所学校的门廊上潦草地写着“打倒国教”，这无疑让精疲力竭的自由党领袖们感到欣慰。[1] 但这就可以高枕无忧了吗？

此外，格莱斯顿、哈廷顿和格兰维尔在威斯敏斯特的形象与苏格兰学校里的肖像有着天壤之别。在威斯敏斯特，他们并非道德政治的先锋，而是代表着一争高下的两种自由党风格：格莱斯顿风格和辉格党风格。诚然，辉格党领袖表现出务实态度，拒绝了女王让哈廷顿组阁的天真要求。哈廷顿和格兰维尔都认为女王应当召唤格莱斯顿组阁。但正宗的布鲁姆斯伯里老古板们一直怀疑，在一个准民主的社会
164 中，辉格主义的基本原则——“区分民众的真实意愿与他们对掠夺的渴望”——已经在中洛锡安的喧嚣声中消失了。[2] 由于自由党人承诺将市镇业已获得的选举权扩大到各郡，年轻的辉格党人乔治·约阿希姆·戈申拒绝任职。由于担心政府打算在爱尔兰、苏格兰乃至（不堪设想）英格兰推行土地改革，阿吉尔公爵等土地所有者在内阁如坐针毡，担任低级职务的年轻的兰斯多恩侯爵同样如此。除此之外，人们还必须考虑那些在伯明翰之外的学校里不会挂肖像的面孔，比如约瑟夫·张伯伦（贸易部）和激进派律师查尔斯·迪尔克爵士（1882 年后主持地方政府委员会）。在 100 多位形形色色激进派的支持下，他们对格莱斯顿政府的稳定的挑战不亚于财富阶层的抵抗。虽然首相身边有许多第一届内阁就很熟悉的辉格党行政官员，并且成功地让布赖特回到兰开斯特公国[*]，但格莱斯顿和这些人的观点都发生了变化，让人感觉 1868 年已恍如隔世。

除了深陷于爱尔兰的“祸患、诅咒和困境”外，第二、第三届格莱斯顿政府（1880 年 4 月—1885 年 6 月，1886 年 1 月—1886 年 6 月）势必很少反映出第一届政府的基调。[3] 当我们回首往事，可以看出这两届政府的活动有三个阶段。第一个阶段是往往以议会为中心的激烈的政治活动，这个阶段一直持续到 1882 年底格莱斯顿习惯性的精神崩溃以及前往戛纳疗养。1882 年，新的议事程序部分解决了爱尔兰问题在议会受阻的难题，这届政府后半期的政党活动转向更具

---

* 兰开斯特公国在英国具有特殊地位，所以英国内阁设置了专门代表兰开斯特公国的大臣：兰开斯特公爵郡大臣。虽然名义上地位很高，但兰开斯特公爵郡大臣是个名誉虚职。激进派布赖特担任此职，即意味着被排挤出权力中心。

战略高度的层面，尤其是 1881 年比肯斯菲尔德去世，党的战略决策者索尔兹伯里勋爵（姑且不考虑“婆婆妈妈的老前辈”斯塔福德·诺斯科特爵士）掌握了保守党的思想路线，同时也解放了保守党民主派煽动者伦道夫·丘吉尔勋爵，他唯一无害的消遣就是热衷于推翻所有的战略。1885 年夏政府垮台，宣告了这个自由党政治阶段结束，期间几乎每位大臣都至少有一次威胁或者承诺过辞职。之后的 12 个月为第三个阶段，高阶政治的勾心斗角贯穿始终，其激烈程度让人想起 1827 年。然而，这些年间政治家们的关注点可能反映出比这种节奏所暗示的更高的一致性，这既是因为大臣们将目光聚焦于财政、爱尔兰、埃及和选举权四个关键政策要素，也因为这些要素基本上融合成 165
一个单一的挑战，即通过某种途径来重新定义自由主义的特质，使其符合辉格-激进派政党的需要，利奇菲尔德庄园或是威利斯大厅已经容不下这个羽翼丰满的政党了。

1880 年 4 月成立的新政府必须立刻着手解决上届政府遗留下来的外部问题。由于土耳其的遮遮掩掩和百般推脱，柏林会议通过的有关土耳其的条款实际上成为一纸空文。因此，格莱斯顿东山再起就意味着土耳其人要被“打包”赶出欧洲。比肯斯菲尔德在阿富汗和德兰士瓦的冒险，对于打算撤出这两个地区的政府而言，理论上说同样是一笔“损益遗产”（*damnosa hereditas*）。这些问题实际上并未得到“解决”。格莱斯顿有强烈反土耳其情结，因而采取了更加咄咄逼人的立场，逼迫奥斯曼人将巴尔干领土割让给黑山和希腊，但并未像激进的后座议员们期望的外科手术般干净利索。另一方面，迫于政党政治的现实，格莱斯顿不得不绕开印度和南非的泥淖。辉格党人要防范俄国入侵阿富汗，因此不可能将这个国家交还给埃米尔。1880 年 7 月，阿富汗人在迈旺德击退了英军一个团，这表明明智之举是放弃阿富汗部分地区。接下来免不了要做出一些让步，但将坎大哈省交还埃米尔——这个问题在 9 月引起了政党和报界极大关注——使阿富汗陷入了混乱的双重控制。1885 年，当俄国人出现在潘贾德，威胁到阿富汗边境时，英国将被卷入危机之中。德兰士瓦人更不安分。格莱斯顿无疑希望通过召回巴特尔·弗里尔爵士，并把他喂给下议院的“激进派鲨鱼”，便可以安然度过这场风暴。但是，如果说祖鲁人不像以前那么好战，那么德兰士瓦白人却一如既往决意恢复布尔人的自治。1880 年 12 月，他们发动武装起义，1881 年 2 月，英国总督在马朱巴山死在他们手里，几个月内，“可怕的德兰士瓦事件……成为政治思考的焦点”。[4] 虽然 8 月的《比勒陀利亚协定》让布尔人实现了直接的宪政目标，但被认为是“英格兰本土主义者”的英国政府已经着手制订 1899—1902 年布尔战争的初步计划。

随着这些地区安定下来，世界局势也逐渐好转。1880 年代上半叶，除了北非事务这一明显的例外，世界大事对英国高阶政治影响甚
166 微。1881 年三皇同盟重组，1882 年德国、奥匈和意大利建立三国同盟，只引起伦敦的外交部专家和格莱斯顿相当有限的关注。首相对欧洲政治的关注可以说是因为对俾斯麦抱有一种弥赛亚主义观念，也是出于至少可以追溯到石勒苏益格-荷尔斯泰因问题的干预欧洲的惯例，也源于一个新的当务之急：他必须从格兰维尔手里拯救国家。出于资历、友谊、忠诚和经验方面的考虑，1880 年，格兰维尔再次被任命为外交大臣。但他几乎立刻就有崩溃的迹象。1881 年的伦敦市长晚宴上，他的演讲不像往日那样简洁、犀利和明快。随后几年里，他的衰老日甚一日，1885 年卸任时留下了满满一柜子未拆封的文件，这件事让他声名狼藉。他的经济状况极为窘迫，虽然始终不为外人所知，却让他心力交瘁。他在特伦特河畔斯托克的钢铁厂在经济萧条时期破产，他不得不向德比勋爵和其他人借了一大笔钱。1891 年去世时，他欠下的债务超过 25 万英镑。[5]

格兰维尔困窘不堪，可能促使格莱斯顿将大部分外交事务掌控

在自己手里。他很少就相关问题与内阁磋商，把内阁当成一个橡皮图章，走过场地批准他和格兰维尔制定的方案。[6] 另一方面，1880—1882 年，他对财政和税收的关注产生了更大的公众影响。格莱斯顿上台伊始就决定一身二任，亲自兼任财政大臣。鉴于 1873 年他曾被罗伯特·洛拖入深渊，他亲自掌控财政部也算是师出有名。但他很快就感到力不从心，于是在 1882 年底让奇尔德斯接过了财政大臣的担子。在此期间，财政和税收问题亟待政治家们解决，尤其是 71 岁高龄的格莱斯顿陷入一种脱离现实的唯我论，不论同僚、批评者、朋友和家人有什么样的看法，都被他看成天方夜谭。他认为自己的关注点理应是他们的关注点，由于他刚愎自用，独断专行，自然能够如愿以偿。

像 1874 年一样，他决定实行紧缩政策。1880 年 5 月，他在给格兰维尔的信中写道："目前我们连一个 6 便士也掏不出来了。"[7] 然而，经济萧条显然让农业部门不堪重负，他向农场主伸出了援手，废除了令人憎恶的麦芽税，并将相关费用转嫁给了酿酒商——这是为了报复他们在 1874 年导致他的政府垮台——和所得税。格莱斯顿始终抱有皮尔式的贸易观，极为推崇 1860 年科布登与法国签订的贸易协定，而这项协定很快就要续订，他根本不会考虑任何形式的经济关税。因此，虽然他蠲免了麦芽税，却在寻求国家保护的佃农中几乎成为过街老鼠；在 1881—1882 年一系列"令人不快的重要"补缺选举中，自由党候选人在乡村地区的表现不尽如人意，北约克郡和陶顿的选情更是一团糟。[8]1882 年底，作为一个压力点的"关税"问题有所缓和，但国库日益枯竭，让格莱斯顿觉得前景黯淡。新的并发症导致压力上升。1882 年春内阁召开预算会议时，人们的注意力基本上转向形势日益严峻的爱尔兰和北非沙漠：爱尔兰的困难"一山比一山高"，[9] 而自从迪斯雷利购买了苏伊士运河股份之后，北非的重要性就连自由党政府也不敢等闲视之。 167

来自爱尔兰的初步报告揭示，民族主义者可能没有那么桀骜不驯。新任爱尔兰事务大臣福斯特向伦敦报告说，危机的严重程度言过其实了，内阁决定不再延长上届政府的强制法案。1875 年，一位米斯郡议员进入下议院，民族主义者从此有了新领袖。查尔斯·斯图尔特·帕内尔是来自威克洛郡的英裔爱尔兰地主，比肯斯菲尔德执政时期，他曾协助制定阻挠议事战略，但有迹象表明他愿意与英国政治家，尤其是那些同情激进分子的内阁成员合作。1880 年 6 月，上议院否决了福斯特提出的补偿因欠租而遭到驱逐的爱尔兰佃农的议案，这件事导致兰斯多恩辞职，也让福斯特和帕内尔两人都改变了立场。从此，帕内尔的爱尔兰自治派重拾攻势，再度祭出阻挠议事的手段，福斯特则在内阁扮演了鹰派的角色，敦促重启强制措施。由于格莱斯顿将强制政策视为走投无路之举，因此爱尔兰问题逐步分化为两个层次。首先政府要设法平息爱尔兰的土地骚动；其次必须减轻议会制度的压力，因为议会程序奈何不了帕内尔和塞克斯顿。爱尔兰土地问题依然是政治家们关注的焦点，这充分说明格莱斯顿的 1870 年《爱尔兰土地法》没有成效。一场被称为“3F”的土地运动 * 要求承认佃农所做的土地改良，目标是实现公平租金、固定租期和自由买卖，格莱斯顿在 1870 年不愿实现这些目标，现在他认为不能再拒绝了。

168 有一点不可否认，统治阶级当中普遍有着对土地所有权道义完整性的思考。经济萧条以来，佃农权观念已经传播到英格兰。1880 年大选时，农场主联盟推出了自己的候选人，并试图说服政府在英格兰引入固定租期以及兰开夏（相当于英格兰的乌尔斯特）实行的佃农权，但未能成功。政府搁置了这个问题，只是将迪斯雷利政府非强制性的 1875 年《农业用地法》改成强制措施，毕竟它主要是托利党人

---

* 这场运动的口号是“公平租金、固定租期、自由买卖”，公平、固定、自由的英文首字母都是 f。

的问题。[10] 1882 年，西部群岛 * 的佃农起来反抗，要求摆脱水深火热的处境，使土地运动带有了苏格兰色彩，但短期内他们一无所获，最终也只得到聊胜于无的 1886 年《自耕农法案》。[11]

爱尔兰人迸发出更大的力量，1881 年，民族主义者从政府那里争取到一项新的土地法案。1881 年《土地法》落实了两个委员会最近提交的报告，承认了 3F，规定了宽松的固定租期，还设立了审理地租纠纷的土地法庭。内阁随即出现了分裂：阿吉尔公爵认为土地"自由买卖"完全不可接受，于是辞去了掌玺大臣之职。尽管如此，直到 1883—1884 年尝试建立新的爱尔兰地方自治体制之前，这个法案最大限度地缓和了民族主义者的不满情绪。第二条政策路线反映出政府对公共秩序的担忧。1881 年初，政府逮捕迈克尔·达维特，暂停《人身保护法》，实施新的强制法案，充分暴露出辉格党人的紧张情绪（以及福斯特带来的压力），也在下议院激起了一波阻挠议事的浪潮，最终导致下议院议长将所有爱尔兰党人全部"点名开除"，这些议员被强行逐出议会大厅，成为轰动一时的事件。当年下半年，政治家们对欧洲的兴趣大大消退，却依然用强制手段处理爱尔兰问题。虽然土地法庭处理地租纠纷时经常减免租金，减免幅度往往高达四分之一，但不仅未能平息乡村的不满，反而多了辉格党人对新地租的不满。帕内尔被认为积极阻挠法案实施，10 月，帕内尔、狄龙、塞克斯顿和布伦南被捕，关押在凯勒梅堡监狱，合法的民族主义者遭受了与达维特的土地斗士一样的命运。

就英国高阶政治而言，在爱尔兰的这次秀肌肉与其说是辉格党人的一次抵抗，不如说是 W. E. 福斯特为了跻身一流政治家行列而最后一搏。由于张伯伦和教育联盟的缘故，他的第一辆车"教育"已 169
经翻了车。他一度想拿保加利亚问题大做文章，尤其是为了争夺党内

---

*　苏格兰西北海岸外的岛群。

领导权他已经与格莱斯顿分道扬镳了；但后来保加利亚风潮的势头消退，格莱斯顿却仍然有能量。对于志在当上财政大臣或内政大臣的人来说，1880 年出任爱尔兰事务大臣无疑是一个重挫。为了重返中枢，福斯特设想在爱尔兰发动一场克伦威尔式的政变，以此来拉拢自由党中间派，并且屈尊附就地 * 拉动辉格党原则的发展。1881 年最后几个月里，他似乎胜券在握。然而，1882 年春天，内阁决定以嘲笑的态度对待机关算尽的福斯特，他被任命为爱尔兰“副总督”**，更大的侮辱接踵而至，为了让民族主义者支持镇压违法乱纪行为，政府释放了帕内尔及其同伴，还给予拖欠地租者宽限期。政府如此大张旗鼓地放弃“全面”政策，福斯特和大惑不解的爱尔兰总督考珀伯爵被逼上了绝路，两人只能辞职，从此淡出了政坛。新的双头执政是斯宾塞伯爵以及乔治·奥托·特里维廉（1882 年 5 月弗雷德里克·卡文迪什勋爵在都柏林凤凰公园被民族主义者残忍杀害），这等于是将爱尔兰政策的控制权交到辉格党人手中，将在三年后产生重大后果。1882 年颁布了严厉的《刑事法》，让政府掌握了解决爱尔兰问题必备的利刃，不会因为向福斯特低头而陷入尴尬。尽管发生了凤凰公园恐怖事件，但政治家们还是松了一口气，将爱尔兰事务交给斯宾塞，转而考虑埃及问题。

四个因素造成埃及局势动荡不已。首先，1878 年后，法国和英国一直对埃及总督无底洞般的财政实行双重控制。因此，不论欧洲人要对埃及进行何种干预，主要看法国的态度。其次，1879 年后，对于英法两国最有利的是表面上承认土耳其对埃及领土享有名义上的宗主权。事实上，在两国的怂恿下，土耳其苏丹罢黜了桀骜不驯的埃及

---

* 原文为 by its left hand。英国贵族娶平民女子的婚姻中，新郎会将左手伸给新娘。

** 此时，爱尔兰的政府事务主要由爱尔兰事务大臣负责，副总督（lord deputy）已不再负责具体事务。另外，爱尔兰事务大臣是 chief secretary，字面意思是首席大臣，故而有嘲讽之意。

总督伊斯梅尔，代之以自己的儿子陶菲克，而埃及财政仍完全掌握在巴黎和伦敦手中。第三，1881 年底，阿拉比帕夏在埃及北方领导了一场民族主义起义，迫使埃及总督解除了手下大臣们的职务，并且似乎要将欧洲人彻底赶出埃及。第四，在当时被称为苏丹的南部地区，一个狂热的伊斯兰异教组织在穆罕默德·艾哈迈德（信徒称他为“马赫迪”）鼓动下煽动托钵僧发动了圣战。1881 年，北非事态引起了英 170
国国内的关注，当时，法国吞并了突尼斯，这一事件通常被认为打响了 19 世纪末“新帝国主义”的第一枪，在爱尔兰动乱期间引起了轰动。从 1882 年初到 9 月英国军队在特勒凯比尔最终镇压了北方的反叛，埃及在政党战略家心目中的分量越来越重，甚至取代了爱尔兰的地位，成为一个当务之急。7 月，格莱斯顿的秘书埃迪·汉密尔顿表示：“现在埃及压倒一切。”[12]

9 月，英军炮轰亚历山大港，激进派大为震惊，格莱斯顿也十分反感。但是，英军在占领埃及后采取军事行动，是因为法国拒绝与英国联手展示武力，同时悄悄利用土耳其军队消灭阿拉伯人，而甘必大在巴黎倒台更坚定了法国人的立场。布赖特不出所料地辞职了，张伯伦和迪尔克让格莱斯顿在内阁里举步维艰，内阁的反应一如往常：有人缄默无言，有人认为他已经老了，有人认为他马上就要辞职，有人认为要优先考虑爱尔兰问题。面对格莱斯顿怒气冲冲地发来的信函，内阁中的鹰派，格兰维尔、哈廷顿、诺斯布鲁克和奇尔德斯，依然保持冷静，坚决主张采取行动。[13]英国的干涉实际上推翻了格莱斯顿在中洛锡安演说中提出的大部分道德准则。索尔兹伯里并未像伦道夫·丘吉尔勋爵希望的那样把事情闹大，因为他很清楚自由党人可能会搬起石头砸自己的脚。埃及问题还让自由党内激进派与外围辉格党人之间的隔阂进一步加深，很快组织分裂。自由党议员中的悲观主义者会将矛头指向格莱斯顿决心实行的爱尔兰地方政府改革。那么，爱尔兰自治这个楔子的尖头又指向何处？此外，即便首相在爱尔兰问题上恢复了理智，依然要面对1880年时做出承诺但仍未兑现的选举权问题。1883年的《腐败行为法》让激进派确信自由党仍然坚持选举改革，该法案废止了1867年后仍然使许多选区成为腐败避风港的选举惯例。但是，改革郡选举权的前景让辉格党人想起了1867年以及当时所遭受的灾难。

问题已经有所缓解。两党都看清了将目前市镇实行的户主选举权扩大到郡选区的逻辑，公众的“喧闹”也没有使问题变得更加复杂。然而，摒弃激进主义之举本身就损害了激进派，并且给他们带来了爱尔兰问题之外的新问题。实行无记名投票制后，农业工人是否会
171 像农场主一样投票支持托利党？乡村“激进派”是否会大大偏离伯明翰党团会议和全国自由党联盟设想的模式？同样，人们会将选举权和爱尔兰相提并论。第二次议会改革法案把重点放在市镇，从而排除了在爱尔兰实行重大变革的可能性。如果新法案将爱尔兰纳入进来，在爱尔兰各郡降低选举权财产门槛，届时会不会有一大批铁杆帕内尔分子涌入下议院？话又说回来，事情还可以想得更深一层。如果法案纳入了爱尔兰，导致上议院否决了法案，那么他们的否决岂不是给英国激进派提供了张伯伦及其朋友们近一年或更长时间以来一直鼓噪的“贵族与平民”之争的轰动事件（*cause célèbre*）？[14]

这些无谓的思考很贴合当时那个时代，亚瑟·阿诺德（索尔福德的自由党议员）这样奇葩的后座议员捡起了特里维廉丢弃的旗帜，依然把选举权当作主要关注点。内阁大臣们在往来书信中讨论了此事，尤其是哈廷顿。格莱斯顿敦促内阁通过的法案——将爱尔兰纳入，但不涉及重新分配议席——正是哈廷顿最不愿意看到的方案。他担心“我们承诺的事情做得太少，没有承诺的事情却做了很多”；回避重新分配选区是“一种相当轻率的选举伎俩”。[15]哈廷顿对爱尔兰问题的看法反映了所有辉格党人的担忧，他们沮丧地认为该法案将在上议院获得通过。虽然格莱斯顿推迟了辞职，也拒绝接受张伯伦的辞呈，

但哈廷顿从此失去了对政府的信心。不出所料，贵族们认为可以轻而易举地推翻格莱斯顿的法案，它不包含任何重新分配选区的条款，为凯恩斯在上议院提供了唾手可得的口实。1884 年夏天，内阁只得重起炉灶。随后，两党领袖都绕过了上议院和下议院。索尔兹伯里、格莱斯顿和迪尔克进行了秘密会晤，瓜分了英国。保守党人收获颇丰，因为格莱斯顿显然需要保守党人的支持，他则得到了可以在 12 月向下议院兜售的东西，随后由迪尔克主持制定了包含重新分配选区条款的选举权法案。

然而，内阁在阿林顿街索尔兹伯里勋爵宅邸大搞暗箱操作之际，苏丹的马赫迪和托钵僧仍在发起冲击。1884 年，政府派查尔斯·戈登少将前往苏丹组织撤离，他却决定反其道而行之。他占领了喀土穆，不但拒绝撤离，反而要求军事援助。1885 年 2 月 5 日，消息传到英国，沃尔斯利的援军抵达苏丹，但为时已晚。戈登被杀，喀土 172
穆沦陷。公众的愤怒浪潮席卷了政府，势头超过 1857 年印度惨案以来的历次风潮，造成了激进派本想避免的两种事态发展。一是格莱斯顿重新振作起来，面对这一新的道义挑战，他每个月都提的辞职承诺被抛诸脑后；二是给撤离苏丹的道路上设置了更多障碍，撤离苏丹不仅是由于山穷水尽的财政状况，还因为俄国人正摩拳擦掌，显然要在阿富汗边境再咬一口，而英国军队却在北非沙漠里瞎忙活。只有哈廷顿和女王不约而同地决心保住英国拥有的一切。

埃及、爱尔兰和财政收入问题联袂而至，让本已摇摇欲坠的政府焦头烂额。1882 年底，格莱斯顿卸任财政大臣时，财政收入问题已经不再是当务之急。但事实证明，他挑选的休·奇尔德斯并不比 14 年前的罗伯特·洛更胜任这个岗位。1885 年，奇尔德斯在预算前的内阁会议上表示将有 200 万英镑赤字，因此希望增加 1000 万英镑税收，拿其中大部分来弥补赤字，这下就连首相也忍不住发出一声长叹。阿富汗–俄国边界的潘贾德事件让辉格党人相信这是俄国将要入侵印度的信号，而埃及问题更是无异于火上浇油，让他们越发歇斯底里。爱尔兰问题趋于白热化：事实上，土地法案似乎使骚乱变得更加严重。尽管政府在 1882 年秋季议会上匆忙通过了议事程序改革，但民族主义者还是在议会制造了无尽的麻烦。[16] 格莱斯顿在爱尔兰问题上的主动行动没有让任何人满意。当他提议建立地方政府，人们感谢他提出了地方自治；当他于 1885 年建议制定购地法，他手下的激进派认为这是虚晃一枪，为的是在新一轮强制措施出台之前软化他们的立场。从右翼的诺斯布鲁克到左翼的迪尔克，每个大臣的神经都绷得紧紧的，格莱斯顿的自信心每增强一分，他们的神经就脆弱一分。1885 年 6 月 8 日，政府在预算案上失败，参与者无不感到一种迟来的轻松。6 月 9 日，内阁开会为议会质询做准备，内阁新成员罗斯伯里勋爵在日记中记录了当时的气氛：“每个人都兴高采烈，惟有 G 先生 * 怏怏不乐。”[17]

自由党人关注事项周期的第三个阶段开始于 1885 年年中，结束于 1886 年 6 月，格莱斯顿第三届政府因爱尔兰自治政策在下议院失败而垮台。在研究高阶政治的历史学家眼中，这个时期异常错综复
173 杂，近年来已经有了很多重新评估，但几乎没有一个是三句两句就能说清楚的。[18] 学者们对大臣们的算计和期望进行逐日甚至逐小时的重现，却使这一时期的事件变得更加扑朔迷离，无法做出简单概括，不但模糊了格莱斯顿在爱尔兰自治问题上的“转变”以及哈廷顿反对爱尔兰自治的原因，也模糊了哈考特等资历较浅的辉格党人、张伯伦等激进派、戈申等温和派、伦道夫·丘吉尔等保守党“捣蛋鬼”（*enfant terrible*）的立场。研究这几个月历史的学者通过这些重现进行了深入探究和分析。[19] 在这个问题上，更有益的做法也许是先找出历史学家

---

* 格莱斯顿。

们意见一致的事件，然后得出两种可以用这些事件来佐证的解释。

1885 年 6 月到 1886 年 1 月，执政的是第三代索尔兹伯里侯爵为首的少数派保守党政府，自由党人之前通过了推迟重新分配选区的法案，因此在 1885 年底完成新的选民登记之前无法举行大选。这年秋季，格莱斯顿阅读了 1800 年英爱合并法案的相关资料，他私下认为这是一场无法再为之辩护的灾难。格莱斯顿和索尔兹伯里都与帕内尔有联系，格莱斯顿是通过帕内尔的情妇奥谢夫人，索尔兹伯里则是通过爱尔兰总督、保守党人卡那封。在 11 月 23 日开始的大选前不久，帕内尔建议爱尔兰选民投票给保守党。与此同时，张伯伦及其助手杰西·柯林斯一直以一份“激进纲领”进行竞选活动。1885 年 12 月 17 日和 18 日，投票继续进行之际，赫伯特·格莱斯顿在报纸上透露说，他的父亲、自由党领袖已经转而支持爱尔兰自治。大选结果揭晓，进入议会的爱尔兰党人数量几乎与多数党自由党持平，帕内尔因此掌握了权力的平衡。圣诞节休会后，议会重新召开，索尔兹伯里政府不出所料地在下议院被击败，格莱斯顿尝试组建第三届政府。哈廷顿、亨利·詹姆斯和德比伯爵拒绝加入内阁。张伯伦和特里维廉加入，直到 1886 年 3 月格莱斯顿引入《爱尔兰自治法案》时才离开。4 月，自由党内部反对爱尔兰自治的人士在伦敦设立了办事处，日后被称作自由党统一派。6 月 8 日，即前自由党政府因预算案垮台将近一年后，格莱斯顿提出的单独设立爱尔兰议会的议案在下议院二读中以 341 票对 311 票被否决。政府旋即辞职，随后举行了大选，自由党人发现自己的实力比 1880 年大选时下降了一半，自由党下议院议员 174
仅剩下 190 人，而哈廷顿的自由党统一派获得了 79 个议席。这两个分裂的党派必须重新团结起来，并争取 85 位爱尔兰议员的支持，才能与拥有 316 个席位的保守党相抗衡。

1885—1886 年事件的余波在英国政党政治中回荡了四分之一个世纪，事件亲历者很自然地为这些重大事件书写了一段自命不凡的历史。格莱斯顿就是如此，他最终退出政坛后，于1890年代中叶撰写了一些自传体片段。[20] 从这些片段和书信中不难看出格莱斯顿始终如一地关注爱尔兰的故事脉络：西方的阴云*、使命的目标、民族不公的象征。爱尔兰自治是格莱斯顿20多年政治斗争中传道工作的必然结果。如同木匠脚下堆积如山的刨花，他经历过无数次党派危机，这是诚实工作必然带来的副产品。面对地主的自私、辉格党人的愚蠢、索尔兹伯里为首的保守党人肆无忌惮的花言巧语以及张伯伦的阴谋诡计，格莱斯顿的天真始终是一个最大的政治弱点，也是他未能实现爱尔兰自治的最终原因。约翰·莫利的名著《格莱斯顿传》（1903）完全是建立在这种观点之上，并开创了一种延续至今的历史传统。[21] 这一流派的著作中，贯穿始终的并非对格莱斯顿的崇敬，而是倾向于用一种爱尔兰自治的意识形态来解释1885—1886年政治家们的活动，即每个参与者都是基于一种预定的信仰框架相机行事。

如果换个角度审视这一时期的英国政治，这种“意识形态”模式的漏洞就暴露出来。首先，事实证明，在危机的几个月里，政治家们很少做到始终言行如一，除非像詹姆斯以及某种程度上的哈廷顿那样过早地公开表态。德比伯爵是与比肯斯菲尔德分道扬镳的外交大臣，1882年底后一直是晚期格莱斯顿政府的大臣，他完全是从意识形态角度考虑爱尔兰问题，但1886年的大多数时间里，他沮丧地发现自己的同僚并不这么想。例如，哈廷顿很快就推翻了早先的承诺。1886年7月，他向詹姆斯表示，“我不喜欢爱尔兰自治，永远不会喜欢，但在目前情况下，如果我反对格莱斯顿先生，并被要求制定一项替代政策，那我觉得只有使用刺刀一途，我不认为自由党人会允许这种做法”。[22] 同样，传记作者从约瑟夫·张伯伦的档案中发现了“一种极端反复无常的倾向”。至于张伯伦行为背后的动因，与其说是出于帝

---

*　爱尔兰位于英国的西面，与英国隔海相望。这里指爱尔兰问题始终笼罩着英国政坛。

国狂热，似乎更有说服力的解释是出于这样一种担心，即因为爱尔兰自治而推迟工人阶级要求的改革，将引发革命。[23] 对于一个野心勃勃 175 之人来说，当务之急是投靠哈廷顿，这也是更符合情理的做法，因为提出激进纲领就已经葬送了在格莱斯顿手下向上爬的希望，他在 1 月只得到低级大臣职位。伦道夫·丘吉尔勋爵虽然喊出了反对爱尔兰自治的著名口号（“乌尔斯特要战斗，乌尔斯特没有错”），但 1885 年 12 月后的这段时间里，他的态度反反复复，就像交通信号灯一样在红灯绿灯之间来回切换。不论是斯宾塞还是哈考特，辉格党政治家们不停地抱怨说，为了自己的政党、事业或是对格莱斯顿的忠诚，他们不得不说服自己去做他们根本不以为然的事情。

格莱斯顿的立场也是一个耐人寻味的因素。我们已经指出，他在爱尔兰教会和土地问题上表现出一定的矛盾心理和政治理性。他有些观点的源头通常既来自于所读的资料，也来自身边人的立场；人们可能夸大了他在爱尔兰问题上的看法与“常规”观点的分歧。平定爱尔兰的使命并不需要他亲临其境，实际上他曾于 1877 年短暂到访爱尔兰，从此再未到过爱尔兰。就连忠心耿耿的爱尔兰总督斯宾塞勋爵也心知肚明，格莱斯顿完全不了解爱尔兰的实际情况。“我曾与格莱斯顿先生共进午餐，”斯宾塞的兄弟在 1882 年写道，“我印象很深的是，他显然认为爱尔兰和这里一样平静，只是偶有争吵和愤怒。”[24] 1880 年议会期间，格莱斯顿从未暗示过将支持在爱尔兰实行某种程度的地方自治。当他着手行动时，心里想的不仅仅是爱尔兰自治。他打心底里厌恶诺斯布鲁克、卡林福德和奇尔德斯。至于张伯伦和迪尔克就不只是捣乱者这么简单了，他们是险恶阴谋的幕后黑手，为的是搞垮他，把真正的自由主义引向危险的、隐秘的社会主义。对于一个本应料事如神的人来说，他还缺乏“激情”。[25] 事实上，格莱斯顿在爱尔兰自治问题上的改弦易调几乎没有 1876 年的迹象，倒是有不少 1868 年的症状。

毕竟，他曾经力挽狂澜、反败为胜。当年他曾经因为自由党的内讧而痛心疾首，1885 年他提醒同僚说，他“既不会介入只是一个小派别的政党，也不会插手一个内部分裂的政党”。[26] 他也用不着等待起风：1879 年后大风一直没有停过。即使是爱尔兰自治最强硬的反对者也不敢说把爱尔兰议员赶出威斯敏斯特是可行的；事实上，将爱尔兰人打发回家的想法本身就是一个很大的诱惑。一项旨在实现伟大的
176 道德目标的果敢政策可能会克服激进派很容易陷入的对财产和平等主义的痴迷，将进步力量重新团结起来。如果能把张伯伦一伙人驱逐出党，那再好不过（*tant mieux*）。如果能让辉格党原则摆脱因循守旧，那也是一种改进。如果能证实戈申这样“意志薄弱的自由党人”[27] 起到了把水搅浑的作用，就有助于自由党人夺回 1868 年后的失地，让政党对话重回格莱斯顿和索尔兹伯里驾轻就熟的路线。与 20 年前对爱尔兰教会的攻击一样，对英爱合并的口诛笔伐并不意味着对“高贵的疯子”（迪尔克喜欢这样称呼格莱斯顿）的摧残。总之，爱尔兰自治是经得起推敲的。

问题是格莱斯顿早已没有 1868 年那样的判断力。他的触角不再能感知外界的蛛丝马迹，在爱尔兰政策上陷入前所未有的迷茫之中。他忽略了一个明摆着的事，如果没有长期周密的准备，他的法案即便能在下议院通过，也肯定过不了上议院那一关。赫伯特·格莱斯顿有意泄露格莱斯顿改变立场的消息，本意是为了唤起党内支持格莱斯顿的情绪，结果适得其反，反而使得格莱斯顿的 1 月谈话更难起到软化作用。尽管如此，无论是刻意为之还是策略失误，格莱斯顿按照自己的意愿塑造了政治关注的模式。1885—1886 年，没有任何问题像爱尔兰问题那样成为一个挥之不去的执念（*Idée fixe*）。1886 年 1 月，保守党政府吞并了上缅甸，政治家们却完全无动于衷。2 月，不光彩的离婚事件使得查尔斯·迪尔克爵士的政治生涯就此终结，但没有像以往平静时期那样闹出轩然大波。同样，当年春天的失业者骚乱

也没有激起多大波澜，因为所有人的目光都盯着议会的《爱尔兰自治法案》。在普通民众当中，即便是爱尔兰问题也没有引起多大的反响。1885 年底，德比对民众的冷漠感到寒心。他在节礼日当天的日记中写道：

> 我很奇怪，那些真正重要的事件给公众留下的印象微乎其微。人们几乎没有注意到对缅甸帝国的征服以及可能的吞并。埃及受到的关注就好像它根本不存在一样。巴尔干半岛的复杂局势倒是一个谈资，但似乎没人关心它会如何收场。爱尔兰事务确实得到一些关注……但就连这件事也没有多少热度。

格莱斯顿已经过了能够理解德比这番话的分量和意义的阶段，日后的劳合·乔治也是如此。索尔兹伯里以前不理解，也永远不会理解，因 177
为他并不是用理智来判断这些事情。自由党人未能通过理性过程理解索尔兹伯里凭借本能的思维习惯所领悟到的，这在很大程度上决定了未来十年政党的前途。

变化的地理格局

许多同时代人认为，第三次议会改革法案将民主引入了英国。这种误解也反映在受教育人士的舆论中，宪法教科书、严肃报刊以及圣詹姆斯俱乐部的耶米利们都秉持这样的观点。户主选举权在一代人心中牢固地树立起一个有产者社会的形象，并为其配备了新的合法性工具。它掩盖了一个事实：1884 年后，许多类别的房客、佃农、佣人和军人仍然没有选举权；它也没有考虑到选民登记中始终存在的异常情况。事实上，直到最近才证实，1918 年第四次改革法案前可能有多达 40% 的成年男子没有投票权，这犹如当头棒喝，任何关于维多利亚晚期和爱德华时代“劳工崛起”以及大众政治地位的论述都应该对此大书特书。[28] 这并不是说 1884 年增加了 80% 的英国选民无足轻重。相反，有必要从地理视角来进行分析。爱尔兰的选民增加了 50 万人，苏格兰增加了一倍，这两个地区是 1884 年改革最大的受益者。此外，1885 年对选区进行了重新分配，提升了凯尔特外缘的力量，因为爱尔兰和威尔士的议员人数超出了其人口比例。

事实上，1885 年的选区重新分配是 19 世纪英国政治版图最重要的一次变革。下议院的席位从 658 个增加到 670 个。人口不足 1.5 万人的选区被取消了议席，这对保守党来说是一个打击，但这完全在他们的预料之中，他们通过戈斯特在大城镇的组织工作，已经准备好迎接这一打击。人口在 1.5 万—5 万之间的老议会选区保留一个议席；5 万人以上人口的老选区保留两个议席。然而，这并不意味着“新兴”市镇自动按照同样的标准获得议席。无论如何，对于最终形成的选举格局而言，这些大体的指导方针的影响要小于重新划定选区边界。在
178 这个问题上，托利党人赢得了补偿（*quid pro quo*），放弃了小市镇。索尔兹伯里把伯克式政治体“利益”观念带回到政治结构之中，因为他坚持将“民心所向”作为区分同质化选区的核心标准。农业地区已经与工业地区分离，这正是格雷及其辉格党人在 1832 年为之奋斗的目标。城市里的中产阶级（保守党）地区连成一片，并且与工人阶级地区分隔开来，从而获得了凝聚力。[29] 与此同时，许多市镇选区的议席从两个削减为一个，这样一来保守党人就有很多机会直接与自由党人交锋赢得城市席位，尤其是因为“自由党”越来越偏向“激进派”，在只有一个议席的情况下，当地自由党人不能让辉格党人和激进派同台竞争。因此，索尔兹伯里在阿林顿街的会谈可谓是塞翁失马，焉知非福，奠定了保守党在 1906 年前大部分选举胜利的基础。

然而，无论这些新安排对选举策略产生了何种影响，其内在逻辑都是为了满足一个业已消失的想象中的社会群体的需求。1846 年以

来，“城镇”与“乡村”之间的对话一直是政党战略的主题，但 1870 年代末的经济萧条使得双方的对话戛然而止。不用说，土地政治的权力基本上未受触动。例如，对多塞特郡和威尔特郡等地的研究表明，小土地所有者的权力完全被大土地所有者夺走。[30] 但是，城市化让哥特式乡村观念荡然无存：罗斯金和威廉·莫里斯复兴中世纪气质的努力，就像柯林斯在激进纲领中隔靴搔痒地提出的人人都拥有“三亩地一头牛”一样，充分表明工业化英格兰的愿景一去不返了。我们要描绘的不是工业的北方和西部与农业的南方和东部相对立的简单图景，而是反映出区域性经济功能差异的马赛克图景。1890 年，曼彻斯特棉纺巨头、东北部煤矿主和伯明翰制造商已不再是创造财富的先驱。这一职能已经转移到伦敦城金融资本及其商业银行家，向西转移到利物浦、格拉斯哥和贝尔法斯特的船东、工程师和化工生产商，尽管这些人都有长老会派的背景，但他们不从国教者的自由主义给 19 世纪中叶工业主义带来了锲而不舍的精神，成为保守主义的支柱。[31] 巨大个人财富影响到政治结构中最敏感的一点：婚姻市场，也让富有的女性得以将自己的基本权利注入此时大量出现的双姓之中。* 威 179
廉·哈考特爵士的儿子与约翰·皮尔庞特·摩根家族联姻；H. H. 阿斯奎斯与玛戈·坦特南结婚，后者的父亲在格拉斯哥的化工厂赚了 300 万英镑；阿尔弗雷德·利特尔顿与玛戈的姐姐结婚；当时人们看到的这些联姻还只是冰山一角。

新的地理格局意味着下议院后座议员构成有了新变化。1885 年，两党议员中至少有一半人有商业或工业背景，认清这一点无疑有助于理解他们的行为。但不能把他们看成铁板一块的整体，否则可能产生误导。因为这些商业活动领域在世纪末（*fin-de-siècle*）的英国利

---

* 双姓由父母双方的姓氏组成，一般表明双方家族的地位和财富旗鼓相当。例如，英国首相坎贝尔–班纳曼（Campbell-Bannerman）的姓氏，就是由他母系的姓氏（Campbell）加上父亲的姓氏（Bannerman）构成的双姓。

润尤为丰厚，并且带有明显的保守党色彩：事实上，1895年，自由党的《曼彻斯特卫报》抱怨说，伦敦到兰开夏两地可以理直气壮地将100名托利党议员送入下议院。[32] 这些年里许多保守党后座议员来自银行业和酿酒业，他们的名字给下一个世纪投下了阴影。在制造业议员——如1892年进入下议院的斯坦利·鲍德温的父亲阿尔弗雷德，1900年“卡其大选”[*] 中进入议会的格拉斯哥人博纳·劳——占据主导地位的背景下，关税意识可能成为一个主要的决定因素。另一方面，“商业自由党人”如今有了两副面孔。不从国教派实业家的传统势力范围是曼彻斯特和西赖丁：人们会想起曼彻斯特公理会的支柱、1880—1885年代表索尔福德的自由党议员本杰明·阿米蒂奇（其父是埃尔卡纳·阿米蒂奇爵士）；或是1886—1896年代表索尔比的自由党议员爱德华·克罗斯利，他家的地毯比他的政治声誉名气更大；或是1880—1885年代表考文垂的自由党议员W. H. 威尔斯，他是布里斯托尔卷烟厂的百万富翁。此外还有更有冲劲的激进主义新一代，这个群体仿效张伯伦和柯林斯的城市激进主义，以一种不同的新贵（*nouveaux riches*）形象示人，俱乐部里盛行的流言蜚语说他们频频被俱乐部拒之门外，而且对仆人粗鲁无礼。激进主义正逐渐褪去从拉布谢尔和迪尔克等人那里一度获得的公学、外交部、严肃媒体和律师学院的特色。它已经进入伦敦金融城和城市发展中心之外的“第三世界”。在那里经济衰退的环境中，它遇到了有组织劳工的坚定力量。

1888—1889年，火柴厂女工、煤气工人罢工，尤其是码头工人罢工期间，工联主义有了重大发展，那就是它开始渗透到国民意识之中。这一趋势的源头至少可以追溯到这个十年的中期。非技术工人和女工的工作生活已经远离了使用抛光的黄铜和铜版信笺的同业工
180 会。他们成为“新”工会的普通会员，积极捍卫劳工力量，争取提高

* 卡其大选指战时或战后举行的大选，因军服的卡其布而得名。

工资、改善工作条件。他们的领袖约翰·伯恩斯、汤姆·曼、本·蒂勒特等人的语言要比亨利·布罗德赫斯特和约瑟夫·阿奇欣更犀利；他们的行动“使守旧的庸人们大为惊愕”（*pour épater les bourgeois*），从而有别于奥哲尔和阿普尔加思那一代工联主义者。他们加入失业者的游行示威队伍，从而挑战了“自由党-工党”工联主义者的改良派政治，后者认为自己在自由党内部捍卫工人阶级的权利。1890年代，随着工会会员突破150万人大关，有组织的劳工开始采取自觉行动，组建自己的政党，1893年和1900年相继成立了独立工党和劳工代表委员会，赞助工人阶级人士参加议会选举。当然，一些工人阶级人士已经成为下议院议员。1870年代，伯特和麦克唐纳进入议会，到1886年，自由党-工党分子已经拥有九名议员，直到1906年取得突破性进展之前，这一人数始终没有显著上升。由于连续三任工会代表大会的书记亨利·布罗德赫斯特（特罗特河畔斯托克选区，1880年）、查尔斯·芬威克（诺森伯兰郡旺斯贝克选区，1885年）、萨姆·伍兹（埃塞克斯郡沃尔瑟姆斯托选区，1897年），都属于自由党-工党分子，工会代表大会充当了劳工与统治阶级之间的联系人。但即便是在这里，“劳工”的另一层含义也逐渐凸显出来。1885年大选中，很快就被大家称作“梅本”*的威廉·亚伯拉罕发现自己被朗达的自由党竞选指导委员会拒之门外。他转而以自由党-工党分子的身份独立参选，并成功当选：这还只是众多类似例子中的第一个，尤其是在苏格兰。[33] 1892年大选中，海员领袖约翰·哈夫洛克·威尔逊赢得了米德尔斯堡的议席，成为第一位凭借“独立工党”纲领击败自由党人并在选区排名第二的候选人。约翰·伯恩斯在同年大选中赢得了巴特西的选举。他倒不需要击败自由党人，但值得指出的是，赞助他

---

* 梅本（Mabon）之名源自古代威尔士文学和神话中的英雄人物 Mabon ap Modron，意思是伟大的儿子。

的既不是自由党也不是工会，而是社会民主联盟。

社会民主联盟成立于1884年，其前身是1881年的民主联盟。它的灵魂人物亨利·M. 海德门是颇有名气的通俗作家，尽管他经常剽窃、篡改和删节卡尔·马克思的著作。马克思（去世于1883年）认为海德门是个小丑；但海德门所写的《大家的英国》（1881）、《社会主义简述》（1883）等书引发了人们对马克思社会主义的兴趣，使
181 之在1880年代下半叶流行开来。另一个值得一提的组织是1884年成立的费边社。它的定位从来不是马克思主义，萧伯纳、西德尼·韦伯以及比阿特丽斯·韦伯夫妇为其提供了思想活力（*brio*），《费边文丛》出版于伦敦码头工人大罢工的1889年，呼应了社会批判的永恒主题。除了伯恩斯外，这些组织的人士都未曾赢得过议会席位，除非算上游走于这些组织边缘的奇人R. B. 坎宁安·格雷厄姆，他于1886年作为兰开夏西北选区的候选人进入议会。但他们赶上了一股风，这股风不是从马克思的德国，而是从美国吹来的。亨利·乔治关于土地税的宣言《进步与贫困》（1879）在英国知识分子中拥有大量读者，1881—1882年，他在爱尔兰和英国巡回演说，进一步扩大了读者范围，对社会主义者产生了很大的吸引力，这些社会主义者和内阁大臣一样坚信土地问题是英国经济萎靡不振的症结所在。然而，社会主义者圈子之外的人们对这个问题的看法不尽相同。这些人首先考虑的不是土地分配问题，而是如何从世界上的处女地获取更多土地。

与19世纪其他时期相比，1880年代和1890年代更多卷入了数量激增的帝国主义活动，其中最引人注目的是1882年后所谓的“争夺非洲”。这种扩张主义的表现还有：英国决心进一步扩大在中国的贸易桥头堡；1886年吞并缅甸并加强对印度的控制；为了控制东非而吞并乌干达（1894）；1895—1902年，随着事态的发展，用武力征服了黄金和钻石资源丰富的德兰士瓦。这几十年里，帝国的商业经理

们在政治上崭露头角，他们的迅速崛起十分引人注目，塞西尔·罗兹及其英国南非公司、乔治·戈尔迪爵士及其皇家尼日尔公司就是其中的佼佼者。走在商人前面的是传教士；商人的后面则跟着行政人员，其中最出名的是来自牛津大学贝利奥尔学院的阿尔弗雷德·米尔纳，他先后担任开普殖民地总督和南非总督，培养了一批文官、政治家和新闻记者，这些人回到英国后将大显身手。[34]地图册变红*停留在学术猜测上，即便如约翰·西利爵士在剑桥讲座《英国的扩张》（1893）中所说，这一过程是在心不在焉的状态下发生的。1890年代，三位外交大臣索尔兹伯里、罗斯伯里和金伯利意识到帝国事务不容忽视； 182
在1887年和1897年举国欢庆女王登基50周年和60周年之际，只有傻瓜才会忽视帝国。一种独特的英国式民族主义政治为各政党在长期的政党纷争中屹立不倒提供了基础。此外，罗斯伯里曾说，"外交大臣最好边收拾公文箱边哼唱《统治吧，大不列颠》**，这样就不会失去信心"。[35]

观念有其自身的"地理"，即一系列被统治者认可的参照点。今天看来，这些参照点与地图并不完全吻合。例如，帝国事务似乎并没有在1882年干预埃及后立即成为一个关注点，而是在1888—1892年间的某个时候为了应对东非事件，而不是罗兹的南非公司的恫吓。国内形势严峻，各政党疲于奔命，使得英国在帝国事务上起步晚。爱尔兰自治危机压倒了更广泛的帝国事务，也引发了对帝国解体的焦虑，一旦爱尔兰危机有所缓解，这种焦虑就会发生作用。此外，1886—1892年的索尔兹伯里政府离不开自由党统一派的支持；索尔兹伯里希望在非洲与俾斯麦合作，确保不打破欧洲的均势；而张伯伦和哈廷顿

---

* 维多利亚时代的普遍做法是将地图上的英国属地用粗体字标注并涂成红色。

** 《统治吧，大不列颠》是英国海军军歌，又称《不列颠万岁》。

出于残存的自由主义意识形态，希望英国远离三国同盟的阴谋，双方的帝国政策存在严重分歧。因此，1888—1889 年德国进逼桑给巴尔，触动了英国人敏感的神经。1889 年 3 月，德国宰相的儿子赫伯特·俾斯麦访问英国，他惊讶地记述道，他“不得不与张伯伦、戈申、罗斯伯里以及索尔兹伯里勋爵的两位常务次官深入讨论桑给巴尔，和每个人都谈了整整一个小时”。[36] 罗斯伯里也参加了会谈，这提醒我们，一些自由党人也开始将帝国主义看成一种需要灌输的教义。对于这些人来说，1892 年是个关键年份，他们在这一年重新上台，罗斯伯里出任外交大臣，他承诺政府将保住乌干达。一批自由党议员，包括 H. H. 阿斯奎斯、爱德华·格雷、R. B. 霍尔丹、亨利·福勒以及 R. C. 芒罗-弗格森，已经以“自由帝国主义者”的身份开始合作，但他们在 1880 年代末仍然主要关注国内事务。只有当俾斯麦的野心开始兴风作浪，使得英国的殖民地政策和外交政策并驾齐驱，并且 1890 年代的国内政治为帝国主义提供了必要的空间，帝国主义才成为一个主要政治关
183 注点。

在此期间，爱尔兰问题势必成为一个大问题，也再次呈现出独特的色彩。选举结果中对自由党有利的“涨潮”被认为代表了英国选民对爱尔兰自治的热情。1890 年退潮时，自由党人却相信潮流仍在涌动，结果，1892 年大选格莱斯顿仅获得 40 个议席的多数，他难掩失望之情。在高阶政治层面（在选区层面可能也是如此），人们关注的并不是民族主义事业的正义性，而是其领袖查尔斯·斯图尔特·帕内尔的两件丑闻：其一是，1887 年 4 月 18 日，《泰晤士报》刊登了一封伪造的信件，让帕内尔背负了两年多的骂名，信中说他私下怂恿了 1882 年凤凰公园的凶手；其二是，他在奥谢上校与妻子凯瑟琳的离婚案中被列为共同被告而受到传唤，这实际上彻底葬送了他在英国政坛的影响力。即便是格莱斯顿也不再认为能在 1893 年通过《爱尔兰自治法案》。1886 年后，爱尔兰的成功故事似乎是保守党政府以及索

尔兹伯里的侄子、爱尔兰事务大臣亚瑟·“嗜血者”·贝尔福实施的镇压政策。

如果说在爱尔兰问题上两党都秉持狭隘的立场，那么他们对苏格兰和威尔士的看法很难表明他们向民族主义做出了让步。1880年，托利党人在苏格兰仅仅赢得7个席位，这种有史以来最差的竞选表现或许有助于解释为什么他们在1885年愿意支持组建苏格兰事务部。然而，格莱斯顿和自由党人并没有意识到苏格兰在重新分配选区后的政治结构中日益重要的地位。格莱斯顿对苏格兰教会的政教分离问题漫不经心，很显然他对此事不以为然；1886年，佃农们得到了想要的法案。对于其他人来说，中洛锡安的纸上谈兵就已经绰绰有余了。1886年，自由党人在苏格兰东部大获全胜，W. A. 亨特（1885—1896年代表北阿伯丁的自由党议员）这样的人如果能够获得晋升，自然是皆大欢喜，但他一无所获。同样，蒙哥马利郡议员斯图亚特·伦德尔合情合理地要求自由党承认他在威尔士的重要性，但就像苏格兰一样，自由党人只是向激进派汤姆·埃利斯提供了一个低级职位，此外再没有做出任何努力。如此多社会态度需要“润滑”，赞助体制的车轮可能会缺少润滑油。毕竟，格莱斯顿与“温文尔雅的老派政治家”打了一辈子交道，自然会觉得亨利·福勒这样“精明能干的伍尔弗汉普顿律师”很难相处。[37] 人们不禁要问，倘若要与来自波特马多克的那位桀骜不驯的律师在内阁共事，不知格莱斯顿作何感想，后者在1890年代表卡那封城进入下议院。格莱斯顿倒不用受这种折磨，他的继任者 184
却要面对劳合·乔治。

诸如此类的社会评论在英国经久不衰。它们出现在格莱斯顿第二届内阁会议的一个精彩时刻，哈廷顿侯爵对第十五代德比伯爵嗤之以鼻，认为后者“只是个利物浦收租人”。[38] 1885年大选中，约瑟夫·阿奇当选为议员——这在几年前还会被当成天方夜谭——当他戴着圆边帽，穿着让理查德·克罗斯爵士大为不快的乡下外套出现在下议院时，引起了一阵窃笑。克罗斯不知道的是，伦道夫·丘吉尔勋爵出于同样的偏见，将他和史密斯比作马歇尔和斯内尔格罗夫*。更严重的是，这种态度使得各政党看不清自身的利益所在。一些保守党人并没有因为在大城镇的强势地位而欢欣鼓舞，而是踌躇满志地将目光投向了从前属于他们地盘的各郡。丘吉尔对失去这些地盘痛心疾首。索尔兹伯里的态度更有建设性，1890 年代初，他不顾城镇中不从国教者反对，大力支持免费教育，部分原因是“农业工人比循道宗牧师更有价值”。[39] 自由党人得出了截然相反的结论：“如今我们在各郡占据优势，我们要牢牢抓住这种优势。”事实上，他们之所以在各郡有“优势”，完全是因为从 1888 年第三次改革法案到 1894 年地方政府改革的“民主化”进程带给他们一个合适的形象。[40] 另一方面，他们在城市的核心机构濒于瘫痪。伦敦和兰开夏的中心地位没有得到重视，1895 年和 1900 年，自由党人发现在全国许多选区甚至推不出自己的候选人。

1884—1885 年的民主话语让人们对财产和国家的稳定产生了担忧。1881 年后，格莱斯顿在爱尔兰地主身上看到的那种“普遍的懦弱”蔓延开来，想落荒而逃的人越来越多。彭布罗克勋爵认为自己在威尔顿的选区没有前途，肯定会“被大众掠夺、切碎和瓜分”。议会改革后，戈申软弱的膝盖也没有变得强壮。他在 1886 年写道：“最郑重其事、惊世骇俗的主张对整个社会结构造成了冲击，但这些主张并不是被一笑置之，也没有被义正词严地驳斥，而是被玩弄于股掌之间，就像 20 年前我们对待投票选举、6 英镑选举资格或爱尔兰教会一样。”向后推 10 年，戈申的话听上去像是在附和晚年的詹姆斯·格雷厄姆爵士的看法，他对所有事物都感到厌倦，因为一切都发生了难以言喻的变化：“方法、语调、主题、人物、原则、欣赏”。[41] 当然，

---

* 马歇尔和斯内尔格罗夫是伦敦一家著名百货公司的创始人。

公众也没空理睬他。倘若用他的名字给站台命名，就像 1885 年伦敦 185
一座站台被命名为拉布谢尔站，那肯定会招来骂声一片。倘若提议用哈廷顿来命名，恐怕只会得到一阵令人难堪的沉默。最终，“你只能用傻子品德高尚之类的胡扯来吹捧他”。[42]

如果说新公众的出现给政治家们留下了深刻印象，那么也会找到控制公众情绪、发现民心所向的新方法。例如，1885 年后，地方主义开始成为一个主题。正如 1832 年和 1867 年改革推动了后续的地方政府立法，1884 年的改革促使人们关注地方民主。1885—1886 年的保守党政府对这个问题嗤之以鼻，置之不理。1888 年，C. T. 里奇的《地方政府法》建立了郡议会，并将其职能与自治市镇区分开；1894 年，亨利·福勒的法案规定在 300 人以上的社区建立教区委员会。这两项法案引发了激烈的辩论，争论的焦点是地方参与（保守党人持反对态度）的利弊，以及地主和英国国教会等传统地方权力中心的长期需求和地位。对地方的关注也体现在地方行政长官的任命上，自由党人尤其有紧迫感，他们想改变乡绅和教区牧师的地盘的政党力量对比。值得注意的是，1892 年和 1906 年自由党执政期间，新任地方行政长官人数达到顶峰。[43]

每日晚间的报纸宣告了另外一种机制的诞生。1880 年后，随着通信和报纸技术的改进，报纸读者群有了很大发展。福斯特的《教育法》以及义务教育和免费教育先后引入（1876 年、1893 年），进一步促进了大众新闻业发展，像乔治·纽恩斯，尤其是 1896 年创办《每日邮报》的阿尔弗雷德·哈姆斯沃思这样的媒体人搭上了这股东风。1880 年代，晚报已经在伦敦、兰开夏和西赖丁站稳了脚跟，并将在随后十年里扩展到其他地区，尤其是西米德兰兹郡。这种扩张扭转了地方报纸中政党支持的不平衡状况。到世纪之交，自由党报纸在 1870 年代的优势—— 1878 年有 487 家自由党报纸，282 家保守党报纸[44]——已经被削弱。政治家们不可能不考虑这些变化，哪怕只是为了了解现在的政治危机是如何以迅雷不及掩耳之势爆发。1886 年，格莱斯顿提出《爱尔兰自治法案》时发表了长达 2.5 万字的演说，旁听席上的记者逐字逐句记录下来。午夜时分，演说词已经在曼彻斯特、利兹和爱丁堡排版印刷了。

186 公众以“社会”的集体面目悄无声息地介入了政治，在这种理想化的社群愿景中，政治家们充当了民众主权意志的监督者和仆人。这种观念部分源自大学和一系列自由主义理论，其代表人物是牛津大学贝利奥尔学院的哲学家托马斯·希尔·格林，以及第二代作者伯纳德·博赞奎特、D. G. 里奇、L. T. 霍布豪斯、约翰·霍布森和政治家赫伯特·塞缪尔。他们的著述并未对政治家的行动产生多少直接影响，但到 1890 年代末，他们的一些关键术语和措辞出现在演说和竞选宣言中。在强调社会政策重要性的新秩序中出现了一种更为引人注目的新现象。这种想法可能会被其拥护者过分夸大，他们常常让内阁同僚感到厌烦，并坚信自己的观点已经得到了认可。然而，过去几年来，政府大规模干预民众生活，对亲历者的观念造成了冲击。人们无需对公共卫生产生好奇心，也不需要对亚瑟·阿克兰感兴趣，也能隐约意识到，1880—1884 年，1905—1909 年，提交内阁讨论的有关“社会”问题的备忘录数量翻了两番。实际上，正是在这个时期，“政策”和“纲领”（印刷或手写时通常用引号标出）开始得到广泛使用，并且对政党领导人提出了新要求。当阿克兰和阿斯奎斯等政治活动家捕捉到当下的潮流，他们敦促自由党领导人公布他们的“政策”。伊舍反问道:“为什么要这么做？”这表明他对此仍有强烈怀疑。[45] 1891 年，全国自由党联盟支持《纽卡斯尔纲领》，确认了“纲领”一词的使用，而 1885 年曾因为擅自使用这个词导致自由党舆论一片哗然。

随着官僚机构规模扩大和加速发展，其非人格化特征和能量也增强了。1882 年，格莱斯顿的私人办公室在六天内收到了 550 封信件，虽说这一数量“高于平均水平”，也在一定程度上反映出中央的行政负担之重。在远离中央的都柏林，贝尔福的私人办公室平均每天要发出 70 封信函。在这样的背景下，文官发挥了举足轻重的作用。外交部的艾尔·克洛爵士、教育委员会的罗伯特·莫朗特爵士都有辉煌的职业生涯。私人秘书的幕后世界也是如此，比如格莱斯顿的秘书艾迪·汉密尔顿和阿尔吉·韦斯特，贝尔福的秘书乔治·温德姆（后出任保守党大臣）和杰克·桑达斯，戈申的秘书阿尔弗雷德·米尔纳。大臣们身后那些不露面的人现在似乎大权在握。例如，外交部和殖民地部“全是辉格党人”，这让米尔纳深感不安。[46] 不论秉持何种政治立场，新的行政人员肯定会带来不一样的风格，一种更接近于政治家 187
的风格。像外交部的庞斯富特、柯里和桑德森之流，有时会跻身于高阶政治阶层的行列，就像老校友在狩猎聚会或是时髦的名流高尔夫球场碰面，很容易建立起密切的政治关系。另一方面，人们再也不能指望把门生故旧安插到行政部门，至少是安插不了接近高层的岗位：高级官员必须上过大学，并且通过考试来选拔。官僚机构形成了自己的生态。

那些习惯了仅需通名报姓就能一路畅通无阻的人发现，世界变得越来越小，也越来越充满敌意。如果说君主制的地位大大提升——1892 年，女王阻止了拉布谢尔（共和派）进入格莱斯顿内阁；1894 年，她越过斯宾塞（爱尔兰自治派）任命罗斯伯里为首相——那么 1888 年后，上议院备受攻击，内阁中多得不成比例的“贵族阁员”也受到指责。[47] 但腐败远不止于此。展望未来，德比认为“乡村贵族的前景比我那个时代还要糟糕”，格兰维尔无力偿还向他借的钱，无疑让他越发沮丧。事实证明，格兰维尔的情况并非个例：1881 年，约翰·曼纳斯勋爵不得不争取国家养老金，诺斯科特和克罗斯也都曾催促格莱斯顿为自己发放养老金。从许多方面来说，1890 年代的人追求的仍然是 1810 年代的目标：“有房子有钞票的领袖。”那些有志于从政的专业人士造成了一种困境，即使 1911 年实行了下议院议员薪酬制度，也没有从根本上缓解这种困境：20 世纪有一个特有的现象，那就是一旦意外停发薪酬，内阁大臣们立刻陷入捉襟见肘的窘境。例如，1894 年格莱斯顿退休后自由党的黑暗时期，由于担任政党领袖需要很大的财力，实际上阻碍了阿斯奎斯脱颖而出。不过，阿斯奎斯这样的人起起伏伏、你来我往，并不会产生太大的影响，因为三个人主宰了这个时期的政坛，对于这三个人来说，不论他们本人是贫是富，钱都是最不需要操心的。

张伯伦、丘吉尔和索尔兹伯里（1886—1890）

就在 50 岁生日前几个月，约瑟夫·张伯伦从 1886 年格莱斯顿政府辞职。对于张伯伦来说，过去一年可谓流年不利。他的“激进纲
188 领”在公众中未能取得预期的反响：事实证明很难找到拉布谢尔捕风捉影的所谓“城市奶牛”，他“把钱都花在了免费学校上”，但并未在城市中获得多大影响力。[48] 他决定加入第二届格莱斯顿内阁，原本是想和哈廷顿一起从内部抵制爱尔兰自治，但事情很快证明这是一个失策。在他的对头看来，他在大臣任上的主要成就是打乱了格莱斯顿对未来的构想。仅就这一点而论，他并不孤单。保守党议员伦道夫·丘吉尔勋爵千方百计刁难诺斯科特和索尔兹伯里，就像张伯伦总爱找格莱斯顿的麻烦一样。尽管两人向世人展示了不同的话语和策略，但在历史想象中都扮演了各自领袖意图维持的政党架构的破坏者角色。

伦道夫·丘吉尔生于 1849 年，作为第七代马尔博罗公爵的儿子，他生来就拥有所有政治优势。但作为家中的第三个儿子，他也面临前途未卜的风险，英国贵族阶层用这种风险来鞭策失败者。布伦海姆[*]的上流社会管不住他的任性。伊顿公学——亚瑟·贝尔福和

* 布伦海姆宫是马尔博罗公爵的府邸，位于牛津附近的伍德斯托克。

未来的罗斯伯里勋爵也出自这所学校——也没有管教好他。至于他在牛津大学默顿学院的求学经历，据说，“不能认定他的大学生涯是无所事事、自暴自弃和乌烟瘴气的”，但这个开脱也未免太过愤世嫉俗了。大学毕业后，他找到了巴黎的夜生活以及漂亮的美国女子珍妮·杰罗姆，1874 年，他与珍妮结婚，并在家族选区伍德斯托克当选为保守党议员。1876 年，他进入下议院，随即表现出他的朋友们所说的“特立独行”，他表示愿意加入辉格党乃至张伯伦这样的激进派。然而，1880 年，丘吉尔身上的高阶政治印记首次显露出来，组建了所谓的“第四党”。这个派别有四位政治家，丘吉尔、戈斯特、亨利·德拉蒙德·伍尔夫以及首施两端的亚瑟·贝尔福，他们都想对无能的下议院领袖诺斯科特兴师问罪。1880 年，北安普敦的选民为他们提供了一个良机。

两位激进派人士在大选中赢得了北安普敦的席位。一位是亨利·拉布谢尔，他的共和主义被女王视为煞风景，但他从未惹过麻烦。另一位议员查尔斯·布拉德洛则给资深议员们带来了挥之不去的尴尬，让人想起约翰·威尔克斯* 在 1760 年代对议会程序的挑战。布拉德洛 189
臭名昭著的节育观（用女王的话说，这是邪恶中的邪恶**），以及与名声在外的泼妇安妮·贝赞特同居，都表明他缺少格调。但最让人头疼的还是他的无神论，他拒绝进行议会宣誓，还要求另行宣誓。*** 这件事在下议院引起了轩然大波，几乎酿成一场闹剧，随后布拉德洛令人恼火地重新当选为议员，引发了议会旷日持久的争论。直到 1886 年，无计可施的下议院议长只得允许他到下议院履职，同时禁止继续讨论此事，

---

* 威尔克斯（1725—1797），英国报人、政治家、下议院议员，因发表攻击国王的言论而受到议会的排挤打击。政府和议会一再褫夺他的议席，但他多次重新当选。

** 维多利亚女王生育了九个子女。

*** 英国《议会宣誓法》规定，议员就职宣誓中有“凭一个真正基督徒的信仰起誓”的誓词，因此无神论者布拉德洛拒绝使用这样的誓词。

才平息了纷争。[49] 但是，尽管这件事对政府来说只是癣疥之疾，却使丘吉尔成为基督教正统观念的支柱以及反乡绅的保守主义锋芒毕露的代言人。

从此，丘吉尔和他的党羽成天指责诺斯科特，并且像张伯伦撕咬辉格党人一样盯着各郡议员不放，从而引起了议会旁听席和新闻界的关注。这样的场景令人难以忘怀：戈斯特站起身来指出，“身为政府首脑的阁下忘了回答反对党领袖忘了提出的问题”。[50] 尽管丘吉尔志在必得，但总是让人怀疑他在耍花招。他虽然全面阐释了“保守主义”，但很快会弃之如敝屣。他抨击斯宾塞采取强硬措施打击在迈阿特拉斯纳村杀害一个爱尔兰人家庭的凶手，在法律与秩序游说集团看来，这似乎证明他将机会主义凌驾于政策和审慎之上。事实上，他在爱尔兰问题上的立场似乎有两个焦点。他母亲是伦敦人，这使他看起来像个新教徒，但他毫不掩饰自己对乌尔斯特上流社会刚愎自用的长老会派的深恶痛绝，也不由自主地流露出与都柏林职业阶层的惺惺相惜。1885 年，索尔兹伯里任命他担任印度事务部大臣，丘吉尔实现了自己的一个目标，那就是取代迈克尔・希克斯・比奇成为保守党接班人，还把比奇绑在了自己的战车上（这对奇怪的搭档性格迥异，就像 30 年后的博纳・劳与劳合・乔治一样）。他未能超越诺斯科特、克罗斯、卡那封和史密斯；他还不是索尔兹伯里离不开的人。

1885 年秋天，爱尔兰自治问题突然成为一个主要关注点，但丘吉尔并未从中受益，因为它促使索尔兹伯里最终与丘吉尔想要排挤的人站在一起。反之，他不得不低调行事，直到哈廷顿对格莱斯顿的新方针有了明确打算。哈廷顿也蒙在鼓里的是，圣诞节和新年期间，许多保守党人关起门来，大搞挖空心思的（*recherché*）拉帮结派，其中最令人咂舌的安排是将索尔兹伯里安插进阿吉尔公爵领导的外交部。
190 哈廷顿最终不肯妥协，使得丘吉尔一度强烈反对爱尔兰自治，因为形势已经明朗，任何中间派运动都无济于事。诚然，张伯伦从政府辞职后，保守党领导层有了一个“与冷淡、滑头的辉格党人完全不同的盟友，此人的底细很难查清楚，也很难合作”，这个非常清楚“我们的大目标是甩掉格莱斯顿”的人进入了政治中心。[51] 毫无疑问，丘吉尔想在索尔兹伯里最终摊牌前打出橙带党这手牌，以便助张伯伦和哈廷顿一臂之力，挺过这段混乱时期。当丘吉尔、张伯伦、哈廷顿和戈申商议如何行动，反击格莱斯顿时，保守党领袖并不打算袖手旁观，他着手压制这些人，1886 年 5 月，他在党内会议上发表了演说，即所谓的“霍屯督人”演说，又称“手铐和马尼托巴”演说，他在演说中使用托利党人的所有刻薄语言提及了凯尔特人种族劣等和实行强制措施的必要性。敏感的自由党人和辉格党人都不能容忍这种语言，而这正是问题的关键所在。索尔兹伯里重塑了政党对话的两个极端，并且撤出了中间地带。1886 年 5 月起，保守党政治成为他的囊中之物。

第三代索尔兹伯里侯爵罗伯特·亚瑟·塔尔博特·加斯科因-塞西尔（1830—1903）一生都生活在异己者之中。他们在学校里欺辱他——伊顿公学的经历对他的影响不亚于对斯宾塞·沃波尔的影响，他不禁下定决心，等自己和折磨他的人长大后好好收拾他们。他鄙视那些揪着他在牛津大学的“四等荣誉学位”不放的“热心人”。* 他所有的情感都倾注到自己的家族，这个源远流长的家族对英国政治的影响可以追溯到伊丽莎白女王时代的伯利勋爵威廉·塞西尔以及胡克和劳德 ** 的教会，如今却在一个充斥着贪婪、伪善和谎言的工业社会中苦苦挣扎。虽然 1874 年他与迪斯雷利达成了和解，但他既没有忘记，也不会原谅保守党人是“进步”的同谋：1829 年、1846 年和 1867 年

---

* 英国大学的荣誉学士学位有三等四级。这里是指有人挖苦索尔兹伯里在牛津大学属于差生。

** 理查德·胡克（1554—1600），英国神学家，他的多卷本《论教会政治体的法则》论证了英国国教体制的正当性。威廉·劳德（1573—1645），曾任坎特伯雷大主教。

的“变革场景”仍然留在他的脑海中，仍然是要避免重演的画面。从他钟爱的乡间别墅赫特福德郡哈特菲尔德庄园、伦敦阿林顿街宅邸以及外交部办公楼，他请求（从来没有指令）他的党肩负起责任，遏制他所认为的伪装成慈善事业的腐败日益蔓延：

> 我们正处于不流血的内战状态。倘若不遵守共同的原则，不
> 191 尊重共同的制度和传统，就无法团结各派争权夺利的政治家。披
> 着虔诚外衣的花言巧语的共同目标是侵夺人和物。[52]

索尔兹伯里头脑清醒地对侵夺行为进行了限制，比迪斯雷利更好地抵挡了国内的激进主义和国外的民族主义。他成功地维持了这些限制，不仅凸显了政治智慧，也确立了有史以来最令人肃然起敬的保守党政治家的历史地位。

1886年7月，再度执政的索尔兹伯里任命丘吉尔为财政大臣，这也许是出于对丘吉尔的敬重，也许是为了奖励丘吉尔当年春天以来的效忠。但在第四党看来，1886—1892年的新政府乏善可陈。戈斯特得到了印度事务部的低级职位，而且受到张伯伦的攻击对象克罗斯的监视。11月，贝尔福以个人身份而不是苏格兰事务大臣的身份加入内阁，尽管日后他在爱尔兰事务大臣任上声名鹊起。随着地位提升，贝尔福对丘吉尔的支持也在减少，但目前伦道夫勋爵想利用他为托利民主引入温和的基调，并且“为张伯伦扮演迪尔克的角色提供明智和冷静的判断”。[53] 丘吉尔的另一个成功是把自己的门徒亨利·马修斯推上了内政部的位置，但马修斯的无能使得这一胜利昙花一现。这些人事任命并没有拉近丘吉尔和索尔兹伯里两人在关注点和轻重缓急上的距离。诺斯科特（以伊兹利伯爵的身份）掌管外交部，确保了丘吉尔的亲德倾向无处宣泄；而索尔兹伯里在地方政府改革上搪塞推诿，让财政大臣忍无可忍。在丘吉尔看来，自由党统一派显然是稳定的关

键，而张伯伦的激进派追随者会要求采取主动的政策行动。正是出于这种考虑，1886 年 10 月 2 日，他在达特福德发表的演说引起了报界密切关注。他希望索尔兹伯里政府“向英国人民证明，自由党统一派采取的路线（离开格莱斯顿）是正确的，他们做出的重大政治牺牲是合理的”，许多观察家认为这种观点是朝着伯明翰迈出的重要一步。

到头来，这种观点是否能自圆其说并不重要，因为达特福德演说后不到两个月，丘吉尔就从政府辞职了，像一块石头坠入了黑暗的深渊。他的辞职是基于一些误判。第一，他曾在 1884 年以退为进，辞去了全国保守党协会联盟主席一职，但此举大获成功，最终他得以复职：很显然，他相信自己能故技重施。第二，他高估了希克斯・比奇 192
和马修斯等前支持者的忠诚度。第三，索尔兹伯里很清楚，因为他的首席组织秘书告诉了他，1886 年夏天，自由党统一派已经分裂成两派，支持哈廷顿的人有二比一的优势。[54] 因此，丘吉尔必须带哈廷顿走上他所设想的新路。第四，他选择了一条错误的道路。他辞职的由头是内阁拒绝逼迫史密斯削减海军预算，这似乎是将原本的小分歧扩大为对政府大政方针的刻意挑战。索尔兹伯里轻而易举地阻止了丘吉尔把他的行为说成对外交和防务政策的根本性批评。第五，他认为可以通过单方面行动来实现自己的目标（以他为核心改组政府，赶走伊兹利伯爵和老帮派）。因此，尽管 1886 年 12 月他曾就预算策略征求过张伯伦的意见，但他还是自行其是地从温莎（他刚刚在那里觐见了女王）发出了那封致命的辞职信，同时将其发表在《泰晤士报》上。第六，他没有在政府之外找到可以替代他的人：“我忘了戈申。”除了所有这些考虑，我们还可以追溯到他的野心和坏脾气，追溯到梅毒的影响以及治疗药物造成的情绪不稳。丘吉尔不再是 1884 年的那个丘吉尔了。

辞职前一周，丘吉尔曾私下告诉索尔兹伯里说，张伯伦将回到格莱斯顿阵营，除非采取激进的地方政府政策，让他继续对政府抱有希望。然而，即便丘吉尔没有辞职，政府也不大可能出台统一的地方政府政策。索尔兹伯里和哈廷顿的首要任务是制定可能有助于控制民族主义势力的爱尔兰政府方案，而丘吉尔和张伯伦却希望不惜一切代价也要避免让帕内尔在爱尔兰自治问题上更进一步。丘吉尔辞职后，张伯伦按照事先定好的计划，转而着手解决去年秋天让自由党格莱斯顿派耿耿于怀的自由党重新统一问题。新年伊始，在格拉夫顿街的哈考特府邸，自由党人（哈考特、莫利和前任御前大臣赫歇尔）与自由党统一派（前内阁大臣张伯伦和特里维廉）举行了一系列“圆桌”会
193 议。尽管特里维廉最终回到党内并因此遭到双方的蔑视，但这些会议还是无果而终，因为格莱斯顿派执意强加一些条件，张伯伦认为这些条件似乎无异于要求他的党派身披麻布，把格莱斯顿当成部落之神来顶礼膜拜。然而，虽然谈判没有任何成果，但谈判本身就使张伯伦与丘吉尔关系破裂，因此，当伯明翰再度建议丘吉尔组建一个“能在格莱斯顿先生离开后掌控局势的强大的中央党”，丘吉尔反应很冷淡。丘吉尔已经意识到自己离开了哈廷顿将一事无成，他决心不顾自己的弱势地位，“不惜任何代价（*coute que coute*）支持 H 勋爵 *”。[55]1887 年议会闭幕时，张伯伦-丘吉尔轴心彻底破裂。1888 年大选中，由于张伯伦从中作梗，丘吉尔接手布赖特的伯明翰议席的企图落空，两人公开互相指责，进一步加深了双方的裂痕。

张伯伦主义跌落到低谷。格莱斯顿和丘吉尔堵死了两条潜在出路。和哈廷顿一起留在谷底是不可取的，因为没有人知道他究竟想干什么。查兹沃斯庄园和德文郡庄园的访客们钦佩不已的那种勇气和坚定仍然散发出魅力，最新的一个证明是，哈廷顿在伦敦时随身携带一把上膛的左轮手枪，以防芬尼亚党人像凤凰公园袭击他哥哥那样袭击他。然而，哈廷顿给人的印象是精神上还没有做好准备相机而动。他

* 哈廷顿。

拒绝了索尔兹伯里提出的担任首相的提议，但似乎只是想避免做出任何承诺，此外就再也没有其他行动了。自由党统一派很清楚，不能用房子和金钱来刺激他们的领袖，更不用说曼彻斯特公爵夫人和一系列赛马赛事了。尽管如此，张伯伦及其朋友们的激进主义提出了哈廷顿几乎不可能答应的要求。因此，索尔兹伯里建议张伯伦出国一段时间，这个提议让张伯伦怦然心动。首相希望他领导一个委员会，平息美国人和加拿大人为争夺纽芬兰渔业和上岸权而引起的激烈的鳕鱼战争。这至少可以换个环境，也为两年来郁郁不得志的张伯伦提供了施展政治才华的机会。他此时还不知道那里的成功将给国内的事业带来多大的好处。他也不知道自己将经人介绍结识新英格兰的玛丽·恩迪科特，并且将第三次结婚，重拾生活的乐趣（*joie de vivre*）。

1887 年前几个月，保守党政治恢复了稳定。自由党统一派戈申加入保守党，巩固了保守党人与自由党统一派的联盟，也让索尔兹伯里有了一位一流的财政大臣。其他人的不幸也让他获益良多。1887 194
年 1 月，伊兹利去世，索尔兹伯里像 1885 年时一样亲自接管了外交部。比奇患上了眼疾，不得不离开内阁将近一年时间，这对于首相来说简直是喜从天降，他得以摆脱一个软弱无能的爱尔兰事务大臣，转而选派了贝尔福，后者对阿什伯恩在爱尔兰实施驱逐和强制政策上的抱怨和扭捏置若罔闻。保守党人控制了上议院。在下议院，保守党人的席位比自由党和爱尔兰自治党加起来还多 41 席，但这一优势很容易受到有 79 个议席的自由党统一派的影响，尤其是未来几年的补缺选举将蚕食这一优势。不过，哈廷顿没有流露出任何野心或敌意。如果说前方的道路有什么地方走不通，那也是残存的自由主义影响了哈廷顿手下判断力的地方。如果强制措施过于严厉，那么爱尔兰可能会遇到这样的困难。外交政策、经济保护和教育也都是要慎之又慎的领域。

在爱尔兰，随着领主的反动（*réaction seigneuriale*）日益猖獗，驱逐佃农事件层出不穷，土地骚动愈演愈烈。在大臣们看来，唯一可行的政策是（以一项新的土地法案作为甜头）加大强制举措的力度。随着比奇在1887年3月离任，《刑事法案》在夏天变得越来越有效力。该法案在秋天正式成为法律，9月，科克郡米切尔斯顿当局开枪打死三人，表明政府决心武力镇压土地风潮。民族主义者威廉·奥布莱恩和约翰·狄龙制定了“作战计划”，号召佃农组织起来反抗没收土地。随后几年的人间惨剧应该载入贝尔福在都柏林的爱尔兰事务大臣办公室的档案，他用橙带党皮尔时代以来无人能及的效率无情镇压抵抗运动。在这些杀戮的衬托下，一份土地法案看起来有了些许善意，索尔兹伯里厌恶这一法案对财产关系的干涉以及进一步减租（“这让我感到痛苦和悲伤”），只是为了迎合张伯伦宣扬自由主义的需要，并为阿什伯恩的《刑事法案》披上一层糖衣，他才接受了。[56]然而，4月后，爱尔兰淡出了公众和政治家的视线，《泰晤士报》刊登了从一个非常蹩脚的骗子理查德·皮戈特那里买来的伪造信件，这封信让帕内尔背负了两年的骂名，也让贝尔福有了更大的回旋余地。另一方面，从政党层面来说，镇压几乎没有造成任何损失；只有少数自由党统一派因此投奔了格莱斯顿。

195 另一方面，爱尔兰揭开了英国社会伤疤的看法，使索尔兹伯里有了一个名正言顺的理由回避外交麻烦。“国外的前景十分渺茫”，他很乐意附和女王的看法；但他马上就打消了女王想进行武力恫吓的念头，“但英国无法让前景变得明朗。她被一场几乎威胁到生存的争论拖累，在当前的公众舆论下，她无法介入任何决定性的海外行动”。[57]他希望君主和同僚都守口如瓶。索尔兹伯里认为根本不可能通过集思广益的方式来制定外交政策：他曾经说过，靠民主管理不了帝国，管理帝国始终是他此后政治生涯的核心关注点。在俾斯麦的阴影笼罩下，内阁很多时候都在外交部开会议事。但是，在保守党政治中，索尔兹伯里一人扮演了格莱斯顿和格兰维尔两人的角色。索尔兹伯里考虑过那两个自由党人在往来书信中透露的考虑因素。当然，他也与其他人保持联系，他在外交部定期会见高层官员，几乎每天都与史密斯讨论下议院事务，周末与贝尔福见面，还与戈申有频繁的书信往来，但这一时期政治通信讨论的首要问题并非外交事务，只有1888年夏天是个例外，当时对法国人的顾忌一如既往地造成了对国防薄弱的担忧。

索尔兹伯里之所以闭口不谈外交事务，至少有内外两个方面的原因。他很清楚自由党统一派反对与三国同盟有任何瓜葛，但通过《第一次地中海协定》（1887年2月），他满足了意大利希望在地中海地区维持现状的请求，以换取意大利支持英国继续占领埃及。不仅如此，在年底的第二次协定中，他似乎还做出了更多承诺，英国与意大利和奥匈帝国承诺共同维护1878年在柏林建立的保加利亚的完整（实际上是针对俄国的野心）。这个承诺随后给索尔兹伯里带来了来自外部的很大焦虑。这些年里很多英国人都担心，俾斯麦可能会利用英国与三国同盟伙伴之间日益密切的关系，将英国拖入第二场“克里米亚战争”，这场大战将阻止俄国用武力重建《圣斯特法诺条约》规定的大保加利亚，甚至直接夺取君士坦丁堡。与此同时，俾斯麦将进攻法国。因此，英国的政策是防范这两场灾难发生，同时争取德国的亲善，保障英国在埃及的地位。1890年签订的《赫尔戈兰-桑给巴尔条约》体现了英德在非洲的和解，英国割让北海的赫尔戈兰岛给德国，196
德国则在东非做出让步。同时，英国保持中立姿态，婉拒了德国缔结英德联盟的企图。防务恐慌之后的审慎和谋略（*politique*）为1889年的《海军防务法》奠定了基础，该法案提出建造10艘战列舰和38艘巡洋舰，维护英国“两洋标准”的制海权。

索尔兹伯里对全球事务的关注使得大多数保守党人以更加淡然的态度看待关税和郡议会之争。他坦率地承认自己对经济保护问题知之甚少，但基于对关税历史的了解，他对这个问题采取了低调处理的方式，尤其是当时一项新谷物法已经进入人们的视野。地方民主与国家民主一样让他不寒而栗，但他认为不必像边远地区的人那样担心乡绅们造反，因为他正确地认识到乡绅们惰性十足。因此，戈申获准在经济管理领域自行其是，他表现得很出色，尤其是在1888年国债兑付问题上，直到他犯下一个大错，支持里奇的1890年地方税法案，导致全国的戒酒游说团体找上门来。（该法案建议，如果地方当局希望削减酒馆执照数量，可用烈性酒课税收入补偿酒馆老板。）在乡村地区，地主们负隅顽抗，反对将什一税的负担从佃农转到自己身上，并且一直坚持到1891年。1880年代晚期，反对免费教育的人也寸步不让；在这个问题上，索尔兹伯里秉持英国国教立场以及从乡村角度理解世界的态度，加之得到很多后座议员支持，抢在自由党不从国教者攻击教派学校之前推动了免费学校的建立，后者支持收费学校、反对补贴英国国教学校。[58]这项立法也要等到1891年才能问世，但围绕它的争论让自由党人狼狈不堪，他们拿不定主意是该为理论喝彩还是为策略叫屈。这件事并没有让张伯伦难堪，投票的时候他已经悄悄地开溜了，这清楚表明这位全国教育联盟的救星沦落到何种地步。

张伯伦在激进纲领中将“免费学校”列为一个政治议题，这并不意味着将补贴对象扩大到教派学校，正如碰了一鼻子灰的丘吉尔所说，1889年的张伯伦必须得到来自哈特菲尔德的首肯。地方政府改革“与我的思路不谋而合”，事实上他的贡献不大，但他至少觉得自己潜移默化地影响了头脑迟钝的托利党人，并扮演了自己的角色：他在格莱斯顿政治中显然没有任何戏份。“说实在的，”贝尔福在11月
197 表示，“格莱斯顿在世时几乎与我们形影不离，格莱斯顿死后，他总归都要离开我们。”[59]但贝尔福低估了自由党统一派与自由党人之间的敌意。皮戈特伪造帕内尔信件一事被揭穿后，张伯伦一度遭了殃，

因为他从那封信的污名中榨干了每一滴血。但帕内尔很快就离婚了，这位爱尔兰领袖的名声越发不好，尤其是在张伯伦所鄙视的不从国教者当中，而他对R. W. 戴尔忠实的公理会教徒持宽容态度。无论如何，1888 年他从美国回来时观点已经成熟：未来的中心并非爱尔兰而是非洲。“南非政府以及我们与土著部落的关系问题十分有趣和棘手”，他在当年春天给未婚妻的信中写道：“我希望有朝一日能以殖民地大臣的身份来处理这个问题。我很想去开普看一看。”[60] 他的第一个抱负七年后就实现了，第二个花的时间稍长一些。

丘吉尔呢？他在埃格姆租了一座公馆。他依然花钱如流水：养马、生活奢侈、投机性投资。珍妮和其他男人好上了。从贝尔格莱维亚到唐卡斯特和纽马克特，丑闻一路跟着他；落魄的时候，他的谈话总是离不开丑闻。1889 年，这位老政客重新燃起了一点希望，他认为布赖特的死给了张伯伦一个机会，可以把老盟友重新带回伯明翰中心。但他很快就意识到世道已经变了。丘吉尔自己也变了：晚餐后，丘吉尔的眼神因酒精而变得呆滞、因汞剂而变得萎靡*，不再像以往那样让下议院对面议席或自己议席上的受害者心生恐惧。1888 年后，他开始说话颠三倒四，要么嘟嘟囔囔不知所云。1890 年代初，每次演说都成了一场自嘲的黑色闹剧。在生命的最后阶段，他渐渐神志不清，珍妮悉心照料和保护他。他于 1895 年 1 月去世，死时还欠罗斯柴尔德 66902 英镑。[61]

分裂（1890—1895）

虽然 1890 年没有大选或政府更迭，但可以将这一年当作一个方便的起点，来探讨 1890 年代上半叶政治话语特有的分裂和颓废情绪。

---

*　当时治疗梅毒唯一有效的药物是汞剂。

达尔文主义的术语、马克思主义者的社会主义以及近年来的大罢工，使得有政治觉悟的人形成了更开阔的眼界。韶华不再的政治家们言谈中不时流露出这种意识。“N（诺斯布鲁克）发出警告，”德比在1891
198 年2月的日记中写道，“他认为社会主义的发展令人生畏。”年轻的通信者威廉·哈考特爵士也感受到生活的车轮滚滚向前，由于秉持辉格党思想，维多利亚女王复兴了宫廷权力使他倍感烦恼：“在国家走向民主之际，宫廷比托利党人更像托利党人。”[62] 一些大人物离开了舞台的中央，也许让人越发有一种不确定感。索尔兹伯里很高兴看到丘吉尔离开，但下议院领袖W. H. 史密斯一直是政府的中流砥柱，他心脏不好，身体每况愈下，这意味着首相未来将陷入孤掌难鸣的境地。1891年，史密斯与另一位重量级人物帕内尔在同一天去世。两人的死都造成了政治后果。前者迫使索尔兹伯里提拔侄子贝尔福为事实上的继承人，后者则加剧了爱尔兰政党因离婚丑闻而来的分裂。同年，哈廷顿的父亲去世，自由党统一派的领袖以第八代德文希尔公爵的身份晋升上议院，这种权力平衡的微妙变化不禁让人想起1834年奥尔索普的晋升。

1886年后，上议院不再是一潭死水。一旦爱尔兰自治成为政治现实，上议院就会在公众关注和自由党战略中进一步发挥最后一道防线的作用。事实上，拉布谢尔扮演了魔鬼代言人的角色，他提出了一系列旨在彻底废除这一机构的动议。在糟糕透顶的1894—1895年执政期间，罗斯伯里愿意考虑适度重新划定上议院权力的方案，最终连女王都与他反目成仇。女王表示：“我不喜欢他谈论革命。”[63] 虽然自由党人短时间内没能解决上议院问题，但他们持续攻击上议院的根本原因并不仅仅在于爱尔兰自治。1890年，这个问题逐步淡出了自由党的公开争论，这主要是因为格莱斯顿派希望平息这个问题引发的内部分歧。张伯伦一度在演说中明确表示，即便自由党人拒绝了爱尔兰自治，自由党统一派也不会回归自由党阵营，艾迪·汉密尔顿像以往那样，一针见血地揭穿了一半的真相。他认为一切都“非常清楚地证明，他们脱离自由党的真正原因并不是爱尔兰自治”。[64] 他还发现了一个自己更难接受的事实，那就是格莱斯顿从一开始就决定摆脱他们也不是因为爱尔兰自治。

1886 年的第一次《爱尔兰自治法案》失败后，格莱斯顿派在大多数政策上都放低了姿态。在哈考特的宅邸里，人们私下讨论过重新 199
联合的可能性。1889 年在哈瓦登、1891 年在阿尔索普两次讨论过格莱斯顿的政策。从两所宅邸的书房和餐厅发出的指令是所有人都要三缄其口，严禁谈论任何实施爱尔兰自治的细节。然而，围绕采取何种战略，幕后展开了明争暗斗。格莱斯顿言必谈爱尔兰自治，将其视为所有自由党情绪的焦点。在这个问题上站得离他最近的是约翰·莫利。1882 年后莫利一直担任内阁大臣，如今已是站在王座背后的人。莫利是一位自由派知识分子、作家和编辑，他的《论妥协》（1874）给政界知识分子留下了深刻印象。当时（以及后来）大多数人只看个书名不看内容，因此都以为莫利主张妥协，其实刚好相反，他反对妥协，这就是为什么日后他会数次向几任首相递交辞呈。他不仅不知变通，还每每意气用事，让人想起约翰·罗素。如果莫利只想提供格莱斯顿想要的东西，也就是全力以赴地实现爱尔兰自治的巧妙理由，他可能会有一个更快乐的政治生涯。但他自认为是一个高效的行政政治家，立志要走出他所说的爱尔兰后厨，还希望在下一届自由党政府出任外交大臣。

下任外交大臣更有可能的人选是现任外交大臣、第五代罗斯伯里伯爵阿奇博尔德·普里姆罗斯，但他几乎不加掩饰地厌恶爱尔兰自治（他属于党内的帝国派），怀疑倾全力推行单一政策是否明智，因此在格莱斯顿心中的地位下降了。罗斯伯里是格莱斯顿路线之外的替代战略的核心人物，但近年来他的主要精力放在伦敦郡议会的政治活动上，1888 年后，他与伦敦郡议会关系密切，但似乎不具备与格莱斯顿斗争所需的心狠手辣。说到心狠手辣，自由党人更倾向于威廉·哈考特爵士，这位令人畏惧的宪法律师已经证明自己是除格莱斯顿外唯一能在下议院与张伯伦较量并胜出的人。私下里他以一视同仁的高傲痛斥对手、朋友和同僚，即便对自己的领袖也不留半点情面。哈考特 1886 年还留在格莱斯顿身边只有一个真正的理由，那就是想接班成为党的领袖。他非常厌恶爱尔兰自治，原因不是它与帝国主义背道而驰——他同样厌恶帝国主义——而是它有违常识。自由党人面临两大资源短缺，一没有支持者二没有资金。自由党人将吸引“民主化”选民的目标完全寄托在一项单一的爱尔兰政策上，这在他看来简
200 直是不可理喻。自由党人要建立更广泛的基础，就必须推行齐头并进的（*pari passu*）、更广泛的政策，类似于用一份争取选民支持的政策清单——其实就是激进纲领——号召形形色色的“狂热分子”支持共同的事业。

关于爱尔兰自治的圆桌会议无果而终之后，自由党内经过四年的讨价还价，仍没有就解决爱尔兰问题的不同路径达成共识。相反，当断不断导致了更严重的后果。自由党人同意采取大杂烩一般的政策怪招，既拥护爱尔兰自治，又容忍与之水火不容的各种政策。除了爱尔兰自治，格莱斯顿对自由党人的任何行动都没有兴趣。1891 年 9 月，在莫利的纽卡斯尔选区召开的全国自由党联盟会议上，格莱斯顿同意了一份“纲领”，这份纲领就像一张没有底的大网，无所不包却又让人两手空空：对爱尔兰人承诺爱尔兰自治；对凯尔特外缘和不从国教者承诺苏格兰和威尔士的政教分离；对工会承诺赔偿工业事故中受伤工人的雇主赔偿责任法案；对乡村地区承诺新的教区委员会和土地分配；对戒酒游说集团承诺地方有权决定是否售卖烈酒；对自由党-工党分子承诺实行下议院议员薪酬制度；对民主主义者承诺一人一票选举制和议会每三年改选一次。几乎没有人认为所有这些承诺都能兑现。像莫利一样，那些除爱尔兰自治之外几乎不相信其他任何事

情的人认为，自由党人走得太远、走得太快。但哈考特想起一个如今已成为自由党传统的教训。他向莫利表示，“遇到大风暴，有时只有‘满帆前进’才能保证安全，我们应当‘驾驭’这艘船，不能‘顶风停驶’”。[65] 只要把船换成马车，这番话听起来与1831年的教义如出一辙。

1891年议会开幕后，势在必行的解散议会一直让政治家们骑虎难下。早在1890年，索尔兹伯里就萌生了辞职的念头，无论如何，他总归要在1892年的某个时候面对选民。张伯伦极力主张在1892年举行秋季大选，以便保守党人和自由党统一派有足够的时间改善他们在国内的处境。然而，内阁决定在6月进行大选。当时大多数自由党人都认为自己能赢，即便是一年前还不以为然的哈考特也这么认为，格莱斯顿则预计能在下议院赢得三位数的优势。有些人，比如贝尔福，则看得更长远。托利党人当然可能会输掉选举；但自由党人上台执政后，他们对爱尔兰自治的反感和彼此之间的隔阂就会加深，托利党人迟早要卷土重来。即便格莱斯顿未来的大臣们重新找回了和谐，让这种冷嘲热讽落空，大选结果也没有动摇索尔兹伯里的信心，自由党人虽然赢得了40个议席的多数，却无法掩盖再度形成了两大政党并驾齐驱的局面，自由党人在1892年获得了270个议席，保守党人 201
268席。与上一次大选不同，这回没有一个第三党来维持平衡了，自由党统一派的存在使得形势变得复杂，他们的议席数从79席下降到47席，表明民众的支持大幅下降。在自由党内部，苏格兰和威尔士的选情比以往任何时候都清楚地表明自由主义的基础已经向边缘地区转移。从这些令人失望的结果看，《爱尔兰自治法案》可能只是格莱斯顿在最终退休前的最后姿态。

我们很难准确还原1892—1893年格莱斯顿的期望和意图，也许根本无法从理性的角度进行分析。坊间各种传闻甚嚣尘上，说他已经失去理智，“疯疯癫癫”，成了一个“老疯子”、“危险的老狂热分子”、“狂人老头”，这些传言的可信度多半要打个折扣，因为它们的源头是被爱尔兰自治所激怒的帝国主义者，尤其是女王，她对格莱斯顿几乎恨得咬牙切齿。但即便首相还有健全的精神，他的身体明显不行了，尤其是听力和视力。他还有精力引导下议院通过一项极具争议的法案，当上议院贵族否决这项法案时，评论家们不清楚他究竟想怎么做。如果女王批准，他很可能会解散议会，但几年来的所有选举证据都表明爱尔兰问题并不会真正刺痛英国选民。也许他没有想那么远。当然，他很念旧，身边都是志同道合之人。1886 年的六位辉格党大臣中有五人依然忠于格莱斯顿并且身居高位：罗斯伯里（外交大臣）、斯宾塞（海军大臣）、哈考特（财政大臣）、金伯利（御前大臣）、里彭（殖民地大臣）。第六人格兰维尔已于 1891 年去世。接任内政大臣的赫伯特·亨利·阿斯奎斯很快就脱颖而出。法学家詹姆斯·布鲁斯、脱离了自由党统一派的 G. O. 特里维廉以及 A. H. D. 阿克兰等人身上带有知识分子气息，阿克兰以英国高阶政治中罕见的热情来推进教育优先，开始使一个三代人都在自由党政治中发挥了重要作用的家族声名鹊起。

《爱尔兰自治法案》的草案由格莱斯顿、莫利和斯宾塞牵头的内阁委员会主持制定，罗斯伯里和哈考特在委员会都没有发言权。事实上，格莱斯顿在最后这届政府的一个主要关注点就是如何绕过内阁。他很少召集内阁会议，同僚们要求召开内阁会议的请求让他不胜其烦。[66]结果，这届放手让大臣们各司其职的“部门政府”中，指责和猜忌非
202 但没有减少，反而与日俱增。这种状况对于爱尔兰自治并没有什么影响，因为这个问题已经变成一个学术问题。另一方面，罗斯伯里和斯宾塞在越来越敏感的外交和国防政策领域自由行事，这两个领域的事务直接导致了 1894 年格莱斯顿政府以及 1895 年罗斯伯里政府的垮台。

政府一只眼睛盯着选民，另一只眼睛盯着在纽卡斯尔所做的承

诺，因为他们最初关注的是国内事务，希望以此来塑造一种认同。莫利的大本营在东北部产煤区，因此，一项建议矿工八小时工作日的私法法案让他坐立不安，在一个已经缩短工作时间的地区，这是一个令人头疼的问题。他在这件事上的言论透露出的远不止是谨慎：

> 我不会参加引入八小时法案的政府……工党，也就是那些最刚愎自用、最肆无忌惮、最浅薄的劳工代言人，已经俘虏了自由党。更糟糕的是，自由党人，至少是我们的议员，没有任何解释或辩护，干干脆脆地（*sans phrase*）投降了。[67]

鉴于他将要加入的政府曾纵容1893年费瑟斯通罢工期间枪杀三名矿工的行为，他的这种担忧还真是有远见。“工党”只是一种说法，它要到1906年才正式成立。1892年，它对自由党的影响还比不上妇女自由联合会，后者刚刚因为是否支持阿尔伯特·罗利特爵士（南伊斯灵顿的保守党议员）提出的妇女选举权法案而分裂。如果说边缘政治对新政府有什么影响，那就是亨利·拉布谢尔未能获得大臣职位，因为他的共和主义打动不了维多利亚女王。

《纽卡斯尔纲领》中有三项内容看起来像是切实可行的政治主张。爱尔兰自治当然是第一位的；1893年，雇主责任问题可以与爱尔兰自治相提并论；地方政府委员会新任主席H. H. 福勒将在下一届议会提出关于教区委员会的立法。因此，1893年将成为上议院自1860年否决格莱斯顿的纸税以来最辉煌的时刻。4月21日，尽管《爱尔兰自治法案》在下议院以43票的多数艰难通过了二读——这证明了格莱斯顿的独特魅力，但上议院贵族以419票对41票将其否决。雇主责任法案有一个比较慢的死法：上议院用各种修正案和限定条件将其重重包围起来，使其变得毫无用处。上议院如此对待这些法案以及更多 203
的次要法案，从某种意义上说帮了自由党人的大忙，将“贵族与平民”之争的一连串可耻行径暴露在选民面前；自由党首席组织秘书爱德华·马奇班克斯就持这种看法。但这在短期内使得政府没有任何可以向“平民”交代的东西，1893 年 8 月的赫里福德选举就是一个例证。现任议员、日后的德斯伯勒勋爵 W. H. 格伦费尔辞去了议员之职，抗议政府不愿推行复本位制：1890 年代，为了应对世界黄金储备不足，人们热衷于将黄金和白银一并作为货币基础。在随后的补缺选举中，自由党候选人接连败北。哈考特恼羞成怒，将责任归咎于爱尔兰自治。张伯伦却很高兴，抨击阿斯奎斯的雇主责任法案“胆小怯懦”，并将这话当面告诉了阿斯奎斯。（“他非常生气。”）[68] 无论如何，种种迹象预示着自由党人前途渺茫。随后 20 年里，赫里福德的议席一直被托利党人把持，直到 1912 年，另一位经济怪才 W. A. S. 休因斯以自由党统一派的身份赢得了这个选区。

即使没有这样的舆论风向标，内阁也会抵制格莱斯顿解散议会的直觉。只有进一步证明上议院存在严重的党派偏见——当时人们称之为“恶贯满盈”——才能要求上议院授权。这种犹豫让格莱斯顿失去了方向和目标。1893 年下半年，他的视力越来越差，显然已经撑不了多久。但他依然没有辞职，直到一件事让他感到与同僚之间的分歧就像爱尔兰问题一样难以弥补。他决定像 1886 年的丘吉尔一样做最后一搏，驳回了大臣们对军队的判断。为了理解这些事情何以引起如此大的关注，不妨让格莱斯顿继续寻找他的支点（*point d'appui*），我们先把目光转向非洲、东南亚和英法关系的变化。

在外交部，罗斯伯里希望延续索尔兹伯里的大战略，避免卷入结盟体系的纠葛，同时尽可能增进德国和法国的对英友好情绪。1890 年，保守党政府签订《赫尔戈兰-桑给巴尔条约》，给罗斯伯里留下了一个解决德国难题的“答案”，却又带来了一个法国难题。索尔兹伯里部分满足了德国在东非的野心，防止德国取道乌干达对上尼罗省进行渗透。但这加深了法国的一种担忧，即英国打算加入已于 1891 年续订的三国同盟，因此法国于 1891 年 8 月与俄国达成协约，而俾斯麦和索尔兹伯里一直极力阻止这种情况发生。这一遗产让罗斯伯里和更多的帝国派自由党人产生了三种坚定的信念：首先必须守住埃及，哪怕法国有重新占领尼罗河流域的野心；其次，要实现这一战略，必须凭借外交手段而不是武力；第三，在法、俄两国的帝国图谋下，英 204
国必须维持主力舰的“两强标准”，即英国海军必须能够同时抗衡法国和俄国这两个最强大国家的海军。尽管负责管理乌干达领土的帝国东非公司财政状况日益恶化，但外交大臣仍然决定守住乌干达，因为他决定在最近的将来推迟撤出埃及，尽管撤出埃及已成为格莱斯顿中东思维的基石，而且哈考特和莫利还在积极推进这一政策。罗斯伯里无法从财政部的哈考特那里搞到钱，便派遣外交家杰拉尔德·波特尔前往乌干达，名义上是视察并汇报情况，实际上是奉他的秘密指令前去控制乌干达，直到他能够将乌干达宣布为保护国。1894 年 3 月，他在首相任上实现了这一野心。

至于第二个目标，即建设强大的海军，他基本上不需要要什么花招来对付英格兰本土主义者，因为大多数同僚都站在他一边。当然，格莱斯顿除外；但 1893 年夏天，几乎所有人都对那个如今看来似乎只是个闹剧的事件印象深刻。法国与俄国达成了新的谅解，人们担心印度可能成为一个险恶的钳形攻势的目标，俄国人从北面（边界问题并没有因潘贾德事件而解决），法国人则从柬埔寨的基地经暹罗进入缅甸。7 月，法国海军在湄公河地区行动的模糊报道使暹罗成为政治关注的焦点，因此，7 月 31 日，一封译错的电报说法国人勒令一艘英国炮舰离开湄公河，引发了一场持续 24 小时的危机，在此期间罗斯伯里给法国人的印象是正在向三国同盟求援。[69] 虽然事情很快就真相大白，但内阁感到有必要继续维持英国舰队良好的战斗状态。斯宾塞估计，格莱斯顿单枪匹马的抵制只能持续不长的一段时间，也就是从 1893 年 12 月到他辞职的 1894 年 2 月，因为大臣们担心他离职可能对选举不利，因此百般挽留。然而，即便是那些向比亚里兹（格莱斯顿正在那里休养）发去心急如焚的信函和口信的人，也很快看出他的选择是解散议会，而这意味着毁灭。因此，这几个月里人们关注的焦点不再是格莱斯顿是否退位，而是谁来接班。

205 格莱斯顿认为斯宾塞是最合适的人选，让人啼笑皆非的是女王并未要求他提名。她根据自己的好恶选择了罗斯伯里。他出身贵族，笔头生花，性格迷人，而且不喜欢爱尔兰自治。此外，这个人选也有利于政党立场的平衡。在冬天征求意见的过程中，罗斯伯里和哈考特等人秉持的教义远不是决定谁能最终胜出的关键因素。[70] 反之，尽管哈考特的儿子"卢卢"全力以赴地游说，但这个暴脾气总是压倒了判断力的人还是拱手让出了领头羊的位置。哈考特比大多数同僚更有真才实学和教义信念，但与他共过事的人都知道，他咬起人来的狠劲一点不逊于冲人狂吠的劲头。一想到哈考特的专横跋扈——这是他的本来面目——就连莫利这样的爱尔兰自治派也没有那么面目可憎了。罗斯伯里很快就希望不会有人反戈一击。从 1894 年到 1895 年，他执政 15 个月，结果不仅给其个人带来屈辱和绝望，还造成了严重的选举灾难。

这届政府执政的大多数时间里，首相、财政大臣和爱尔兰事务大臣互相不说话。他们通过中间人交流，就像关系疏远的父母经常通过孩子来沟通一样。莫利在他的后厨里闷闷不乐（金伯利赢得了外交部），内政部的哈考特在激进主义道路上一意孤行，罗斯伯里则潜心于外交事务，他的主要原则是所有事情都要对哈考特保密。这届政府跌跌撞撞地走过了 1894 年，没有遭遇重大困境。他们搁置了有争议的地方政府立法，在补缺选举中的表现也差强人意。但是，大臣们的私人通信却惹火上身。罗斯伯里一时把持不定，向哈考特表达了对这位财政大臣 1894 年预算中的遗产税有些许保留意见，他收到了一份长篇备忘录，备忘录中除了谩骂之外，也有历史学家很感兴趣的内容，从中可以一窥最后一批有闲阶级出身的英国首相的遗风：

> 你希望避免“阶级分裂”，你有这样的想法并不奇怪，但你生不逢时。“同阶层的政党分野”是户主选举权的必然结果。楔子已经打下，裂痕每天都在扩大。我并不奇怪你把眷恋的目光投向逝去的“多样性、丰富性和知识力量”，但这些并不是民主的 206
> 禁脔。[71]

当然，罗斯伯里本人也不能例外。就连他的赛马也坑了他，它们连续两年在德比马赛中获胜，越发让人觉得他是个只会玩弄权术的半吊子政治家。即使是罗斯伯里擅长的外交，也无法挽回这种印象。为了阻止法国人假道刚果进入尼罗河，他仓促地与比利时人签署了一项条约，他的同僚们最终获悉这件事后暴跳如雷，巴黎和柏林的抨击声浪迫使罗斯伯里不得不撤销了条约。

1894 年底，由于补缺选举接连失利，自由党人的议会多数减少到 30 席左右。政府迫切需要一个让自由党人重新团结起来的议题。内阁不能再指望格莱斯顿了，他已经退休，将于 1898 年去世。他在下议院最后一次发言时将矛头对准了上议院。“问题在于上议院的工作是否不仅仅是为了修改，而是要推翻下议院的所有工作。”[72] 这不失为一种策略，但格莱斯顿之所以愤怒声讨上议院，是因为贵族们否决了他的《爱尔兰自治法案》。内阁希望在可行的情况下尽快忘掉爱尔兰自治，尤其是因为最近罗斯伯里在议会辩论中把英格兰称作“主要伙伴”，同时激怒了自由党人和民族主义者。政府不得不将《纽卡斯尔纲领》的另一项内容推到前台。然而，将威尔士教会的政教分离作为目标，很难在威尔士以外的地方唤起 1868—1869

年那样的情绪。这样做完全是因为它肯定会被上议院否决。1895 年春，战争恐慌席卷整个新闻界，它似乎与帝国使命感高涨的公众舆论背道而驰。目前仍不清楚罗斯伯里是否是 3 月的“格雷宣言”的幕后主使者。爱德华·格雷在下议院发表声明，表示英国政府将法国逼近尼罗河视为“不友好行为”，这无疑给英法关系带来了一阵恐慌，1898 年的法绍达事件将使人们再次感受到这种恐慌。它不仅再度激起公众的仇外情绪，还引发了对国防的严重关切；这件事无意中成为导致政府下台的导火索。1895 年 6 月 21 日，下议院仓促表决通过一项动议，削减罗斯伯里的陆军大臣亨利·坎贝尔-班纳曼爵士的
207 薪水，以惩罚他未能为陆军提供充足的火药。“火药表决”为一届荒唐的政府画上了一个可笑的休止符。[73] 罗斯伯里蔑视格莱斯顿反对使用武力的态度，自己却因为枪炮火药而下台；20 年后，另一位自由帝国主义者阿斯奎斯也将在人类历史上最可怕战争的第一轮交锋中垮台。

议会里的挫败至少给了政府一个逃生的机会，政府领导人几个月来第一次可以睡个安稳觉。索尔兹伯里再度出任首相，条件是必须立刻解散议会。1895 年 7 月的大选中，罗斯伯里一心求败，结果却让他所在的政党一蹶不振。一些历史学家认为，穆勒和格莱斯顿伟大的自由党就是从这一刻开始衰落的：177 名下议院议员看起来非常凄凉，由于缺乏资金和热情，自由党人甚至未能争取到 185 个议席，从这个意义上说，自由党人与其说是失败，不如说是退位。坎贝尔-班纳曼表示让政治见鬼去吧，大多数大臣们采纳了这个建议，他们在夏天和秋天一哄而散。反之，保守党人的前景一片光明，索尔兹伯里不仅手里握有 341 个保守党议席和 70 个自由党统一派议席，当议会再次开幕时，他还发现他的侄子亚瑟·贝尔福赢得了 400 多名议员的支持。张伯伦的忠诚一度让人放心不下，大选结果出来后，他肯定不会再首鼠两端。人们很想知道的是，德文希尔是否告诉过索尔兹伯里曾在这

一年早些时候收到过张伯伦的一封信，当时后者还是保守党报刊口诛笔伐的对象。张伯伦在信中写道："对于任何触手可及的职位，我连一个铜板都不会给。"[74] 当张伯伦气势汹汹地重返政府，步入他政治生涯中最辉煌的帝国时期，这位第八代公爵也许会情不自禁地露出一丝微笑。

第六章　打破常规?

208 帝国政治（1895—1905）

1892年后自由主义的整个瓦解过程中，保守党和自由党统一派的联盟也受到了冲击。张伯伦支持教区委员会、遗产税和威尔士的政教分离，加上自由党统一派贵族决心在上议院维持独立身份，引发了一个问题，即新一届保守党政府是否会接纳持不同政见的自由党人。[1]然而，罗斯伯里的政党的分裂有目共睹，自由党统一派发现自己无路可走，除非彻底退出政治舞台。因此，张伯伦和德文希尔在1895年同意加入索尔兹伯里内阁的动机无需过多解释。他们挑选的职位倒是让历史学家有些意外。德文希尔没有去外交部，而是出任枢密大臣，他大概认为没有任何理由不让索尔兹伯里主掌其最了如指掌的部门。这样一来，他不经意间卷入了一个巨大的政治漩涡，他的部门负责制定教育政策，因此他将在随后七年里为了这个问题与其他高层阁员打擂台。张伯伦拒绝了财政大臣的职位，出任殖民地大臣，这个举动引发了更深层次的问题。我们已经谈到张伯伦在1880年代末对殖民地政策的看法，期望有朝一日负责殖民地政策。他也认为自己是首相的当然人选，如果当了首相，便可以站在更高的战略角度通盘考虑殖民地问题。如果去了财政部，由于职责所在，自然要对自由贸易和贸易保护问题明确表态；或许他觉得时机还不成熟。毕竟，当他在1903年旗帜鲜明地表明立场时，他的政治生涯已经走入了死胡同，并且扭曲了索尔兹伯里和贝尔福驾轻就熟的讨论框架。

这些都是将来的事了。现在，哈特菲尔德的主人露出了和蔼可亲 209
的微笑，让首相身边的观察者感到难以置信：

> 他简直对张伯伦钟爱有加。我从没见过他像谈论张伯伦那样谈论任何同僚，他说张伯伦想向世界上所有强国开战，而且满脑子的帝国主义。内阁成员非常团结，他甚至无法让他们好好讨论一番，半个小时不到他们就散会了。[2]

索尔兹伯里与张伯伦和内阁的蜜月期很快就结束了。1897 年，围绕是否应当在德兰士瓦谨慎行事，是否要避免任何公开的英德联盟，殖民地大臣不再与索尔兹伯里步调一致。在内政领域，内阁在学校和农场主问题上发生分歧，德文希尔认为索尔兹伯里最好不要举行内阁会议——这是他从格莱斯顿那里学到的全部。[3] 首相在长时间开会时睡着的次数越来越多，岁月不饶人，他的身体开始走下坡路。他对事情的掌控越来越弱；他主要倚重贝尔福和张伯伦来控制下议院，对于同僚提出的问题总是摆出一副不置可否的消极姿态。

内阁开会时，德文希尔公爵坐在索尔兹伯里对面，显然内阁里的每一分钟都让他如坐针毡，但他决心全力以赴、尽职尽责，提防可能发生的“捣乱”。在教育政策问题上，枢密院副大臣约翰·戈斯特爵士以及这个问题的棘手程度让他深感绝望。当他得知 1901—1902 年危机期间发生了一起自杀事件，他第一反应是询问死因是否与教育法案有关。然而，这种一窍不通驱使德文希尔去慢慢熟悉并最终掌握了政治和行政难题。1902 年，他已经成为这个专业领域备受尊重的发言人。另外两个关键人物是贝尔福和张伯伦，他们牢牢控制了下议院，只是忌惮阿斯奎斯和那个凶悍的威尔士小个子大卫·劳合·乔治。然而，这样一些人物很难证实这样一种常见的观点，即第三届索尔兹伯里内阁聚集了一个实力雄厚的团队。爱德华·汉密尔顿就表达了这样的观点，尽管他完全是出于对自由党人的推崇和刻板的偏见，将上届政府与本届政府进行了一番对比：

> 毫无疑问，这是一届强大的内阁；但单就个人而论，我不好说它比上届内阁更强……事实上，上届政府是非常成功的行政机
> 210 关。我从未见过比它更好的政府。它（本质上）是一届“部门式政府”，但从这个角度看它是一个非常强大的政府。它有一些弱环，尤其是 G. 特里维廉和肖·勒费弗尔；但没有比坎贝尔-班纳曼和斯宾塞勋爵更有效率和受欢迎的陆军大臣和海军大臣了。福勒在印度事务部表现出色……阿斯奎斯是一流的内政大臣；赫歇尔勋爵是出色的财政大臣和议员；阿诺德·莫利是出色的邮政大臣，阿克兰在教育署干得很好，而约翰·莫利将爱尔兰事务处理得井井有条，尽管他在很多方面都令人失望。哈考特在金融领域留下了自己的印记，并被公认以超群的变通和干练领导了下议院。至于罗斯伯里，也许我的看法不够公正。他在许多方面被认为是一个失败和令人失望的首相，他的政治胆识也有负众望。但我深信，只要恰如其分地认识到他不得不面对的困难……他在 15 个多月的时间里取得的成功足以令人惊叹……他比大多数同僚都有远见，具备真正政治家最优秀的品质。[4]

即便罗斯伯里的队伍与索尔兹伯里的队伍之间并没有这么大的落差，后者显然也面临自己的问题。索尔兹伯里内阁有太多的自由党统一派，他们完全无助于提升政府的声誉，阿尔弗雷德·利特尔顿少年得志，他颇具网球天赋，还打得一手好板球，赢得了 W. G. 格雷斯的赏识，从而在托利党圈子里弥补了他母亲是格莱斯顿的嫂子的缺憾。1903 年，他接替张伯伦出任殖民地部大臣，这些本事就派不上用场

了。H. O. 阿诺德–福斯特是利特尔顿在陆军部的同僚，他的身世比利特尔顿还要显赫，他的祖父是拉格比公学校长托马斯·阿诺德，叔父是自由派评论家马修·阿诺德，他父母去世后，W. E. 福斯特夫妇成为他的监护人。作为陆海军和帝国事务的发言人，他在托利党内站稳了脚跟，并从 1892 年起担任西贝尔法斯特的议员，确认了他的自由党统一派立场。大多数观察家认为他在大臣任上毫无建树可言。

索尔兹伯里自己的党派也贡献了自己的“惰性物质”。他任命马修·怀特·里德利爵士为内政大臣，但几乎立刻就后悔了；后者于 1900 年退休，让他如释重负。他提拔亨利·查普林更是大错特错，这位林肯郡布兰克尼的乡绅拥有 1.5 万英亩土地，从而挤进了 1886—1892 年第二届内阁的农业委员会，但地方政府委员会不是适合他的地方，他在那里大谈金银复本位制、贸易保护以及成为农场主之友的重要性。这些话从一个在赛马和威尔士亲王（他们在牛津大学基督教 211
堂学院读书时成为朋友[5]）身上大把花钱的人嘴里说出来，未免有些滑稽可笑。但这也让人恼火，因为他主要是从亨利·本廷克勋爵那里学来的这些话，我们已经提到过本廷克在诺丁汉郡补缺选举中的失利；现在没有“马歇尔和斯内尔格罗夫”来挽回影响了（史密斯已经去世，克罗斯则失势了），查普林的这些话给政府带来了一种乡村氛围。在上届政府中，北方工业界找的代言人是利兹的皮革和制革商 W. L. 杰克逊，他给政府带来了“中产阶级的机敏和判断力”，贝尔福不无得意地回忆说，“但他们是中产阶级中的佼佼者”。[6]不过，杰克逊最初是以丘吉尔门生的身份步入政坛，这意味着他从一开始就走错了路，他在爱尔兰事务大臣任上也乏善可陈；此后他再未担任过任何公职。贸易部的接任者是查尔斯·汤姆森·里奇，他曾与父亲在伦敦和邓迪经营细麻布生意，因此养成了自由贸易的癖好，这将在 1903 年成为一个至关重要的因素。不过，里奇的政治基地一直是他在 1874—1905 年代表的三个伦敦选区，因此他并没有带来任何北方工业主义的气息。通常情况下，托利党领袖可以依靠一位“兰开夏之王”[*]从诺斯利的宫殿掌控这个关键地区的保守主义势力。但1895年的时候，索尔兹伯里的兰开夏之王还算不上是一个王；斯坦利勋爵时年30岁，成为第17代德比伯爵时立志要干一番大事业，但目前还只能担任低级职务。

这届政府把目光转向过去，有助于看到国内政策上两个危险的方向。首先是对农村萧条的担忧，这种担忧促使大臣们考虑为农场主提供补贴。自由党政府执政的三年间，小麦价格跌到19世纪以来的最低点，为了应对这种状况，内阁在核心选区承诺引入一项农业用地评级法案，降低土地所有者承担的地方税，同时由财政部补足地方当局的亏空。保守党领导层清楚地意识到，乡绅们对里奇的地方政府法案削弱其地方权力“仍然感到痛苦和不安”。查普林的法案虽然获得通过，却激起后座议员令人尴尬的反抗，政府不得不承诺组建皇家委员会调查城市的不满。[7]类似的敏锐嗅觉还促使领导层在自愿学校[**]立法方面迈出步伐，1870年以后，自愿学校的处境发生了重要变化。教派学校往往是乡村地区唯一的学校，与城市的“寄宿”学校相比，教派学
212 校面临资金不足的劣势。在新的郡议会和市镇议会体制中，政府拥有现成的“地方教育当局”，问题在于政府是否愿意利用这些机构；至少有三个教育委员会建议将管理学校的责任移交给这些机构。自愿学校是个棘手的问题。如果内阁提议将其纳入国家计划，肯定会招致不从国教者的一致反对，因为他们反对使用公共资金资助英国国教教学。此事也让张伯伦更加左右为难，作为一个前一神论者，他本已处境尴尬。因此，内阁为之奋斗的法案要走很多弯路，1896年议会期间，它走过了大部分弯路。它没有明确规定用地方税来资助自愿学校，但承

---

*　指德比伯爵家族，其祖传地产诺斯利庄园位于兰开夏。

**　当时英国基础教育主要有两类学校，一是自愿捐助的学校，通常是教会学校，由教会或捐资团体出资。二是私立的寄宿中学，这类学校资金雄厚。

诺向这些学校提供贷款。它没有强制采用教派教学，但允许学校在“一定”数量家长的要求下采用教派教学，这一提议不仅废止了1870年的考珀–坦普尔条款*，而且这种模棱两可的做法显然无异于引狼入室。法案顶着1000多项修正案的重压，勉强通过了委员会审查，政府却撤回了。当年年底，一位始终关注托利党政治的观察者在日记中写道：“从政治上说，这是一届破坏性的议会，教育法案和贝尔福先生的领导能力备受攻击。”[8]

这种担忧与那些认为政府将丧失多数党地位的不着边际的梦想都表明了当局者迷的道理。自由党人很少这么认为，他们深知自己面对的是1832年以来议会最大的总体多数。倒是托利党人方面，政府在立法上的失措以及明摆着的瞻前顾后，招致了一些不满。在一个所谓的帝国机遇时期，像1898年那样用整个议会会期来讨论爱尔兰地方政府法案，几乎不可能赢得赞誉。3月，一位尖刻的托利党后座议员对近来的补缺选举失利感到震惊，他提醒政府：“战神不讲明天。（政府）碌碌无为……是当前东博克斯每一位激进派拉票人的主题，在斯特普尼和梅德斯通也是如此。长此以往，150席的优势将化为乌有。”[9]这简直是无稽之谈：几次补缺选举的挫败不足为虑，1895年后的五年里，政府在选举中输了14次、赢了3次，但对其效率几乎没有影响。斯特普尼的选举之所以引起轩然大波，是因为这个议席出人意料地落入一位自由党–工党分子之手。大多数情况下，政府对独立工党或社会民主党联盟不屑一顾。除了失利，政府也取得了一些显著的成功，比如大格里姆斯比的自由党议员加入自由党统一派阵营，并在随后的补缺选举中以更大的优势保住了席位。事实上，观察家们很满意 213
下议院的无精打采，他们注意到，1897年停止讨论教育问题后，只

---

* 1870年的初等教育法规定，公立初等学校不得从事带有教派色彩的宗教教学，因该条款由威廉·考珀–坦普尔在法案修订阶段提出而得名。

有涉及外交和帝国事务时下议院才会活跃起来。当然，这种情绪扭转了我们在 19 世纪政治中一再看到的对外交政策的厌倦；没有人像新任殖民地大臣张伯伦那样，以如此戏剧性的方式扭转了这种情绪。1898 年，伊舍勋爵在与张伯伦共进晚餐时发现，张伯伦很少谈教育、爱尔兰、农业或是早期激进主义关注的任何问题。“他谈到了中国和西非，谈到了法国和俄国，视野开阔，措辞严谨，足以让十年前的伯明翰为之震惊。他最近与 S 勋爵 * 有很大的意见分歧。他认为我们正处于一个岔路口，无论结果如何，我们都必须坚持帝国扩张。”[10]

1895 年后，这种对全球范围轻重缓急的理解显著增强。它的源头可以追溯到一种普遍的外交孤立感—— 1895 年，就连美国也因为委内瑞拉与英属圭亚那的边界争端而对英国摆出咄咄逼人的姿态——以及认识到与俄国达成协议的重要性与日俱增。索尔兹伯里夺取上尼罗河的东部通道以后，对三国同盟的同情已烟消云散：优先考虑重启《地中海协定》的气氛不复存在。更紧迫的考虑是如何阻止法国从西面入侵苏丹，如何在一旦发生入侵的情况下确保俄国作壁上观。另一方面，拉拢俄国要做出牺牲，而首先牺牲的就是君士坦丁堡，这是克里米亚战争以来外交政策的核心。维也纳感到惊恐的是，索尔兹伯里不再将俄国在巴尔干地区的野心视为英国关注的首要问题。第二个让步是在中国，1897 年，列强在中国争夺领土。德国人攫取了胶州湾，俄国人占领了旅顺港，尽管英国国内公众舆论施加了一些压力，英国政府的反应却很温和。基于同样的考虑，索尔兹伯里在西非没有对法国人步步紧逼，以便分散他们对英国势力范围的图谋。现在，张伯伦，某种程度上还有贝尔福，都不同意索尔兹伯里对政策轻重缓急的看法。张伯伦认为，与其安抚圣彼得堡和巴黎，更重要的是向柏林伸出援手，他希望建立英德联盟，使英国在帝国扩张时不必向其他列

---

* 索尔兹伯里。

强做出让步，但这个愿望落空了。在他看来，英国拥有世界上最强大的海军，将西非的贸易领地让与法国未免得不偿失。“我们必须守住内陆，”他对殖民地部常务次官表示，“即便发动战争也在所不惜。”[11] 214
目前，他还很难全力以赴地解决这个问题。正如马什教授指出：“1897年议会期间，张伯伦一直忙于调查詹姆森袭击、工人的补偿金以及殖民地会议，无暇处理法国入侵皇家尼日尔公司领地的公文。”[12]但张伯伦与索尔兹伯里的意见分歧标志着两人首次发生冲突。早些时候，索尔兹伯里对张伯伦随时准备向所有人开战的态度感到滑稽，此时已变成了恼怒。1897年，索尔兹伯里越来越不放心自己的殖民大臣，后者热衷于对抗法国人（他觉得有必要接受其大部分意见）或德兰士瓦的布尔人（这似乎更有可能）。

即便没有这样一位沙文主义的殖民地大臣，克鲁格总统富庶的共和国也会与开普殖民地和塞西尔·罗兹发生危险的冲突。德兰士瓦的英国人（被称作“白人外劳”）寻找黄金和钻石，坚守自己的家园，尽管克鲁格政府不愿给予他们基本的公民权利，并且向他们征收离谱的重税。从外交角度来说，一旦德国首都开始介入，形势便急转直下。如果克鲁格继续公然与柏林眉来眼去，英国政府将面临棘手的局面，即一个欧洲国家威胁开普殖民地这一最重要的战略领地，至少是削弱开普殖民地的经济，因为克鲁格修建通向莫桑比克德拉瓜湾的铁路，将为他提供一条独立的补给线。罗兹决定正面回击，策划用武力推翻克鲁格。1895年12月，他策动罗德西亚的公司代理人利安德·斯塔尔·詹姆森医生入侵德兰士瓦，策应白人外劳的暴动。当年的最后一天，“詹姆森袭击”的消息传到伦敦，旋即引发了一场双重危机。首先，德皇威廉向布尔领导人发去贺电，祝贺其迅速粉碎了叛乱，从而在英国公众舆论中激起了仇德浪潮。其次，随着突袭行动逐步演变成一场惨败，人们开始质疑政府是否参与其中。

张伯伦究竟在多大程度上参与了此事，可能永远是个谜。我们只知道，与他矢口否认的相反，他事先已获悉将进行突袭。格雷伯爵当面告知了张伯伦这个计划，格雷后来证实说，张伯伦“认为革命将不
215 可避免，他采取了滴水不漏的预防措施，确保革命获得成功”。[13] 张伯伦在公开场合极力为自己开脱，并在 1897 年派米尔纳担任开普殖民地总督，以解决英国在南非的问题。至于德国方面的困难，需要运用外交手腕来解决，1898 年，索尔兹伯里从德国人那里争取到一项有限的条约，该条约规定，在“不幸无法维持赤道以南葡萄牙非洲领地的完整”，[14] 并保证德拉瓜湾安全的情况下，防止任何第三方势力进入莫桑比克。但是，克鲁格毫不妥协，米尔纳坚持推行帝国主义政策，张伯伦和塞尔伯恩在国内积极活动，导致德兰士瓦问题趋于白热化，并最终走向军事对抗。[15] 这里无法展开分析 1898—1899 年英国与德兰士瓦之间充斥着威胁与恫吓的复杂谈判。1899 年 10 月，克鲁格发出最后通牒，要求集结在德兰士瓦边境的英国军队后撤，布尔战争随即爆发，对此英国国内几乎没有人感到意外。比奇、贝尔福，有时还有索尔兹伯里，担心入侵德兰士瓦是犯了一个错误，但当国家动员起来，投入一场只需几个月就能打赢的战争，这种担心就变得不合时宜了。

另一方面，事实表明公众并没有像一些政治家希望的那样有明显的帝国狂热。前一年非洲另一个地方发生的事件使政治家们对最近的这场危机产生了一种难以捉摸的似曾相识（*déjà vu*）之感。克鲁格发出最后通牒的 12 个月前，法国人在苏丹长驱直入，在法绍达与基钦纳将军对峙，一时间欧洲的和平岌岌可危。索尔兹伯里似乎一度非常紧张，比他的大多数同僚还要紧张，他们认为与法国的战争一触即发。尽管法国人最终退让，但政治家们的通信中仍流露出对于战争即将在某地打响的担忧。1895 年后的几年里，议会花了大量时间讨论需要多少兵力，内阁和下议院都为此激烈争论。事实上，

陆军大臣兰斯多恩差点因为同僚在这个问题上的消极态度而离开政府。在战争风云紧急的1899年秋天，大臣们仍然像往常一样外出度假，即使被指责为“轻狂”，他们也丝毫没有愧疚。战事不利加剧了大臣们宣战时的尴尬。冬季，雷德福斯·布勒爵士指挥的英军接二 216
连三地吃败仗，人们心无旁骛地专注于解救被围的金伯利和莱迪史密斯要塞，以及有大量平民的城镇马弗京。直到罗伯茨将军替换了布勒，在1900年春陆续解救了这些地方，威斯敏斯特才松了一口气，非军职的大臣们估计最终能打赢这场战争，便转而关注更为紧迫的国内事务了。

全国性的感恩浪潮席卷了城市和乡镇，留下了“莱迪史密斯路”和“马弗京街”之类的街道名称。在威斯敏斯特，对于一届已经开了六年的议会而言，这种热切的喜悦只代表一件事。1900年9月，索尔兹伯里解散了议会，10月举行的卡其大选让保守党人如愿以偿。在236个选区无人竞争的情况下，自由党人仅增加了可怜的9个席位，这意味着托利党–自由党统一派联盟将在未来五六年里继续执政。但对于其领袖而言并非如此。人们已经开始猜测索尔兹伯里是否能挺到战争结束。他不再像以往那样敏锐把握公众舆论；由于最近得了一场重病，他很少露面。一些自由党统一派人士认为，如果德文希尔接班，将推动联盟双方早日融合。贝尔福的支持者尤其是颇具影响的私人秘书杰克·桑达斯认为，可能很快就会显现一个不利的前景，那就是一位自由党统一派首相将让张伯伦大权在握。[16]事实上，张伯伦并没有全力以赴帮助德文希尔拔得头筹：他也很中意贝尔福，也许要更中意一些，因为贝尔福至少不会轻视罗斯伯里，后者已有作为独立的帝国主义者东山再起的苗头。张伯伦也不赞同德文希尔对自由贸易的看法，这在1900年是个非同小可的问题，因为为了筹集战争费用，比奇在预算案中引入了谷物税。目前，这些远大计划只有在闲暇或愤怒的时候才会提及。评论家们只看到内阁的重大人事变动，兰斯多恩接过了索尔兹伯里肩上外交部的重担，里奇入主内政部，野心勃勃的年轻人乔治·温德姆成为新任爱尔兰事务大臣。

布尔人并未如人们日夜期盼的那样投降。相反，人们等来的是一场旷日持久的游击战，两年时间里，英国陆军部徒唤奈何，威风扫地。伴随着这种困窘局面，张伯伦的忐忑与日俱增；英国似乎无力遏制布尔农民的要求，这给他浇了一盆冷水，他原本想通过鼓吹大英帝国的伟大以及和平改良的潜力，与公众建立起新的关系。他
217 的政治家同僚不可避免地重新回到1890年代末的国内斗争，尤其是教育问题。事实上，他们别无选择。战争爆发前夕，一位名叫柯克顿的政府审计员宣布，学校提供的任何“中等”教育在法律上都是无效的，因为其资金来源于地方税*；这一裁定公布后，政府必须为这个部门制定政策，而且要尽快实施。此外，柯克顿的裁定具有全国性意义，内阁无法像1897—1899年那样用零敲碎打的方式来解决这个问题。所以，1901年1月维多利亚女王驾崩后，内阁发现教育法案引发的困境成为首要关注的问题。德文希尔和贝尔福显然希望制定一项涵盖面广的法案，将公办学校与自愿学校统筹考虑，尽管不从国教者表示反对。张伯伦的成长经历以及支持他的选民的特质，让他越发谨慎行事；看到国家为教派学校提供资助的幽灵再度成为政治现实，让他非常痛心。爱尔兰问题上也出现了争议。相比1870年以来的历届政府，本届政府的土地法案在解决爱尔兰土地所有制问题上并没有更进一步。温德姆决心砥砺前行，再加上民族主义领袖愿意谈判，以及（一个关键因素）杰出的天主教徒安东尼·麦克

---

* 1899年，地方审计官T. B. 柯克顿起诉伦敦学校委员会用公款开办高级小学科学班教学违法。1900年，该案经王座法院判决违法成立。

唐奈爵士出任都柏林城堡*的副大臣，1870年格莱斯顿关注的焦点问题有望重新回到舞台中央。

这些事态发展让张伯伦感觉时光倒转，不是退到格莱斯顿早期激进主义的英雄主义，而是退到1880年代末、1890年代初的悲惨岁月，当时同僚们把全部精力放在党内斗争上，而不是他想宣扬的帝国主义思想上。他发表了支持英德谅解的言论，试图让他们跳出这些鸡毛蒜皮的琐事；他发现战时的谷物关税是一个可能的立足点。他对帝国主义的经济层面感兴趣已经有好几年了，虽说这种兴趣并非如他后来说的那样始于1882年。1897年后，加拿大对进入其关税体系的英国工 218
业品给予优惠待遇，这给他留下了深刻印象，尤其是1887—1888年的纽芬兰之行使他对加拿大经济有了深入了解。1897年，女王登基50周年之际，他试图让殖民地会议的代表们根据这些原则达成普遍谅解，但未能成功。因此，张伯伦建议内阁应当在战争结束后继续征收谷物税，同时免除从帝国进口的谷物关税，这些做法都是有例可循的。然而，他的时间已经不多了。1902年5月，《弗里尼欣条约》结束了战争。7月，索尔兹伯里退休，他的离去给财政部带来了一个狂热的自由贸易主义者C. T. 里奇。事情并未马上出现重大转机：内阁同意在里奇制定1903年预算时重新讨论关税问题。但是，当张伯伦于1902年秋踏上他曾许诺过的南非之旅时，他可能已经意识到要采取一个重大的新方针（*démarche*）来挽救自己的政策和地位。启程前夕他遭遇了一场严重的出租车事故，使他的前途蒙上了阴影。他在事故中头部受伤，从此他的身体一直没有彻底恢复，也使他在教育法案出台的关键时刻退出了政治舞台。

按照英国国教批评家们的说法，内阁起初在这个问题上采取两个办法来“逃避”问题：一是内阁以微弱多数投票决定新措施只

---

* 都柏林城堡（Dublin Castle），英国统治爱尔兰时期的总督府。

适用于中等教育；二是允许张伯伦和不从国教者通过一项“道德条款”，即教育领域的“地方自主权”，由地方当局自行决定是否在辖区内实施该法案。现在这两个制约因素都已不复存在。事实证明，第一个办法难以抗衡位高权重的文官罗伯特·莫朗特爵士，他迫使政府收回了这种片面的做法。张伯伦一进医院，第二个办法似乎难以为继了，贝尔福趁机把它抛弃了。政府在一系列补缺选举中连遭败绩，表明政府不得人心，张伯伦公开指责德文希尔，认为后者作为一个前自由党人，本应能够预见到国内民众对攻击不从国教者的反应。“我告诉过你，你的教育法案将摧毁你的党派……我们最好的朋友大批离我们而去，他们不会再回来了。”[17] 张伯伦在开普殖民地过冬时，该法案正式成为法律，它撤销了1870年法案设立的教育委员会，将控制权移交给郡议会和市议会，并将所有公立学校纳入统一的财政体系。1903年3月，张伯伦回国时，一场消极抵抗运动已经让政府有些下不来台和恼火，这场运动在威尔士声势浩大，在英格兰则比较零散（威尔士的领导人休·普莱斯·休斯去世后，主教
219 约翰·克利福德脱颖而出）。现在，这位殖民大臣决定采取一项重大举措。

他的新政策有许多名称，“经济报复”、“帝国特惠制”、“关税改革”，不同名称的含义有细微的差异，随后三年里，随着两党联盟公开破裂，他翻来覆去地（*ad nauseam*）对它们加以区分和重申。为何张伯伦决意在1903年5月发起这样一场单方面的运动，这个问题至今仍然很难说清楚，正如我们很难说清楚格莱斯顿为何急于实现爱尔兰自治。人们可能会将张伯伦视为一个受到帝国教义启示的先知，他厌倦了背叛，不顾错综复杂的党派政治，只想全力以赴地投入最后一场运动，号召英国人认同他对帝国未来的愿景。换一个角度来看，他似乎是党内的特立独行者，对1903年春补缺选举的糟糕结果耿耿于怀，对温德姆凭借爱尔兰土地法案声名鹊起嫉恨不已（走廊里莫须有

的指控），对里奇决心废止谷物税感到沮丧，他清楚地认识到，要实现自己的使命并扮演主角，就必须调整政府政策的轻重缓急。如果质疑索尔兹伯里的领导能力，只会使他自己显得滑稽可笑；但索尔兹伯里已经过气了。反之，贝尔福的同僚直呼这位首相之名“亚瑟”，而且很喜欢这种并没有什么意义的举动，城市激进派可能误以为这是可塑性的表现。* 也许我们不妨换个角度看问题，来看看张伯伦还能做些什么。这位殖民地大臣在战争中有过辉煌的时刻，却并未取得任何实质性成果。他抨击里奇时已经澄清了他在财政问题上的观点，因此不会有哪个保守党首相会让他担任财政大臣，因为这将招致主张自由贸易的托利党人的强烈反对。在兰斯多恩将与俄国和法国建立更密切关系作为首要目标之后，外交部对他来说就没有多少吸引力了。再说谁会找他来当外交大臣呢？很显然，如果找不到一剂灵丹妙药，等着他的只有失意和没落。

1903 年 5 月 15 日，张伯伦向伯明翰选民发表演说，这是他从南非回国后的第一次演说，人们很容易站在 1904 年或 1905 年的角度，倒推回来解读这次演说，并将其视为他与保守主义分道扬镳的标志。事实上，他只是约略提及殖民地“我们的孩子”，并呼吁听众考虑帝国优惠关税问题。他宣扬自己的政策建议时把经济考量放到最后一位，而且刻意与作为一种制度的“贸易保护”保持距离。[18] 然而，自由贸易主义者却认为张伯伦的言论破坏了政党凝聚力。反关税的托利党人的首领是与索尔兹伯里一起退休的希克斯·比奇，以及索尔兹伯里的那位才华横溢但心神恍惚的儿子休·塞西尔。在内阁，里 220
奇和伯利的贝尔福（与同名的首相没有血缘关系）也同样持反对态度。德文希尔公爵在这个阶段没有表达什么明确的意见，但说了很多含糊其辞的话，意思显然是不赞同张伯伦的言行。殖民地大臣在下议

* 英国上流社会对于贵族通常避免直呼其名，以示尊重。

院继续鼓吹他的主张，认为关税改革是为未来的福利项目提供资金的唯一途径，1903 年 7 月，大约 60 名托利党人和自由党统一派组成的自由贸易游说团体发起了一个“免费食物联盟”。这个名称的指向很明确：如果张伯伦打算建立一种重大的关税体制，那么势必会考虑对粮食征收进口税；每个政治家都能够预见到向选民兜售这种方案的后果。1903 年夏天，贝尔福显然承受了很大的压力，他向同僚宣布将在 9 月 14 日的内阁会议上讨论此事。[19] 这次关键会议召开前五天，张伯伦给贝尔福写了一封辞职信。他表示将“从外部更好地推动我心中的事业”，还补充说他将一如既往地对政府保持忠诚。他大概以为贝尔福一想到他要在全国巡回演说就会瑟瑟发抖，从而拒绝接受他的辞呈。也许他认为这种拐弯抹角的威胁能推动贝尔福在关税问题上走得更远。也许他推断一旦贝尔福批准了他的辞呈，内阁就会造首相的反，而他张伯伦就能凯旋。但他没有想到贝尔福会有如此高超的手腕。

9 月 14 日内阁开会前，贝尔福与张伯伦会面，这次会晤给张伯伦的印象是他同意张伯伦离职，同时承诺从内部支持张伯伦的政策。结果，贝尔福在内阁会议上只字未提张伯伦的想法，只是让张伯伦笼统含糊地说出辞职的决定。随后，他气势汹汹地宣布将里奇和伯利的贝尔福撤职，让很多同僚第一次领教了他在爱尔兰的名头并非浪得虚名。财政改革不再是一个“悬而未决”的问题；但大臣们很快就明白过来，财政改革也不会被赋予任何其他明确的地位，因为每次讨论这个问题时，贝尔福都大讲云山雾罩的空话，这是为了迷惑德文希尔公爵（他的目的达到了），使其认为贝尔福在某种程度上仍然是个自由贸易主义者。[20] 首相大斧下那位痛苦的受害者用单音节词告诉德文希尔，贝尔福用欺骗手段让他留在内阁，贝尔福应对自如，他带着张伯
221 伦的辞职信来到德文希尔的府邸：这封辞呈就是一个确凿的证据，表明自由贸易主义者无需离开张伯伦想脱离的政府。总而言之，首相一

举甩掉了最暴躁的贸易保护主义者和最顽固的自由贸易主义者，同时又留住了一个一旦离开就会动摇大局的人。他的手段肮脏又虚伪，却十分高明。可惜的是，它有一个唯一的命门。除非人人都像贝尔福那样老谋深算，这个谋划才会奏效；它的成败取决于德文希尔公爵的态度，事情很快就证明它不攻自破。德文希尔彻夜难眠；公爵夫人唠叨不休；他收到自己尊敬之人寄来的痛心疾首的信件；他觉得辜负了朋友，这个念头不可名状，却带来了无法承受的压力。1903 年 10 月，他从贝尔福政府辞职，此后再未担任公职。即便是贝尔福，也难以掩饰内心的愤怒。

德文希尔一走，贝尔福不再将张伯伦视为最大的眼中钉。关税改革派在议会党团中明显不占多数。此外，他不仅得到张伯伦私下和公开承诺的忠诚，还提拔张伯伦的儿子奥斯丁担任财政大臣，从而将这位反复无常的前大臣牢牢控制在手里。更重要的是，随着德文希尔重返政党政治舞台中心，自由党人可能会试图与自由党统一派达成谅解。当年年底，不止一位观察家猜测德文希尔可能与罗斯伯里结盟。教育政策显然是阻碍结盟的主要障碍，双方的谈判直到 1904 年 2 月才破裂，在此之前教育政策一直是两大政党政治家关注的核心问题。此后，随着关税改革者在出口增长的浪潮中搁浅（按照他们的说法，没有贸易保护，不可能实现出口增长），以及自由党人在 1904 年初补缺选举中接连失利，自由贸易的重要性大不如前。张伯伦越来越觉得只有一种情况能让自己的事业起死回生，那就是输掉下一次大选。“如果我们赢了，我们的地位不可能稳固，”他告诉奥斯丁，“接下来就会发现，我们和以前一样偏离了帝国政策。”[21]1906 年，他实现了这一抱负，他通常总是说到做到。在此之前，他只能眼睁睁地看着贝尔福将讨论引到其他问题上，在帝国政策上节节后退，最终表示不考虑关税改革，除非殖民地会议达成一致，保守党政府专门就关税问题

222 举行“二次”大选。大多数观察家认为这近乎无限期（*sinde die*）搁置了关税改革。

1904 年 2 月，俄国和日本爆发战争，贝尔福有了一个喘息之机，因为战争将外交政策推到了前台，当务之急是与法国达成进一步谅解。1902 年后，英国的政策意图是凭借当年订立的英日同盟在远东牵制俄国，同时尽一切可能拆散俄法两国的同盟。关税改革在这一框架下运作良好；1896 年出版的一本小册子《德国制造》引起轰动，暗示了经济保护与反德情绪之间的逻辑联系。[22] 无论如何，德国大力扩充海军的计划表明其沙文主义可能比俄国更危险。对此不仅英国政治家忧心忡忡，法国人更是深信不疑。因此，英法两国政府协调了殖民地冲突，于 1904 年 4 月达成了新的《英法协约》（*entente cordiale*），从而朝着同盟体制的重组迈出了重要一步，1907 年的《英俄协约》将完成这一进程。但贝尔福政府并未因此赢得多少赞誉。1904 年春，人们的印象是政府已经迷失方向、奄奄一息，而且这种印象不会很快消失。1905 年通过的《失业工人法案》隐约预示着几年后的自由党立法，或许安抚了党内左翼。1905 年通过了严厉的《外侨法》，虽然该法案的力度不及流产的 1904 年法案，但主要是针对 1890 年代大屠杀后流亡英国的俄国和波兰犹太人，更主要的目的则是安抚议会党团中的反犹主义右翼。[23] 然而，掌控局面的依然是在野党。布尔战争中，自由党人非但没有接纳帝国愿景，反而将反对一切“野蛮手段”的立场公之于众。随后的战后重建时期，他们把矛头指向在南非使用华人奴隶劳工。1905 年，温德姆遭遇了个人滑铁卢，麦克唐纳把这位爱尔兰事务大臣玩弄于股掌之上，在他的劝说下，温德姆不假思索地批准了激进的权力下放计划，引起了轩然大波，温德姆的土地法案被淹没在一片喧嚣之中。这一丑闻使得温德姆越发好酒贪杯，并于当年春天辞职。1904 年售酒法案的情况也不容乐观，在野党嘲讽这个法案是为啤酒商说话。教育法案则被看成英国国教的跳板。虽然眼前的问

题越积越多但贝尔福无需面对他叔父十年前面对的那些士气低落、可
怜兮兮的派系。随着时间一天天过去，越来越多的人认为下届政府 223
将是一个自由党政府，主宰者将是不可思议的亨利·坎贝尔-班纳曼
爵士。

新老自由党人（1896—1906）

1895 年大选的耻辱使自由党政治家们不可自拔地陷入了一种奇特的心态，直到张伯伦敲响了关税的警钟，他们才从这种心态中走出来。1898 年后，近年来的关注点——爱尔兰、上议院、社会立法、工党——逐渐消散。自由党人进入一个似乎失去了独立思考能力的阶段：他们在所有事情上和索尔兹伯里政府唱反调，此外几乎没有任何作为。当然，格莱斯顿的身影依然笼罩着许多政策领域，最简单的诊断就是把 20 年来的所有错误全都归咎于“1880 年后 G 先生[*] 的大政方针”。[24] 这种六神无主的状态源于对自由主义目标和方向的深层忧虑，源于自由党领导层及其方向带来的不安全感。西德尼·韦伯言中肯綮地指出，格莱斯顿主义相当于“个人的思考”，这确实基本上道出了 1895 年之后七年自由党政治的真相，爱德华·格雷在回忆录中将这段时期定义为“徒劳的噩梦”。[25] 自由党政治家不但仍然用学生时代形成的个人主义立场分析社会关系，还荒唐地从引力和斥力的角度来看待党内人士之间的关系，如罗斯伯里、格雷、阿斯奎斯、斯宾塞和坎贝尔-班纳曼。1890 年代下半叶，自由党人的言论一面倒地转向个人及其与永恒真理的关系。他们不关心当下的问题，只有教育是个例外，因为它总是触动不从国教者敏感的神经。1897 年的机修工罢工以及针对工会的法律攻势，最终导致了 1901 年的塔夫河谷案判

---

*　格莱斯顿。

决*（这一判决裁定，雇主在发生罢工时可以扣押工会经费）；爱尔兰民族主义出现重大的新潮流；有组织的妇女选举权运动兴起；所有这些重大问题在很可能受其影响的政治家们的通信中鲜有提及。反之，他们把目光转向了内心世界。

如果罗斯伯里或哈考特多担任几年领袖，也许局势不会败坏到不可收拾的地步。但大选后他们彻底分道扬镳了。1896 年 10 月之前，罗斯伯里一直担任领袖，直到格莱斯顿因亚美尼亚大屠杀突然介入，
224 使得帝国主义者罗斯伯里没来由地认为自己必须下台。哈考特只得接任他的职位，并在担任领袖的两年里营造出非他莫属的苦涩氛围。1898 年底，他表态支持索尔兹伯里对法绍达危机的处理，被同僚们说成是“卑躬屈膝”，于是愤而辞职。这两人的辞职预示着高阶政治将面临更大的困难，因为这两次辞职的直接导火索都是外交政策。我们已经谈到，1886 年后，大臣们的活动大多集中在这个领域，在此无需赘述外交事务对于一个越来越清楚地意识到帝国主义者与英格兰本土主义者水火不容的政党的煽动作用。但自由党人并没有深刻吸取 1895 年的教训。他们的溃败（*débâcle*）清楚表明了自由主义对公共舆论的吸引力有多么贫乏，公众并不关心似乎只有政治家才关心的话题。即便是“核心机构”内部也是如此，1897 年的补缺选举中，一个重要的自由党地区联合会干事惊讶地发现，东汉普郡的选民们竟然对亚美尼亚一无所知，当地托利党人也深有同感。越是高层，越是脱离现实。按照威姆斯·里德的看法，只有罗斯伯里回归，议会党团才能让自由党的外交政策不至于沦为“迪尔克、拉布谢尔与莫利公司”的玩物。很少有人具备霍尔丹那样的远见卓识：也许这就是他成为众矢之的的原因。与威姆斯·里德之流不同，霍尔丹认识到，“工人将

* 南威尔士的塔夫河谷铁路公司职工举行罢工，他们阻拦火车、切断电话线。上议院判决工会要承担罢工造成的损失。

决定下次大选的结果，必须在国内事务上赢得工人们的信任”；而自由党人对这个问题一言不发。一个自由党雇主一语道破了关键所在，“除非我们推行改革并且步调一致”，否则说任何话都没有意义。[26] 在其他人看来，党内是否步调一致，取决于能否改变在帝国主义问题上首鼠两端的立场。然而，1898—1899 年发生的事件非但没有消除，反而加剧了他们的困惑。

领导人问题成为第一个恶化因素。罗斯伯里是个帝国派，而哈考特不是，那么新领袖是否会回归罗斯伯里的路线？起初，帝国主义似乎很有可能借助阿斯奎斯卷土重来，他在没有做出任何承诺的情况下与帝国派结盟。所有人都认为阿斯奎斯是最有能力的候选人。另一方面，1898 年的阿斯奎斯要负担四个儿子的大学学费和生活开销，而他第二任妻子玛戈的花钱能力就连梅费尔 * 的富豪都自愧不如，她有一座马厩、卡文迪什广场的宅邸和 14 个仆人。玛戈的父亲每年给她 5000 英镑，这笔钱仍不够她的开销。因此，如果没有父亲的赞助，225
光靠阿斯奎斯当律师的收入根本不够花。如果有机会担任带薪的内阁职务，他可能会同意担任党的领袖，但开销极大的在野党（还是个奄奄一息的政党）领袖一职对他没有任何吸引力。如果找别人来当领袖，又会让自由党管理者和业余战略家们头痛不已。哈考特辞职的时候，莫利也辞职了，即便辞职会让他两手空空，他也在所不惜。斯宾塞在上议院是个可信和可敬的傀儡，但下议院似乎需要有个人来控制出尔反尔的各派势力。格雷和福勒在守旧派看来太年轻了；阿克兰的身体已经垮了。剩下的只有“火药大臣”亨利 · 坎贝尔–班纳曼爵士，对于这个人选人们可能会有五花八门的反对意见。他来自一个不对路的地方：格拉斯哥。他和詹姆斯 · 布赖斯就读于同一所学校，但与那位杰出法学家不同，他在大学里表现平平，毕业后进了经营布料和货

* 梅费尔是伦敦最中心的城区，也是时髦的富豪聚居区。

栈的家族企业。他从此培养出闲散和旅行的癖好。1868 年，他作为斯特灵的议员进入下议院，但他在演说上天赋平平，又不想努力提高演说技巧。在他看来，政治根本不像同僚们所说的那么严肃；他每年都要去马里昂巴德*，洗尽尘俗，寻找灵感。如果说他有什么远大志向，那也只是默默希望有朝一日能当上下议院议长。他很爱妻子，很多人认为他对妻子言听计从。他的自我始终得不到舒展，却有自由不羁的幽默感。总之，这是个完美的人选。

“C–B”** 的接班最终平息了在野党前座议员的争斗，但一开始就带来了一个问题，因为他在关键的“帝国”问题上一直倾向于站在党内的哈考特–莫利阵营一边。他认为自己是个帝国派，理应得到所有正统人士的认可，但这丝毫不能缓解罗斯伯里派和米尔纳派对外交政策可能变软的担忧。1899 年春，汤姆·埃利斯死后，他随即任命赫伯特·格莱斯顿为首席组织秘书，似乎让这种担忧进一步加深。当国家于 10 月走向战争，这无疑会像 1876 年保加利亚风潮中的格莱斯顿那样造成党的分裂。在克鲁格发出最后通牒不到一年前，艾迪·汉密尔顿曾对死气沉沉的政党政治发表过看法。“这个国家还存在两个政党吗？”他不禁要问，“确切地说，是否存在一方维护而另一方谴责的真正利益？”[27] 当前线指挥不利的消息传回国内，他的
226 质问变得不合时宜了。在接下来的两年里，直到贝尔福的教育法案提供了一个重新整合的机会，自由党各派系一直围绕一个问题而不是多个问题争吵不休。

问题并不在于是否反对战争。持反战立场的只有一小撮党内左翼：布赖斯、钱宁、谢菲尔德的 H. H. 威尔逊、未来的御前大臣鲍勃·里德（日后成为洛尔本勋爵）、激进记者 H. W. 马辛厄姆，以及

---

* 捷克著名的温泉疗养城市。

** 坎贝尔–班纳曼。

名声最差的劳合·乔治。党内大多数人都认为战争是一个令人遗憾的必要，同时很反感张伯伦在挑起战争中的作用以及战事不利。这场战争之所以成为人们关注的焦点，是因为人们在很大程度上接受并参与了这场战争，自由党人要重塑对帝国社会以及国家应该扮演的角色的看法。对于坎贝尔-班纳曼和主要的政策执行者来说，战争只是政党政治生活中的一个事件，根据长期的原则和信条来提倡或反对。这些年来，在辉格党大家族的继承人爱德华·格雷领导下，帝国派要求用种族、命运以及"国家效率"（一个时髦的术语）来表达战争信息。这些话语大多首次出现于1901年。在战争初期，这些话足以让人感受到"心灵震撼"，并让那些落伍者明白，单纯攻击殖民大臣及其凶恶本性纯属枉费心机。"抵制张伯伦主义根本行不通，因为它并非一项政策。应当着手建立一些可以延续两三代人的东西。"[28]不那么狂热的政治家们自然会认为，真正的危险在于支持一项似乎是从"蹼足类"自由党人（这是坎贝尔-班纳曼对他们的称呼）那里汲取灵感的计划，并将自由主义的前途寄托在让罗斯伯里担任一届"效率"政府的首相上。

人们担心1900年的卡其大选会巩固自由帝国主义者的力量，进而使这样的前景更加明朗，但事实证明这种担忧属于杞人忧天。事实上，劳合·乔治和满腔激情的埃尔郡矿工詹姆斯·基尔·哈迪（代表劳工代表委员会）的重新当选表明反战情绪有很大的号召力。1901年6月，帝国舆论风向发生了彻底转变，当时，坎贝尔-班纳曼在全国改革联盟的演讲中罕见地发表了雄辩言论，内容主要是基于埃米莉·霍布豪斯——布尔战争的弗洛伦斯·南丁格尔——提供的布尔人战俘在英国集中营里令人触目惊心的状况的第一手资料。"什么时候战争就不仅仅是战争了？"这位在野党领袖怒斥道，"当它在南非以野蛮方 227
式来进行的时候"。日后回忆时，坎贝尔-班纳曼把这句话当成自己犯过的最大错误，就像格莱斯顿把1862年关于美国南方邦联的言论看成自己最大的错误一样。这势必惹得帝国主义者群起而攻之，尤其是阿斯奎斯，他不再像 1898 年和 1899 年那样“装聋作哑”了。[29]罗斯伯里也振作起来，对伦敦城的自由党人发表演说。他在演说中首次提出了当年晚些时候尽人皆知的一个主题：要将自由党统一派拉回到自由党，需要有“清白的历史”。罗斯伯里或许认为从帐篷里出来的阿斯奎斯威胁到了自己在自由党右派中的领袖地位。无论如何，他接受了切斯特菲尔德自由党联盟的邀请，将在年底前往德比郡城镇发表演说，并大张旗鼓地宣扬此事。年底前，通过私人谈话和报纸上的巧妙暗示，他已经激起了人们对演说内容的期待；当 12 月的预定日期来临时，英国政治领导人及其顾问们纷纷把目光投向了切斯特菲尔德的铁路工棚，这种地方可不是发表旨在引发一场文化革命的演说的合适场所。

这场长达两个小时的演说让人颇为费解。罗斯伯里向听众（有些人是乘坐专门租用的火车来的）讲述了“效率”和“清白历史”的主题和相关话题，其中一个精彩段落谈到“那些头上戴着沾有蝇卵的过时政策的护符、静静坐着的人”。他的朋友们看了《泰晤士报》的报道后皱起了眉头，像他们的茫然不解的领袖一样问道：“什么是沾有蝇卵的护符？”作为全国巡回演说的第一站，切斯特菲尔德演说没有达到预期的效果；它暗示有一股涌动的暗流支持一个敢作敢当之人，却没有表明他能够带来什么。尽管如此，1902 年 2 月，在罗斯伯里的伦敦府邸成立了自由党联盟，这个新组织旨在推动罗斯伯里模糊的选举抱负。[30]除罗斯伯里外，联盟的核心成员还有阿斯奎斯、格雷、霍尔丹、福勒、芒罗-弗格森以及 R. W. 珀克斯，评论家们认为联盟意义重大，但从更长远的角度来看，很难说它起到了什么重要作用。当然，任何有罗斯伯里和阿斯奎斯参与的组织都不容忽视：罗斯伯里的魅力显然对他身边的那些人很重要，而阿斯奎斯的执行力和修辞能力也不容小觑。不过，也许还有其他本能也被激发了出来。

“瘸子党”* 对格莱斯顿之后自由主义的方向带来了很大的挑战，其力度超出了单纯帝国派的亚杜兰集团。他们主张的自由主义某种程度上比格莱斯顿的自由主义更老，接近于帕麦斯顿的中间立场政治观。他们固守森严的社会等级和屈尊俯就（*de haut en bas*）的派头，228 与早期辉格党人的作风遥相呼应。事实上，格雷“以及他高高在上的做派”让坎贝尔-班纳曼耿耿于怀的原因不外如此，就像另一边的阿斯奎斯在感慨张伯伦的好战姿态之前，先鄙夷张伯伦没有教养（“无赖做派，言辞粗鲁”）。[31] 然而，换个角度来看，帝国派似乎盗用了格莱斯顿的某些立场。他们即便没有采纳格莱斯顿的学说，也用他的方法集中自由党的力量开展一场提高帝国效率的运动。他们用响亮的不从国教派语言提醒反帝国派，他们也获得了不从国教者的支持，尤其是“帝国珀克斯”，他在自由党联盟的言论中信心十足地加入了循道宗教义。他们还在“凯尔特外缘”唤起了帝国情怀，这一地区已经成为支持自由党的心脏地带。尤其值得注意的是，这些帝国主义者都有苏格兰背景。以格雷为例，他的席位在法洛登，选区在特威德河畔的伯威克，反映出边界地区的影响。格雷开完东北铁路公司董事会会议后，乘火车从约克郡向北行驶，从纽卡斯尔城外的某个地方开始，就让人感受到辉格党的气息，直到今天依然如此。如果继续沿着东海岸前往中洛锡安郡，便是罗斯伯里的苏格兰家乡、福斯河南岸附近的达尔梅尼。再往前就是珀斯郡南部的丘陵地区，霍尔丹与芒罗-弗格森在此地几乎是比邻而居。即使在城镇，自由党联盟在爱丁堡和格拉斯哥的影响力也超过了英格兰的任何地方。

然而，无论是否属实，自由党联盟的自由主义最终还是陷入了

---

* 即自由帝国主义者，1900 年前后自由党中的一个小派别。瘸子党（Limps）一词即来自 Liberal imperialists。

自我矛盾。只有罗斯伯里认为必须跨越政党界限。阿斯奎斯根本不想危及自身在等级制度中的地位，珀克斯也不肯为了“效率”牺牲非国教信仰。帝国主义者对待1902年教育法案也表现出双重意义上的迟疑。从“效率”角度来说，自由党联盟本应为法案推动了中央集权和合理化而喝彩。站在政党的立场，它势必反对任何对不从国教者“权利”的干涉。[32] 由于在教育问题上与同僚保持一致，帝国派心照不宣地同意停止对已达成共识的事务施加压力，并重新处理他们与自由党内其他人一样强烈反对的日常事务。他们维护自己的地位，坎贝尔-班纳曼同样反感的是，他们还维护自己的财富，尤其是珀克斯似乎拥有无穷无尽的财富。“一旦在公开场合被打败，”这位自由党领袖怒斥道，“他们就搞阴谋，偷偷摸摸地动用他们的钱袋。”地下工作无益于改善帝国派在党务工作者心目中的形象，到1902年，长期以来的累
229 积效应让人心灰意冷，正如布赖斯抱怨的那样，造成了“普遍的政治懈怠”，“任何话题都不能唤起选民日益低落的兴趣”。[33]1903年新年，就在布赖斯写下这番话的时候，张伯伦不得不采取行动，将帝国主义降格为对布尔战争的回忆，重新强调科布登主义的重要性，并将罗斯伯里和坎贝尔-班纳曼都不以为然的自由主义学说推向前台。

自由贸易给自由党人带来了立竿见影的公开和谐：他们在其他问题上的分歧再度成为私人通信的隐秘内容。例如，帝国派并不反对自由党在德兰士瓦华工问题上的路线，而两年前这个问题可能会成为种族优越政治的研究案例。同样，左翼放弃了地方主义，也没有拿上议院改革和政教分离大做文章。由于张伯伦的缘故，双方的争斗私下里仍在继续。毕竟，1903年10月他从贝尔福政府辞职后，政府就垮台了。反对坎贝尔-班纳曼的小集团策划了一个阴谋，贝尔福下台后就推举斯宾塞当首相，这些想法得到了劳合·乔治和爱德华·格雷的支持；虽然自由党人仍然承认现任领袖将入主唐宁街，但自由党联盟并

没有停止罢免他的密谋。[34] 罗斯伯里仍然保持着不即不离的关系。但他对爱尔兰自治的态度已经变得强硬。切斯特菲尔德演说之后，他认为爱尔兰民族主义与他最近定下的演说主题背道而驰：他从一个张伯伦式的人物变成了坎贝尔-班纳曼的格莱斯顿。他愿意涉足教育、华工、戒酒等问题，但不愿重蹈覆辙，坠入格莱斯顿为自由党人挖的爱尔兰自治的陷阱。1905 年春，当爱尔兰问题成为核心的政党关注点，罗斯伯里与自由党领导层的最终决裂也就在所难免了。

对爱尔兰事务大臣乔治·温德姆发动攻击并不意味着爱尔兰自治情绪的再起。他制定的 1903 年《爱尔兰土地购买法案》几乎没有给自由党人留下什么把柄，因为该法案规定国家为土地购买提供财政援助，朝着 1870 年以来自由党一直主张的农民小土地所有制目标迈进。议会获悉温德姆事先知晓安东尼·麦克唐奈爵士进一步下放权力给爱尔兰行政部门的计划（尽管他本人矢口否认），炮火自然是来 230
自贝尔福一派狂热的乌尔斯特人，而不是致力于权力下放的自由党人。然而，温德姆处置失当给保守党带来的危机，以及首相拒绝伸出援手挽救他的职业生涯，只会让自由党纲领中的一项承诺重新回到高阶政治的讨论之中，即准许爱尔兰人拥有自己的议会，一劳永逸地解决这个问题。1905 年 3 月，事态已经明朗，罗斯伯里不愿与自由党人一起推动这一目标的实现。确切说，他将拒绝加入致力于这个目标的政府，除非是斯宾塞领导这个政府，或者至少坎贝尔-班纳曼去上议院。他的决心并未得到验证，因为出乎两党的意料，贝尔福挺过了 1905 年议会。然而，议会休会期间，帝国派在格雷位于苏格兰的钓鱼别墅策划了针对他们领袖的终极阴谋。到场的阿斯奎斯、格雷和霍尔丹约定不加入下届自由党政府，除非坎贝尔-班纳曼同意去上议院，这就是所谓的“雷鲁加斯协定”，[35] 考虑到罗斯伯里的孤立和贝尔福的回归，这个约定似乎是可行的，“瘸子党”希望结束前者，利用后者。如果说他们还对罗斯伯里的回归抱有希望，那是因为他们没有考虑到罗斯伯里的偏执。尽管斯宾塞在1905年10月因身患重病退出了舞台，罗斯伯里仍然一意孤行地向坎贝尔-班纳曼开战。11月25日，他在博德明发表演说，表示“从宪法上强烈反对”爱尔兰自治，抗议自由党人甘愿让不切实际的爱尔兰政策阻挠社会改革。“对于这个问题我已言尽于此，只想毅然决然、斩钉截铁地说，我不会在那面旗帜下效力。”*

他说到做到。直到1929年去世，罗斯伯里始终徘徊在英国政坛的边缘，他既觉得自己壮志未酬是得其所哉，又为此怨天尤人。他在博德明的奋力一击造成了事与愿违的现实后果。贝尔福由此认定，坎贝尔-班纳曼与罗斯伯里在爱尔兰问题上的严重分歧将使自由党人组阁的前景化为泡影。在野党领袖接过了一只有毒的圣杯，它有着难以抗拒的诱惑，尤其是贝尔福政府已经在下议院被击败，很可能在不久的将来遭遇致命的挑战。1905年12月4日，首相向国王爱德华七世递交了辞呈。他没有解散议会，因为他想在势在必行的冬季大选让坎贝尔-班纳曼在选民眼皮底下苦苦挣扎。如果雷鲁加斯集团坚持原定计划，贝尔福可能真的会在接下来几周里有好日子过。然而，阿斯奎斯的人情味超出了所有人预想，这对帝国派很不利；相反，坎贝尔-
231 班纳曼向世人证明，几年来他的地位和政治智慧都有了很大提高。这位新首相提拔了密谋者，将他们招至麾下。他向阿斯奎斯开出了财政大臣这样一个无法拒绝的价码，然后用陆军大臣和外交大臣的职位把霍尔丹和格雷争取过来。尽管贝尔福动手的时机选得很好，但自由党政府还是逐步成形了，而且立刻投入竞选活动之中，所有人都认为这次选举会是现代政党历史上的一个转折点。

---

* “雷鲁加斯”是格雷在莫里郡的钓鱼小屋的名称。这个三人集团和罗斯伯里都想扳倒坎贝尔-班纳曼。如果自由党在大选中获胜，自由党领袖坎贝尔-班纳曼将出任首相，因此他们意图逼迫后者去上议院，等于是要他将首相之位拱手相让，但坎贝尔-班纳曼并未退让。

除想入非非的帝国派之外，从 1903 年起，这场指日可待的选举考验就一直横亘在自由党管理者面前，成为首席组织秘书赫伯特·格莱斯顿和 R. A. 哈德森心头的重负。哈德森是两个重要组织自由党全国联盟和自由党中央协会的干事，像更出名的前任弗朗西斯·施纳德霍斯特一样，他面临的问题是如何团结那些张口闭口“影响力”和“抢地盘”的自由党小集团，尤其是 1890 年代末在自由党全国联盟中站稳了脚跟的激进派。但格莱斯顿在很多方面都缺乏施纳德霍斯特的敏锐。事实证明这位元老的儿子在政治上乏善可陈。他的第一个选区是利兹，这是拜他的父亲所赐，他的父亲在 1880 年回到了利兹和中洛锡安。但小格莱斯顿在下议院毫无建树。1885 年，他用一只“哈瓦登风筝”来试探舆论，* 错误地试图让自己的父亲继续掌控自由党；他还把自己的高尔夫差点降到了 3 点。** 强身派基督教并不能代替从政经验，他只好勉为其难地担任组织秘书这个政党组织的入门职位，并在日后的政治生涯中一直担任此职。当务之急是解决缺钱的问题，一方面竞选经理们因为缺少经费而焦头烂额，另一方面赫伯特自己手头拮据，经常需要家族里的金融家、他的弟弟亨利接济。但布尔战争后的关键几年里，还有两个让格莱斯顿头痛不已、高级政治家们更是避之唯恐不及的问题。一是工党问题，二是不从国教者问题。

1900 年大选中，劳工代表委员会推举了两名候选人，其中之一是基尔·哈迪，由于秉持反战立场以及在威斯敏斯特的衣着举止，他很快落得个身败名裂的下场。此事在议会层次几乎不构成重大威胁。但在地方选区，“劳工”的影响力悄然扩大，因为自由党党团对工人

---

* 当时，小格莱斯顿向全国通讯社的记者埃德蒙·罗杰斯透漏，他父亲已经转而支持爱尔兰自治。哈瓦登城堡是格莱斯顿当时的住所。

** 高尔夫差点是高尔夫球手打出的杆数与标准杆之间的差距，差点值越低，球手水平越高。

阶级候选人敬而远之，这倒未必是出于社会主义者斥责的阶级势利，而是因为有效的竞选活动耗资甚巨，花费高达 1000 英镑乃至 5000 英
232 镑。选区的政党除非能够筹集到资金（格莱斯顿掌握的信息表明筹资越来越难），否则别无选择，只能推举钱包鼓鼓的当地雇主或商人。各地自由党协会争相向本地资产阶级献媚之际，工会和同业工会积极分子态度日趋强硬，自由党与“工党”的关系出现了裂痕。劳工代表委员会的干事是才华横溢的社会主义知识分子詹姆斯·拉姆齐·麦克唐纳，他看穿了新的工党参选机制的软肋，因此认为大可不必与自由党人翻脸。但自由党人的态度一再触怒当地的工人，地方上纷纷决定参加补缺选举，这势必加剧了全国性的冲突。1902 年，兰开夏克利瑟罗补缺选举中，双方第一次出现了剑拔弩张的场面，当地棉纺织工人拒绝撤回自己的候选人大卫·沙克尔顿，不愿支持自由党-工党分子认可的自由党候选人。格莱斯顿只得动用中央权力让本党候选人退出竞选，安排沙克尔顿在没有竞争对手的情况下重新参选。《新时代》这样的煽动性杂志指出，这场胜利开辟了新视野：“现代政治史上再没有比这更有意义的事情了。我们可以肯定这不会是最后一次。倘若有一两百个选区采取同样的策略，会发生什么样的事情？”[36] 自由党总部无疑也提出了同样的问题，只是没有那么欢欣鼓舞罢了。1903 年，事情有了眉目，格莱斯顿与麦克唐纳达成一项秘密协议，旨在避免下次大选时分散特定选区的进步人士选票，这个协议极大地推动了 29 名劳工代表委员会候选人进入下议院。他们决定自称为“工党”。

1903 年的几个月内，继克利瑟罗之后，另一位出类拔萃的劳工代表委员会候选人亚瑟·亨德森从自由党人手中夺走了巴纳德城堡的议席，自由党的稳定面对令人担忧的内部挑战。如果常打高尔夫球的格莱斯顿在球场上碰到伦敦怀特菲尔德教堂公理会牧师兼《改革者》杂志主编西尔维斯特·霍恩牧师，后者可能会问一个惊人的问题：“难道你不认为自由教会应当在下次大选时推出 100 名候选人吗？”

他就算没碰到霍恩也没有关系，因为霍恩球场上的搭档立刻带着这个建议跑去找格莱斯顿。他发现首席组织秘书“并不热情”。[37] 反对教育法案的风潮逐渐降温后，格莱斯顿似乎准备为不从国教者提供一些毫无胜算的选区。他本想就此息事宁人，却低估了教会的信心，尤其 233
是没有想到 1904—1905 年威尔士大复兴* 会有如此大的力量，许多人认为不亚于 1859 年的福音派大复兴。他也没有认识到“劳工”思想影响到激进的不从国教者，更不用说原始循道宗了。在不从国教者看来，双方这些年的情谊使得 1906 年大选具有特殊的意义。这次大选使得不从国教者对自己与自由党人之间的战略上一致性更加乐观；他们更加坚定地决心阻止贝尔福干预教育，并将每个威尔士人都敢说敢做的那件事——政教分离——重新提上议事日程。

自由党政治还有一个更为潜移默化的进展，它涉及自由主义更为“进步”的领域，因而基本上是在议会之外。霍尔丹这样深谋远虑的政治家偶尔也会感受到外界的声音。我们发现，他在 1896 年的《进步评论》上发表了一篇名为《新自由主义》的文章，指出“越来越多的年轻的自由党人”开始在演说中使用“社会公益的语言”。[38] 不过，1906 年前，只有在宣传家和知识分子那里才能找到这种“新自由主义”的雏形。《曼彻斯特卫报》主编斯科特以及在他手下工作过的重要知识分子莱昂纳德·霍布豪斯阐发了新学说的许多内容。斯科特曾在 1890 年代告诉霍布豪斯，他认为“自由主义与劳工的关系必将主宰未来的政治，关键是找到一条途径让自由党人认识到必须拓展旧传统，使之涵盖更广泛的社会正义、更现实的平等、更大的工业自由和政治自由”。[39] 这种更广泛的自由主义基于这样一种判断，即在一个有机的社会，最大限度扩大个人自由需要扩大国家权力，而不是古典理论家所说的收缩国家权力，这种新自由主义影响了激进主义一代人

---

*　威尔士历史上最大规模的一次基督教信仰复兴运动。

的著述和言论，其中许多人在1906年后成为议会后座议员和报刊编辑。政治家们都将注意力放在关税、教育或罗斯伯里身上，并没有因为这些人的存在而惴惴不安。但这些人的担忧不断渗入政党结构内部，因为这些担忧反映了受过教育的人对贫困、阶级和社会需求的新看法。

英国的状况

1909年，查尔斯·马斯特曼发表了《英国的状况》。这位西汉姆的自由党议员试图全景式地考察处于自我意识混乱时期的英国社
234 会。它类似于同年发布的济贫法委员会少数派报告，或是威廉·贝弗里奇划时代的研究成果《失业》，实际上是马斯特曼概述新自由主义思想总体趋势的秘密宣言。1909年的这些文本并非空穴来风：另一位来自伦敦的后座议员利奥·基奥扎·莫尼（北帕丁顿选区的自由党议员）在《富裕与贫困》（1905）中用统计数据准确反映社会疾苦；约翰·霍布森批判资本主义社会的财富分配不公及其对殖民地和工业政策造成的后果；威廉·赫瑞尔·马洛克对霍布森做了精彩回应；休因斯试图重新讨论关税和帝国问题；萧伯纳的剧作以及切斯特顿和希拉里·贝洛克的奇特仿作也产生了潜移默化的影响。总之，爱德华时代知识分子接触到的社会文本提升了他们的认知，鼓励他们用新兴的实证主义来分析所处的环境。这种情绪表现为对于**事实**的渴望。只要读一读这一时期比阿特丽斯·韦伯的日记和书信，人们都会意识到，收集社会事实——冷静客观和无可辩驳的事实——已经成为她的精神寄托和不可或缺的精神食粮，带来了内心的温暖。在爱德华时代的社会激进派看来，考察社会动态就像实验室实验一样，观察者完全超然于所选择的研究对象。70年来，形而上学一直用康德和黑格尔的术语掩盖了对现实世界的理解，英国知

识分子突然发现自己进入了一个激动人心的解放阶段。约翰·罗素勋爵的孙子早年在剑桥时就强烈感受到了这一点，他说新的情绪让他从温室来到了大风猎猎的岬角。[40]

这些新风吹拂着马斯特曼这一代人，使他们摆脱了 1880 年代和 1890 年代与布思和朗特里等人联系在一起的经验主义。新兴的“社会学”成为一个时髦词汇，它提出了带有社会民主色彩的建议，承认社会机体中个人的相互依存关系，以更深刻的方式重新界定了“个人”与“社会”等词汇的确切含义。布尔战争期间的征兵揭示了工人阶级男性糟糕的身体状况，证实了朗特里对约克郡的初步研究（1901）的结论：28% 的城市人口生活在“贫困线”之下。同样，1901 年和 1911 年的人口普查表明，维多利亚早期的济贫法安排显 235
然无法应对迅速膨胀的城市人口，急需改革现行体制，抛弃自相矛盾的流行假说，即贫困是源于懒惰，像洪水猛兽一样威胁到所有人。改革呼声不仅来自政府部门的报告，如阿尔梅里克·菲茨罗伊爵士的“体质下降调查委员会”报告以及济贫法委员会的报告，还来自报纸杂志、大学推广运动*以及韦伯夫妇创办的新伦敦经济学院，要求国家采取有力措施，缓和阶级分化，提高民众生活水平。为了弥补传统宗教信仰的缺位，这场运动的许多参与者找到了替代的精神信仰：事实上，教会人士通过教育活动以及城市里工人阶级聚集区的大学村，也对这场运动的宣传贡献良多。[41] 显然，只有认清这些事态发展，才能更好地理解 1905—1915 年自由党政府为什么要实施福利计划，包括引入养老金（1908）、职业介绍所（1909）和国民保险（1911）等立法。

另一方面，不同的实验室会得出不同的结果。1890 年代中叶开

---

* 19 世纪中叶英国为推动大学开放而兴起的一场高等教育革命。1870 年，剑桥大学为普通市民开设校外扩展课程。

始，德国生物学家奥古斯特·魏茨曼的观点影响了英国关于达尔文主义与社会理论关系的讨论。达尔文在著作中暗示了一种模糊的希望，即人类的获得性特征（那些“后天”形成而非“先天”具备的特征）有望作为遗传印记的一部分遗传给后代，从而通过简单遗传提供一种社会改良机制，为“进步”观念提供了依据。魏茨曼让这个希望彻底破灭了。本杰明·基德的《社会进化论》（1894）出版后的20年里，“极端达尔文主义”风靡一时，其出发点就是全盘否认这种“功能遗传”；正如进步依赖于之前的学说，“退化”也依赖于后继的学说。科学的这种应用强调实证主义，其程度不亚于社会民主主义者对实证主义的重视。然而，它并没有指向自由主义，而是提出必须采取激进行动遏止社会变质，那些将“种族”“帝国”和“贵族”融合为一种为善力量的人注意到这种社会变质。这样一来，人们关注的焦点不再是议会制度的平庸、腐败和狭隘。未来寄托在卡尔·皮尔逊和弗朗西斯·高尔顿的优生学计划，寄托在“种族”理论的无数奇葩应用，更寄托在被视为未来帝国文化守护者的青年身上。[42]巴登·鲍威
236 尔*的童子军肩负着同样重要的责任：一旦德国入侵，他们理应发挥第五纵队的军事功能；但在米斯伯爵看来，童子军仍然着眼于教育，他主持的几家社团和协会成为爱德华时代爱国主义政治的典型代表。“它来得正是时候……让少年成为坚韧、阳刚、讲真话和恪尽职守的英国人，能够肩负起世界上有史以来最强大帝国一员的艰巨而光荣的责任。”[43]

这种帝国本能经久不衰，因为它们印证了对社会问题和政党的一系列判断。它们使得名副其实的大众政治成为可能，助长了爱德华时代英国的恐德症。坊间对“入侵小说”的热衷可以追溯到普法战争，厄斯金·奇尔德斯的《沙洲之谜》（1902）让这种体裁流行开来。哈

---

* 鲍威尔（1857—1914），英国军人、作家，世界童子军运动创始人。

姆斯沃思的《每日邮报》为 W. E. 亨里和拉迪亚德·吉卜林诗歌中更为神秘的瞬间提供了丰富细节，该报连载的故事隐晦表达了英国人足以征服一切。但尴尬的是，宣扬种族退化危险的学说是来自那些似乎更喜欢以凯尔特人为媒介来传达日耳曼精神的煽动者和发言人。在精心选择的团体和社团里与志同道合的男性为伍，让人有亲如骨肉之感。妇女在政治进程中占有一席之地，而且地位比较高；但是，当帝国的需要使得公民特权的先决条件是扛枪打仗，她们就很难成为公民了。不言而喻，妇女参政论者触犯了社会体统，但不言而喻的东西可能对塑造人们的态度发挥了更大的作用，一系列环环相扣的母权制观点让人联想到美国内战前南方的蓄奴社会。比起政治活动的肮脏，从少女到成年的过程严肃而神圣。即使是男人也并非没有短板。“英国大兵”在后方被推崇为身心健全和勇气的象征，但不配考虑国家大事，这种事情轮不到 H. G. 威尔斯笔下千人一面的武士来操心，应当留给那些有着完美履历和教养、血脉中流淌着政治才干的人。

一个观察家深信只有在土地贵族体制中才能找到“充实、繁荣和幸运生活的小梗概和小摘要”，在 1909 年发现一家图书馆的馆藏目录中“贵族”条目仅有九条，而有关“民主”的图书有 85 本，这对他来说不啻是当头一棒。[44] 国王爱德华在位期间，上层阶级越来越清楚地意识到自己陷入了四面楚歌的境地。国王本人也难辞其咎，人们认 237
为贵族阶层身陷宴会、桥牌会、赛艇会、酒会以及更可恶的事情的漩涡，丧失了统治意志，而国王在很大程度上助长了此风。1910—1911 年，贵族负隅顽抗，阻挠阿斯奎斯政府通过削弱贵族权势的立法，自由党人对上议院的攻击也在此时达到顶峰。1907 年，蒙克斯维尔夫人还能对前景表示乐观，[45] 但随后几年的一系列事件让她笑不出来了。遗产税已经开征；1909 年，阿斯奎斯的财政大臣劳合·乔治在“人民预算案”中提出评估地价，并向英国的土地所有者征税，未来的趋势已经十分明显。这个时期的政治和经济攻势让封建主义面临最后的危机。这场危机并未立刻到来：回过头看，“英国易手之年”是1919年而非1909年，届时庄园纷纷被拍卖，乡间别墅变成医院和旅馆，穷困潦倒的主人不得不给“故园”* 的家具蒙上防尘罩。不过，1911年时不祥之兆已经初露端倪，萨克维尔夫人不禁感慨，那位不肯放过土地所有者的威尔士律师 ** 是否根本不知道维护356个房间、52座楼梯和545扇窗户的开销有多大。[46]

住别墅的人还不是最难的。事实上，中产阶级有了更大的晋升空间和流动性，成为身穿黑色制服的工薪阶层的主力，但他们对英国社会生活的影响仍有待做出准确评估。[47] 他们的总部在郊区，尤其是日益膨胀的伦敦，那里的宿舍生活方式取代了工作和家庭的旧模式。[48] 中产阶级上层有钱添置居室家具（在那些无需如此的人眼里，到托特纳姆法院路买家具成为一个阶级标签），或是从大百货公司购买真空吸尘器等家用技术产品，甚至考虑买辆汽车。毕竟，到第一次世界大战爆发之际，英国道路上行驶的14万辆汽车不可能全都属于贵族和百万富翁。在妇女参政论者和罢工工人对财产的攻击主宰了大众心理的时期，中产阶级的阶级意识达到了新高度。他们骨子里市侩庸俗，使得第一次后印象派画展以及《春之祭》在伦敦的首演彻底失败。坊间出现了描绘中产阶级生活的文学作品，如高尔斯华绥的戏剧和福斯
238 特的小说，面向文化修养不高的人的报纸刊载的文章和广告，不厌其烦地灌输说他们能够实现自身的愿望。这些愿望全都涉及国家的福祉和“效率”，尤其强调在成百上千的方济各会修士和埃尔切斯特早期生涯中见到的那种道德品质。在一个竞争激烈的世界里，商业生存披上了竞技场的光环和类似说辞，诸如“抖擞精神”“充满活力”“自

---

* 英国作家伊夫林·沃的小说《故园重游》讲述了伦敦近郊布赖兹赫德庄园的兴盛与沉沦，反映了英国贵族阶层世代荣光的消退与幻灭。

** 指劳合·乔治，“人民的预算案”有明显的劫富济贫性质，措施包括对5000英镑以上的遗产开征遗产税。

由”“公平”，却鲜见对弱势群体的同情。国际事务一旦摆脱了讳莫如深的外交大臣和军火商的控制，就会表现出同样的内在健康，使战争成为荒谬绝伦之事。诺曼·安吉尔的《大幻觉》（1910）出版于第一次世界大战前夕，它试图证明现代国家在商业上相互依存，因此国与国之间的冲突是不可想象的。这本书在许多国家都引起了轰动，说明这种被简化为整齐的表格形式的世界观是广大读者所喜闻乐见的。它也确凿地证实了有产者的一种担忧，即未来的流血冲突并非来自国家之间的战争，而是来自阶级之间的战争。

“我们面对的是内战局势。”爱德华·格雷在1912年的内阁会议上表示。[49]他指的是当年春天的煤炭工人罢工，这场罢工是一系列劳资冲突中最近也是最严重的一次，这些劳资冲突使得1911—1914年被称为“大动荡”时期。1890年代，以塔夫河谷案达到高潮的“法律攻势”将工联主义逼入绝境，从那以后，工联主义显然有了新的面貌。1907年后，实际工资的下降激起了更强烈的抗议活动，尽管自由党政府在前一年撤销了塔夫河谷案判决。很快，更重要的变化接踵而至，1908年，强大的矿工工会加入工党，1911年后，加入工会代表大会的工会会员人数显著增长，工会领导人采纳了欧洲大陆风起云涌的理论。马克思主义组织发展缓慢；但1910年后，另外两种学说刮起了一阵旋风。首先是“工团主义”，它源于法国人蒲鲁东以及晚近的乔治·索雷尔的著作，后者的《暴力论》（1906）找到了一些英国信徒，他们准备用远远超出传统工联主义范畴的口号发动总罢工。其次，在阿瑟·潘迪和牛津大学青年教师道格拉斯·柯尔的推动下，“基尔特社会主义”曾风行过几年。它的灵感来自中世纪英国：事实上，它在某种程度上复兴了1890年代威廉·莫里斯和罗伯特·布拉奇福德倡导的哥特社会主义，即采用个人主义的行业公会结构，建立更合理的工业权力组织。虽然动荡期间并没有出现任何接近于革命的形势，但里布斯戴尔勋爵的儿子断定工人们“已经失控到惊人的地 239

步”，他这番话所代表的不仅仅是他本人的阶级。[50] 工人们的咄咄逼人以及诉诸非议会政治的意愿为 20 世纪围绕民主的长期争论增添了新的内容。

“民主”的批评者大多来自英国以外的国家：奇怪的是，这一代人中并没有卡莱尔、菲茨詹姆斯·斯蒂芬或罗伯特·洛这样的人出来抨击民主进步的假说。事实上，俄国学者摩西·奥斯特洛戈尔斯基的《民主与政党组织》（1902）是知识分子不信任美国和英国民主机制的最大原因。奥斯特洛戈尔斯基担心“党团”的发展及其对真正民主的影响，在某种程度上预示着德国政治科学家罗伯特·米歇尔斯对民主的严厉抨击，1915 年，米歇尔斯提出了“寡头统治铁律”理论，从根本上否定了民主实践的可行性，而各政党及其领导人还在坚持当下的运作模式（*modus operandi*）。当英国理论家将米歇尔斯的观点与英国的经验相对照，往往会发现这些论点站不住脚：英美两国对代议制民主的理解比俄国和德国更灵活。1908 年，对英国政府体制有独到见解的美国观察家 A. L. 洛威尔认为，在“中央集权、组织严密”的英国社会，“迄今所有关于民主在英国产生平权效应的预言都被证明是错误的”；但英国评论家们往往把这种对民主的抵制看成长处。例如，西德尼·洛爵士认为，尽管形成了“民主化”的政治结构，但财富阶层与大众之间并没有发生殊死搏斗：

> 古代和现代反对民主的哲学家们始终顾虑的重大危机已经过去了。即便有广泛的大众选举权，我们并未发现自己有两个政党，一个政党包括所有的有产者，另一个则主要由那些除了双手和选票外几乎一无所有的人组成。[51]

我们可以对民众的投票或投票不足说长道短；但 1906 年后，他们的双手——曾在一代人之前将格莱斯顿拉下马来的勤劳的双手——无疑变得更有力量。亚瑟·贝尔福在1906年大选后说过的一番话经常招致批评。东曼彻斯特竞选失败后，他在痛苦反思时谈及英国在社会主义浪潮中随波逐流，而自由党人的选举胜利预示着比政治钟摆的正常摆动更大的变化。他宣称："我认为必须参照欧洲大陆的工人运动和 240
社会主义运动，否则无法理解这一戏剧性事件的全部意义。""现在选举我们议会的一群无知选民"凌驾于宪法之上的前景，无疑有助于引导人们思考改革后的框架是否能够"阻挡洪水"。自由党人对上议院的攻击；妇女社会政治同盟的抗议转变为公开用暴力支持争取妇女选举权运动；保守党人似乎愿意支持就关税改革举行全民公决（"民主变得疯狂"）；帝国派认为民主是"国家衰败时以不同方式盛行的政府形式"[52]；凡此种种，都在侵蚀着政治体的内脏。这些事态发展表明普选权的讨论势必要在一种变化了的氛围中进行。这一点从蒙克斯维尔夫人身上可以略见一斑，她以前一直认为民主是合法盗窃的掩饰，因此这个话题没有什么挑战性。但1909年的一天，她在一篇日记中的惊叹之情溢于言表，有必要大段引用：

> 5月22日，星期六。我费尽周折，听了一场关于"民主"的讲座，这是马斯特曼教授（查尔斯的哥哥）的系列讲座之一，地点是上议院的皇家美术馆。阿尔伯特·曼斯布里奇是个聪明的年轻人，这些与大学推广运动有关的讲座就是他组织的。
>
> 温度超过80华氏度，大厅里挤满了热切的人群，第二天曼斯布里奇告诉我，有1000多人到场，他们有男有女，都颇为年轻。我估计他们是年收入20镑的房主，会阅读会思考的人……还有汤因比馆的哈维先生、下议院议员威尔·克鲁克斯（代表伍尔维奇的工党议员）、大主教的儿子"比利"坦普尔以及霍尔丹小姐。陆军大臣霍尔丹先生主持讲座。以前霍尔丹先生在公共场合发言时，妇女参政论者都会打断他，今天下午我第一次目睹了

> 这惊人的一幕。（她记述了中断的经过以及十几名妇女参政论者被赶出大厅的情景。）这大概花了半个小时。我们重新回到正轨，坐下来听马斯特曼教授演讲。
>
> 他的“民主”观念是一种非常崇高、高尚和虔诚的思想。他是个40岁左右的普通人，身材瘦小，发音不是很标准，但他知道如何吸引听众……从我绝佳的座位可以看到听众们的表情，尽管天气炎热，拥挤不堪，他们始终全神贯注，没有人坐立不安，也没有人昏昏欲睡……我原以为演说会换着花样喊一些社会主义者惯常的口号，比如剥夺“游手好闲的富人”，接济“穷人”。我简直不敢相信自己的耳朵，因为我听到他说精神高于物质，还
> 241 说宗教是一切的根源。[53]

“那又怎样？”也许有人会说。即使改变讨论氛围的建议似乎很有说服力，但在半封闭的威斯敏斯特社会中，它的效果有待验证，却往往得不到证明：人们将政治家视为一个更大社群的成员，期望他们反映这个社群的关切和关注。他们的法案和演说反映了他们的抱负和意图；借助精心选择的个人和文献，社会理论从档案中跃然纸上。1906年和1908年连续两届自由党政府之初，这种情绪似乎尤为高涨，赫伯特·塞缪尔这样年轻的理想主义者试图让西德尼·韦伯相信坎贝尔-班纳曼的新政府“将是一个奉行社会改良的政府”，或者像温斯顿·丘吉尔那样敦促阿斯奎斯在1908年领导新内阁制定“社会组织方面的绝佳政策”，“在我们的整个工业体系中贯彻落实俾斯麦主义”。[54]然而，站在旁观者的角度来看，这些谏言可谓人微言轻。塞缪尔和丘吉尔发表这些言论时都没有担任高级职务；丘吉尔崛起后，他的关注点就从社会激进主义转向防务和维持强大的海军。大臣们当中，只有他和劳合·乔治有受到自由主义知识分子影响的迹象；布赖斯等“老派”自由党人认为政府的首要职责在于制止一种愈演愈烈的猜测，即

国家有责任为人们提供工作。[55] 至于在这些问题上不表态的内阁大臣，他们往往不是认为国家干预在理论上站得住脚，而是认为国家面临的财政危机使政府别无选择，只能进行干预。当时许多人完全没有意识到半个世纪后才变得明显的暗流涌动，由于职业的关系，他们在思考的时候只考虑表面问题。

两个一目了然的事态发展——工人反抗和妇女革命——掀起的波澜足以让每个政治家都意识到它们的到来。然而，政治家们看待这两个事件的框架可能与社论作者和大学教师所熟悉的框架大相径庭。现在，工党犹如一个双重幽灵：既是政党框架内的压力，挑战了现有选举管理理念；又是来自外部的压力，在 1910 年及以后的激进理论中重新抬头。但两者都未能如其代言人希望和认为的那样引起政府的足够关注。坎贝尔-班纳曼从一开始就认为，自由党政府不应有任何行 242
动，以免使工党认为自由党人是迫于其压力才有所行动；也没有人认为有必要在有将近 400 名自由党议员的下议院做出回应。1910 年的两次选举中，两大政党的力量对比恢复了平衡，工党议员争取到更多的让步，例如，1911 年解决了议员薪酬问题，1913 年撤销了上议院的奥斯本判决，这一判决重申了工会会员有权否决工会会费用于政治用途，从而在过去四年里限制了工党的资金使用。但工党在战前几年的选举表现让自由党人松了一口气。在对工党的未来至关重要的矿区，尽管工会改变了效忠对象，但自由党人仍赢得了席位。在三党竞选的其他地区，工党的表现也不尽如人意。在这些令人沮丧的记录背后，工党在组织上有了很大进步，那些注意到这些进步的人看到了工党选举机器的潜力。与此同时，那些不了解这些进步的人也理直气壮地认为内部的敌人已经被降伏了。[56]

外部压力引发了骚动。对于 1906—1908 年执掌贸易部的劳合·乔治以及劳资纠纷的政府调解人乔治·阿斯克威思爵士来说，罢工以及镇压罢工就一再成为关注点。这些问题与爱尔兰、上议院、政教分离、国民保险、关税、土地改革以及一系列次要的复杂问题联袂而至，大多数大臣都有疲于奔命之感。1906年后，大多数大臣都有这种烦恼。但这种关注的重要性和持久性可能被夸大了。当劳合·乔治无法单纯凭借对工人发表讲话来控制听众时，他的眼里才有了劳工；但这一幕发生在1915年的克莱德河上，而不是在大多数情况下凭借随机应变和修辞技巧就足以控制局面的时期。事实上，即便有1911—1913年的重大争端，劳合·乔治仍然全神贯注于摧毁封建土地所有制的目标，这很难说是一个城市傀儡的反应。温斯顿·丘吉尔是劳合·乔治在内阁推行"进步"政治的搭档，他写给妻子克莱芒蒂娜的一封信表明，劳工问题很容易从一位忙碌大臣的文件箱里消失得无影无踪。1912年煤矿工人罢工期间，也就是格雷认为内战一触即发的那个月，这位海军大臣造访波特兰时却看到了不同的前景：

243 这次罢工似乎离波特兰很遥远，这里有纪律严明的舰队和堆积如山的煤炭。得知事情已经解决，我就放心多了。我们有这么多难题要解决。但我想我们会克服它们。政府是非常坚韧的组织。它们经得起磨损，也经得起考验。[57]

1860年代以来，这种韧性得到了提升，民众压力通过议会政治得到了释放。罗伯特·斯迈利和汤姆·曼的社会主义，就像之前罗斯伯里的"效率"和之后莫斯利的法西斯主义一样，在这种韧性面前败下阵来。

妇女参政运动的斗争也有同样的命运。议会涉足"妇女问题"的历史可以追溯到半个多世纪前，早期妇女活动家都是在宪政框架内开展活动；她们的策略包括提交私法法案，通过游说向议员施压，引导公众舆论，要求允许妇女参与地方政府、法官、学校董事会，打破禁止女性进入大学和专业领域的禁令。起初，人们对妇女社会政治同盟（1903）不抱期望：潘克赫斯特家族和佩西克–劳伦斯家族来自一个并不代表革命的阶层。* 然而，在新一届自由党政府，“宪政”策略收效甚微。1906—1907年，下议院的反对者反复讨论了三项议案；而议会行动似乎见不到任何成果，促使妇女社会政治同盟走上公民不服从的道路，最终导致了1913年臭名昭著的纵火运动，政府通过《猫捉老鼠法案》** 迫害身体虚弱无法强制进食的女囚犯。从这个意义上说，克丽丝塔贝尔·潘克赫斯特采取暴力手段有着清晰的逻辑。她在1911年的《妇女选举权》中大声疾呼："对于没有任何宪法武器的人来说，宪政方针又有何用？" 安妮·肯尼认为，那些违背她的自然正义观的政治家"虚伪、不诚实、谎话连篇、诡计多端"，他们的所作所为证明她所言非虚。[58] 尽管如此，事实表明，她们攻击财产是犯了一个战略错误，非但没有让政治家们更狼狈，反而替他们解了围。公众舆论转而支持"反女权者"，这是对反对妇女选举权之人的称呼；随着暴力升级，所有女权组织（不论是宪政派还是暴力派）的资金来源逐渐枯竭。与此同时，在自由党内阁中，除了支持妇女的格雷和憎恶妇女的哈考特，其他成员很少公开表明立场。劳合·乔治想两头下注，只支持妇女用"民主"方式获得选举权，以免形成可能打破选举平衡的有产阶级（意思是保守 244
党人）女性选民阵营。1908年后，阿斯奎斯成为攻讦妇女参政论者的主力，虽然他从未有过妇女社会政治同盟硬扣给他的马基雅维里主义帽子，但他无疑认为妇女解放愚不可及，当他说自己在第一次世界大战期间改变了主意时，他仍然这么认为。但他对这个问题并

---

* 埃米琳·潘克赫斯特（1858—1928），女权政治活动家，她与两位女儿克丽丝塔贝尔和西尔维娅创立了妇女社会政治同盟。埃米琳·佩西克–劳伦斯（1867—1954），英国女权运动活动家，丈夫威廉·弗雷德里克·佩西克–劳伦斯是工党政治家，也参加了争取妇女选举权的运动。这两个家族都是贵族。

** 妇女社会政治同盟的成员被捕入狱后，不少人绝食抗议，为避免女囚绝食而死，政府通过一项法案，释放绝食的女囚，待其身体恢复后，再以相同罪名将其逮捕归案。

不感兴趣，妇女参政论的支持者也没有让他感到害怕。只有两位内阁成员在妇女选举权问题上有些神经脆弱。内政大臣变得瞻前顾后，在熟悉整个19世纪叛乱政治机制的人看来，这并不让人意外；但雷金纳德·麦克纳的反应并不仅仅是出于职务背景。[*]不出他所料，妇女参政论者的宣传将他说成《猫捉老鼠法案》背后的食人魔，这加深了他在海军部任上被撤职后的政治孤立感。爱尔兰事务大臣奥古斯汀·比勒尔受到惊吓的原因倒是很简单。1911年，一群妇女在伦敦的街道上袭击了他，造成他左膝脱臼。[59]难得有大臣觉得都柏林比英国首都安全。

在一个十分崇尚法律至上的社会，任何非宪政政治也许注定要失败。律师在下议院仍有一定的影响力，1910年，他们和医生等专业人士约占自由党议员的23%，但这种权势更多是来自对法律的敬畏，因为法律是所有文明生活和和平变革的基点。德国法学理论深刻影响了一代人，如阿尔弗雷德·韦恩·戴雪、厄内斯特·巴克、弗雷德里克·波洛克爵士以及卓越的法律史家梅特兰。诚然，法律学说影响最深的是知识分子而不是政治家。但下议院后座议员与高级官员之间还是有区别的，1906年后，前者的行业背景明显远不止是律师。[60]例如，低级大臣之上级别中对社会背景有新认识的人大大减少：这些层次的精英阶层继续着他们熟悉的土地、血统和高等职业的故事，更能反映出1890年而不是1910年的社会结构。即使是托利党议席，自从关税政治兴起以来，商界议员人数也显著增加，1900—1910年的十年间，将近30%的保守党议员声称与贵族有着形形色色的联系。他们中超过95%的人都属于伦敦的同一家俱乐部。[61]
245 这些人即使没有主宰下议院的活动，也奠定了下议院的基调。无论城市问题在何种程度上深入政治思维之中，自由党人主宰的议会的时代

---

* 麦克纳当时任内政大臣，一战期间任财政大臣。

精神都会让帕麦斯顿有宾至如归之感。“世上没有哪个国家在 8 月处理事务，在 12 月无所事事”，* 在艰难的 1907 年仲夏，伊舍勋爵在给儿子的信中写道，“我们祖先古老的狩猎癖好仍然主宰着这个只有不到十分之一的人会骑马的议会的惯例”。

位高权重的议员不骑马，而是乘坐配有专职司机的汽车，尤其是乘车前往乡间小住或去高尔夫球场。战前，萨里郡的沃顿希斯高尔夫俱乐部就像一个代理议会，在那里总会在相邻球道遇到劳合·乔治或博纳·劳。1910—1911 年，里德尔勋爵惯常每周两次和温斯顿·丘吉尔到俱乐部打球，1911 年的一天，在返城路上，里德尔从搭档那里听到一句话引起了他的兴趣。“我们从沃顿希斯坐车回家，温斯顿指着街上熙熙攘攘的人群说：‘不知道他们对什么最感兴趣？’我回答道：‘养家糊口和足球’。”[62] 像大多数内阁同僚一样，丘吉尔没有任何直接的了解渠道。选区并没有像日后那样成为一个社会论坛：趾高气扬的政治家们把选区看成“议席”，在两次大选之间的间隔期几乎看不到议员的身影，除非当地市政厅是发表重要演说的适当场所。整个阶级结构及其教育安排都让政治领导人很难接触到他们为之立法的普通民众。他们要了解民情，要么通过约翰·伯恩斯这样的工人阶级议员或是劳工代表委员会成员，要么通过（保持一定距离）研究工会领导人，又或是通过善于预测民众意愿的本阶层人士。首席组织秘书往往成为这方面的超人，仿佛他们与党内活动家的往来赋予了他们特殊的权力。不过，在这一时期其他类型的中介也开始崭露头角，有两种似乎尤为重要。

丘吉尔的高尔夫球友为我们提供了一条线索。里德尔在伦敦俱乐部和社交娱乐的政治世界中如鱼得水。他能跻身其间，靠的是巨

---

* 英国议会每年开会两次，第一会期从 3 月末开始，到 8 月初结束，第二会期从 10 月底开始，到 12 月圣诞节前结束，故伊舍有此一言。

额财富；但政治家并非看中了他的钱财（尽管他曾提出要在高尔夫球场附近为劳合·乔治盖一幢房子，这让劳合·乔治十分高兴），
246 而是因为他的公众影响力。因为里德尔不只拥有财富，还拥有《世界新闻报》。里德尔赶上了哈姆斯沃思在1890年代掀起的一股大潮，他名下的这家报社成为通俗周刊的一支新生力量。1908年，阿尔弗雷德·哈姆斯沃思，也就是日后的诺斯克利夫勋爵，从沃尔特家族手中收购了《泰晤士报》，很快把舰队街这家最大的报社变成一个很多人眼中疯癫之人的驯服工具。他和他的兄弟、未来的罗瑟米尔勋爵将在第一次世界大战和战后时期主宰整个新闻界，但此时新的新闻媒体也已经悄然兴起。即使报纸主编们没有像劳合·乔治在战争中期爬上涂油竿顶端*那样获得内阁职务，他们也会成为政治家们关注的对象。传统新闻业初衷不改：《威斯敏斯特公报》的斯彭德、《观察家报》的J. L. 加文以及《每日新闻》的A. G. 加德纳等人依然保持着维多利亚时代晚期新闻业鼎盛时代的基调和水准。[63] 然而，对于哈姆斯沃思、里德尔或自由党议员、《雷诺兹新闻报》的亨利·达尔齐尔爵士来说，他们的新方法提供了获取真实可靠的社会认知的新途径。大多数政治家都很清楚新闻界对他们的报道，即使是详称不看报纸的贝尔福，或是1908年进入议会、此时还默默无闻、日后有理由憎恶新闻界** 的阿尔弗雷德·鲍德温的儿子，也不例外。即便阿斯奎斯从始至终蔑视自由党报刊（“傻瓜写给傻瓜看的东西”），他也会在人头攒动的房间里看到斯彭德也系着贝利奥尔学院的领带。即便劳合·乔治认为C. P. 斯科特对财政大臣灵魂的关

---

* 1868年，迪斯雷利当上首相后曾说：“我爬上了涂油竿的顶端。”劳合·乔治于1916年就任首相。

** 阿尔弗雷德·鲍德温之子斯坦利·鲍德温（1867—1947）日后曾三度出任首相。1930年，报业巨头罗瑟米尔热衷于政党论战，旗下报刊大肆攻击保守党及鲍德温。忍无可忍的鲍德温反唇相讥说：“这些报纸的老板追求的是权力，不负责任的权力。”

注让人怒不可遏*，他还是觉得有必要敦促斯科特发行《曼彻斯特卫报》的伦敦版，以便让更多读者聆听他的说教。沃尔特·朗认为，如果说现代托利民主有什么不足之处，那就是未能充分利用新兴的大众和地方新闻业力量。与此同时，严肃大报成为新自由主义社会批判的载体（不妨想想霍布豪斯与斯科特的关系，以及贝弗里奇在《晨邮报》的任职经历），使得新闻界与政府之间的沟通成为双向的互动。

在这样的背景下，《英国周刊》的主编罗伯森·尼科尔脱颖而出，占据了一个特殊的地位。毕竟，竞争对手里德尔也在1908年承认输给了尼科尔，"自由党大臣们对他趋之若鹜"；[64] 这其中另有一番缘由。作为一家周报主编，尼科尔本身没有多大的影响力。但是，他和他的报纸是不从国教者组织的喉舌，非国教教会仍然被自由党领导层视为政策的试金石，也是所有敏锐的历史学家都要面对的第二种中介力量。尼科尔不是迈阿尔，政府里也没有了福斯特。在爱 247
德华时代的英国，权力逐渐演变成权势或单纯的对话，从而使不从国教者与政治的关系始终无法摆脱权力带来的暧昧。然而，普遍的观察证实，自从最初向伦敦东区爱尔兰人聚居区和大学村传教以来，不论是天主教、英国国教还是不从国教者，基督教会一直领导和建立了一些认真对待"英国状况问题"**的机构。虽说这些机构的存在不痛不痒，不能解决问题，却有助于形成一种抵抗意愿或者说期望值。从马斯特曼教授讲座的出席名单，人们不难看出教会低调扮演了参与者和鼓励者的角色。教会有时也会咄咄逼人。西尔维斯

---

* 阿斯奎斯和斯彭德是牛津大学贝利奥尔学院的校友。1909年，时任财政大臣的劳合·乔治提出"人民预算案"，引发舆论哗然，斯科特名下的《曼彻斯特卫报》攻击说，劳合·乔治精神失常了。

** "英国状况问题"是英国历史学家托马斯·卡莱尔于1839年提出的一个说法，用来描述工业革命时期工人阶级状况。

特·霍恩曾经把自由党在野时期的格莱斯顿折腾得够呛，1906年后也成了一个招人厌的人。例如，1911年，阿斯奎斯发表声明表示自己转而支持普选权，历史论述在很大程度上忽视了霍恩在其中起到的作用。按照首席组织秘书阿力克·默里的说法，“这件事讨论了很久”，“但A先生*听取了议会代表领袖西尔维斯特·霍恩的意见后，才真正下定了决心”。[65]

所有这些因素使得爱德华时代（大致是从布尔战争结束到世界大战爆发）的英国政治呈现出扑朔迷离的诱人色彩。议会世界中几乎每个人都感觉到社会正在加速变革；但很少有政治家能够克服自身缺陷，洞察社会变革的性质和影响。民主信念的兴起并不意味着作为传统政治行为模式的高阶政治消亡。高阶政治发生了微妙变化，更准确反映这种变化的是晚宴请柬和乡间别墅的来宾登记簿，而不是法令法规和巡回演说；不过，哈考特和罗斯伯里的构想并没有从坎贝尔-班纳曼和阿斯奎斯的内阁会议室里销声匿迹，他们的关注点也并不像万花筒般千变万化。那些在爱尔兰和税收、酒精饮料和农场主、教会和权力平衡的环境中成长起来的人，不会毫无来由地自视为“垮掉的一代”的残渣。当时已是伍尔弗汉普顿勋爵的H. H.福勒“对财政状况非常悲观”，却把爱尔兰当作“主要担忧”，他对当下的政治发表了一些明智的看法，尽管这些看法让人仿佛回到了20年前。杰克·皮斯的父亲对1909年后劳合·乔治对自由党教义的亵渎痛心疾首，但他之所以跳出来唱反调，是想在一大批同情者支持下，刹住国家财政
248 的危险趋势，而不是简单地复活旧观念。更重要的是，几乎所有政治体系的操纵者全都秉持一个相同的假定，那就是一小撮寡头集团掌握了启动和停止、加速或减速的权力。“报纸、政治家、暴民，所有这些都很有用。但最重要的是六七位重量级人物的支持。”[66]

---

*　阿斯奎斯。

“转危为安”（1906—1914）

历史学家研究最后几年和平时遇到许多难题，也许最大的难题是不能言之凿凿地将这个时期说成一个终点，但这种确定性对于同时代人来说既是未知的，也是难以置信的。1915 年、1920 年和 1925 年一个接一个地成为可预见未来的合理标杆摆在爱德华七世时代政治家的面前，这个未来脱胎于同样绵延不绝的期望影响了政治家们对将于 1906 年前举行的大选的看法。1914 年 8 月某个午夜的零点钟声敲响之前，* 这些人只会小心谨慎和短期考虑，不大可能“解决”所有的问题。因此，历史学家不应当因此否认他们政治活动的有效性，认为他们本应拥有现代观察者强加给他们的乐观而遥远的未来。此外，思考这一前景时不免让人想到了第二个警示故事。世界上第一次全面战争的爆发势必引发人们的反思，但这种反思只有从更大的视角来看时才是有意义的；然而，这一时期的历史大多聚焦于盛衰起伏的自由党内部历史，聚焦于保守党的“复兴”和工党扮演了阶级政治先驱的角色。这样一来，这个时期特有的命运转折成了一个枯燥无味的历史“进程”的附庸，而有些作者决意让自由党在萨拉热窝事件之前就死亡，或是用不太完备的证据证明工党“崛起”，从而让一种（在当时十分新鲜的）辉格历史观死灰复燃。很多人把保守党忘得一干二净，心照不宣地认为保守党的历史不过是一个中立的背景板，真实的事件就在这个背景板前上演。所有这些诱惑一无足取。最后一个尤其愚蠢，因为我们这个世纪政治的核心问题通常不是社会主义的崛起，而是托利党的屹立不倒。

1906 年，399 名自由党人把下议院的政府议席挤得满满当当，他

---

*　1914 年 8 月 4 日零点，英国对德国宣战，第一次世界大战全面爆发。

们肯定不认为自己是谁的附庸，不论是议员人数仅有自己十分之一249 的工党，还是元气大伤、在大选中仅获得157个议席的保守党。约翰·雷蒙德为首的83位民族主义者像过去一样冷眼旁观，期待有朝一日能像1885年那样掌握政党权力平衡。在这样的背景下，政治关注的目光从在野党议席转向政府议席，看看那里是否有不满和反叛的迹象。而人们的目光往往只落在最能让人心情愉悦的事情上。例如，亚瑟·庞森比宣称，新政府掌握的下议院议席“有四分之三属于坚定的激进派”，想必他只看到了他想看到的。庞森比要说服的人之一是赫伯特·格莱斯顿，因为他看不到“任何大步前进的迹象”，“危险分子”估计不到十人。格莱斯顿这番话也许只是为了给自己壮胆；但根据现代的估计，这届议会大约有40名“社会激进派”，仅占自由党支持者的十分之一，而不是四分之三。[67] 雷蒙德带有个人色彩的推测表明了乐观的缘由。雷蒙德认为只要将“辉格党人”排除在外，新政府就可以着手解决爱尔兰自治问题。他显然没有把财政大臣考虑进来。1905年上台前不久，阿斯奎斯曾提醒格莱斯顿，如果爱尔兰自治问题重回政治舞台的中心，将对自由党造成“不可估量的致命打击”。他并没有因为大选的压倒性胜利而改变主意。[68]

自由党政府执政的前几个月里，保守党人对自由党发生内讧的希望基本落空了。2月，贝尔福与张伯伦在情人节当天“鸿雁传情”* 之后，至少自由党人内部的公开分歧减少了；当年晚些时候，张伯伦的身体彻底垮了，直到1914年去世，他的病情时好时坏，一直瘫痪在床，因此独揽大权的贝尔福少了一个威胁。但托利党领导层却高兴不起来，F. E. 史密斯（利物浦沃尔顿选区的保守党议员）在下议院发出了响亮的新声音，他的议员首次演说让在场的人目瞪口呆，

---

* 原文为 Valentine letters，既指在情人节那天书信往来，也指贝尔福与张伯伦达成了和解。

日后成为 1940 年代和 1950 年代政治回忆录的共同记忆，而这位第一代伯肯黑德伯爵的恶名也为 1920 年代的社会增添了浓墨重彩的一笔。但星星之火很难照亮整个下议院，贝尔福势必将目光从绿色长椅转向红色长椅。* 显然，上议院贵族将像 1892—1895 年时一样在 250
保守党战略中扮演重要角色。至于采取何种战略，则是一个很棘手的问题，为了让兰斯多恩的人马走上正确的轨道，贝尔福可谓煞费苦心：

> 当然，我们不可能先知先觉地知道如何处理所有具体问题，但我倾向于建议，我们应在下议院就所有重要问题展开激烈斗争，而让上议院成为妥协的舞台。很明显，你们永远不可能为我们已经放弃的立场而战；另一方面，我们已经为这一立场进行了艰苦卓绝的斗争并遭到重大打击，这也许使你们有充分的理由在众议院做出得体的让步。[69]

上议院的自由党统一派骨干很难赞同贝尔福的观点。接下来的几年里，他们全力以赴地去做这位前首相告诫他们不要去做的事情；1911 年前，英国国内政治大多隐蔽地围绕着上议院的前途乃至存废之争。

坎贝尔-班纳曼粉碎了雷鲁加斯阴谋，巩固了他在下议院的地位，尤其是他不仅将三人集团纳入麾下，还提拔格莱斯顿执掌内政部，劳合·乔治执掌贸易部。政府在上议院的人马除了里彭和额尔金等老派辉格党人，只有御前大臣洛伯恩和克鲁勋爵。他们在 1906—1907 年议会的表现可圈可点，尤其是当人们在世界大战的苦难岁月里回忆往事，“C-B”成为廉洁的自由党政治的代名词。劳合·乔治的专利和商船“运输”立法，霍尔丹把陆军带入 20 世纪的努力，阿斯奎斯

---

* 英国上议院议事厅的长椅是红色，下议院则是绿色长椅。

的 1907 年预算案以及（实际上也包括）1908 年预算案*，比勒尔和朗西曼流产的教育法案，所有这些尝试虽然全都令人沮丧地被上议院否决，却彰显了力量和方向。内部人士看到的情况要悲观得多。自由党大臣们从一开始就担心坎贝尔–班纳曼，因为他似乎一上任就要崩溃了。1902 年，他的妻子夏洛特中风，此后再也没有康复。她于 1906 年 8 月 30 日去世，首相从此了无生趣，当然也就没有斗志为了教育法案与上议院斗争。18 个月里，坎贝尔–班纳曼两次心脏病发作，不得不提前下台，而且早早地进了坟墓。与此同时，行政部门又像以往那样陷入了各自为政的状态。

其中一个部门，即外交部，也发生了类似但更危险的悲剧。爱德华·格雷达到事业顶峰的时候，他那极度感性的天性接连遭受打击。
251 1905 年夏天，他母亲去世，这使得他与其他帝国派谈判时不够果断。他担任外交大臣几周后，他那古怪而腼腆的妻子在法洛登附近遭遇马车事故，造成颅骨骨折，这件事的打击让格雷变得面目全非。格雷并不是像坎贝尔–班纳曼那样变得畏首畏尾、弱不禁风，而是披上了心如死灰之人的盔甲。从此他将政治生活升华到精神层次，只有这样才能思考政治生活；他这一时期的书信中弥漫着个人宗教信仰和“正义”意识。格雷的宇宙观很快造成了两个后果。首先，他不愿在“部里”位高权重之人面前坚持掌控政策细节，允许其他人如仇德派艾尔·克洛爵士（他在著名的 1907 年备忘录中把德国列为英国的潜在敌人）以及首席私人秘书威廉·蒂雷尔（日后成为蒂雷尔勋爵）。其次，他对党内的攻讦完全不以为然，除非这些攻击把矛头对准了他与上帝的关系。倘若 1906 年出任外交大臣的是他的朋友霍尔丹，那么党内对许多敏感政策问题的意见可能会传递到白厅。相反，1911 年

---

* 1908 年 4 月，阿斯奎斯接替坎贝尔–班纳曼任首相，财政大臣由劳合·乔治接任，但当年的预算案还是阿斯奎斯主持制定的。

前，大多数内阁同僚甚至不知道格雷究竟在做什么，这表明外交大臣眼里只认一个权威*。“秘密外交”的历史贯穿了格莱斯顿、索尔兹伯里到罗斯伯里的历届内阁；但格雷与他的造物主的关系进一步强化了这种做法，使得政策越发跟不上形势的要求。

毫无疑问，秘密外交本身就颇具讽刺意味。1905 年 11 月，阿斯奎斯信誓旦旦地向德国大使表示，“如果英国政府承诺向法国提供军事援助对抗德国，那么一周之内就会被赶下台”。但就在格雷得知妻子出事的消息时，他在与法国大使保罗·康邦的会谈中向这个承诺迈进了一步。[70] 阿斯奎斯可能要比其他内阁成员早五年发现了真相，虽然我们对此并没有确凿的证据。外交事务让政治家们大为头疼，这部分是因为他们越来越担心英国面临入侵和颠覆的危险。这种担忧有其荒谬的一面，它部分源于虚张声势和漫天谣言，例如，1907 年《每日电讯报》刊登了一篇采访，德皇强调德国海军计划的无辜并释放善意，结果引来嘲笑；或是 1908 年通俗日报上刊登的故事，说记者们认出了德国总参谋部的人在埃塞克斯海滨勘测登陆场。然而，外交部 252
高级官员和帝国防务委员会也忧心忡忡，后者是贝尔福政府为了协调军事和政治谋略而设立的机构。回过头看，1907 年 1 月 1 日克洛的备忘录令人信服地预见到德国的威胁，为许多官方预测定下了基调。伊舍与爱德华七世的宫廷和帝国防务委员会都有密切往来，他也用这一时期特有的措辞表达了类似的远见：

> 最令人担忧的是，战争可能会在我们准备好之前到来……让我们的人民服义务兵役需要五年时间。也许要更长时间……历史和种族演化的规律……让我们向有史以来最强大的军事帝国之一开战。[71]

---

* 指上帝。格雷沉浸在信仰之中，几乎不与内阁就外交政策进行沟通。

这样的推测只是在自由党人小圈子里私下流传，其公开宣传仍是“激进右派”的托利党宣传家的专利。事实上，内阁最担心的不是对德国开战，而是如何筹措阻止战争的费用。

布尔战争之后，任何一届想要避免破产的英国政府都要对财政安排进行彻底改组。向民众征税并不是什么新鲜事：拿破仑战争以来的整个时期，我们都看到了这个关注点的存在。但是，最近 20 年来征税要考虑的因素有了重大变化。传统的筹钱手段是对人们购买的商品（谷物、糖、茶、纸、盐）征收关税，但这条路已经被 1846 年后自由党的自由贸易战略彻底堵死了。贸易繁荣以及国际金融的支配地位带来了补偿；但格莱斯顿之后历任财政大臣面临的经济形势已是今非昔比，英国的金融霸主地位也崩溃了。困境还不止于此。本土人口和外来移民急剧增加，新增人口大多集中在慈善机构最乏力的城镇和城市，给政府带来了额外的资源压力：政府的负担比以往任何时候都重，因为向教育投入资金、保持高度战备姿态，以及打一场大规模战争的决定所带来的压力，全都落到内外交困的财政部头上。[72] 对于 1906 年的自由党大臣而言，在他们对秘书下达指示或是打开文件之前，身后的大门就已经关上了；而那些致力于推进自由党教义的人也没有多少回旋余地了。教义上的考虑堵死了走向索尔兹伯里扭转集体主义倾向的道路。事实上，即便 1906 年时索尔兹伯里还活着并执政，
253 也在所难免地要采取一些有节制的侵夺手段。他们也无法仿效张伯伦的做法，实施新的关税计划，恢复间接税制度。因此，唯一能做的只能是沿着比奇在战时走过的路，将一些税负从间接税转为直接税，为了表示有所回报，美其名曰为了“福利”而缴纳的“定期缴款”。人人都很清楚，只有加税才能为养老金和政府非建不可的无畏舰提供资金。但不是每个人都知道，其实无论如何都是要加税的。

自由党政府时期，直接税与间接税的比例从 51.4% 上升到 60% 以上。[73] 重新考虑税收问题部分要归功于阿斯奎斯，他在财政部的经

历往往被劳合·乔治的身影所掩盖。尽管阿斯奎斯在1908年引入了养老金（每周5先令，已婚夫妇7先令6便士），但劳合·乔治的“人民预算案”势必吸引了更多的关注。新任财政大臣沿袭了阿斯奎斯区分劳动所得和非劳动所得的重要政策；他决心凭借这一政策向土地所有者施加强大的心理压力。这些提议本身并不意味着一场财政革命：提高遗产税；开征牌照税以弥补上议院否决1908年售酒法案造成的收入缺口；开征新的“附加税”；不动产易手按应付地价课税20%；以及常见的上调所得税、烟草税和烈性酒税等附加举措。然而，土地税提案触动了人们的神经，尤其是地价评估，劳合·乔治后来声称这是他征收这些税的核心动机。预算案之争很快就演变成宪法存废之争。劳合·乔治从一开始就相信上议院将通过预算案，他认为贵族们胆敢否决预算案的看法纯属无稽之谈。[74]不过，当贝尔福和兰斯多恩明显驾驭不了更激进的贵族时，他趁机打着民主的旗号“谴责”上议院，想以此重获自由党人的支持。1909年春到1910年末，这一战略成为政党关注的焦点。1909年11月，预算案顶着大规模的反对浪潮和公众讨论，终于在下议院获得通过。“简直难以置信”，格雷在给玛戈·阿斯奎斯的信中写道，“预算案要完蛋了……不知道接下来会发生什么事情”。[75]上议院没有让他久等。月底，贵族们以350票对75票否决了财政法案。宪政危机一触即发，使得外交事务逐渐淡出了人们的视线，这让与宫廷走得近的人想起了1640年。 254

几个月来，国王爱德华屡屡让阿斯奎斯无所适从。他对服饰和勋章有独到见解，并在很大程度上将这种能力运用到对基本宪政程序的理解以及维护其体统的决心。除了围绕艾莉丝·凯佩尔*的流言蜚语以及宠信谄媚的诺利斯和伊舍，爱德华认真履行君主的职责，不留情面地斥责管理松懈和无能。宪政僵局的进一步恶化让他忧心忡忡，他

* 爱德华七世的情妇，也是当今英国王后卡米拉的曾外祖母。

的紧张和焦虑影响了大臣们，或者像阿斯奎斯那样传达给了他们的妻子。政府一时间丧魂落魄，不知道下一步该何去何从。但现成的经验就摆在面前。有两条途径迫使上议院就范，要么举行大选产生新政府，对上议院施加道德压力，要么册封足够多的自由党贵族来压倒保守党贵族的多数。国王批准了前者，希望以此来避免后者，1910 年不仅是大选之年，而且举行了两次大选，一次在 1 月，一次在 12 月。

1 月的大选见证了保守党人忠诚度的回升，他们夺回了 1906 年自由党人从传统的保守党地盘夺走的选区。86.6% 的投票率甚至超过了上一次大选，反映出民众的热情，自由党人最终获得 275 个席位，尽力保住了对保守党人的微弱优势。由于仅比保守党人多两席，自由党人完全要看拥有 82 个席位的民族主义者和工党的脸色，工党因格莱斯顿-麦克唐纳协定的续订而受益，议员人数增加到 40 人。现在，阿斯奎斯面对党内持不同政见者已没有任何缓冲余地。党内激进派希望对上议院采取果敢行动，而民族主义者更是将此作为支持政府的先决条件。贵族们或许希望等到 1910 年 4 月人民预算案通过，风波就将平息。但是，届时首相已经提出法案限制贵族阻挠重大立法的能力，5 月，王室医生没能救回支气管炎发作的国王，上议院陷入了风雨飘摇之中。国王的葬礼上，有人冲着阿斯奎斯高喊“凶手”，这并不意味着如果阿斯奎斯坚持下去，民主就会站在特权的一边。

新君主乔治五世第一次亮相引发了一阵兴奋，但很快就让位于对
255 议会和政府法案的关注。由于爱尔兰党和工党的无条件支持，法案肯定能在下议院获得通过；但人们不知道上议院是否决意继续投入一场同归于尽的战斗。6 月，一群自称为“宪政会议”的政党领导人试图达成庭外和解，公开辩论变成闭门会议。八个人——自由党的阿斯奎斯、劳合·乔治、克鲁、比勒尔，保守党的贝尔福、张伯伦、兰斯多恩、考德勋爵——在 5 个月里全力以赴，但始终看不到成功的希望。

8 月发生了一个有趣的小插曲，劳合·乔治从威尔士克里基厄斯的家中发出一份备忘录，提出由各党派的“六位头面人物”[76]组成一个高层政治联盟，来制定一项包含各党派竞选纲领精华的政策（实际上是以爱尔兰自治为条件，换取同意建立强大海军和关税委员会）。从历史上看，这个阴谋的重要意义在于首次表明劳合·乔治愿意考虑跨党派合作，并在必要时背着阿斯奎斯行事。但 1910 年不是 1916 年，当阿斯奎斯发现劳合·乔治经 F. E. 史密斯牵线，与保守党头面人物会晤，他暂时还能笑出声来。贝尔福无意加入一个先天不足的同盟，因为这将进一步损害他在党内的形象。另一方面，11 月的会议以失败告终，所有与会者都对这个冬季的前景忧心忡忡。

1910 年 11 月，上议院否决了议会法案，但此时上议院是否通过法案已经无关紧要。阿斯奎斯已经获得了国王同意解散议会的授权，他还从极不情愿的乔治五世那里得到一个承诺：如果上议院再度否决议会法案，国王将册封必要数量的贵族。这个承诺暂时不对外公开，阿斯奎斯把这张牌放进口袋，必要时才会打出来。与此同时，除了表明选民的厌烦，第二次大选乏善可陈。选举结果基本上是 1 月大选的翻版，只有一些细微的变化：两大党的席位数持平，各获得 272 个议席，两个小党各增加了两个席位。1910 年夏天，温斯顿·丘吉尔曾预言自由党人将再执政五年，如果说这种预期在当时看来只是豪言壮语，那么现在看来则是合情合理的。爱尔兰肯定会让人感受到它的存在，议会法案的通过可能会让人尴尬。然而，既然阿斯奎斯牢牢掌握了成功之门的钥匙，似乎可以展望这样一种前景：自由党政府将继续执政到 1915 年秋，届时阿斯奎斯按照新议会法案规定的五年规则解散议会。

诚然，近在咫尺的前景可能带来更大的波动。坎贝尔-班纳曼主 256
政时期只有为数不多的职位易主。如今，阿斯奎斯已经在头把交椅上坐了将近三年，人事上的洗牌一目了然。1908—1915 年整个时期，大臣当中只有格雷、劳合·乔治和比勒尔的职务原封未动。就连首相本人都有过职务变更，1914年西利辞职后，他亲自接管了陆军部。保守党高阶政治的情况也大同小异。我们已经指出，贝尔福从未树立起其叔父那样的领导权威；由于宪政危机的考验，以及党内不愿遵循他主张的和解路线来应对危机，党内掀起了一场反对他的运动，最终使他觉得忍无可忍。1911年，他辞去了党内领导职务，由此而来的轩然大波与其说是因他辞职而起，不如说是因为继任者太过奇特。安德鲁·博纳·劳的脱颖而出反衬出其竞争对手的缺陷：沃尔特·朗的愚蠢和神经过敏让人叹为观止；奥斯丁·张伯伦与每个人都想忘掉的伯明翰的过去有着千丝万缕的联系，就像他那虚张声势的显赫地位一样，他很快就沉沦了。劳的说话方式斩钉截铁，令人回味无穷。他的崛起预示着新一轮攻击；这件事还表明一旦自由党政府对爱尔兰采取行动，乌尔斯特问题很可能会引发一番鏖战。基尔·哈迪和拉姆齐·麦克唐纳为首的工党领导层也同样承受着压力，因为他们希望继续与自由党结成选举联盟，压制那些要求在补缺选举中不再畏首畏尾的选区狂热分子。[77]

不论胜败如何，1910年后，政治家们对补缺选举的关注程度远远超出了上届议会。现在，个别地方的选举结果可能对整个局势产生重大影响，可能会刺激上议院更坚决地进行抵抗，因为这使他们认为自己得到民众的支持，但更多时候是验证具体措施是否受欢迎，或公众是否关注威斯敏斯特之外的事务。一旦宪政问题以那些想与阿斯奎斯及其大臣们决一死战的顽固分子的失败而告终，这些问题就会在政治家们的想象中（即使不是在选民的想象中）迅速放大。虽然相比1912年的罢工，1911年的工业动荡可谓是小巫见大巫，但它分散了人们对议会法案的注意力，从此英国开始了工联主义与工团主义的对话，这种对话在战后变得日益频繁和严肃。随着德国再度在摩洛哥与法国对峙，在土耳其与俄国对峙，德国的野心也成为1911—1912年

政治家们对话和通信的主题。内阁的腐败以及威洛比·德布罗克勋爵 257
在上议院就议会法案辩论时瞒天过海的做法，极大地打击了下议院和上议院的威信（*gravitas*），使其变得无关紧要。爱德华·卡尔森爵士、F. E. 史密斯和博纳·劳宣布必要时不惜动用武力维护爱尔兰的统一，这等于是将议会的无足轻重公之于众，而妇女参政论者和工团主义者已经用行动证明了这一点。不论谁在 1910 年大选中最终摘得桂冠，输家似乎都是代议制民主观念。

自由党内阁从不同的视角来看待这些事件。在那些顾虑重重的阁员——洛伯恩是出于残余的科布登主义，莫利则是习惯使然——看来，政府对无畏舰计划的包容以及捍卫财富的“有力”态度，使得内阁的讨论已经蜕变成对自由党联盟的永恒安魂曲。海军大臣麦克纳有一种截然不同的印象，在他看来，劳合·乔治为首的进步派集团似乎把目标锁定在推翻他代表海军将领提出的海军计划。这种内部的剑拔弩张，而不是议会法案，才是 1911 年的内阁不得安生的真正原因。在公开场合，宪政危机淡出了人们的视野，直到贵族们无视王室的承诺，再次否决了议会法案。结果，在那年闷热的 7 月，伦敦街头的酷暑给贵族们的狂热添了一把火，7 月 24 日，在野党议员更是大喊大叫地打断首相发言，只有当阿斯奎斯公开了国王所作的承诺，兰斯多恩和寇松的温和观点才争取到支持者，压倒了索尔兹伯里、塞尔伯恩和霍尔斯伯里为首的顽固派；8 月 10 日，上议院以 131 票对 114 票通过了新的议会法案，法案规定贵族不得篡改“财政法案”，其他法案在上议院最多延迟两年，一届议会的最长任期由七年缩减为五年。不过，政府在防务问题上开始承受压力，因为外交事务重新回到了舞台中央。

阿斯奎斯致函贝尔福，告知国王承诺册封贵族的第二天，劳合·乔治在伦敦市长官邸对伦敦城银行家发表了演说。他在 7 月 21 日的演说中回应了德国的一项倡议：派遣一艘炮艇前往阿加迪尔告知法国人，他们“鲁莽的”摩洛哥政策冒犯了柏林。在征得阿斯奎斯和格雷同意后，劳合·乔治向德、法两国宣布，一旦两国在这个事关英
258 国利益的地区发生争端，英国不会袖手旁观。在柏林看来，更重要的是坚持磋商，英国此举等于是把手套扔到对方脚下。* 德国随后掀起了一阵愤怒浪潮，格雷十分紧张，让麦克纳通知舰队做好防范进攻的准备。躁动很快就过去了；但这件事表明内阁对麦克纳掌控海军部的担心并非空穴来风。尤其是他没有遵循帝国防务委员会的建议组建海军参谋部，让急于防范突然袭击的内阁同僚倍感不安。阿斯奎斯的日子越来越不好过。他以前就见过自己赞助的人出岔子，尤其是枢密大臣在 1908 年成为严重精神错乱的牺牲品。要撤换既不疯也不想走的麦克纳，就要考虑对内阁进行大改组，要撤换丘吉尔就更是如此。丘吉尔对“自由党内阁内部……战争事务”[78] 的热情伴随着贸易部的无聊日子以及内政部的失败经历而不断升温。但问题没有解决；阿斯奎斯将麦克纳调到内政部，让丘吉尔去了海军部，从而将在几年后带来严重后果。但人事变动至少消除了疑虑，大臣们在 1912 年议会的精神状态要好过上一年。

毕竟，他们在 1911 年秋季议会克服了一个重大的立法障碍。事实证明，劳合·乔治的国民保险计划似乎很难找到恰如其分的定位，因为从一开始它就不受欢迎，还每每遭到抵制。这个举措的初衷显然是为了提升工人阶级患病后的保障，让“福利”环境中成长起来的后人大为不解的是，这项措施竟然引起了所要保护对象的敌意。但大臣们可能无法理解的是，1890 年代以来国家干预普通人生活的历史让人很难心生感激。这不禁让人想起 1860 年代迪斯雷利政府外交大臣斯坦利勋爵的看法：工人们更愿意“有一个被称为‘国家’的主人来干预和控制一切。现代民主制度喜欢这样的主人，寻

---

* 中世纪欧洲的决斗习俗，把手套扔到对方脚下就是提出挑战的意思。

求强化其地位，因为它代表了公民的普遍平等，在他们看来，如果只能被统治，最好是被看不见的大臣或中央当局来统治，而不是被某个或若干个富有的邻居来统治”。[79] 这番话与其说揭示了工人阶级的心理，不如说反映了富人的悲观情绪。事实上，到世纪之交，工会会员已经意识到“国家”不过是雇主掌握的合法镇压机器；因此，
即便国民保险计划向工人提供劳合·乔治大肆吹嘘的“9 便士换 4 便 259
士”，从工资袋里拿走的 4 便士是实实在在的，但 9 便士未必拿得到手。* 尽管如此，议会还是通过了这项法案，政府也没有垮台。几个月来，政治家们试图评估这个举措的影响，补缺选举的重要性急剧上升。例如，当年年底苏格兰的两次选举接连失利，让阿斯奎斯相信国民保险计划已经成为拖累选举的大包袱。另一方面，新一届议会可能会消除它所带来的影响，尤其是届时工会会员、医生和小贩妻子最初的不满情绪已经平息。政府可以腾出手来实施由于上议院的争执而被搁置的主要计划。有两件事显然是重中之重。如果要继续争取爱尔兰人的支持，那么必然要将第三次《爱尔兰自治法案》放在议事日程的首位；为了安抚 1906 年以来一直很有耐心的不从国教者，威尔士的政教分离似乎同样势在必行。1912 年 4 月，这两项法案提交了下议院。

当年春天，煤炭和码头工人罢工引发了让人头疼的严重工业混乱。自由党激进派大失所望，他们气愤地看到自己的领导人拒绝给予弗农·哈茨霍恩手下的矿工提出的全国最低工资，而这正是罢工的首要目标。但以往的经验表明，乌云终将散去。例如，尽管查尔斯·马斯特曼很清楚他参与的国民保险计划必定会引起轩然大波，但他认为政府暂时的不得人心乃至动用镇压手段，并不会让工党坐收渔翁之

* 《国民健康保险法》规定，保险金由国家、雇主、雇工三方承担，雇主每周为每位职工缴纳 3 便士，男工每周缴纳 4 便士，女工每周缴纳 3 便士，国家出资 2 便士。这就是劳合·乔治引以为荣的“9 便士对 4 便士”。

利。“他举了拉内利的例子，当地在去年 8 月的罢工骚乱中有两人被枪杀，但那里的补缺选举选出了一位自由党议员。”[80] 在这次选举中，独立工党候选人仅获得 149 票，似乎部分证实了马斯特曼的说法。但马斯特曼忘了说的是，保守党人在拉内利得到了 25 年来最高的票数。在整个英国的选区，自由党将面临保守党而不是新兴的工党的挑战。那些认清了这种形势的人对于自由党人往往在选举中采取锄强扶弱的做法倍感焦虑。丘吉尔的新自由主义在海上迷失了方向，* 在他看来，
260 自由党的问题可以简单概括为保持团结、避免分裂。他显然很担心财政大臣劳合·乔治私下提出的土地改革方案的潜在影响。最好别让煮熟的鸭子飞了：

> 我看不出有什么理由说我们无法挺过冬季议会。如果现在就崩溃了，那绝对是致命的。不论是爱尔兰自治、威尔士教会、选举权、《保险法案》，还是《议会法案》本身，我们都是共同的发起者。另一方面，我们只需将三项法案提交上议院，便能转危为安。如果我们不起内讧，不在妇女议题上要花招（给她们投票权），不在乌尔斯特制造流血事件，我们就能够做到这一点。[81]

在财政大臣看来，这些先决条件想必太过严苛，甚至可以说太过天真。

选举权问题已经和妇女问题上要花招汇成了一个问题。这届政府无条件地（*tout court*）赋予妇女选举权的可能性微乎其微；但不论提出何种选举权法案，哪怕只是有限扩大男子选举权，或是废除有

---

* 丘吉尔出任海军大臣后，不再热衷于自由主义的内政改革，而是鼓吹大力发展海军。

利于自由党统一派的复数投票制*，都会在委员会审议阶段遭到围追堵截，还要面对将妇女选举权纳入进来的修正案。因此，直到1911年，政府在选举改革上的尝试始终是胆怯、零碎和徒劳的；随着他们逐渐鼓起勇气，上议院的态度也更加顽固。然而，借助刚刚出台的议会法案，阿斯奎斯及其同僚得以用“自由党”的方式来推进改革，在1915年大选前及时通过了相关立法，推翻了上议院的否决。因此，1912年的皮斯法案寻求在一人一票基础上建立一个由455万男性组成的选民群体，为了安抚党内右翼，规定了6个月的居住要求以及土地和营业场所职业资格。[82]该法案毫发无损地通过了二读，但在1913年1月的委员会审议阶段，法案似乎不可避免要纳入“妇女”选举权条款，无路可退的政府准备接受这些条款，否则整个法案都要流产。就在这个时候，幸运之神抛弃了政府和妇女。博纳·劳对下议院议长劳瑟抱怨说，法案中加入妇女选举权修正案将彻底改变法案的宗旨，使法案在原则上背离了最开始的初衷。这一抱怨找到了一位富有同情心的聆听者。下议院议长裁决该法案无效，从而终止了审议进程，此举违背了阿斯奎斯的指令：法案获得通过，政府就能了结一桩烦心事。但他结束的是这届政府在政治改革上唯一一次认真尝试，而不是政府在社会工程领域的尝试。皮斯法案的条款仍然值得回味：整个 261
选民登记体制包含11种不同的选举权以及至少19种变体；全国仍有“大约420万年满21岁的男性没有选举权”。[83]

选举权问题引发了内阁中的一些争吵，但比其他问题上的争吵要少，因为这些年选举权问题并未像国防或爱尔兰问题那样成为人们关注的焦点。即便多有诟病的麦克纳渐渐消失在记忆中，个人恩怨仍会造成一些阻碍，而劳合·乔治和丘吉尔经常发现自己卷入了是非

---

* 选举人除在自己的选区投票外，凡在一地拥有年租金十镑以上的土地或房产，即可在财产所在地再投一票。1918年前，英国大选投票时间长达两周，以便有多次投票权的人到处投票，极端情况下，一人拥有80个投票权。

的漩涡。1906—1910 年的“进步”联盟早已不复往日的激情：1912 年，观察家注意到劳合·乔治往来更多的是格雷而不是丘吉尔，而丘吉尔满脑子都是“防务”，这与财政大臣削减军费的决心背道而驰。劳合·乔治在预算问题上摆出咄咄逼人的姿态，反映了“人民预算案”带来的激进主义的幻灭。从此他的经济学更多是依据传统而不是灵感，他出了名的不拘小节，这激怒了新加入内阁的查尔斯·霍布豪斯爵士，后者的从中作梗让他好几次陷入绝境，险些使 1914 年预算案成为一场灾难。人们原本就很不信任他，1913 年，这种不信任感达到了顶峰，当时有人公开指控他购买了美国马可尼公司股票并利用作为大臣所掌握的合同信息牟利，这引发了一场重大丑闻，劳合·乔治不得不递交了辞呈，但被阿斯奎斯拒绝，政府还全面重启了关于土地改革的宣传，以转移人们对这一尴尬事件的关注，同时给一个萎靡不振的政党注入新的活力。[84] 然而，劳合·乔治支持社会激进主义热情，从而招致了一些人的抵制，比如利物浦船主理查德·霍尔特为首的“霍尔特派”商人，这些人认为财产所有者已经遭了大罪。大多数党内人士也由此认定，他无法取代爱德华·格雷成为阿斯奎斯的当然继承人。他与丘吉尔也明显疏远了，制订 1913—1914 年预算时，海军大臣坚决反对进一步削减海军预算。这场危机直到 1914 年初才得到解决，阿斯奎斯把事情压了下来，他让财政大臣做出了让步，他倒不是怕丘吉尔会辞职，而是怕格雷辞职。

英德关系的改善成为削减防务开支的一个理由。当然，阿加迪尔的紧张局势早已平息。1912 年，霍尔丹访问了德国，传递了一些
262 善意，而一些口若悬河的自由党后座议员们无限放大了这种善意。约翰·布伦纳爵士担任主席的自由党外交政策委员会给政府施加了很大压力，要求政府与“包围”德国的国际行动划清界限，而下议院的一个跨党派巴尔干委员会中有许多吵吵嚷嚷的激进分子，他们狂热地反沙皇，担心波斯尼亚-黑山的前途。事实上，外交政策的关注焦点已

经从德国转到其不稳定的盟友身上。1907 年以来，英国政府对沙皇俄国的理解和支持让激进派坐立不安，1908 年波斯尼亚危机期间，激进派强烈表达了这种不安，当时俄国和奥地利想乘机吞并巴尔干领土；1912 年，俄国对波斯施压，巴尔干同盟（保加利亚、塞尔维亚、希腊和黑山）发动对土耳其的战争，巴尔干地区陷入了混乱，而这一地区在 1870 年代曾是政党政治的重要试金石。1912—1913 年巴尔干战争的影响远不及一代人之前的俄土战争。但这场战争使英国更加担心俄国可能会介入，由此对《英法条约》的承诺带来影响。例如，1912 年 11 月，巴尔干危机刚刚爆发之际，里德尔表示“从未见过 LG* 如此心神不宁”。[85] 这些事件加剧了不安全的气氛，激进派认为这是秘密外交结盟和纠葛使然，因此加紧对格雷口诛笔伐。到 1914 年，外交大臣身上集中体现了自由党内部的重重矛盾。他赞成选举权改革和妇女选举权，但担心激进派对财富和土地的攻击。他在防务问题上更倾向于丘吉尔而不是劳合·乔治的观点。他还敏锐地意识到，不论自由党人最终就爱尔兰自治提出何种建议，都必须将乌尔斯特排除在外。

爱尔兰没有发生流血事件，满足了丘吉尔所说的 1912 年后转危为安的一个条件。然而，政府从那时起就不怎么关注乌尔斯特以及对爱尔兰自治的抵制，而所有内行的爱尔兰政治观察家都预计北方各郡会抵制自治。另一方面，保守党人发现了一种可以为己所用的真实不满情绪，它将推动保守党人用一个声音说话，而他们在关税问题上显然未能做到这一点。1914 年夏天，利奥·埃默里给奥斯丁·张伯伦同父异母的兄弟内维尔写了一封信，以典型的坦率回顾了托利党人介入乌尔斯特的经过。“我们不应再自欺欺人，”他写道，“我们实际上是在不知不觉中卷入的，因为在公众舆论漠不关心的时候，乌尔斯特是谈论起来最轻松的事情，表面上看这似乎是一种温

---

* 劳合·乔治。

和而合理的态度。”[86] 不用说，1912—1913 年的《爱尔兰自治法案》
263 辜负了乌尔斯特人。不出所料，上议院在两次议会会期都否决了这个法案，但如今有了议会法案，《爱尔兰自治法案》最终必定能获得通过。保守党人在议会受挫后，决定将战场扩大到议会之外。上议院的托利党领袖兰斯多恩身上仍有对议会法案的温和态度所造成的伤疤：他在爱尔兰问题上无私无畏，摆出一副比许多贝尔法斯特极端分子更强硬的姿态。但托利党人不顾议会的反对，接过了乌尔斯特的衣钵，他们披上了一层伪装，这种伪装对于一个致力于民族团结的政党来说显得不合常理。1912 年 7 月，博纳·劳向聚集在布伦海姆宫外的大批群众表示将支持乌尔斯特人抵制自治的任何举动，还扬言要把保守党变成一支游击队。

乌尔斯特问题先传到布伦海姆宫，然后才传到内阁，当自由党大臣们注意到乌尔斯特问题时，解决问题的良机已经错失了。格雷、劳合·乔治和丘吉尔等内阁成员试图说服同僚，采取某种安排将北部新教各郡排除在《爱尔兰自治法案》之外。但保守党人认为，只要拒绝自由党人半心半意提出的只是暂时将这些郡排除在外的建议，自己就能坐收渔翁之利；整个 1914 年春夏，如何化解爱尔兰问题的僵局成为两大政党高层政治讨论的主线，引发了 1886 年后威斯敏斯特从未有过的激烈争论。管理混乱让大臣们在泥淖中越陷越深。3 月，陆军大臣 J. E. B. 西利、爱尔兰驻军总司令佩吉特，与驻扎在克拉的第三骑兵旅指挥官、狂热的乌尔斯特派、陆军准将休伯特·高夫爵士之间出现了荒唐的沟通失误，致使当地英国军官要决定是否服从一项没有人下达过的命令，对北部各郡的亲英武装分子采取军事行动。* 结果，西利辞职，阿斯奎斯本人兼任陆军大臣，但此举为时已晚，既不能安

---

* 这次事件史称“克拉哗变”，58 名骑兵军官宁可辞职也不愿执行命令，前去镇压乌尔斯特人。但实际上所谓的命令纯属以讹传讹。

抚乌尔斯特清教徒，也无法让国王乔治放心，他对爱尔兰混乱局面的忧虑已经引起了物议哗然。一个月后，有消息说有人无视当局禁令，将大批武器弹药运抵贝尔法斯特北面的拉恩。事态发展到了无法挽回的地步。1914 年 7 月，各政党领袖在白金汉宫召开会议，却未能就 264
乌尔斯特问题达成一致，人们普遍认为公开战争很快就要爆发，它不是在摩洛哥、波斯或巴尔干，而是在爱尔兰。

有历史学家认为，1913—1914 年这几个月的紧张局势是在滑向灾难。[87]那么，这又是谁的灾难？1914 年，北爱尔兰发生大规模流血冲突的前景显然预示着一场人类灾难；尽管一些大臣对此忧心忡忡，但这一前景本身并不意味着一场政治灾难。诚然，阿斯奎斯政府没有满足爱尔兰人的夙愿，但话说回来，1874年以来的历届英国政府莫不如此。英国政治家们掌握的所有证据都表明英国选民厌倦了爱尔兰问题。只要能向选民表明他们已经尽了最大努力，采取了体面的行动，似乎就无需再做什么了。事实上，自由党人认为爱尔兰是保守党人的问题，这种想法情有可原。博纳·劳、史密斯和卡尔森将自己的政党与英国公众知之甚少也漠不关心的一个国家的命运绑在一起。他们在 1912 年后的所作所为表明，他们抛弃了保守党人对议会神圣性的传统观点。与此同时，其他问题也开始朝着有利于自由党人的方向发展。他们推动了威尔士政教分离（要到 1920 年才最终实现），一些后座议员认为此举的意义超过了爱尔兰自治之争，因为它将非国教教义凝聚成新的斗争精神。“对于不从国教者而言，我们回到了 1906 年。”一位日记作者在 1914 年 3 月写道。[88]同样，随着时间的推移以及制度经验的积累，国民保险也不再那么不得人心。1912—1913 年的立法计划让自由党人有了动力，加上劳合·乔治凭借一己之力通过土地计划（旨在使土地管理合理化，保护佃农不受地主侵害）重拾激进主义，表明政府在经历了常见的中期颓势之后开始复苏，他们还有时间恢复元气，迎接下一次较量。

1913 年后，自由党人言谈举止间流露出对于即将到来的 1915 年大选的乐观期待。当然，这种乐观并不是无条件的。工党至今一直不肯续签格莱斯顿-麦克唐纳协定；由于自由党人在 1913 年撤销了奥斯伯恩判决，因此要考虑到工党有可能在下次大选时推出 100 名甚至 150 名候选人。一些保守党人在补缺选举中重新崛起，也带来了严峻考验，但总体而言，1910 年以来政府在补缺选举中的表现似乎并不比人们的预期差。此外，除非托利党人想跳回在粮食税问题上为自己挖的坑里，否则就只能围绕爱尔兰做文章。在爱尔兰暴力事件频发
265 的背景下进行选举无疑是令人不快的，但保守党人也会发现自己要写一份很尴尬的竞选宣言。自由党人将在 1915 年大选中获胜，随后与工党部分成员乃至整个工党达成新的谅解，这样的预言谈不上愚蠢，也没有脱离实际。历史记录中也没有任何证据证明这个观点是无稽之谈。

这次大选并未如期举行。无论自由党人希望在何处找到转机，他们都没有机会了。1914 年 6 月，弗朗茨·斐迪南大公被一个精神失常的波斯尼亚民族主义者刺杀，政治家们当时正忙于应付爱尔兰危机，对此事几乎不置一词。7 月 24 日的内阁会议本来是为了讨论爱尔兰问题的最新进展，会议结束时，大臣们迟钝地意识到，其他人不再说话，外交大臣还在用“平静而严肃的语气”发言。爱德华·格雷开始宣读一份文件；这是奥地利对塞尔维亚的最后通牒。三个星期以来没有人当回事的局势开始骤然恶化，当人们努力想象西方世界大多数国家动员军队的场景，约翰·雷蒙德和爱德华·卡尔森爵士销声匿迹了。两天后，赫伯特·塞缪尔爵士在给他的母亲的信中写道，这个消息让他痛彻心扉：“这场可怕灾难的阴影下，乌尔斯特的小麻烦和欲语还休的个人烦恼显得多么渺小。”[89] 一个星期左右的时间里，英国似乎能够抵挡住欧洲同盟体系的磁力。劳合·乔治为首的一批大臣

希望让英国远离一触即发的战争，但当他们发现阿斯奎斯无意退出或辞职，有异议的大臣们就以德国“蹂躏”比利时为由重返岗位，从而就把每个谨慎的举动都变成了背负十字架。* 实际上，只有莫利和约翰·伯恩斯离职了，其余人都在战争期间以政党休战的方式坚守阵地，共同面对这场超乎所有人想象的可怕考验。

我们就讲到这里。阿斯奎斯及其同僚在一夜之间跨过了一个与毕生经历脱节的新门槛。劳合·乔治也在这种陌生环境中前所未有地成长起来，并在1916年12月组建了小皮特时代以来英国最大的战时内阁。随着政界和商界将各自富于进取之人动员起来，那些曾经出现在吸烟室后排或比较冷清的委员会中的面孔逐渐填满了正式的内
阁。[90] 爱尔兰被遗忘了，直到1916年复活节的都柏林起义，地平线 266
上才闪现出曙光，保守党人通过两届联合政府重返政府中心，无论战壕里发生了什么，他们都是国内的胜利者。工党在混乱中崩溃了。拉姆齐·麦克唐纳和菲利普·斯诺登站出来反对战争，把工党交给了亚瑟·亨德森，把自己的信誉交到了霍雷肖·博顿利和战时新闻界龌龊之辈的手中。下一次大选不是在1915年，而是1918年的卡其大选，当年的第四次议会改革法案创造了一个未知的新选民群体。男子普选权以及年满30岁的妇女获得选举权，使得一个世纪来的“民主”口号成为现实。只要看一眼当选的候选人名单，立刻能看出他们的军事背景和战争经历，这些背景和经历塑造了政治领导人的意识，树立了莫斯利、艾登、麦克米伦等人的观念。但是，19世纪历史上的许多知名姓氏从20世纪的名册中消失了。那些被寄予厚望之人纷纷倒在炮火之中，如此多家族葬送在悲惨的弗兰德斯，而本书的结构大部分建立在这些家族的延续之上。他们的父母收到标有“陆军部”字样的

*　“背负十字架”象征着牺牲、顺服和苦难，这里指英国卷入了第一次世界大战。

浅黄色信封*，无不感到未来悄然消逝了。“他双手捂住脸，我们走进一间空房间，默默地坐下。”[91] 阿斯奎斯的儿子雷蒙德于 1916 年在索姆河阵亡，他的绝望象征着从此失去了受过统治阶级教育的一代人。这种更多是习得而非传授的教育为他们设定的任务与学校和大学在 1915 年那个冬天里的春天派他们去完成的任务有着天壤之别。人们对历史的期许很少看上去如此悲痛又如此重要。这个特殊社会的年轻人自认为站在锦绣前程的巅峰。在我们看来，他们被困在无法实现目标的过去与更糟糕的未来之间。

---

*　陆军部发出的阵亡通知书。

附录　人物传略

本附录选取了书中一笔带过的部分人物，不包括已有详细介 267
绍的人物。[*]

阿伯克龙比（ABERCROMBY, James，1776—1858），第一代丹弗姆林男爵。1834 年内阁成员（任铸币厂督办）；1835—1839 年任下议院议长。其父是一名将军；接受律师教育。议会改革前为米德赫斯特和卡恩的议员，1832 年后为爱丁堡的议员。在苏格兰事务上表现突出，1830—1832 年任苏格兰财政大臣。

阿克兰（ACLAND, Sir Arthur Herbert Dyke，1847—1926），第 13 代阿克兰从男爵。其父是第 11 代阿克兰从男爵；青年时期是格莱斯顿的朋友。就读于拉格比公学、牛津大学基督教堂学院；获法律与现代史二等学位。1892—1895 年内阁中负责教育（任教育委员会副主席）；反对 1902 年法案。1890 年代是罗斯伯里派。1898 年，因健康原因退出政坛。早年从事大学教学与管理工作，1885 年后为罗瑟勒姆的议员。1871 年被任命为神父，1879 年放弃信教。绰号“肥仔”。

阿尔伯特（ALBERT, Francis Charles Augustus Emmanuel，1819—1861），王夫。萨克斯-科堡-哥达公爵恩斯特的次子。就读于布鲁塞尔大学和波恩大学；与斯托克马尔男爵广泛游历。1839 年与维多利亚女王订婚，1840 年成婚。支持举办 1851 年世界博览会。1840 年代是皮尔派。在国际争端中发挥调解作用。1857 年获亲王头衔。

---

*　本附录初稿由姜胤安博士翻译。

奥尔索普（ALTHORP, John Charles Spencer，1782—1845），奥尔索普子爵、第三代斯宾塞伯爵。父亲为第二代斯宾塞伯爵，母亲是第一代卢坎伯爵之女。与罗宾逊、邓坎农和庞森比是哈罗公学同学，大学就读于剑桥大学三一学院，但很快就被开除。托利党变节者；1806—1834 年为北安普敦辉格党议员。1830—1834 年任格雷内阁的财政大臣；“背负着世界的乌龟”。（梅尔本语）

阿巴思诺特（ARBUTHNOT, Charles，1767—1850），1828—1830 年任威灵顿内阁的公爵郡大臣，但权势主要来自 1809—1823 年间任非内阁职位的铨衡长官。他和妻子与利物浦、卡斯尔雷、威
268 灵顿、巴瑟斯特、皮尔等人往来密切。1820 年代中期脱党；狂热反对坎宁派。缺乏行政能力且歇斯底里，“他一人足以推翻所有政府”。（下议院职员语）

阿奇（ARCH, Joseph，1826—1919），沃里克附近巴福德农场工人之子。9 岁务农，自学成才。始初循道宗非神职布道者。1880 年开始参加竞选，1885 年才当选（西北诺福克选区自由党议员）。1886—1892 年失去席位，1892—1895 年在同一选区重新当选。自传由沃里克伯爵夫人编辑。1900 年退休。

阿什伯恩（ASHBOURNE, Edward Gibson，1837—1913），阿什伯恩男爵。1885—1905 年历届保守党政府的爱尔兰大法官。生于都柏林；就读于都柏林三一学院。1860 年取得爱尔兰律师资格。1885 年晋升为贵族，大部分时间都在爱尔兰。被指在天主教问题上“软弱”。

阿斯克威思（ASKWITH, Sir George Ranken，1861—1942），阿斯奎斯政府的劳资纠纷调解人。法律背景：马尔博罗学校，1884 年获牛津大学布雷齐诺斯学院现代史一等学位。后攻读法律，1886 年成为律师。曾任亨利·詹姆斯的助手。担任女王劳工专员的律师；1907 年任贸易部铁路局助理局长。

巴瑟斯特（BATHURST, Henry，1762—1834），第三代巴瑟斯特

伯爵。利物浦内阁陆军大臣和殖民地大臣。与威灵顿一起拒绝加入坎宁内阁，1828—1830 年任威灵顿内阁枢密大臣。有时被人认为是联合首相——“像波特兰那样有名无实的国王”。（C. W. 韦恩语）

比奇（BEACH, Sir Michael Hicks，1837—1916），第九代比奇从男爵、第一代圣阿尔文伯爵。1876 年起任内阁大臣，1885—1886 年、1895—1902 年任索尔兹伯里内阁财政大臣。就读于伊顿公学、牛津大学基督教堂学院。两次结婚，1860 年代结发妻子死于难产，从此性情大变。在格洛斯特郡有很大势力（代表威廉斯特里普帕克选区）；1864—1885 年为东格洛斯特郡议员，1885—1906 年为西布里斯托尔议员。曾在殖民地部、爱尔兰和贸易部任职。“他会是个非常出色的内政大臣：会绞死所有人。”（索尔兹伯里语）

贝克斯利（BEXLEY, Nicholas Vansittart，1766—1851），第一代贝克斯利男爵。1812—1823 年任利物浦内阁财政大臣。其父曾任孟加拉总督，其母为马德拉斯总督之女。就读于契姆学校、牛津大学基督教堂学院；攻读法律，但很早进入政界。早年与阿丁顿关系密切。要为战后的萧条负责。“能力平庸，为人灵活，观点温和。”

布莱德劳（BRADLAUGH, Chrales，1833—1891），父亲为律师助理。就读于家乡霍克斯顿附近的小学。做过职员以及不成功的煤炭代理商，还当过兵。在一家律师事务所担任要职。《国家改革报》的老板。1868、1874 年两度在北安普敦参选议员。1880 年当选，1881 年 4 月再度当选；1882 年 2 月被除名，3 月再度当选；1884 年被禁止参选，1885 年再度当选。此后一直担任议员直到去世。

布赖特（BRIGHT, John，1811—1889），洛奇代尔磨坊主之子。以 269
贵格会教徒身份出道，主张戒酒，反对教会税和死刑。1843 年在达勒姆当选为下议院议员，反对十小时工作时间法案和“梅努斯”神学院。1847—1885 年为曼彻斯特和伯明翰议员。反对格莱斯顿的爱尔兰自治。1887 年最后一次发表公开演说。

布鲁厄姆（BROUGHAM, Henry Peter，1778—1868），布鲁厄姆和沃克斯男爵。1830—1834 年任格雷政府御前大臣。其父是威斯特摩兰布鲁厄姆的庄园主。就读于爱丁堡大学,《爱丁堡评论》的创始人之一。1808 年成为律师，1810 年后当选议员，1830 年受封贵族。1820 年为卡罗琳王后辩护；1825 年支持“实用知识传播协会”。反对奴隶制，反对废除航海条例。1834 年后未担任公职。

布鲁斯（BRUCE, Henry Austin，1832*—1895），第一代阿伯德尔男爵。苏格兰血统，但住在（其财富来源于）威尔士煤矿区，选区是格拉姆的达夫林。1868—1873 年任格莱斯顿内阁内政大臣，主要是因为制定售酒法案而被人记住。就读于圣奥默和斯旺西文法学校，未上过大学。22 岁成为律师，1843 年才执业。第二任妻子是历史学家威廉·纳皮尔爵士之女。1852—1868 年为梅瑟选区下议院议员，后为伦弗鲁郡议员。1873 年内阁改组后任枢密大臣。1874 年后投身教育（威尔士大学首任校长）和皇家尼日尔公司。著名的交际家。

白金汉（BUCKINGHAM, R. P. C. T. N. B. C. Grenville，1823—1889），第三代白金汉和钱多斯公爵。第二代公爵的独子；1839 年为坦普尔伯爵，1839—1861 年为钱多斯侯爵。1866—1868 年德比政府内阁成员（先后担任枢密大臣和殖民地大臣）。1875—1880 年任马德拉斯总督。就读于伊顿公学、牛津大学基督教堂学院。1846—1857 年为白金汉郡下议院议员；1859 年大选在牛津输给了格莱斯顿。他还清了其父的大多数债务。“忠实的保守派，很少谈论政治话题”。患有糖尿病。

伯德特（BURDETT, Sir Francis，1770—1884），伯德特从男爵。第四代伯德特从男爵之子。就读于威斯敏斯特公学和牛津大学。法国大革命初期在巴黎。1796 年后成为激进派议员；1810、1820 年入狱。

---

* 原文如此。布鲁斯生于 1815 年 4 月 16 日。

1820年代支持天主教解放。1832年议会改革让他感到不满，转投托利党。1837年起为北维尔特斯托利党议员。据威灵顿说，1830年代他的地租收入“一年4万多英镑”。

凯恩斯（KAIRNS, Hugh McCalmont，1819—1885），第一代凯恩斯伯爵。1860年代末迪斯雷利的副手；1868、1874—1880年两度担任迪斯雷利内阁御前大臣。生于苏格兰，长在爱尔兰。父亲为邓恩郡第47步兵团上尉。就读于贝尔法斯特私立高中和都柏林三一学院。在英格兰攻读法律，1858年成为御用大律师。1852年起为贝尔法斯特议员。1858年政府任副检察长。1868—1870年任上议院在野党领袖。福音派教士，主日学校教员。“即便他有幽默感……也尽量掩藏不露。”索尔兹伯里叫他“大猫”。

卡德韦尔（CARDWELL, Edward，1813—1886），卡德韦尔子 270
爵。父亲是利物浦商人。就读于温彻斯特学校、牛津大学贝利奥尔学院，学业优异。1842—1874年为下议院议员（克利瑟罗、利物浦、牛津城）。1840年代受到皮尔和格莱斯顿的高度评价。1846年后成为皮尔派。1852年起任内阁大臣（1852—1855年任贸易大臣，1859—1861年任爱尔兰事务大臣，1864—1866年任殖民地部大臣，1868—1874年任陆军大臣）。据汉密尔顿说，他因1880年未能入阁而愤愤不平。

卡林福德（CARLINGFORD, Chichester Samuel Parkinson-Fortescue，1823—1898），卡林福德男爵。带有劳斯郡军人气息的爱尔兰乡绅。私人教育，就读于牛津大学基督教堂学院。1847—1874年为劳斯郡议员。在帕麦斯顿内阁任殖民地部次官。1865年任爱尔兰事务大臣，1871年为了迁就哈丁顿而降职。1880年接替阿吉尔担任格莱斯顿政府掌玺大臣，一直不为格莱斯顿所喜，位置不稳。反对爱尔兰自治，1886年后成为自由党统一派。政治影响力主要来自妻子瓦尔德格雷夫女伯爵，后者令人敬畏，有过多次婚姻，逝于1879年。

卡那封（CARNARVON, H. H. Molyneaux Herbert，1831—1890），第四代卡那封伯爵。其父为第三代卡那封伯爵，母亲来自诺福克郡霍华德家族。尊称为波切斯特子爵。就读于伊顿公学、牛津大学基督教堂学院。1859年继承伯爵爵位。在诺丁汉郡和萨默塞特郡都有地产。虔诚的英国国教徒，脾气很坏。在密友当中以“嘲弄者”闻名。

卡森（CARSON, Edward Henry，1854—1935），卡森男爵。心无旁骛的政治家，有着令人惊讶的都柏林背景，其父是都柏林的工程师。就读于波塔林顿学校、都柏林三一学院，在爱尔兰攻读法律。1889年任低级终身检察官、王室律师。1892年任贝尔福内阁副检察长。1892年起连续26年当选为都柏林大学议员。1914年后仍对乌尔斯特充满热情，晚年在行政上并不成功。曾经捐献1万英镑给乌尔斯特志愿军。组织了拉恩军火走私。

奇尔德斯（CHILDERS, Hugh Culling Eardley，1827—1896），1882—1885年任格莱斯顿内阁财政大臣。出生于一个近亲结婚家庭，父母双方的曾祖父是除爵的爱尔兰贵族厄尔德勋爵（1744—1824）。就读于契姆学校、牛津大学瓦德汉学院（两年后退学）、剑桥大学三一学院。毕业后前往澳大利亚，1858年回国。1860—1885年为庞蒂弗拉克特议员（选区是唐卡斯特附近的坎特利）。早年是辉格党帕麦斯顿派；1865年后为格莱斯顿派。1868年任海军大臣，1871年其子在海上失踪后辞职。1880年任陆军大臣。在财政大臣任上不得人心。1886年后健康恶化。1892年竞选失败。

克拉伦登（CLARENDON, George William Frederick，1800—1870），第四代克拉伦登伯爵。阿伯丁、帕麦斯顿、罗素和格莱斯顿政府外交大臣（1853—1858、1865—1866、1868—1870）。“还只是个小男孩”时就参与外交事务：20岁时任驻圣彼得堡使馆随员；承担多项外交使命。1839年进入内阁，任掌玺大臣。1846年任贸易大臣。1847—
271 1852年任爱尔兰事务大臣期间得到历练。1852—1853年曾有传闻说由他组阁。晚年身体不好。

科布登（COBDEN, Richard，1804—1865），自耕农出身，其父为苏塞克斯郡米德赫斯特附近小农场主。在约克郡接受教育。先后做过货栈职员和旅行推销员。1828 年在兰开夏郡萨尔登从事印染业，1832 年迁居曼彻斯特时已经发了财。1845 年，因从政而破产。向公众募集了 12 万英镑。1841—1847 年为斯多克波特议员，1847—1857 年为西赖丁议员，1859 年为洛奇代尔议员。1859 年拒绝出任帕麦斯顿内阁贸易大臣。1860 年与法国签订自由贸易协定。

克兰布克（CRANBROOK），参见哈迪（HARDY）。

克罗克（CROKER, John Wilson，1780—1857），1809—1830 年任非内阁大臣（第一海军大臣）。出生于德文郡，在爱尔兰长大，其父是爱尔兰海关的测量总监。就读于波塔林顿和都柏林三一学院。曾为默里的《评论季刊》撰稿，声名狼藉的赫特福德侯爵的代理人和政治顾问。一度与威灵顿和皮尔关系亲密；1827 年由于害怕改革，他变成坎宁派。迪斯雷利的小说《科宁斯比》中的人物里格比就是讽刺他的。

克罗斯（CROSS, Richard Assheton，1823—1914），第一代克罗斯子爵。1874—1880 年任迪斯雷利政府内政大臣。生于普雷斯顿附近的莱德斯卡，他的家族与当地的高等民事法庭有渊源。就读于拉格比公学（校长是阿诺德）和剑桥大学三一学院，担任学生会主席。1849 年取得律师资格，任职北方巡回上诉法院。短暂担任过普雷斯顿议员，后加入银行业的帕尔和里昂公司。1868 年后再度进入议会。在日后的托利党内阁中与史密斯和诺思科特走得最近。比肯斯菲尔德死后，受到女王重用。“很喜欢说话”。（露西语）

迪尔克（DILKE, Sir Charles Wentworth，1844—1911），第二代迪尔克从男爵。其父为第一代迪尔克从男爵（1865—1868 年为沃林福德议员），母亲是马德拉斯骑兵上尉之女。1885 年再婚娶了马克·帕蒂森的遗孀。私人教育，就读于剑桥大学三一学院。1866 年取得律师资格。1868—1886 年为切尔西的激进派议员，1892—1911 年为迪恩森林议员。

达德利（DUDLEY, John William Ward，1781—1833），第一代达德利伯爵。贵族出身，私人教育，就读于牛津大学、爱丁堡大学。1802 年后先后在几个选区当选议员。他是坎宁的朋友，与托利党人共进退。1822 年谢绝外交部次官之职。1827、1828 年任坎宁和威灵顿内阁外交大臣。1828 年与赫斯金森一同辞职，此后未任公职。举止古怪，最后发展到精神失常。逝于精神病院。

邓库姆（DUNCOMBE, Thomas Slingsby，1796—1861），约克郡人，庄园位于巴勒布里奇附近。母亲是彼得伯勒主教之女。就读于哈罗公学，后进入冷溪卫队直至 1819 年。1820 年代以辉格党人身份竞
272 选，据说他在 1832 年前 5 次竞选花费了 4 万英镑。1834—1861 年为芬斯伯里议员。他不是始终如一的激进派。对宪章派略有同情。1830 年代破产。穿着入时。逝前多病。

达勒姆（DURHAM, John George Lambton，1792—1840），第一代达勒姆伯爵。其父 W. H. 兰布顿是达勒姆议员，母亲出身于维利尔斯家族。就读于伊顿公学，后进入第 10 龙骑兵队，升任中尉。1813—1828 年为达勒姆郡议员，与戈德里奇一同辞职。娶了格雷之女路易莎。支持坎宁。1830—1833 年任格雷内阁掌玺大臣。未在梅尔本内阁任职，但受命前往圣彼得堡和加拿大。1820 年代，单是煤矿一项产业每年就为他带来 5 万英镑收入。

埃伦伯勒（ELLENBOROUGH, Edwar Law，1790—1871），埃伦伯勒伯爵。其父为利物浦政府首席法官。格雷的远亲。妻子是卡斯尔雷的妹妹，逝于 1819 年。失意的外交大臣：他厌恶坎宁，对 1828 年威灵顿任命阿伯丁为外交大臣怀恨在心。其政治生涯始终与印度相关：1834—1835 年任托利党内阁的印度监督委员会主席；1841 年皮

尔任命他为印度总督；1844 年因丑闻被召回。他在监督委员会严厉批评克莱门斯·坎宁，导致他在 1858 年被打倒。为人冲动，自以为是，脾气暴躁。

伊舍（ESHER, Reginald Balliol Brett，1852—1930），第二代伊舍子爵。出身名门，其父是案卷主事官，母亲是驻伦敦的比利时使节之女。与罗斯伯里是伊顿公学同学，后入剑桥大学三一学院。1878—1885 年任哈丁顿私人秘书，对其尊敬有加。仅在 1880—1885 年当了五年议员，代表彭林和法尔茅斯的自由党议员。谢绝了终身朋友贝尔福提供的政治职务。在温莎宫廷圈子里很有势力，是多个委员会的成员。挑剔的唯美主义者。有时心胸狭窄，毛病还不小。

福斯特（FORSTER, William Edward，1818—1886），多塞特郡人。父亲是贵格会牧师，母亲出身布克斯顿家族，是伊丽莎白·弗赖的妹妹。没上过大学，就读于贵格会学校。从事羊毛生意，先是在诺维奇，后跟皮斯在达灵顿。1842 年起与 W. 法伊森在布拉德福德合伙经营。1850 年退出贵格会，并与阿诺德医生之女结婚。1861—1886 年连续当选布拉德福德议员。他的主要政策关注是教育和爱尔兰。绰号“铅弹”。虽不至于“丑得可怕”（迪尔克语），但肯定谈不上英俊。

弗里尔（FRERE, Sir Henry Bartle Edward，1815—1884），出身于与议会有很深渊源的东安格利亚家庭。就读于巴斯文法学校和培养印度文官的黑利伯瑞学院。1834 年前往孟买任职，后升任信德省专员，其间经历了 1862 年孟买兵变。1867 年返回英国。1877 年前往开普敦。

吉布森（GIBSON, Thomas Milner，1806—1884），生于特立尼达，其父是第 37 步兵团少校。就读于一神论学校、卡尔特修道院、剑桥大学三一学院。1837 年当选为伊普斯维奇托利党议员，1839 年转而 273
加入自由党。1841—1857 年为曼彻斯特激进派议员，1857—1868 年为阿什顿安德莱恩议员。退休后以养老金为生。在地中海的游艇上去世。其妻是一个巫师团体的核心成员。

戈斯特（GORST, Sir John Eldon，1834—1916），1870 年代迪斯雷利手下的组织专家。出身于兰开夏的普通家庭。就读于普雷斯顿文法学校、剑桥大学圣约翰学院。攻读法律，1885—1886 年成为副检察长。1895—1902 年的内阁生涯基本与教育有关。1875—1892 年为查塔姆议员，1892—1906 年为剑桥大学议员。

戈申（GOSCHEN, George Joachim，1831—1907），1886—1892 年任索尔兹伯里内阁财政大臣。1885 年前一直是自由党人。伦敦银行家之子。就读于伦敦、萨克森-迈宁根、拉格比公学以及牛津大学奥里尔学院（一等学位，学生会主席）。1850 年代进入父亲公司。1863—1880 年为伦敦城议员，1887—1900 年为圣乔治（位于里彭与爱丁堡之间）议员。1866 年后在自由党政府任内阁大臣。1873—1874 年他在海军预算上的强硬态度导致了内阁分裂。追随格莱斯顿，反对“软骨头”。1885 年重回索尔兹伯里政府的海军部。1900 年退休。

古尔本（GOULBURN, Henry，1784—1856），母亲是第四代切特温德子爵之女。就读于剑桥大学三一学院。1808 年继承了议席和低级职位。1828—1830 年任威灵顿内阁财政大臣。从 1831 年到 1856 年去世一直是剑桥大学议员。在皮尔的百日内阁任内政大臣，1841 年再度出任财政大臣。1846 年后不再担任公职。一个未能取得很大成就的后起之秀，或许因为他是“有史以来最狂热的新教徒”。（阿巴思诺特夫人语）

格雷厄姆（GRAHAM, Sir James Robert George，1792—1861），出身于著名的边境地区家庭。就读于威斯敏斯特公学、牛津大学基督教堂学院（很快退学）。1818 年前后成为辉格党议员，1820 年代大多数时间里为内瑟比议员。他的选区多次变更。仅有的高级职位是 1841—1846 年任皮尔内阁的内政大臣。1846 年后日渐心灰意冷；“像很多胆小的政客一样，为了避免他高估了的危险，他时常轻率地采取他内心不赞同的举措。”（帕麦斯顿语）格雷维尔称他为“约克郡和坎伯兰郡的西塞罗和罗密欧”。

霍尔斯伯里（HALSBURY, Hardinge Stanley Giffard，1823—1921），第一代霍尔斯伯里伯爵。历届索尔兹伯里政府中任御前大臣。其父斯坦利·利斯·吉法德是《标准晚报》主编，在家中教育自己儿子。后进入牛津大学，获第四等学位。尽管如此，1850 年取得律师资格。1877—1885 年为朗塞斯顿议员（上议院）。80 岁时声名鹊起，因为他象征着抵抗自由党人对上议院的攻击。

哈考特（HARCOURT, Lewis，1863—1922），第一代哈考特子爵。威廉爵士结发妻子唯一存活下来的儿子，母亲生下他后就去世了。他 274
由父亲抚养长大，两人相依为命。就读于伊顿公学，没有读大学，而是出国。他的职业生涯一直是父亲的私人秘书，而且有相当大的权力，因为他认识所有头面人物。他的大臣生涯是 1907—1910、1915—1916 年两度担任劳工专员，但他的影响力超过了行政经验。整个威斯敏斯特都知道他的“卢卢”之名。死于意外。

哈迪（HARDIE, James Keir，1856—1915），生于兰开夏。其父是船上木工，其母是女佣。10 岁就下矿井干活；很快就被作为煽动者解雇，并上了黑名单。靠新闻业为生，义务组织兰开夏郡和埃尔郡的矿工工会。下议院生涯始于 1892 年（西南汉姆选区）。1893 年任独立工党主席。1896 年为布拉德福德议员。从 1900 年直至离世，一直是梅瑟的议员。

哈迪（HARDY, Gathorne，1814—1906），第一代克兰布鲁克伯爵。其父为布拉德福德议员（逝于 1855 年）、法官和钢铁厂合伙业主。就读于什鲁斯伯里和牛津大学奥里尔学院，攻读法律。其父过世后留下大笔遗产。1856—1865 年为莱姆斯特议员（保守党），1865—1878 年为牛津大学议员（上议院）。1867 年接替沃波尔任内政大臣。迪斯雷利内阁任陆军大臣和印度事务大臣。1867 年后被反迪斯雷利派视为可以接班迪斯雷利的人选。1886—1892 年内阁中坐在索尔兹伯里左手边（上议院议长）。“人并不坏，但相当笨拙。”（印度事务部官员语）绰号“老太婆”。

哈姆斯沃思（HARMSWORTH, Alfred Charles William，1865—1922），诺斯克利夫子爵。都柏林附近出生，其父是律师。两岁时来到英格兰。就读于斯坦福德文法学校、汉普斯特德学校，没上过大学。自由撰稿人，帮助家里抚养 6 个弟弟和 3 个妹妹。投资《每日邮报》（1896）、《每日镜报》（1903），控制了《观察家报》（1905—1912），1908 年买下了《泰晤士报》。对政界十分反感，个人影响力可能没有他自认为的大。住在贝克莱广场，是罗斯伯里的邻居。他的遗孀嫁给了 R. A. 哈德森。

哈茨沃恩（HARTSHORN, Vernon，1872—1931），生于蒙茅斯郡，其父是矿工。在矿井当童工，后成为办事员，又当上了监秤人。南威尔士矿工联合会代表（1905），1911 年进入执行委员会。1910 年曾在中格拉摩根两次参选，但直到战后才成为议员。始初循道会教徒。“很好的人。没有一点戾气。一只眼睛失明。”（里德尔语）

亨利（HENLEY, Joseph Warner，1793—1884），二代乡绅，其父是伦敦商人，在牛津郡购置了庄园。就读于牛津大学莫德林学院。在其父的伦敦公司两年，后进入郡政坛。1841—1878 年为牛津郡议员。与费恩家族联姻。1850 年代在两届托利党内阁任贸易大臣。1866 年谢绝了内政大臣之职（失聪）。1869 年反对政教分离。“十分能干，也很聪明，但脾气暴躁，不能容人。”（马姆斯伯里语）

275 **赫里斯**（HERRIES, John Charles，1778—1855），其父为伦敦商人。就读于契姆学校、莱比锡大学。起初当文官（财政部，后税务司）；曾任范西塔特和波特兰的私人秘书。1823—1841 年为哈维奇托利党议员。大臣生涯的巅峰是出任戈德里奇政府的财政大臣。之后在组织事务上发挥更大的作用，在百日内阁中任陆军大臣。自由贸易主义者。辉格党分裂后成为贸易保护主义议员（斯坦福德）。辉格党人克拉伦登的看法是："赫里斯是个上了年纪的娘娘腔，没剩下多少勇气，但足以让他怀疑自己说过的四分之三的话。"

赫歇尔（HERSCHELL, Farrer，1837—1899），第一代赫歇尔男爵。父系是波兰犹太人，其父是不从国教的基督教牧师。在不从国教的环境中长大，日后皈依了英国国教。信仰问题让他没有在英国读大学，而是就读于波恩大学和伦敦大学学院。1860 年取得律师资格。1874—1885 年为达勒姆议员。在爱尔兰自治问题上忠于格莱斯顿。在亨利·詹姆斯与张伯伦一道离开后，1886、1892—1894 年任格莱斯顿政府御前大臣。

亨特（HUNT, George Ward，1825—1877），1868 年任托利党大臣。乔治·亨特牧师的长子，生于伯克斯郡温克菲尔德。就读于伊顿公学、牛津大学基督教堂学院；取得律师资格。从 1857 年直至去世，一直是北安普敦郡诺斯议员。1868 年在迪斯雷利政府当过几个月的财政大臣，此后开始走下坡路。通晓郡务和农业，1866 年引入防治牛瘟法案。1874 年在海军大臣任上的表现堪称灾难。"绝对的个人失败。"（露西语）逝于痛风。

赫斯基森（HUSKISSON, William，1770—1830），在北伍尔弗汉普顿附近的奥克斯利拥有一座家族小庄园。13 岁前一直在中部地区。在巴黎读书，他的舅舅是英国驻巴黎使馆的医生。认识富兰克林和杰斐逊。攻占巴士底狱时他在现场。曾任英国大使私人秘书，1792 年奉召回国。1796 年当选下议院议员（莫佩思），1823—1830 年相继在利物浦各选区当选。1823—1827 年任贸易大臣，1827—1828 年任殖民地大臣和下议院领袖。在曼彻斯特-利物浦铁路开通时死于火车事故。"一个拙劣的演讲者，没有口才，动作笨拙，有最劣等的大老粗口音。"

詹姆斯（JAMES, Henry, Lord，1828—1911），詹姆斯勋爵。生

于赫里福德郡，其父是外科医生。1841 年进入切尔滕纳姆学院时位列花名册第一位。擅长板球，1889 年任玛丽勒本板球俱乐部主席。接受过工程师训练，转而攻读法律；1852 年取得律师资格。与亨利·马修斯周游牛津。1869 年为陶顿议员。1873—1885 年任格莱斯顿政府法律官员，爱尔兰自治后在伯里当选议员。在两党都未担任内阁职务，1895 年索尔兹伯里任命他为公爵郡大臣。交际广泛（其中包括威尔士亲王），募集了大量合法资助。终生未婚。“他说话很少简短。”

金伯利（KIMBERLEY, John Wodehouse，1826—1902），第一代金伯利伯爵。毕生志向是当上外交大臣，却始终未能如愿（比较埃伦伯勒）。生于诺福克郡怀蒙德姆的辉格党家庭，其父是第二代男爵之子。就读于伊顿公学、牛津大学基督教堂学院，古典学一等学位。
276 1852—1861 年任外交部次官，1858—1859 年德比政府时期离职。第一个内阁职位是第一届格莱斯顿政府的掌玺大臣，但大多数时间都在处理爱尔兰和殖民地事务。尽管娶了第三代克莱尔伯爵之女，但 1886 年成为格莱斯顿派。“极其能干和高效，但似乎并不出色。”（布鲁斯语）

金（KING, Hon. Peter John LOCKE，1811—1885），第七代金勋爵次子。就读于哈罗公学、剑桥大学三一学院。1847—1874 年为东萨里议员。主要关注的是将郡选举权财产资格降至 10 英镑。

兰斯多恩（LANSDOWNE, Henry Petty-Fitzmaurice，1780—1863），第三代兰斯多恩侯爵。其父谢尔本曾任首相（1782—1783），其孙曾任贝尔福内阁外交大臣。就读于威斯敏斯特公学、爱丁堡大学（据说是听了边沁的建议）。早年是福克斯派。曾任联合内阁财政大臣，很久以后才发挥重要作用。1827 年加入坎宁内阁。1830、1840 年代历届政府中反对罗素的资深政治家，反对改革，坚持谷物的固定关税。“内阁之父，始终冷静、明智、绝对正直。”（阿吉尔语）

洛尔本（LOREBURN, Robert Threshie Reid，1846—1923），洛尔本伯爵。坎贝尔–班纳曼和阿斯奎斯政府御前大臣。生于科孚岛，其父是爱奥尼亚群岛的法院院长。就读于切尔滕纳姆学院（比较詹姆斯）、牛津大学贝利奥尔学院，两门学科获得一等学位；板球队首发球员；1911 年任玛丽勒本板球俱乐部主席。法律生涯早年为亨利·詹姆斯当助手。1880 年在詹姆斯的帮助下当选赫尔福德议员。早年的法律志向未能实现。仕途也不得志，脾气暴躁，内心软弱。“总是闹情绪。”（比勒尔语）1912 年因心脏病逝世。

洛（LOWE, Robert，1811—1892），第一代舍布鲁克子爵。其父是教区牧师，母亲是教区牧师之女。就读于威斯敏斯特公学、牛津大学大学学院，获古典学一等学位，数学二等学位；1835 年于莫德林学院任教。1843—1850 年在澳大利亚。1852—1880 年在三个选区当选为议员。1868—1873 年任格莱斯顿内阁财政大臣，1873—1874 年任内政大臣。1880 年受封贵族。差劲的行政领导，可怕的批评者。晚年几乎失明，却很担心自己的舌头。

林德赫斯特（LYNDHURST, John Singleton Copley，1772—1863），林德赫斯特勋爵。其父是同名肖像画家。就读于剑桥大学三一学院。1804 年取得律师资格。1818 年进入议会。1820 年代成为托利党政府的主要法律官员。尽管反对天主教解放，依然被坎宁任命为御前大臣，一直任职到 1830 年。接受了格雷的任命（1830—1834），在两届皮尔政府任议长。1840 年代末逐渐失明。曾谢绝德比提供的职位。因为性格刚强而招人厌恶。“他是个卑鄙的伙伴，总是追随强者，因此是个很好的政治晴雨表。”（阿巴思诺特夫人语）

利顿（LYTTON, Edward Robert Bulwer，1831—1891），第一代利顿伯爵。其父是小说家布尔沃·利顿（1858—1859 年任殖民地大臣），他也是著名的诗人。就读于哈罗公学、伯恩大学。担任过一系列私人和外交职务。1876—1880 年任印度总督。1887—1891 年任驻 277

巴黎大使。吸食鸦片。

马姆斯伯里（MALMESBURY, James Howard（Fitz）Harris，1807—1889），第三代马姆斯伯里伯爵。1850 年代任德比内阁外交大臣，1866—1868、1874—1876 年任掌玺大臣。就读于伊顿公学、牛津大学奥里尔学院。政治生涯几乎都是在上议院度过。与拿破仑三世相识。大众情人。拿破仑战争期间，其父任坎宁内阁外交部次官。议席在多塞特郡赫隆科特和克莱斯特彻奇。见证了斯温暴动和改革骚乱。

曼（MANN, Tom，1856—1941），其父是考文垂附近富利斯希尔煤矿簿记员。两岁时丧母。只上过三年学，9 岁在煤场工作，10 岁下井。随父迁居伯明翰后做工程师学徒；加入工程师联合会（第一次世界大战后任总干事）。1885 年加入社会民主联盟。与恩格斯和埃琳娜·马克思建立友谊；结识了伯恩斯。曾经主张过乔治亚主义、马尔萨斯人口论、素食主义以及绝对禁酒。支持贵格会，担任过主日学校教员，考虑过接受神职。1893 年任码头工人联合会首任书记。1901—1910 年前往新西兰和澳大利亚。1910—1911 年主编《工团主义者》。英国共产党创始人。1921 年退休。

曼纳斯（MANNERS, Lord John James Robert，1818—1906），第七代拉特兰公爵。其兄为第六代拉特兰公爵。就读于剑桥大学三一学院。1841—1847 年为纽瓦克议员（与格莱斯顿一道）。天生的迪斯雷利派，迪斯雷利的三部小说均有以他为原型的人物。但支持“梅努斯”神学院。贸易保护主义者，后成为保守党人。1847—1888 年在数个选区当选议员（公爵领地）。1852—1892 年每届托利党内阁中均担任次要职务。“举止犹如脱脂牛奶，从不惹人生气。”（露西语）

马修斯（MATTHEWS, Henry，1826—1913），兰达夫子爵。生于锡兰，其父是法官，母亲来自布朗特家族。在罗马天主教环境中长大，就读于巴黎和伦敦。1850 年取得律师资格，另有私产收入。曾在法庭上盘问过迪尔克。1868 年为托利党赢得了邓加文选区竞选，

“代价是 800 瓶威士忌”。1874 年败选，转到东伯明翰。支持爱尔兰自治。丘吉尔的朋友，两人有着相同的品味。1886—1892 年任内政大臣，是第一个天主教内阁大臣。终生未婚。在议会的举止有如“法国舞蹈教师”。

米尔纳（MILNER, Alfred，1854—1925），第一代米尔纳子爵。德国出生并在那里度过大部分少年时光。就读于图宾根文科中学、伦敦国王学院。见证了 1870 年德国进攻法国。1872 年进入牛津大学贝列尔学院，两门学科均获得一等学位，任学生会主席。1881 年取得律师资格。1885 年在哈罗参选并失败，从此再未参选。戈申的私人秘书，协助哈考特制定 1894 年预算。1897—1901 年任开普总督；一直担任高级专员，1905 年回国。战前帝国政治的重要幕后人物，第一次世界大战中其政治影响逐步扩大。

莫兰特（MORANT, Sir Robert Laurie，1863—1920），1903—1911 278
年任教育部常务次官；1902 年贝尔福法案的精神领袖。其父是装潢艺术家，其母是米尔希尔学校校长之女。生于汉普斯特德。就读于温切斯特公学、牛津大学新学院，获神学一等学位。1886—1894 年为暹罗王太子的家庭教师。1895 年开始与教育部门建立联系。1911 年离职，任国民保险卫生委员会主席。

莫利（MORLEY, John，1838—1923），莫利子爵。生于兰开夏布莱克本，其父是西赖丁的外科医生，母亲出身于东南部船东家庭。就读于切尔滕纳姆学院、牛津大学林肯学院，因为丧失宗教信仰，与其父发生争执，以普通学位退学。在伦敦当自由撰稿人，被《星期六评论》发掘，认识了克兰伯恩和莱斯利·史蒂芬。他还是穆勒的朋友。在实证主义者弗雷德里克·哈里森的律师事务所学习法律，取得律师资格（1873）后并未执业。主编《双周刊》长达 15 年（1867—1882）。1883—1895 年为纽卡斯尔议员，1896—1908 年为蒙特罗斯伯格议员。1886—1914 年加入自由党内阁；除了最后四年任御前大臣，一直在印度和爱尔兰事务部任职。1914 年辞职。对于经济萧条的趋势十分敏感。“他放弃了对于造物主的虔诚，将之全部投入教会规定之外的信仰之中。”（芒罗–弗格森语）坎贝尔–班纳曼称其为“普里西拉”。著有《格莱斯顿传》（1903）等。

马尔格雷夫（MULGRAVE, Henry Phipps，1755—1831），诺曼比子爵、第一代马尔格雷夫伯爵。约克郡人，议席位于惠特比附近。把军队视作自己的精神归宿，皮特的军事顾问之一。1805 年在波特兰和波西瓦尔内阁任外交大臣和海军大臣。1810—1818 年担任军械总监。“极端托利党人，十足的英国佬。”（海登语）

纳斯（NAAS, Richard Southwell Bourke，1822—1872），第六代梅奥伯爵，第五代梅奥伯爵的长子。生于都柏林，早年在米斯郡。在家接受教育，就读于都柏林三一学院（普通学位）。“妙招”。1852、1858—1859 年任德比政府爱尔兰事务大臣。像 1866 年时一样，在迪斯雷利下台前被任命为印度总督。在正式造访安达曼群岛的罪犯流放地时遭到刺杀。

诺斯布鲁克（NORTHBROOK, Thomas George Baring，1826—1904），第一代诺斯布鲁克伯爵。不要与其父混淆，其父为诺斯布鲁克男爵弗朗西斯·巴林爵士（1839—1841 年任财政大臣，1849—1852 年任海军大臣）。接受私人教育，就读于牛津大学基督教堂学院（二等学位）。1857 年后成为辉格党议员。1850 年代末、1860 年代初在多个部门任次官。1868 年后任自由党政府海军大臣，1886 年后不再担任高级职务（接替纳斯任印度总督）。反对爱尔兰自治、关税改革以及所有违背辉格党原则的主张。“一个可靠、健壮的人。”（格兰维尔语）

诺思科特（NORTHCOTE, Sir Stafford Henry，1818—1887），第一代伊兹利伯爵。诺思科特从男爵爵位有悠久的历史（封地在埃克塞特附近的派恩斯）。生于伦敦波特兰广场。母亲是东印度公司雇员之女。就读于伊顿公学、牛津大学贝利奥尔学院。出庭律师。1842
279

年任格莱斯顿私人秘书，1853 年前一直协助格莱斯顿在牛津竞选。1851 年成为第八代从男爵。1866—1867 年任贸易大臣和印度事务大臣，但重要的内阁经历始于 1874—1880 年任职迪斯雷利政府内阁财政大臣，1880—1885 年任下议院在野党领袖；在后一个职位上表现糟糕。1885 年受封伯爵。辞职当天去世。丘吉尔和第四党很看不起他，但就连迪斯雷利都认为他是“十足的耶稣会士”。

奥布莱恩（O'BRIEN, William，1852—1928），生于科克郡马洛，其父是律师事务所职员，母亲是当地小店主之女。父母都是天主教徒，但他就读于新教中学、科克郡的女王学院。从事新闻业，先后供职于科克郡《每日先驱报》、都柏林《自由人报》。1881 年帕内尔聘他担任土地联盟的《统一的爱尔兰》主编。遭到福斯特镇压；被关进凯勒梅堡监狱。协议签署后重新担任主编。1883 年为马洛议员。1887 年被控谋反入狱（6 个月），1891 年再度入狱（与狄龙一起）。1885 年后当选东北科克和科克市议员。1898 年创立统一爱尔兰联盟。战前在乌尔斯特问题上反对雷蒙德。

奥布莱恩（O'BRIEN, William Smaith，1803—1864），其父为克莱尔郡的爱德华·奥布莱恩从男爵，其子后来继承了利默里克的庄园。就读于哈罗公学、剑桥大学三一学院。1828 年进入议会（1828—1831 年为恩尼斯议员，1835—1849 年为利默里克郡议员）。1843 年加入取消合并协会，1846 年退出，组建爱尔兰同盟。因 1848 年起义被判绞刑和分尸；后减刑为终身流放。一直在塔斯马尼亚，1854 年被赦免。之后生活在布鲁塞尔。曾访问美国和波兰。

帕尔默（PALMER），参见塞尔伯恩（SELBORNE）。

潘缪尔（PANMURE, Fox Maule，1801—1874），第二代潘缪尔男爵、第十一代达尔豪西伯爵。不要与其父第一代潘缪尔男爵威廉·拉姆塞·莫尔混淆，后者是福克斯派议员，布里金城堡放荡的暴君。福克斯·莫尔在卡尔特修道院学习，之后参军，退役前是苏格兰第79高地步兵队上尉。1835年后是几个苏格兰选区的自由党议员，1852年进入上议院。1855—1858年任帕麦斯顿内阁陆军大臣。他的兴趣主要在苏格兰事务，在大分裂时期支持自由教会。苏格兰给他带来的是影响力而不是行政能力。格兰维尔认为，潘缪尔是“他所认识的最迟钝的人之一”。绰号“战神”。

帕克斯（PARKES, Joseph，1796—1865），生于沃里克，工厂主之子。自称在格林尼治学校受到“错误教育”，后就读于格拉斯哥大学。在伦敦做律师见习生，进入边沁的圈子。1822—1833年在伯明翰当律师，1828年后积极参与伯明翰政治。娶了约瑟夫·普里斯特利的长女。害怕伯明翰政治联盟，1832年才加入。1833年开始担任市镇机关委员会干事。格罗特的哲学激进派圈子的重要人物。1847年从政界退休。他了解选举法，又有伯明翰情怀，因而被认为是重要的幕后人物。

280 **波塔尔**（PORTAL, Sir Gerald Herbert，1858—1894），其父为梅尔维尔·波塔尔（1819—1904），1849—1857年为北安普敦郡保守党议员，母亲是第二代明托伯爵之女。终生从事外交。就读于伊顿公学，后直接进入外交界。与伯蒂家族联姻。先后任职于罗马、开罗、桑给巴尔。在乌干达任上去世。其兄死于乌干达；他于1893年回到伦敦，但旋即死于发热。

雷蒙德（REDMOND, John Edward，1856—1918），其父威廉·阿切尔·雷蒙德是韦克斯福德议员，支持爱尔兰自治，与帕内尔是朋友。生于韦克斯福德的巴里特伦特一个有着悠久历史的天主教乡绅家庭。接受耶稣会教育，就读于都柏林三一学院，两年后退学。1880年在下议院任职，1881年在韦克斯福德郡纽罗斯当选议员。1886年取得律师资格，另有私产收入。1890年是帕内尔的首要支持者。1900年后任爱尔兰议会党团主席。

里德（REID, Sir Thomas Wemyss，1842—1905），颇具政治影

响力的记者和作家。早年进入新闻业，1861 年开始任职于外省报社，1870—1887 年为《利兹信使报》主编。1887—1905 年为卡塞尔的经理。创办《演说者》，并于 1890—1894 年担任主编。与赫伯特·格莱斯顿关系密切。支持福斯特的教育法案和格莱斯顿的《爱尔兰自治法案》。1890 年代是罗斯伯里的人。曾为福斯特、蒙克顿·米尔恩斯和利昂·普莱费尔作传。

里奇蒙（RICHMOND, CHARLES Gordon-Lennox，1791—1860），第五代里奇蒙公爵。威斯敏斯特公学毕业后参军；升至第十三轻龙骑兵团中尉。1812—1819 年为奇切斯特托利党议员（上议院）。他认为托利党在天主教问题上过分软弱，转投辉格党。在格雷内阁任职。率领 50 名佃农与斯温运动骚乱者展开激战。1834 年因为“圣俸转拨”问题退出政府，成为中立议员。在谷物法问题上反对皮尔。1852 年从德比政府中离职。“有偏见、气量小、目不识丁、无知、长得好看、性情好、不做作、令人厌烦、说话啰唆、不装腔作势，而且是个公爵。”（格雷维尔语）因水肿去世。

里德利（RIDLEY, Sir Matthew White，1842—1904），第五代里德利从男爵、第一代里德利子爵。其父 1859—1868 年为北诺森伯兰郡议员，母亲为詹姆斯·帕克爵士之女，詹姆斯·帕克爵士成为温斯利代尔男爵一事引发过争议。就读于哈罗公学、牛津大学贝列尔学院（两门学科取得一等学位）；在万灵学院任教。1868 年继承了其父的郡选区，娶了自由党组织秘书马奇班克斯之女。1874 年后担任低级职务。1895—1900 年任索尔兹伯里内阁内政大臣。

罗巴克（ROEBUCK, John Arthur，1801—1879），生于马德拉斯，其父是印度文官，母亲是谢里丹姐夫之女。父亲死后返回英国，9 岁时跟随母亲前往加拿大。在加拿大接受教育。21 岁时返回英国。1831 年取得律师资格。1832—1837 年为巴斯议员（激进派）；之后断断续续当选议员，1849 年迁居谢菲尔德（去世前一直是议员，其间只中断过一次）。1850、1860 年代在外交政策上是帕麦斯顿派。从政末期把工人说成败家子和打老婆的人，因此名声很坏。

281 **桑达斯**（SANDARS, John Satterfield，1853—1934），1892—1905 年任贝尔福的私人秘书，作为王座背后的人赢得了很高声望。其父为德比郡麦克沃思的查尔斯·桑达斯。就读于雷普顿学校、牛津大学莫德林学院。1877 年取得律师资格，1886 年前是执业律师。1886—1892 年任内政大臣亨利·马修斯的私人秘书。1892 年在德比郡参选，终生未能当选。家住托基市。

桑顿（SANDON, Dudley Francis Stuart Ryder，1831—1900），桑顿子爵，第三代哈罗比伯爵。就读于哈罗公学、牛津大学基督教堂学院。与卡那封游历东方，共担牧师一职。与塞西尔家族联姻。1856—1859 年为利奇菲尔德议员，属于辉格党帕麦斯顿派。任殖民地大臣老拉布歇尔的私人秘书，1859—1868 年未进入议会。1868—1882 年为利物浦议员（上议院）。主要关注教育事务，支持福斯特的法案，1876 年在其基础上提出了自己的议案。第一届索尔兹伯里内阁任掌玺大臣。晚年是个药罐子。

塞尔伯恩（SELBORNE, Roundell Palmer，1812—1895），第一代塞尔伯恩伯爵。其父是牛津郡米克斯伯里有私产收入的教区牧师。两个兄弟都进入教会，第三个则皈依了罗马天主教。就读于拉格比公学、温切斯特公学（校友包括洛、卡德维尔、特罗洛普）、牛津大学基督教堂学院。在牛津古典学成绩优异。攻读法律并成为证券律师。1847—1852、1853—1857 年为普利茅斯议员，属于皮尔派。1861—1872 年为里奇蒙议员（上议院）。1861 年后任自由党政府总检察长。拥护英国国教，支持迪斯雷利的《公共礼拜监管法案》，反对威尔士政教分离。在原则和礼仪问题上十分强硬。“像踩着高跷的格莱斯顿。”（盖索恩·哈迪语）

史密斯（SMITH, Frederick Edwin，1872—1930），第一代伯肯

黑德伯爵。其父为伯肯黑德的地产经纪人和市长。就读于伯肯黑德、牛津大学瓦德汉学院（其校友包括约翰·西蒙、C. B. 弗莱和弗朗西斯·赫斯特）。1895 年获法学一等学位。在牛津大学默顿学院任教。与亨利·弗诺之女结婚，亨利·弗诺是牛津大学基督学院教师，编辑了塔西佗著作。1899 年取得律师资格。在利物浦执业，被阿奇博尔德·萨尔维奇招入托利党竞选团队。1906 年后为利物浦沃尔顿议员。1914 年后在政界、法律界和花街柳巷（*demi-monde*）都成就斐然。

史密斯（SMITH, William Henry，1825—1891），其父拥有全国性的通讯社，总部设在伦敦斯特兰街。出身于恪守教规的循道宗家庭；在家中接受教育，他想接受圣职，引起了很多冲突。其父逼他进入家族事业，成为“W. H. 史密斯父子公司”中的“子”。由于辉格党人在社交上排斥他，他倾向于托利党。最初是作为“自由保守党人”当选议员（1865）。1868 年在威斯敏斯特击败了穆勒。他对教育感兴趣，与桑顿和自由党人福斯特关系密切。1877 年进入内阁（接替亨特任海军大臣）。1886 年直到去世，一直是索尔兹伯里政府的二号人物。性格软弱。有 100 万英镑身家。

萨顿（SUTTON, Charles MANNERS-，1780—1845），其父为同名的坎特伯雷大主教。1835 年受封坎特伯雷子爵。1817—1835 年任 282
下议院议长。1832 年的出格行为是他仅有的一次激动时刻。“我不怎么把议长的话当回事，因为他很容易接受错误观念。”（阿巴思诺特夫人语）

坦普尔（TEMPLE, William Francis COWPER-，1811—1888），第一代蒙特坦普尔男爵。第五代考珀伯爵的次子，母亲是梅尔本之女，二婚嫁给了帕麦斯顿。服役经历：皇家近卫骑兵团中尉。1835—1868 年为赫特福德议员，1868—1880 年为汉普郡南部议员。1846—1866 年在自由党政府担任低级职务。为地方纳税人和佃农说话。

滕特登（TENTERDEN, Charles Stuart Aubrey Abbott，1834—1882），第三代滕特登男爵。就读于伊顿公学，后进入外交部。1866 年任斯坦利勋爵的简记员。1871—1873 年任外交部助理次官。1873—1882 年任外交部常任次官。共济会会员。

西斯尔伍德（THISTLEWOOD, Arthur，1770—1820），生于林肯附近的塔普霍姆。一个著名畜牧业主的私生子。其父希望他成为土地测量员，他却前往美国和大革命时期的法国。1794 年返回英国。升任林肯郡第三民兵团中尉。1804 年为了钱而结婚（娶了简·沃思利），但妻子死后，妻子的娘家与他断绝了关系。离开北方前往伦敦，加入了斯宾塞派。1814 年造访巴黎。1818—1819 年因给西德茅斯写信而入狱。卡托街阴谋之后被捕。1820 年 5 月 1 日在纽盖特监狱被绞死并分尸。总是随身携带剑杖。

蒂利特（TILLETT, Ben，1860—1943），生于布里斯托尔伊斯顿，其父是铁路工人。离家出走，进了马戏团。13 岁加入皇家海军，后进入商船队；20 岁出头在伦敦码头搬运茶袋。1889 年码头工人罢工让他闻名全国。此后致力于工会运动内部的联合。两次造访澳大利亚。1892 年进入伦敦市议会；加入社会民主联盟及独立工党。1914 年前四度竞选失败，1917 年才在北索尔福德当选议员（1917—1924、1929—1931）。第一次世界大战期间持爱国立场。

特里维廉（TREVELYAN, Sir George Otto，1838—1928），第二代特里维廉从男爵。其父是前财政部助理次官查尔斯·特里维廉爵士，关于文官制度的诺思科特-特里维廉报告的起草者之一。他有两个儿子，激进派（后成为工党）议员 C. P. 特里维廉以及历史学家 G. M. 特里维廉。早年生活在英格兰（就读于哈罗公学、剑桥大学三一学院），其父任马德拉斯总督后前往印度。1865 年在泰恩茅斯当选议员，属于帕麦斯顿派。1868 年担任低级职务，因教育法案而辞职。一直与格莱斯顿合不来。1882—1886 年在内阁任职（爱尔兰事务大臣、公爵郡大臣和苏格兰事务大臣），1886—1887 年成为统一党人。1892—1895 年再度出任苏格兰事务大臣。斯宾塞认为他“极其容易兴奋”，“意气用事”。

范西塔特（VANSITTART），参见贝克利斯（BEXLEY）。

沃尔夫（WOLFF, Sir Henry Drummond，1830—1908），其母是 283
霍雷肖·沃波尔之女乔治亚娜，父亲是约瑟夫·沃尔夫牧师，与亨利·德拉蒙德共同创立使徒公教会。就读于拉格比公学，后出国接受教育。16 岁进入外交部。在第二届德比内阁任马姆斯伯里和利顿的助理私人秘书。1874—1885 年任议员，其他时间都在国外从事外交。克莱斯特彻奇和朴次茅斯议员。从马姆斯伯里手中买下了伯恩茅斯附近博斯库姆的地产。

伍德（WOOD, Sir Charles，1800—1885），第一代哈利法克斯子爵。1846—1852 年罗素内阁财政大臣。就读于伊顿公学、牛津大学奥里尔学院。1826 年为大格雷姆斯议员（辉格党），1832—1865 年为哈利法克斯选区议员。1866 年受封贵族。很奇怪，他的第一个内阁职务是财政大臣，此后相继担任印度事务大臣、海军大臣、掌玺大臣。为人专横，“他常常欺负约翰勋爵和内阁，好像他自己是格雷家族的人。”（克拉伦登语）绰号“蜘蛛”。

韦恩（WYNN, Charles Watkin Williams，1775—1850），其父是登比郡第四代韦恩斯泰从男爵，母亲是第一代白金汉侯爵的妹妹。就读于威斯敏斯特公学、牛津大学基督教堂学院（与骚塞是好友）。1798 年取得律师资格。凭借家族在蒙哥马利郡的影响，1799—1850 年一直当选议员，成为下议院元老。只在 1822—1828 年进入过内阁，任职于印度监督委员会。坎宁继续任用他，发现他是“我见过的办事最差劲的人”。威灵顿不想要他。为人挑剔，反复无常，“总有困难且吹毛求疵。”（弗里曼特尔语）

注 释

284 除非另有说明，所有著作的出版地均是伦敦。

第二版序言

1 海登·怀特（Hayden White）:《形式的内容》（*The Content of the Form*），1987年；另见《元史学与话语的主题》（“Meta-history and Topics of Discourse”），保罗·利科（Paul Ricoeur）:《时间与叙事》（*Temps et récit*），三卷本，1983—1985年。

2 W. H. 沃尔什（W. H. Walsh）:《历史哲学导论》（*Introduction to the Philosophy of History*），1951年。

第一章 政党的转型

1 科尔切斯特勋爵（Lord Colchester）编:《科尔切斯特勋爵查尔斯·阿博特的日记与书信》（*The Diary and Correspondence of Charles Abbot, Lord Colchester*），三卷本，1861年，第3卷，第108页。

2 参见 F. C. 马瑟（F. C. Mather）编:《宪章运动与社会：文件选集》（*Chartism and Society: an anthology of documents*），伦敦和纽约，1980年，第21、53—54页。

3 A. S. 福德（A. S. Foord）:《王权势力的式微》（“The Waning of the Influence of the Crown”），《英国历史评论》（*English History Review*），1947年，第62卷。

4 格温德琳·塞西尔夫人（Lady Gwendolyn Cecil）:《索尔兹伯里侯爵罗伯特传》（*Life of Robert, Marquis of Salisbury*），四卷本，1921—1932年，第1卷，第2—4页。

5 赫伯特·马克斯韦尔爵士（Sir Herbert Maxwell）:《克里维文件：已故下议院议员托马斯·克里维的书信与日记选》（*The Creevey Papers: a selection from the letters and diaries of the late Thomas Creevey M. P.*），两卷本，1903年，第1卷，第258页。

6 弗雷泽（Fraser），学位论文，第42页。瓦莱丽·克伦威尔（Valerie Cromwell）:《1780—1914年下议院主动权的丧失》（“The Losing of the Initiative by the House of Commons, 1780-1914”），《英国皇家历史学会会刊》（*Transactions of the Royal Historical Society*），1968年，第18卷，第5期，第8页。

7 1790—1832年，贵族在下议院议员中的占比约为六分之一，见G. P. 贾德（G. P. Judd）:《1734—1832年的议员》（*Members of Parliament 1734–1832*），纽黑文和伦敦，1955年，第51—52页。我在此处主要借鉴了贾德教授的分析。

8 转引自弗雷泽，学位论文，第97页。

9 刘易斯·J. 詹宁斯（Louis J. Jennings）编:《已故约翰·威尔逊·克罗克阁下的通信与日记》（*The Correspondence and Diaries of the late Rt. Hon. John Wilson Croker*），三卷本，1884年，第2卷，第60页。

10 C. D. 扬（C. D. Yonge）:《第二代利物浦伯爵罗伯特·班克斯的生平与政府》（*The Life and Administration of Robert Banks, Second Earl of Liverpool*），三卷本，1868年，第3卷，第215页。

11 转引自J. E. 库克森（J. E. Cookson）:《利物浦勋爵内阁的关键时期（1815—1822）》 285
（*Lord Liverpool's Administration: the crucial years, 1815–1822*），爱丁堡和伦敦，1975年，第310页。

12 詹宁斯:《已故约翰·威尔逊·克罗克阁下的通信与日记》，第二卷，第60页。

13 关于这一时期选举政治的最新分析，参见弗兰克·奥戈尔曼（Frank O'Gorman）:《选民、赞助人与政党：1714—1832年英国汉诺威王朝的选举制度》（*Voters, Patrons and Parties: the unreformed electoral system of Hanoverian England 1714–1832*），牛津，1989年。

14 彼得·贾普（Peter Jupp）:《1784—1831年英格兰与爱尔兰的选举》（*British and Irish Elections 1784–1831*），1973年，第78页。

15 普罗查斯卡（Prochaska），学位论文，第14页。

16 A. 阿斯皮纳尔（A. Aspinall）和史密斯（E. A. Smith）编:《英国历史文献》（*English Historical Documents*），1959年，第11卷，第244页。

17 A. 阿斯皮纳尔编:《国王乔治四世书信集》（*The Letters of King George Ⅳ*），三卷本，剑桥，1938年，第2卷，第310页注释。

18 A. 马洛克（M. H. Mallock）与格温德琳·拉姆斯登夫人（Lady Gwendolen Ramsden）编:《第12代萨默塞特公爵E. A. 西摩的书信、遗物和回忆录》（*Letters, Remains and Memoirs of E. A. Seymour, Twelfth Duke of Somerset*），1893年，第24页。

19 A. 阿斯皮纳尔编:《查尔斯·阿巴思诺特书信集》（*The Correspondence of Charles Arbuthnot*），载皇家历史学会（Royal Historical Society），卡姆登文丛（Camden Series），1941年，第3期第65卷，第xiv页。

20 C. W. 纽（C. W. New）:《1830年前亨利·布鲁厄姆的生平》（*The Life of Henry Brougham to 1830*），牛津，1961年，第167—168页。科尔切斯特，前引书，第3卷，第608—609页。伊丽莎白·朗福德（Elizabeth Longford）:《威灵顿：国之栋梁》（*Wellington: Pillar of State*），1972年，第101页。

21 乔治·珀柳（George Pellew）:《第一代西德茅斯子爵亨利·阿丁顿的生平与书信》（*The Life and Correspondence of the Right Honble. Henry Addington, First Viscount Sidmouth*），三卷本，1847年，第3卷，第196页。

22 历史手稿委员会（Historical Manuscripts Commission）：《巴瑟斯特》（Bathurst），1923 年，第 76 卷，第 388 页。

23 关于美国和加拿大的观点，参见肯尼思·伯恩（Kenneth Bourne）《1815—1908 年英国与北美的势力均衡》（*Britain and the Balance of Power in North Ameriaca 1815–1908*），1967 年，第 3—16 页，以及 C. J. 巴特利特（C. J. Bartlett）《防务与外交：1815—1914 年的英国与列强》（*Defence and Diplomacy: Britain and the Great Powers 1815–1914*），曼彻斯特，1993 年，第 13—14 页。

24 参见请愿书和皮尔对法案的抨击，见《英国议会议事录》（*Hansard*），1816 年 3 月 6 日，第 33 卷，第 23—26 页及下文。

25 C. S. 帕克（C. S.Parker）：《罗伯特·皮尔爵士》（*Sir Robert Peel*），三卷本，1899 年，第 1 卷，第 168 页。

26 尤其见 1816 年 3 月 13 日的请愿书，《英国议会议事录》，第 216 页及后页。

27 布鲁厄姆的话，见马克斯韦尔：《克里维文件》（*Creevey*），第 1 卷，第 248 页。

28 珀柳：《第一代西德茅斯子爵亨利·阿丁顿的生平与书信》，第 3 卷，第 148 页。

29 历史手稿委员会：《德罗普莫尔》（*Dropmore*），1927 年，第 10 卷，第 435 页。

30 贺拉斯·特威斯（Horace Twiss）：《御前大臣埃尔登的公众与私人生活》，（*The Public and Private Life of Lord Chancellor Eldon, with selections from his Correspondence*），三卷本，1844 年，第 2 卷，第 342 页。

31 历史手稿委员会：《德罗普莫尔》，第 10 卷，第 418—419 页。

32 珀柳：《第一代西德茅斯子爵亨利·阿丁顿的生平与书信》，第 3 卷，第 199 页。

33 詹宁斯：《已故约翰·威尔逊·克罗克阁下的通信与日记》，第 1 卷，第 108 页。

34 马克斯韦尔：《克里维文件》，第 1 卷，第 272 页。

35 转引自沃森（Wasson），学位论文，第 102 页。

36 萨姆纳（Summer），学位论文；弗雷泽，学位论文；参阅格雷维尔（Greville）：《格雷维尔回忆录：乔治四世和威廉四世朝日记》（*The Greville Memoirs: a journal of the reigns of King George IV and King William IV*），三卷本，1875 年，第 1 卷，第 3—4 页；历史手稿委员会：《德罗普莫尔》，第 10 卷，第 442 页。

37 《乔治四世书信集》（*Letters of George IV*），第 2 卷，第 190—192 页；《议会辩论集》（*Parliamentary Debates*），1819 年 6 月 10 日，第 40 卷，第 1082—1084 页。

286 38 彼得·迪克逊（Peter Dixon）：《政治家和国务活动家坎宁》（*Canning: Politician and Statesman*），1976 年，第 191 页；I. J. 普洛瑟罗（I. J. Prothero）：《19 世纪初伦敦的工匠与政治：约翰·加斯特与他的时代》（*Artisans and Politics in Early Nineteenth-Century London: John Gast and his Times*），1979 年，第 114 页。

39 库克森：《利物浦勋爵内阁的关键时期（1815—1822）》，第 184 页。扬：《第二代利物浦伯爵罗伯特·班克斯的生平与任期》，第 2 卷，第 408—409 页。特威斯：《御前大臣埃尔登的公众与私人生活》，第 337—338 页。

40 弗朗西斯·布赖斯的话，参见 W. E. S. 托马斯（W. E. S. Thomas）：《哲学激进派》（*The Philosophic Radicals*），牛津，1979 年，第 71 页。

41 约翰·史蒂文森（John Stevenson）:《1700—1870年英国的民众骚乱》（*Popular Disturbances in England 1700-1870*），1979年，第197—198页。

42 白金汉与钱多斯公爵（Duke of Buckingham and Chandos）:《乔治四世宫廷回忆录》（*Memoirs of the Court of George IV*），两卷本，1859年，第1卷，第73页。

43 刘易斯·梅尔维尔（Lewis Melville）:《赫斯基森文件》（*The Huskisson Papers*），1931年，第113页；温迪·欣德（Wendy Hinde）:《坎宁》（*Canning*），1973年，第298—300页。

44 库克森，前引书，第288—289页。

45 同上书，第310页。

46 哈维（Harvey），学位论文，第323—389页。另见同一作者《1818—1821年英国政治中的第三党》（"The Third Party in British Politics 1818-1821"），《历史研究所所刊》（*Bulletin of the Institute of Historical Research*），1978年，第51卷，第146—159页。

47 科尔切斯特勋爵编:《科尔切斯特勋爵查尔斯·阿博特的日记与书信》，第3卷，第249页。

48 F. 班福德（F. Bamford）与威灵顿公爵（Duke of Wellington）编:《阿巴思诺特夫人的日记》（*The Journal of Mrs. Arbuthnot*），两卷本，1950年，第1卷，第71、96页。

49 詹宁斯:《已故约翰·威尔逊·克罗克阁下的通信与日记》，第1卷，第229页。参阅H. W. V. 坦珀利（H. W. V. Temperley）:《坎宁、威灵顿与乔治四世》（"Canning, Wellington and George the Fourth"），《英国历史评论》，1923年，第36卷；阿斯皮纳尔:《坎宁在1822年9月复职》（"Canning's Return to Office in September 1822"），同上书，1963年，第78卷。

50 白金汉与钱多斯勋爵:《乔治四世宫廷回忆录》，第1卷，第194页。

51 詹宁斯 :《已故约翰·威尔逊·克罗克阁下的通信与日记》，第1卷，第229页。

52 转引自奥斯丁·米切尔（Austin Mitchell）:《1815—1830年在野时期的辉格党》（*The Whigs in Opposition 1815-1830*），牛津，1967年，第173页。

53 詹宁斯:《已故约翰·威尔逊·克罗克阁下的通信与日记》，第1卷，第231—232页。白金汉与钱多斯勋爵:《乔治四世宫廷回忆录》，第1卷，第494页。

54 班福德与威灵顿公爵编:《阿巴思诺特夫人的日记》，第1卷，第286、336页。

55 历史手稿委员会:《巴瑟斯特》，第76卷，第571页。

56 参见《英国历史文献》，第11卷，第101—102页。

57 《英国议会议事录》（上议院），1825年5月17日，新系列，第13卷，第741—743页。

58 A. J. B. 希尔顿（A. J. B.Hilton）:《资金、谷物与贸易：托利党政府的经济政策》（*Cash, Corn, Commerce: the economic policy of the Tory governments*），牛津，1977年，第215—216页。

59 梅钦博士估计，新教徒仅仅增加了16席，见G. I. T. 梅钦（G. I. T. Machin）:《英国政治中的天主教问题》（*The Catholic Question in English Politics*），牛津，1964年，第85—86页。也有高得多的估计，见西梅斯（Simes），学位论文，第283页。

60 格雷维尔:《格雷维尔回忆录：乔治四世和威廉四世朝日记》，第2卷，第2页。

61 阿斯皮纳尔:《1827年2—8月坎宁内阁的形成》(“The Formation of Canning Ministry, February-August 1827”), 皇家历史学会, 卡姆登文丛, 1937年, 第59卷。参阅E. A. 沃森(E. A. Wasson):《1827年联合内阁和辉格党领导层危机》(“The Coalitions of 1827 and the Crisis of Whig Leadership”),《历史杂志》(*Historical Journal*), 1977年, 第20卷, 第587—606页。

62 科尔切斯特勋爵:《科尔切斯特勋爵查尔斯·阿博特的日记与书信》, 第3卷, 第463页。

63 参见W. D. 琼斯(W. D. Jones):《罗宾逊的繁荣》(*Prosperity Robinson*), 纽约, 1967年, 第145页。

64 梅尔维尔:《赫斯基森文件》, 第277页。

287 65 白金汉与钱多斯公爵:《乔治四世宫廷回忆录》, 第2卷, 第380页; 埃伦伯勒日记, 见科尔切斯特勋爵编:《1828—1830年埃伦伯勒勋爵的日记》(*Lord Ellenborough's Diary 1828–1830*), 两卷本, 1881年, 第1卷, 第3页; 班福德与威灵顿公爵编:《阿巴思诺特夫人的日记》, 第2卷, 第161页。

66 这是塞夫顿(Sefton)的看法, 见《克里维文件》, 第2卷, 第144页。

67 G. I. T. 梅钦(G. I. T. Machin):《1828年对于废除〈宣誓法〉和〈市镇机关法〉的抵制》(“Resistance to the Repeal of the Test and Corporation Acts, 1828”),《历史杂志》, 1979年, 第22卷, 第115—139页。

68 参见J. T. 沃德(J. T. Ward):《詹姆斯·格雷厄姆爵士》(*Sir James Graham*), 1967年, 第79页。

69 班福德与威灵顿公爵编:《阿巴思诺特夫人的日记》, 第2卷, 第290页。

70 奥都科尔(Odurkere), 学位论文, 第40—41页。

71 豪伊克(Howick)的日记, 1830年10月22日, 转引自米切尔:《1815—1830年在野时期的辉格党》, 第245页。

第二章 革新与巩固

1 卡罗琳·格罗夫纳(Caroline Grosvenor)与查尔斯·贝尔比(Charles Beilby):《1779—1856年第一代霍恩克利夫女男爵及其家庭》(*The First Lady Wharncliffe and Her Family 1779–1856*), 两卷本, 1927年, 第2卷, 第222页。

2 霍布豪斯日记, 1830年11月21日, 参见布劳顿勋爵(Lord Broughton):《漫长一生的回忆》(*Recollections of a Long Life*), 六卷本, 1909—1911年, 第4卷, 第72页。

3 威灵顿公爵(Duke of Wellington)编:《威灵顿公爵、陆军元帅亚瑟的公文、信函与备忘录》(*Despatches, Correspondence, and Memoranda of Field Marshal Arthur Duke of Wellington, K. G.*), 八卷本, 1867—1880年, 第7卷, 第332—333页。

4 布劳顿勋爵:《漫长一生的回忆》, 第4卷, 第70页。

5 格雷维尔勋爵:《格雷维尔回忆录:乔治四世和威廉四世朝日记》, 第2卷, 第66页。

6 同上书，第 75 页；阿斯皮纳尔编：《三部 19 世纪初的日记》(*Three Early Nineteenth Century Diaries*)，1952年，第47页。关于斯温暴动，参见埃里克·霍布斯鲍姆（Eric Hobsbawm）与乔治·鲁德（George Rúde）：《工头斯温》(*Captain Swing*)，1969 年。

7 勒-马尔尚的日记，载阿斯皮纳尔：《三部 19 世纪初的日记》，第 13 页。

8 关于威灵顿，参见《公文》(*Despatches*)，第 7 卷，第 450 页。关于大选，参见迈克尔·布洛克（Michael Brock）：《伟大的改革法案》(*The Great Reform Act*)，1973 年，第 195—196 页；另见奥杜基尔（Odurkere）的论文，第 136—151 页。参阅纽博尔德（Newbould），学位论文，第125页。B. T. 布拉德菲尔德（B. T. Bradfield）：《1830—1834 年的理查德·维维安爵士与乡村绅士》("Sir Richard Vyvyan and the Country Gentlemen 1830-1834")，《英国历史评论》，1968 年，第 83 卷，第 734 页。

9 威灵顿的回忆，1831 年 9 月 22 日，见《公文》，第 7 卷，第 530 页。

10 伊尔切斯特伯爵（Earl of Ilchester）编：《1821—1845 年霍兰德夫人伊丽莎白写给儿子的信》(*Elizabeth Lady Holland to her Son 1821-1845*)，1946 年，第 115 页；布劳顿：《回忆录》(*Recollections*)，第 4 卷，第 140 页。

11 丹尼斯·勒-马尔尚爵士（Sir Denis Le Marchant）：《第三代斯宾塞伯爵、奥尔索普子爵约翰·查尔斯回忆录》(*Memoir of John Charles Viscount Althorp, Third Earl Spencer*)，1876 年，第 355 页。康斯坦斯（Custance），学位论文，第 63 页。霍兰德日记，1831 年 11 月 16 日。参见亚伯拉罕·D. 克里格尔（Abraham D. Kriegel）编：《1831—1840 年霍兰德庄园日记》(*The Holland House Diaries 1831-40*)，伦敦和波士顿 1977 年，第 79 页。帕克：《罗伯特·皮尔爵士》，第 2 卷，第 189 页。

12 J. 汉布格尔（J. Hamburger）：《约翰·穆勒与革命艺术》(*James Mill and the Art of Revolution*)，1963 年，第 125 页。

13 勒-马尔尚的日记，《三部 19 世纪初的日记》，第 273 页。

14 沃德：《詹姆斯·格雷厄姆爵士》，第 132 页。

15 格罗夫纳与贝尔比：《1779—1856 年第一代霍恩克利夫女男爵及其家庭》，第 2 卷，第165页。康斯坦斯，学位论文，第150页。纽博尔德，学位论文，第170—172页。

16 《议会辩论集》，第 15 卷，第 149 页，1833 年 2 月 5 日。

17 格雷维尔勋爵：《格雷维尔回忆录：乔治四世和威廉四世朝日记》，第 3 卷，第 17 页。 288

18 伊尔切斯特伯爵编：《1821—1845 年霍兰德夫人伊丽莎白写给儿子的信》，第 148 页。

19 诺曼·加什（Norman Gash）：《皮尔时代的政治》(*Politics in the Age of Peel*)，1953 年，修订版，1977 年，第 75 页。本节大部分内容借鉴了加什教授的权威分析。

20 参见 J. 米尔顿-史密斯（J. Milton-Smith）：《格雷伯爵内阁与议会改革的目标》("Earl Grey's Cabinet and the Objects of Parliamentary Reform")，《历史杂志》，第 15 卷，1972 年，第 65 页。

21 关于 1833 年议会，参见 S. F. 伍利（S. F. Wooley）的开创性论文：《1833 年议会的成员》("The Personnel of the Parliament of 1833")，《英国历史评论》，1938 年，第 53 卷。我采用了加农教授对选民规模的估计：参见约翰·加农（John Cannon）：《1642—1832 年的议会改革》(*Parliamentary Reform 1642-1832*)，剑桥，1972 年，

第 259 页注释 3、第 290—292 页。

22 历史手稿委员会:《威灵顿：政治书信集》(*Wellington: Political Correspondence*), 1975 年，第 1 卷，第 107 页。

23 爱德华·休斯（Edward Hughes）:《1831—1833 年的主教与改革：一些新见书信》("Bishops and Reform 1831-1833: some fresh correspondence"),《英国历史评论》, 1941 年，第 56 卷，第 488 页。

24 克罗斯（Gross），学位论文，第 35 页。

25 斯威尼（Sweeney），学位论文，第 42—43 页。

26 最早的讨论，参见奥利弗·麦克多纳（Oliver MacDonagh）:《19 世纪的政府革命》("The Nineteenth-Century Revolution in Government"),《历史杂志》, 1958 年，第 1 卷，以及亨利·帕里斯（Henry Paris）:《19 世纪的政府革命：对重新评价的重新评价》("The Nineteenth-Century Revolution in Government: a reappraisal reappraised"),《历史杂志》, 1960 年，第 3 卷。克伦威尔讨论了这个问题，参见瓦莱丽·克伦威尔（Valerie Cromwell）:《改革或发展：19 世纪的英国政府》(*Revolution or Evolution: British government in the nineteenth century*), 1977 年。

27 引文转引自基思·法伊林（Keith Feiling）:《1714—1832 年的第二托利党》(*The Second Tory Party 1714–1832*), 1951 年，第 345 页；以及威廉·C. 卢贝诺（William C. Lubenow）:《政府扩张的政治》(*The Politics of Government Growth*), 纽顿–阿博特，1971 年，第 39 页。

28 格雷维尔勋爵:《格雷维尔回忆录》(*Greville Memoirs*), 第 3 卷，第 178 页；贾斯珀·里德利（Jasper Ridley）:《帕麦斯顿》(*Palmerston*), 1970 年，第 114 页。

29 威灵顿:《公文》, 第 7 卷，第 444 页。

30 参见特拉维斯·L. 克罗斯比（Travis L. Crosby）:《英国农民与贸易保护政治》(*English Farmers and the Policy of Protection*), 哈索克，1977 年，第 99—100 页。

31 帕克斯致达勒姆，1834 年 12 月 15 日，见托马斯:《哲学激进派》, 第 273 页。

32 格雷维尔日记，1835 年 3 月 24 日，载格雷维尔勋爵:《格雷维尔回忆录：乔治四世和威廉四世朝日记》, 第 3 卷，第 235 页。

33 参见肯尼思·伯恩（Kenneth Bourne）编:《1814—1863 年第三代帕麦斯顿子爵致劳伦斯和伊丽莎白·沙利文的信》(*The Letters of the third Viscount Palmerston to Laurence and Elizabeth Sulivan 1814–1863*), 皇家历史学会，卡姆登文丛，1979 年，第 23 卷，第 260—262 页。

34 转引自纽博尔德，学位论文，第 267 页。参阅格雷维尔勋爵:《格雷维尔回忆录：乔治四世和威廉四世朝日记》, 第 3 卷，第 313 页，以及康斯坦斯，学位论文，第 174 页。

35 纽博尔德，学位论文，第 270 页。

36 克洛塞（Close），学位论文，第 488—489 页。本节的数据来自克洛塞博士的研究。

37 转引自卡梅隆（Cameron），学位论文，第 152 页。

38 勒–马尔尚，转引自纽博尔德，学位论文，第 279 页。

39 1839 年 4 月 2 日信，载伊尔切斯特伯爵编:《1821—1845 年霍兰德夫人伊丽莎白写给儿子的信》，第 174 页。

40 关于一些人的担忧，参见轩尼诗爵士（J. Pope Hennessy）:《蒙克顿·米尔恩斯》 289
（*Monckton Milnes*），两卷本，1949—1951 年，第 1 卷，第 98—99 页；马姆斯伯里日记，1840 年 1 月 7 日，见《第三代马姆斯伯里伯爵，一位前内阁大臣的回忆录》（*3rd Earl of Malmesbury, Memoirs of an ex-Minister*），两卷本，1884 年，第 1 卷，第 80 页。

41 亨利·里夫（Henry Deeve）编:《1837—1852 年维多利亚女王日记》（*A Journal of the Reign of Queen Victoria from 1837 to 1852 by the late Charles C. F. Greville*），三卷本，1885年，第1卷，第158页；帕克:《罗伯特·皮尔爵士》，第2卷，第378页。

42 转引自卡梅隆，学位论文，第 229 页；参阅埃布林顿，转引自纽博尔德，学位论文，第 340 页。

43 参见约翰·普雷斯特（John Prest）:《科布登时代的政治》（*Politics in the Age of Cobden*），1977 年，第 64 页。

44 纽博尔德，学位论文，第 380—381 页。

45 费舍尔（Fisher），学位论文，第 111 页。

46 张伯伦，学位论文，第 13 页。

47 转引自沃德:《詹姆斯·格雷厄姆爵士》，第 209 页。

48 帕克:《皮尔》，第 3 卷，第 37 页。

49 蒙森勋爵（Lord Monson）与G. 利文森·高尔（G. Levenson Gower）编:《乔治·埃勒斯回忆录》（*Memoirs of George Elers*），1903 年，第 306 页。

50 格莱斯顿日记，1842 年 1 月 21 日，见富特（M. R. D. Foot）与马修（H. C. G. Matthew）编:《格莱斯顿日记》（*The Gladstone Diaries*），14卷本，牛津，1968—1994年，第3卷，第 173 页。

51 费舍尔，学位论文，第 86—87 页；克罗斯比:《英国农民与贸易保护政治》，第 121—124 页。

52 安森（Anson）的备忘录，1843 年 11 月 29 日，转引自艾克（Eyck），学位论文，第 37 页。

53 帕克:《罗伯特·皮尔爵士》，第 3 卷，第 8 页。

54 内阁传阅的备忘录，格莱斯顿也在 1843 年 6 月 8—10 日的日记中提及，《格莱斯顿日记》，第 3 卷，第 287 页。关于取消英爱合并运动的影响，参见奥利弗·麦克多纳（Oliver MacDonagh）:《1840—1845 年奥康内尔与取消英爱合并》（‘O’Connell and Repeal, 1840-1845’），见迈克尔·本特利（Michael Bentley）与约翰·史蒂文森（John Stevenson）编:《现代英国的高阶政治与低阶政治》（*High and Low Politics in Modern Britain*），牛津，1983 年，第 4—27 页。

55 转引自费舍尔，学位论文，第 143 页。

56 帕麦斯顿致沙利文的信，第 276 页。

57 参见罗伯特·斯图尔特（Robert Stewart）:《十小时工作日与 1844 年的食糖危机》（“The Ten Hours and Sugar Crises of 1844”），《历史杂志》，1969 年，第 12 卷，第

48 页。参见 D. R. 费舍尔（D. R. Fischer）:《皮尔与保守党: 1844 年食糖危机再思考》(“Peel and the Conservative Party: the sugar crisis of 1844 reconsidered”), 同上书, 1975 年, 第 18 卷, 第 279—302 页。

58 詹宁斯:《已故约翰·威尔逊·克罗克阁下的通信与日记》, 第 3 卷, 第 30 页。

59 埃伦伯勒日记, 1829 年 1 月 24 日, 科尔切斯特勋爵:《科尔切斯特勋爵查尔斯·阿伯特的日记与书信》, 第 1 卷, 第 320 页。

60 转引自罗伯特·斯图尔特（Robert Stewart）:《贸易保护的政治: 1841—1852 年的德比勋爵与贸易保护主义政党》(*The Politics of Protection: Lord Derby and the Protectionist Party 1841–1852*), 剑桥, 1971 年, 第 29—30 页。

61 约翰·普雷斯特:《约翰·罗素勋爵》(*Lord John Russell*), 1972 年, 第 213 页。关于阿伯丁不安的背景, 见张伯伦, 学位论文。

62 格雷日记, 1846 年 5 月 24 日, 转引自 F. A. 德雷尔（F. A. Dreyer）:《辉格党与 1845 年政治危机》(“The Whigs and the Political Crisis of 1845”),《英国历史评论》, 1965 年, 第 80 卷, 第 534 页。不同的观点, 比较马伦（Mullen）, 学位论文, 第 142—143 页。

63 费舍尔, 学位论文, 第 417、462 页。

64 詹宁斯:《已故约翰·威尔逊·克罗克阁下的通信与日记》, 第 3 卷, 第 60—63 页; 菲茨威廉致罗素, 1846 年 6 月 30 日, 转引自马伦, 学位论文, 第 395—396 页。

65 基思·罗宾斯（Keith Robbins）:《约翰·布赖特》(*John Bright*), 1979 年, 第 70 页。

第三章 稳定的机制

290 1 斯坦利的日记, 1850 年 4 月 30 日, 载 J. R. 文森特（J. R. Vincent）编:《迪斯雷利、德比与保守党: 1849—1869 年斯坦利勋爵的政治日记》(*Disraeli, Derby and the Conservative Party: the political journals of Lord Stanley 1849–1869*), 哈索克, 1978 年, 第 17 页。这个词在《英国议会议事录》一卷中出现了六次。见《英国议会议事录》, 第 110 卷, 第 1039—1040 页。

2 斯坦利致克罗克, 1847 年 6 月 7 日,《克罗克》(*Croker*), 第 3 卷, 第 107 页。

3 尤其参见彼得·曼德勒（Peter Mandler）:《改革时代的贵族政府: 1830—1852 年的辉格党和自由党》(*Aristocratic Government in the Age of Reform: whigs and liberals 1830–1852,* Oxford), 1990 年; 理查德·布伦特（Richard Brent）:《自由党英国国教政治: 辉格党党义、宗教与改革》(*Liberal Anglican Politics: whiggery, religion and reform*), 牛津, 1987 年; 乔纳森·帕里（Jonathan Parry）:《维多利亚时代英国自由党政府的兴衰》(*The Rise and Fall of Liberal Government in Victorian England*), 纽黑文, 1994 年。

4 乔治·韦尔斯利（George Villiers）:《一位销声匿迹的维多利亚时代人士》(*A Vanished Victorian*), 1938 年, 第 160 页。

5 克拉伦登私下里曾称赞一位爱尔兰议员是“可笑但没有坏心肠的野蛮人”。参见 K. 特奥多尔·霍本（K.Theodore Hoppen）:《1832—1885 年爱尔兰的选举、政治与社会》(*Elections, Politics and Society in Ireland 1832–1885*), 牛津, 1984 年, 第 333—334 页。

6 德雷尔(Dreyer), 学位论文, 第 127 页。

7 马姆斯伯里日记, 1848 年 3 月 6 日,《回忆录》(*Memoirs*), 第 161 页; 格雷致罗素, 1848 年 3 月 7—8 日, 见 G. P. 古奇(G. P. Gooch):《约翰·罗素勋爵晚年书信, 1840—1878 年》(*The Later Correspondence of Lord John Russell 1840–1878*, 1925), 两卷本, 第 1 卷, 第 186—187 页。参阅卡文迪什(F. H. Cavendish):《1820—1864 年的社会、政治与外交: F. W. H. 卡文迪什日记摘抄》(*Society, Politics and Diplomacy 1820–1864: Passages from the Journal of F. W. H. Cavendish*), 1913 年, 第 144 页。

8 格莱斯顿日记, 1848 年 4 月 10 日,《格莱斯顿日记》, 第 4 卷, 第 23 页。

9 布赖特致威尔逊, 1848 年 4 月 18 日, 转引自德雷尔, 学位论文, 第 163 页。

10 格莱斯顿, 转引自科纳彻(J. B. Conacher):《皮尔派与政党制度》(*The Peelites and the Party System*), 牛顿阿伯特, 1972 年, 第 9 页。卡德韦尔致林肯, 1849 年 10 月 15 日, 见约翰·马蒂诺(John Martineau):《第五代纽卡斯尔公爵亨利·佩勒姆》(*Henry Pelham, Fifth Duke of Newcastle*), 1908 年, 第 89 页。

11 本杰明·迪斯雷利(Benjamin Disraeli):《乔治·本廷克勋爵》(*Lord George Bentinck*), 1852 年, 第 459 页。

12 迪斯雷利致伦敦德里夫人, 1849 年 4 月 12 日、9 月 30 日, 见伦敦德里侯爵夫人(Marchioness of Londonderry)编:《本杰明·迪斯雷利写给伦敦德里侯爵夫人弗朗西斯·安妮的书信, 1837—1861 年》(*Letters from Benjamin Disraeli to France Anne Marchioness of Londonderry 1837–1861*), 1938 年, 第 67、75 页。

13 帕麦斯顿致罗素, 1849 年 4 月 14 日,《晚年书信》(*Later Correspondence*), 第 1 卷, 第 194 页。

14 《议会辩论录》(上议院), 1849 年 5 月 7—8 日。斯坦利 5 月 6 日的日记似乎是一个印刷错误, 应为 5 月 8 日, 参阅《政治日记》(*Political Journals*), 第 7 页。

15 德雷尔, 学位论文, 第 306—307 页。

16 转引自爱德华·诺曼(Edward Norman):《19 世纪的英国天主教会》(*The English Catholic Church in the Nineteenth Century*), 牛津, 1984 年, 第 104 页。

17 斯坦利日记, 1851 年 2 月 12 日,《政治日记》, 第 39—40 页。

18 《教会圣职法案》(*The Ecclesiastical Titles Act*)试图将任何企图窃取只属于英国国教会主教的头衔的行为定为非法。它从未得到执行, 并于 1871 年悄然废止。

19 《晚年书信》, 第 1 卷, 第 181 页。

20 迪斯雷利致德比, 1852 年 2 月, 具体日期不详, 转引自 W. D. 琼斯(W. D. Jones):《德比勋爵与维多利亚时代保守主义》(*Lord Derby and Victorian Conservatism*), 牛津, 1956 年, 第 159 页。

21 科彻纳教授展示了同时代人所做的复杂分析, 见《皮尔派与政党制度》, 第 116 页。 291

22 卡文迪什日记, 1857 年 3 月 5 日,《1820—1864 年的社会、政治与外交》, 第 305 页。斯坦利日记, 1853 年 2 月 17 日,《政治日记》, 第 99 页。

23 关于1859年的克兰伯恩，参见保罗·史密斯（Paul Smith）:《索尔兹伯里勋爵论政治》（*Lord Salisbury on Politics*），剑桥，1972年，第42页。

24 斯坦利日记，参见《政治日记》，第96、110—111、122页。

25 《广告晨报》（*Morning Advertiser*），转引自奥利弗·安德森（Olive Anderson）:《战时的自由国度》（*A Liberal State at War*），1967年，第153页。

26 蒙克顿·米尔纳的笔记，1848年，具体日期不详，见轩尼诗爵士，前引书，第2卷，第274页。

27 J. R. 费舍尔研究了这些补缺选举，见他的论文《议题与影响力：19世纪中叶南诺丁汉郡的两次补缺选举》（"Issues and Influence: two by-elections in South Nottinghamshire in the mid-nineteenth century"），《历史杂志》，1981年第24卷，第155—166页。

28 关于这个复杂观念的介绍，参见埃里克·霍布斯鲍姆:《19世纪英国的劳工贵族》（"The Labour Aristocracy in Nineteenth-Century Britain"），见霍布斯鲍姆:《劳动者：劳工史研究》（*Labouring Men: studies in the history of Labour*），1964年，第272—315页；"劳工贵族概念"（"The Concept of the Labour Aristocracy"），见他所著《维多利亚时代晚期英国的大众政治与社会》（*Popular Politics and Society in Late-Victorian Britain*），1968年，第37—61页。参阅A. E. 穆森（A. E. Musson）:《阶级斗争与劳工贵族》（"Class Struggle and the Labour Aristocracy"），《社会史》（*Social History*），1976年，第335—356页。

29 转引自布坎南（Buchanan），学位论文，第227—228页。

30 斯坦利日记，1853年，未标注日期，《政治日记》，第189页；克拉伦登致考利，1855年7月14日，见赫伯特·麦克斯韦尔爵士（Sir Herbert Maxwell）:《第四代克拉伦登伯爵乔治·威廉·弗雷德里克的生平与书信》（*Life and Letters of Sir George William Frederick, Fourth Earl of Clarendon*），两卷本，1913年，第2卷，第86页。立顿在下议院的发言，1859年3月22日，转引自巴内（Barnett），学位论文，第253页。

31 这是阿伯丁的话，参见第一代塞尔伯恩伯爵朗德尔（Roundell, first Earl Selborne）:《家族与个人回忆录》（*Family and Personal Memorials*），两卷本，1896年，第2卷，第313页；麦克斯韦尔:《第四代克拉伦登伯爵乔治·威廉·弗雷德里克的生平与书信》，第2卷，第167页。

32 转引自克里斯托弗·肯特（Christopher Kent）:《严肃新闻与维多利亚时代中叶知识阶层》（"Higher Journalism and the mid-Victorian Clersiy"），《维多利亚时代研究》（*Victorian Studies*），1969—1970年，第13卷，第189页。

33 阿伯丁致格莱斯顿，1852年9月2日，见科纳彻:《皮尔派与政党制度》，第124页。

34 埃米（Amey），学位论文，第51页。

35 格莱斯顿日记，1850年5月13日，《格莱斯顿日记》，第4卷，第210页。

36 斯坦利日记，标注日期是1851年5月1日，《政治日记》，第63页。

37 关于战争年代立法的详尽讨论，参见奥利弗·安德森（Olive Anderson）:《战时的自由国度》，第163—182页。

38 麦克斯韦尔:《第四代克拉伦登伯爵乔治・威廉・弗雷德里克的生平与书信》，第2卷，第144页。

39 卡文迪什日记，1857年10月20日，卡文迪什:《1820—1864年的社会、政治与外交》，第313—314页。

40 林肯致格兰维尔，1853年4月18日，见埃德蒙・菲茨莫里斯勋爵（Lord Edmond Fitzmaurice）《格兰维尔勋爵传》（*Life of Lord Granville*），两卷本，1905年，第1卷，第79—80页；G. 道格拉斯爵士（Sir G. Douglas）与D. G. 拉姆塞爵士（Sir D. G. Ramsay）编:《潘缪尔档案》（*The Panmure Papers*），两卷本，1908年，第1卷，第36页。

41 斯坦利日记，标注日期为1852年6月，《政治日记》，第72页；帕麦斯顿致沙利文， 292
1852年12月24日，见尊贵的伊夫琳・阿什利（Hon. Evelyn Ashley）:《帕麦斯顿子爵亨利・约翰・坦普尔传》（*The Life of Henry John Temple, Viscount Palmerston*），两卷本，1876年，第2卷，第4页。

42 帕麦斯顿致兄弟，1853年4月3日，阿什利:《帕麦斯顿子爵亨利・约翰・坦普尔传》，第2卷，第2页。

43 帕麦斯顿致阿伯丁，1853年11月1日，前引书，第1卷，第45页。

44 帕麦斯顿致罗素，1854年1月29日，1862年10月28日，普雷斯特:《约翰・罗素勋爵》，第363、393页。

45 格莱斯顿日记，1855年2月5日，《格莱斯顿日记》，第5卷，第19页；阿什利:《帕麦斯顿子爵亨利・约翰・坦普尔传》，第2卷，第78页。

46 霍金斯（Hawkins），学位论文，第89页。

47 克拉伦登致格兰维尔，1855年9月16日，麦克斯韦尔:《第四代克拉伦登伯爵乔治・威廉・弗雷德里克的生平与书信》，第2卷，第92页。

48 斯坦利日记，1857年6月4日，《政治日记》，第151页。

49 克拉伦登致妻子，1857年10月1日，麦克斯韦尔:《第四代克拉伦登伯爵乔治・威廉・弗雷德里克的生平与书信》，第2卷，第153页；1857年7月31日，迪斯雷利致伦敦德里夫人，第162页。参见阿吉尔的看法，帕麦斯顿根本不在乎秋天的印度法案:《第八代阿吉尔公爵乔治・道格拉斯的自传与回忆录》（*George Douglas, eighth Duke of Argyll, Autobiography and Memoirs*），阿吉尔公爵夫人（Duchess of Argyll）编，两卷本，1906年，第2卷，第86页。

50 格莱斯顿在1855年的情况，转引自霍金斯，学位论文，第70页。

51 这是阿伯丁的说法，见霍金斯，学位论文，第161页。

52 刘易斯致赫德，1858年2月5日，见G. F. 刘易斯（G. F. Lewis）编:《乔治・康沃尔・刘易斯爵士阁下书信集》（*Letters of the Right Hon. Sir George Cornewall Lewis, Bart., to various friends*），1870年，第329页。

53 罗素致布里斯托尔教长，1858年1月8日，转引自普雷斯特:《约翰・罗素勋爵》，第380页；刘易斯致赫德，1859年1月20日，见《乔治・康沃尔・刘易斯爵士阁下书信集》，第363页；德比致马姆斯伯里，1860年3月5日，见马姆斯伯里:《第三代马姆斯伯里伯爵，一位前内阁大臣的回忆录》，第 515—516 页；格莱斯顿致罗素，1860 年 5 月 23 日，见《格莱斯顿日记》，第 5 卷，第 490 页注释 7。

54 法案建立了一个 15 人委员会，其中 7 人由东印度公司推选，其余人由英国王室任命。

55 见琼斯:《德比勋爵与维多利亚时代保守主义》，第 243 页。

56 刘易斯致赫德，1858 年 8 月 1 日，《乔治·康沃尔·刘易斯爵士阁下书信集》，第 338 页；菲茨莫里斯:《格兰维尔勋爵传》，第 1 卷，第 320 页。

57 迪斯雷利提出的引入改革法案的议案，1859 年 2 月 28 日，《英国议会议事录》，第 152 卷，第 571—572 页。

58 多德森在法案二读时的发言，1859 年 3 月 22 日，《英国议会议事录》，第 153 卷，第 571—572 页。

59 迪斯雷利致德比，1859 年 4 月 3 日，转引自霍金斯论文，第 475 页。霍金斯博士发现，在大选中，改革比意大利吸引了更多的关注。参阅 D. E. D. 比尔斯（D. E. D. Beales）:《1859—1860 年的英国与意大利》（*England and Italy 1859–1860*），1961 年。

60 《泰晤士报》，1858 年 10 月 30 日。

61 1861 年 11 月 9 日信，迪斯雷利致伦敦德里夫人，第 185 页。

62 参见谢里登·吉利（Sheridan Gilley）:《1862 年的加里波第暴动》（"The Garibaldi Riots of 1862"），《历史杂志》，1973 年，第 16 卷，第 697—732 页。

63 德比致马姆斯伯里，1862 年 10 月 31 日，《第三代马姆斯伯里伯爵，一位前内阁大臣的回忆录》，第 565—566 页。参见布鲁斯致兄弟，1862 年 11 月 10 日，见《达夫林的阿伯德尔勋爵、巴斯大十字勋章骑士亨利·奥斯汀·布鲁斯书信集》（*Letters of the Rt. Hon. Henry Austin Bruce G. C. B., Lord Aberdare of Duffryn*），牛津，两卷本，内部传阅，1902 年，第 1 卷，第 196 页。

293 64 格莱斯顿日记，1864 年 5 月 7 日，《格莱斯顿日记》，第 5 卷，第 274 页。关于保守党的态度，参见基思·桑迪福德（Keith Sandiford）:《英国与 1848—1864 年的石勒苏益格-荷尔斯泰因问题》（*Great Britain and the Schleswig-Holstein Question 1848–1864*），多伦多和布法罗，1975 年，第 154 页。

65 罗素致帕克，1859 年 5 月 10 日，《晚年书信》，第 2 卷，第 230 页。

66 斯坦利日记，1864 年 10 月 24 日，《政治日记》，第 225 页；马姆斯伯里日记，1865 年 4 月 30 日，《第三代马姆斯伯里伯爵，一位前内阁大臣的回忆录》，第 606 页。

67 转引自詹姆斯·温特（James Winter）:《罗伯特·洛》（*Robert Lowe*），多伦多和布法罗，1976 年，第 201 页。

第四章 占据中心

1 迪斯雷利致哈迪，1868年4月23日，见A. E. 盖索恩·哈迪（A. E. Gathorne Hardy）:《盖索恩·哈迪，第一代克兰布鲁克伯爵》（*Gathorne Hardy, First Earl of*

Cranbrook)，两卷本，1910 年，第 1 卷，第 276 页。

2 H. A. 布鲁斯致约翰·布鲁斯，1863 年 12 月 19 日，载《H. A. 布鲁斯书信集》(*Letters of H. A. Bruce*)，第 1 卷，第 205 页。

3 弗雷德里克·罗杰斯爵士致凯特·罗杰斯，1865 年 11 月 25 日，载 G. E. 马林丁(G. E. Marindin)编:《布拉什福德勋爵弗雷德里克书信集》(*The Letters of Fredric Lord Blachford*)，1896 年，第 258 页。

4 德兰尼致伯纳尔·奥斯伯恩，1866 年 2 月 1 日，见 P. H. 巴格纳尔(P. H. Bagenal):《拉尔夫·伯纳尔·奥斯伯恩议员(内部传阅)》(*The Life of Ralph Bernal Osborne M. P.* [*private circulation*])，1884 年，第 223 页。

5 斯坦利日记，1866 年 6 月 10 日，《政治日记》，第 252 页。

6 与斯坦利的谈话，1866 年 4 月 30 日，《政治日记》，第 250 页。

7 修正案以 315 对 304 票获得通过，见《英国议会议事录》，1866 年 6 月 18 日，第 184 卷，第 552—553 页。参阅格莱斯顿日记，6 月 19 日，见《格莱斯顿日记》，第 6 卷，第 444 页。

8 布尔沃致索尔兹伯里夫人，1866 年 10 月 5 日，见布克莱尔夫人(Lady Burghclere)编:《一位贵族名媛的友谊：写给索尔兹伯里侯爵夫人、德比伯爵夫人的信，1862—1890》(*A Great Lady's Friendships: letters to Mary, Marchioness of Salisbury, Countess of Derby 1862–1890*)，1933 年，第 88—89 页。

9 斯坦利日记，1866 年 7 月 26 日，《政治日记》，第 261 页。

10 转引自罗伯特·布雷克(Robert Blake):《迪斯雷利》(*Disraeli*)，1966 年，第 456 页。

11 威廉·怀特(William White):《下议院的内在生活》(*The Inner Life of the House of Commons*)，1898、1915 年版，第 68 页及后页。

12 参见莫里斯·考林(Maurice Cowling)复杂但出色的研究《1867 年：迪斯雷利、格莱斯顿与革命；第二次改革法案的通过》(*1867: Disraeli, Gladstone and the Revolution; the passing of the second reform bill*)，剑桥，1967 年，尤其见第 217—286 页。

13 参阅罗伊登·哈里森(Royden Harrison):《社会主义者之前：劳工与政治研究》(*Before the Socialists: studies in labour and politics*)，伦敦和多伦多，1965 年，第 78—135 页。

14 格莱斯顿致罗素，1867 年 11 月 2 日，《晚年书信》，第 2 卷，第 362—363 页。

15 尤斯塔斯·塞西尔勋爵，转引自考林，前引书，第 16 页。

16 格林致格莱斯顿，1868 年 9 月 17 日，转引自 A. F. 汤普森(A. F. Thompson):《辉格党与 1868 年大选》("The Whigs and the General Election of 1868")，《英国历史评论》，第 63 卷，1948 年，第 189 页。

17 转引自保罗·史密斯(Paul Smith):《迪斯雷利式民主与社会改革》(*Disraelian Democracy and Social Reform*)，伦敦和多伦多，1967 年，第 304 页。

18 格兰维尔致格莱斯顿，1879 年 8 月 7 日，见阿加莎·拉姆(Agatha Ramm)编:《1876—1886 年格莱斯顿先生与格兰维尔勋爵政治书信集》(*The Political* 294

Correspondence of Mr. Gladstone and Lord Granville 1876–1886)，两卷本，牛津，1962年，第1卷，第100页。

19 我将迈克尔·拉什论文中的数据编成了表格，见拉什（Michael Rush）:《下议院议员》（"The M. P. s"），载斯图尔特·沃克兰德（Stuart Walkland）编:《20世纪的下议院》（*The House of Commons in the Twentieth Century*），牛津，1979年，第98页。

20 参阅C. D. 莫尔（C. D. Moore）《顺从的政治》（*The Politics of Deference*）中的章节《为何选民登记簿变得不宜出版》（"Why Poll Books Became Unpublishable"），哈索克，1976年，第401—415页。

21 贝利（Bailey），学位论文，第112页。此处我大量借鉴了贝利博士的研究。

22 格兰维尔致格莱斯顿，1877年9月4日，见拉姆，前引书，第1卷，第51页。

23 关于授权的起源，参见弗农·波格丹诺（Vernon Bogdanor）:《民众与政党制度：英国政治中的公民投票与选举改革》（*The People and the Party System: the referendum and electoral reform in British politics*），剑桥，1981年，第17—20页。

24 这两次补缺选举分别是纽卡斯尔与萨瑟克。后者让迪斯雷利得意洋洋地直拍内阁的桌子。R. A. 克罗斯（R. A. Cross）:《政治史》（*A Political History*，Eccle Riggs, Lancs.），自费出版，1903年，第63页。关于白金汉郡的情况，参见R. W. 戴维斯（R. W. Davis）:《1760—1885年的政治变迁与延续》（*Political Change and Continuity 1760–1885*），牛顿阿伯特1972年，第17页。T. J. 诺西特（T. J. Nossiter）:《议会改革后英国的势力、舆论与习语：对1832—1874年东北地区的个案研究》（*Influence, Opinion and Idioms in Reformed England: case studies from the north-east 1832–1874*），哈索克，1975年，第39页。

25 转引自契尔斯顿子爵（Viscount Chilston）:《W. H. 史密斯》（*W. H. Smith*），伦敦和多伦多，1965年，第94页。

26 格兰维尔致格莱斯顿，1875年11月29日，见拉姆编:《1868—1876年格莱斯顿先生与格兰维尔勋爵政治书信集》（*The Political Correspondence of Mr. Gladstone and Lord Granville 1868–1876*），皇家历史学会，卡姆登文丛，第3辑，第81—82卷，1952年，第2卷，第475页。

27 这里的分析与哈纳姆教授的权威之作尤其相关，见H. J. 哈纳姆（H. J. Hanham）:《选举与政党管理：迪斯雷利与格莱斯顿时代的政治》（*Elections and Party Management, Politics in the time of Disraeli and Gladstone*），1959年（修订版，哈索克，1978年）。

28 关于这个问题和相关主题，参见E. P. 亨诺克（E. P. Hennock）:《合适人选：19世纪城市政府的理想与现实》（*Fit and Proper Persons: ideal and reality in nineteenth-century urban government*），1973年。

29 转引自哈纳姆，前引书，第52页注释3。

30 考珀夫人（Lady Cowper）:《考珀勋爵回忆录》（*Lord Cowper: a memoir*），私人传阅，1913年，第139—140页。他当时31岁。参阅哈考特致布拉姆维尔，1874年8月12日，见A. G. 加迪纳（A .G. Gardiner）:《威廉·哈考特爵士传》（*The Life of*

Sir William Harcourt），两卷本，1923 年，第 1 卷，第 279 页。

31 博伊德·希尔顿（Boyd Hilton）敏锐地注意到这些新动向，见希尔顿：《格莱斯顿的神学政治观》（"Gladstone's Theological Politics"），载本特利与史蒂文森编：《现代英国的高阶政治与低阶政治》，第 28—57 页。参阅希尔顿（Hilton）的新作《赎罪的年代：1785—1865 年福音主义对社会经济思想的影响》（*The Age of Atonement: the influence of evangelicalism on social and economic thought 1785–1865*），牛津，1988 年。

32 转引自 H. C. G. 马修（H. C. G. Matthew）：《自由帝国主义者》（*The Liberal Imperialists*），牛津，1973 年，第 vii 页。

33 例如，邓恩，学位论文，第 48 页。参阅 E. D. 斯蒂尔（E. D. Steele）：《爱尔兰土地与英国政治：佃农权与民族》（*Irish Land and British Politics: tenant-right and nationality*），剑桥，1973 年。

34 哈考特致斯宾塞·巴特勒，1868 年 12 月，加迪纳：《威廉·哈考特爵士传》，第 1 卷，295
第 189 页。哈考特刚好赢得了牛津的议席，这是格莱斯顿在 1865 年丢掉的议席。

35 迪斯雷利在曼彻斯特的演说，1872 年 4 月 3 日，转引自布雷克：《迪斯雷利》，第 523 页。

36 格莱斯顿致格兰维尔，1869 年 9 月 13 日，《1868—1876 年书信集》，第 1 卷，第 54 页；格莱斯顿日记，1869 年 9 月 22 日，《格莱斯顿日记》，第 7 卷，第 136 页。

37 关于辉格党人与清教徒在这个问题上的关系，参见 J. P. 帕里（J. P. Parry）：《民主与宗教：格莱斯顿与 1867—1875 年的自由党》（*Democracy and Religion: Gladstone and the Liberal Party 1867–1875*），剑桥，1986 年。

38 格莱斯顿致斯宾塞，1869 年 3 月 28 日，《格莱斯顿日记》，第 7 卷，第 46 页。

39 格莱斯顿致布赖特，1869 年 12 月 30 日，《格莱斯顿日记》，第 7 卷，第 202 页。他赞赏布赖特在伯明翰保持沉默，前引书，第 219—220 页。

40 格兰维尔致格莱斯顿，1869 年 9 月 25 日，《1868—1876 年书信集》，第 1 卷，第 59 页；阿吉尔致格莱斯顿，1869 年 11 月 19 日，《回忆录》，第 2 卷，第 254 页；格莱斯顿致克拉伦登，1869 年 10 月 6 日，《格莱斯顿日记》，第 7 卷，第 142 页；格莱斯顿致格兰维尔，1869 年 9 月 22 日，《1868—1876 年书信集》，第 1 卷，第 58 页。

41 格莱斯顿日记，1870 年 4 月 17 日，《格莱斯顿日记》，第 7 卷，第 279 页。

42 《英国议会议事录》，1870 年 6 月 16 日，第 202 卷，第 266—268 页。另见，同日日记。

43 格兰维尔致阿吉尔，1870 年 6 月 5 日，见菲茨莫里斯：《格兰维尔勋爵传》，第 2 卷，第 25 页。

44 格莱斯顿致哈利法克斯，1870 年 7 月 29 日，《格莱斯顿日记》，第 7 卷，第 335 页及后页。政府要求议会提供额外的 2 万人以及 200 万英镑拨款。参见 D. M. 施罗伊德（D. M. Schreuder）：《作为搅局者的格莱斯顿：自由党外交政策与 1870—1871 年德国吞并阿尔萨斯-洛林》（"Gladstone as 'Troublemaker': Liberal foreign policy and the German annexation of Alsace-Lorraine 1870–1871"），《英国研究》（*Journal of British Studies*），1978 年，第 106—135 页。

45 金伯利日记，1871 年 2 月 25 日，参见埃塞尔·德鲁斯（Ethel Drus）编：《1868—

1874 年格莱斯顿第一届内阁的大事记，第一代金伯利伯爵约翰所作》(*A Journal of Events during the Gladstone Ministry 1868–1874 by John, First Earl of Kimberley*)，皇家历史学会，卡姆登文丛，第 21 卷，1958 年，第 21 页。参阅《1868—1876 年书信集》，第 1 卷，第 161 页以下。

46 布赖特致格兰维尔，1871 年 5 月 29 日，转引自布赖恩·哈里森（Brian Harrison）：《酒与维多利亚时代人》(*Drink and the Victorians*)，1971 年，第 267 页。

47 我在其他地方讲过这种奇特关系的故事。参见迈克尔·本特利:《格莱斯顿的自由党与地方显贵: 1860—1880 年的惠特比政治》("Gladstonian Liberals and Provincial Notables:Whitby Politics, 1868–1880")，《历史研究》，1991 年第 64 卷。

48 T. W. 海克（T. W. Heyck）:《英国激进主义的维度: 以爱尔兰为例》(*The Dimensions of British Radicalism: the Case of Ireland*)，厄巴纳，1974 年。参见约翰·P. 罗西（John P. Rossi）:《英国自由党的转型: 1874—1880 年在野的自由党策略研究》("The Transformation of the British Liberal Party: a study of the tactics of the liberal opposition 1874–1880")，《美国哲学学会会刊》(*Transactions of the America Philosophical Society*) 1978 年，第 68 卷，第 8 期，第 17 页。

49 格莱斯顿致格兰维尔，1873 年 9 月 3 日，《1868—1876 年书信集》，第 2 卷，第 405 页；约瑟夫·张伯伦:《自由党及其领袖》("The Liberal Party and its Leaders")，《双周评论》(*Fortnightly Review*)，1873 年 9 月号，第 291 页。

296 50 参阅斯宾塞致哈廷顿，1873 年 3 月 12 日，见彼得·戈登（Peter Gordon）编:《红色伯爵: 第五代斯宾塞伯爵文件（1835—1910）》(*The Red Earl: the papers of the fifth Earl Spencer 1835–1910*)，两卷本，北安普敦，1981 年，第 1 卷，第 8 页。帕里:《宗教与 1870—1874 年第一届格莱斯顿政府的垮台》("Religion and the Collapse of Gladstone's First Government 1870–1874")，《历史杂志》，1982 年，第 25 卷，第 71—101 页。

51 对酒精饮料利益集团的担忧至少可以追溯到 1871 年的萨里郡补选，参阅布鲁斯致其妻子，1871 年 8 月 28 日，《书信集》(*Letters*)，第 1 卷，第 312 页。

52 格莱斯顿致格兰维尔，1874 年 1 月 8 日，《1868—1876 年书信集》，第 2 卷，第 438—441 页。前一处引文见金伯利日记，1873 年 8 月 5 日，德鲁斯，前引书，第 41 页；哈考特致布赖特，1873 年 8 月 8 日，加迪纳:《威廉·哈考特爵士传》，第 1 卷，第 257 页。

53 参阅迪斯雷利致布拉福德夫人，1874年2月27日，参见泽特兰侯爵夫人（Marquess of Zetland）编:《迪斯雷利写给布拉福德夫人和切斯特菲尔德夫人的书信》(*The Letters of Disraeli to Lady Bradford and Lady Chesterfield*)，两卷本，1929 年，第 1 卷，第 55 页。关于福斯特，参见亨利·卢希爵士（Sir Henry Lucy）:《1874—1880 年的迪斯雷利政府》(*The Disraeli Parliament 1874–1880*)，1885 年，第 17 页。约瑟夫·阿奇确实当上了议员，但那是 1885 年，他赢得了西北诺福克的选举。1880 年他在与威尔顿的竞选中落败。除了 1886—1892 年，他一直担任该选区议员，直到 1900 年退休。

54 哈迪日记，1874年7月18日、8月6日，《克兰布鲁克》（*Cranbrook*），第1卷，第341—342页；索尔兹伯里致卡那封，1874年7月24日，见格温多琳·塞西尔夫人（Lady Gwendolyn Cecil）:《由其女儿撰写的索尔兹伯里侯爵传》（*Life of Robert Marqis of Salisbury by his daughter*），四卷本，1921—1932年，第2卷，第63页。

55 迪斯雷利致布拉福德夫人，1874年7月16日，《迪斯雷利写给布拉福德夫人和切斯特菲尔德夫人的书信》，第1卷，第23页。

56 迪斯雷利致布拉福德夫人，1875年6月29日，见W. F. 莫尼彭尼（W. F. Monypenny）和G. E. 巴克尔（G. E. Buckle）:《比肯斯菲尔德伯爵本杰明·迪斯雷利传》（*The Life of Benjamin Disraeli, Earl of Beaconsfield*），六卷本，1929年，第2卷，第711页；德威尔（Dwyer），学位论文，第178页。

57 《泰晤士报》，1875年10月18日，转引自布坎南，学位论文，第243页。

58 迪斯雷利致布拉奇福德夫人，1874年5月5日，《迪斯雷利写给布拉奇福德夫人和切斯特菲尔德夫人的书信》，第1卷，第80—81页。

59 布拉奇福德致丘奇，1875年2月8日，《布拉奇福德勋爵书信集》（*Letters of Lord Blatchford*），第361页。

60 格莱斯顿致格兰维尔，1876年8月20日，《1876—1886年书信集》，第1卷，第1页。

61 柯克帕特里克，学位论文，第40页及后页。

62 索尔兹伯里致马利特，1876年1月14日，塞西尔夫人:《由其女儿撰写的索尔兹伯里侯爵传》，第1卷，第80页。

63 凯恩斯致克罗斯，未标注具体日期（1876年），见克罗斯（Cross）:《政治史》（*Polictical History*），第38页。关于保加利亚问题的一般性论述，参见R. T. 香农（R. T. Shannon）:《格莱斯顿与1876年保加利亚动乱》（*Gladstone and the Bulgarian Agitation 1876*），1963年。

64 索尔兹伯里致比肯斯菲尔德，1876年9月23日，《索尔兹伯里》，第2卷，第85页。

65 奇尔德斯致克拉克，1876年9月20日，见斯宾塞·奇尔德斯中校（Lt. Col. Spencer Childers）:《休·C. E. 奇尔德斯阁下的生平与书信》（*The Life and the Correspondence of the Right Hon. Hugh C. E. Childers*），两卷本，1901年，第1卷，第242页。斯宾塞致哈廷顿，1876年10月29日，《红色伯爵：第五代斯宾塞伯爵文件（1835—1910）》，第1卷，第126页；格莱斯顿致格兰维尔，1876年11月2日，《1868—1876年书信集》，第1卷，第17页。

66 索尔兹伯里致索尔兹伯里夫人，未标注具体日期（1876年11月），塞西尔夫人，前引书，第2卷，第91页。

67 迪斯雷利致布拉福德夫人，1876年9月8日（？），以及致女王，1877年2月27日，见莫尼彭尼和巴克尔，前引书，第2卷，第933/997页；莱维森致格兰维尔，未标注具体日期（1877年3月），《1876—1886年书信集》，第1卷，第33页。

68 参见查尔斯·惠布利（Charles Whibley）:《约翰·曼纳斯勋爵与他的朋友》（*Lord John Manners and his Friends*），两卷本，爱丁堡，1925年，第二卷，第173—174页。 297

69 比奇致弗里尔，1878年12月25日，见维多利亚·希克斯·比奇夫人（Lady

Victoria Hicks Beach):《迈克尔・希克斯・比奇爵士传》(*Life of Sir Micheal Hicks Beach*),两卷本,1932 年,第 1 卷,第 117—118 页。

70 比肯斯菲尔德致利顿,1879 年 8 月 14 日,莫尼彭尼和巴克尔,前引书,第 2 卷,第 1349 页。

71 奇尔德斯致克拉克,1879 年 10 月 30 日,奇尔德斯,前引书,第 1 卷,第 264 页。

第五章 保守党的优势

1 斯宾塞致格兰维尔,1880 年 9 月 10 日,《红色伯爵:第五代斯宾塞伯爵文件(1835—1910)》,第 1 卷,第 161 页。对这次大选的详细分析,参见特雷弗・劳埃德(Trevor Lloyd):《1880 年大选》(*The General Election of 1880*),牛津,1968 年。

2 考珀(Cowper)语,转引自邓恩(Dunne),学位论文,第 70 页。

3 汉密尔顿日记,1881 年 9 月 16 日,见达德利・W. R. 博尔曼(Dudley W. R. Bahlman)编:《爱德华・汉密尔顿日记》(*The Diaries of Edward Walter Hamilton*),两卷本,牛津,1972 年,第 1 卷,第 188 页。

4 汉密尔顿日记,1881 年 3 月 13 日,同上书,第 1 卷,第 114 页。

5 关于格兰维尔的财务状况,参见约翰・文森特(John Vincent)编:《德比晚年日记:维多利亚时代晚期的内政、自由工联主义与贵族生活》(*The Later Derby Diaries: home rule, Liberal Unionism, and the aristocratic life in late Victorian England*),布里斯托尔,1981 年,第 92—96 页。

6 约翰逊,学位论文。

7 格莱斯顿致格兰维尔,1880年5月4日,《1876—1886年书信集》,第1卷,第124页。

8 有关补缺选举的情况,参见汉密尔顿日记,尤其是第 1 卷,第 125—126 页。

9 格莱斯顿致格兰维尔,1882 年 4 月 13 日,《1876—1886 年书信集》,第 1 卷,第 360 页。

10 关于这一时期的土地所有制政治,参见 J. R. 费舍尔(J. R. Fisher):《The Farmers' Alliance: an agricultural protest movement of the 1880s》,《农业史评论》(*Agricultural History Review*),1978 年,第 26 卷,第 15—25 页;《佃农权:1847—1883 年维多利亚英国的农民与地主》("Tenant Right: farmer against landlord in late Victorian England 1847-1883"),《农业史》(*Agricultural History*),1973 年,第 47 卷;阿夫纳・奥弗(Avner offer):《1870—1914 年的财富与政治:土地所有制、法律、意识形态与英国的城市发展》(*Property and Politics 1870-1914: landownership, law, ideology, and urban development in England*),剑桥,1981 年。

11 参见 H. J. 哈纳姆:《1880—1885 年苏格兰高地的不满》("The Problem of Highland Discontent 1880-1885"),《皇家历史学会学报》,1969年,第19卷。参阅罗伊・道格拉斯(Roy Douglas):《土地、民众与政治:*1878—1952* 年英国土地问题的历史》(*Land, People and Politics: a history of the land question in the United Kingdom 1878-1952*,1976 年,第 60—95 页。

12 汉密尔顿日记，1882 年 7 月 27 日，《汉密尔顿日记》，第 1 卷，第 312 页。

13 例如，格莱斯顿致格兰维尔，1882 年 7 月 4—5 日，《1876—1886 年书信集》，第 1 卷，第 385 页。

14 琼斯讨论了这样的可能性，见安德鲁·琼斯（Andrew Jones）:《改革的政治（1884）》（*The Politics of Reform, 1884*），剑桥，1972 年，第 23、30—31 页。

15 汉密尔顿致斯宾塞，1883 年 10 月 18 日，《红色伯爵：第五代斯宾塞伯爵文件（1835—1910）》，第 1 卷，第 253 页。

16 这次改革有两项永久性的内容，一是结束辩论，议长有权终结辩论；二是规定了截止辩论的时限，在三比一的多数时，议长有权限制对议案个别部分的辩论。

17 转引自 A. B. 库克（A. B. Cooke）与约翰·文森特:《执政的热情：1885—1886 的 298
内阁政府与英国政党组织》（*The Governing Passion: cabinet government and party politics in Britain 1885–1886*），布莱顿，1974 年，第 253 页。

18 一个明显的例外，见文森特的罗利讲座"格莱斯顿与爱尔兰"（"Gladstone and Ireland"），《英国科学院院刊》（*Proceedings of the British Academy*），1977 年，第 64 卷，第 193—238 页。

19 近来对这一时期的研究，见库克与文森特，前引书，以及同作者的《1885—1887 年的爱尔兰与政党政治：一份未刊的保守党人回忆录》（"Ireland and Party Politics 1885-1887: an unpublished Conservative memoir"），《爱尔兰历史研究》（*Irish Historical Studies*），1969 年，第 16 卷。另见库克与文森特编:《卡林福德勋爵日记：1885 年一位内阁大臣的思考》（*Lord Carlingford's Journal: reflections of a cabinet minister, 1885*），1971 年。

20 历史手稿委员会:《历任首相文件（2）: W. E. 格莱斯顿》（*The Prime Ministers' Papers [2]: W. E. Gladstone*），J. 布鲁克（J. Brooke）和 M. 索尔森（M. Sorenson），1971 年。

21 这方面的代表性著作有：罗伯特·恩索尔爵士（Sir Robert Ensor）:《1870—1914 年的英国》（*England 1870–1914*），牛津，1936 年；J. L. 哈蒙德（J. L. Hammond）:《格莱斯顿与爱尔兰民族》（*Gladstone and the Irish Nation*），1938 年；菲利普斯·马格努斯爵士（Sir Philip Magnus）:《格莱斯顿》（*Gladstone*），1954 年；迈克尔·贝克:《格莱斯顿与激进主义：1885—1894 年英国自由党政策的复兴》（*Gladstone and Radicalism: the reconstruction of Liberal policy in Britain 1885–1894*），布莱顿，1975 年。

22 与亨利·詹姆斯的谈话，1886 年 1 月 30 日，见阿斯奎斯勋爵（Lord Askwith）:《赫里福德的詹姆斯勋爵》（*Lord James of Hereford*），1930 年，第 164 页。文森特:《晚年日记》，第 59 页。

23 理查德·杰伊（Richard Jay）:《约瑟夫·张伯伦：一项政治研究》（*Joseph Chamberlain: a political study*），牛津，1981 年，第 123 页。德比日记，1886 年 1 月 23 日，张伯伦的害怕革命让哈廷顿感到困扰，见《晚年日记》（*Later Diaries*），第 65 页。

24 C. R. 斯宾塞致斯宾塞勋爵，1882 年 6 月 4 日，《红色伯爵：第五代斯宾塞伯爵文件（1835—1910）》，第 1 卷，第 311 页。

25 库克与文森特:《执政的热情》，第 53 页。

26 格莱斯顿致斯宾塞，1885 年 6 月 30 日,《红色伯爵：第五代斯宾塞伯爵文件（1835—1910）》，第 1 卷，第 311 页。

27 格莱斯顿致格兰维尔，1881 年 7 月 27 日,《1876—1886 年书信集》，第 1 卷，第 286—287 页。

28 尼尔·布卢伊特（Neal Blewett）:《1885—1918 年英国的选举权》（“The Franchise in the United Kingdom 1885-1918”）,《过去与现在》（*Past and Present*），1965 年，第 32 卷，第 27—56 页。参阅彼得·克拉克（Peter Clarke）:《现代英国的选举社会学》（“Electoral Sociology of Modern Britain”），载《历史学》（*History*），1972 年，第 57 卷，第 31—35 页。H. C. G. 马修（H. C. G. Matthew）、R. 麦基宾（R. McKibbin）和 J. 凯（J. Kay）:《工党崛起的选举权因素》（“The Franchise Factor in the Rise of the Labour Party”）,《英国历史评论》，1976 年，第 101 卷，第 723—752 页。邓肯·坦纳（Duncan Tanner）:《议会选举制度、第四次改革法案与工党在英格兰和威尔士的崛起》（“The Parliamentary Electoral System, the ‘Fourth’ Reform Act and the Rise of Labour in England and Wales”）,《历史研究所所刊》，1983 年，第 56 卷，第 205—219 页。十分感谢坦纳博士惠允我参阅他的著作手稿。

29 参见詹姆斯·康福德（James Cornford）:《保守主义的转型》（“The Transformation of Conservatism”）,《维多利亚时代研究》，1963—1964 年，第 7 卷，第 35—66 页；亨利·佩林（Henry Peeling）:《英国选举的社会地理》（*A Social Geography of British Elections*），1967 年，第 6—9 页及多处。

30 查德威克（Chadwick），学位论文，第 199—200 页。

31 关于财富持有的这些变化及其他变化，参见 W. D. 鲁宾斯坦（W. D. Rubinstein）:《有产者：工业革命以来英国的巨富》（*Men of Property: the very wealthy in Britain since the Industrial Revolution*），1981 年，书中多处。

299 32 《曼彻斯特卫报》（*Manchester Guardian*），1895 年 7 月 26 日，转引自克拉克:《现代英国的选举社会学》，第 50 页。

33 详见鲍威尔（Powell），学位论文，第 71—72 页，以及查德威克，学位论文，第 200 页。

34 参见沃尔特·尼莫克斯（Walter Nimocks）:《米尔纳的年轻人：爱德华时代帝国事务上的“幼儿园”》（*Milner's Young Men: the ‘kindergarten’ in Edwardian imperial affairs*），1970 年，第 17—74 页。关于他们日后的生涯，见约翰·特纳（John Turner）:《劳合·乔治的秘书》（*Lloyd George's Secretariat*），剑桥，1980 年。

35 伊舍日记，1893 年 1 月 9 日，见 M. V. 布雷特（M. V. Brett）编:《伊舍子爵雷金纳德的日记与书信集》（*Journals and Letters of Reginald Viscount Esher*），四卷本，1934—1938 年，第 1 卷，第 170—171 页。

36 此处引文以及访问的背景，见保罗·肯尼迪（Paul Kennedy）:《英德对抗的兴起，1860—1914》（*The Rise of Anglo-German Antagonism, 1860-1914*），1980年，第202页。自由党对帝国主义的反应，见 H. C. G. 马修:《自由帝国主义者》，牛津，1973 年。

37 转引自布鲁克斯，学位论文，第 15 页。此处我大量借鉴了布鲁克斯博士对格莱斯顿第四届内阁的出色研究。

38 迪尔克日记，1883 年 4 月 21 日，转引自琼斯:《改革的政治（1884）》，第 38 页。

39 塞西尔（Cecil）:《索尔兹伯里》（*Salisbury*），第 4 卷，第 159 页。参阅 R. F. 福斯特（R. F. Foster）:《伦道夫 · 丘吉尔勋爵：政治人生》（*Lord Randolph Churchill: a political life*），牛津，1981 年，第 240 页。

40 里彭致金伯利，1892 年 7 月 21 日，转引自布鲁克斯，学位论文，第 10 页。参阅珍妮特 · 霍沃思（Janet Howarth）:《1880—1895 年北安普敦郡自由党的复兴》（"The Liberal Revival in Northants 1880–1895"），《历史杂志》，1969 年，第 12 卷，尤其见第 116—117 页。

41 戈申致达夫林，1886 年 10 月 10 日，转引自福斯特:《伦道夫 · 丘吉尔勋爵：政治人生》，第 278 页；戈申致米尔纳，1898 年 4 月 14 日，转引自托马斯 · J. 斯宾纳（Thomas J. Spinner）:《乔治 · 约阿希姆 · 戈申：一位维多利亚自由党人的转变》（*George Joachim Goschen: the transformation of a Victorian Liberal*），剑桥，1973 年，第 213 页。

42 参见阿尔格 · 索罗尔德（Algar Thorold）:《亨利 · 拉布谢尔传》（*The Life of Henry Labouchere*），1913 年，第 238 页。

43 贝利将新任命的治安法官制成了图表，见其论文的附录，第 290 页。

44 坎宁安（Cunningham），学位论文，第 15—16 页。参阅艾伦 · J. 李（Alan J. Lee）:《1856—1914 年大众报刊的起源》（*The Origins of the Popular Press 1856–1914*），1976 年，书中多处。

45 伊舍日记，1890 年 1 月 7 日，《伊舍子爵雷金纳德的日记与书信集》，第 1 卷，第 141 页。阿克兰致埃利斯，1891 年 1 月 1 日，见鲍威尔，学位论文，第 54 页。参阅若泽 · 哈里斯（José Harris）:《1880—1914 年英国社会政策向高阶政治的转变》（"The Transition to High Politics in English Social Policy 1880–1914"），载本特利与史蒂文森编:《现代英国的高阶政治与低阶政治》，第 58—79 页。

46 米尔纳致戈申，1894 年 8 月 21 日，转引自斯宾纳:《乔治 · 约阿希姆戈申：一位维多利亚自由党人的转变》，第 100 页。

47 布拉奇福德致泰勒，1885 年 1 月 20 日，《布拉奇福德勋爵书信集》，第 424 页。汉密尔顿日记，1892 年 8 月 16 日，见约翰逊，学位论文，第 7 页。

48 张伯伦致拉布谢尔，1885 年 12 月 4 日，见索罗尔德:《亨利 · 拉布谢尔传》，第 245 页。参阅张伯伦致莫利，1885 年 9 月 21 日，见 J. L. 加文（J. L. Garvin）和埃默里（J. Amery）:《约瑟夫 · 张伯伦传》（*The Life of Joseph Chamberlain*），六卷本，1932—1969 年，第 1 卷，第 96 页。

49 相关背景，参见 W. L. 阿恩斯坦（W. L. Arnstein）:《布拉德洛事件：对维多利亚晚期舆论和政治的研究》（*The Bradlaugh Case: a study in late-Victorian opinion and politics*），牛津，1965 年。

50 在下议院的演说，1883 年 5 月 28 日，见琼斯:《改革的政治（1884）》，第 68 页注释 2。

51 贝尔福致索尔兹伯里，1886年3月，转引自费雷泽:《自由党-统一党联盟：张伯伦、哈廷顿与 1886—1904 年的保守党》(“The Liberal-Unionist Alliance: Chamberlain,
300 Hartington and the Conservatives 1886-1904”),《英国历史评论》，1962 年，第 77 卷，第 65 页。1886 年 6 月 14 日贝尔福与张伯伦谈话的备忘录，见戴维斯，学位论文，第 139 页。

52 张伯伦致史密斯，1889 年 2 月 5 日，见康福德:《塞西尔公馆的议会基石》(“The Parliamentary Foundations of the Hotel Cecil”)，载 R. 罗布森（R. Robson）编:《维多利亚时代英国的观念与制度：乔治·基特森·克拉克纪念文集》(*Ideas and Institutions of Victorian Britain: essays in honor of George Kitson Clark*)，1967 年，第 268—311 页。

53 弗朗西丝·贝尔福致亨利·西奇威克，1886 年 8 月 31 日，见她的自传《勿忘录》(*Ne Obliviscaris*)，两卷本，未注明出版日期。

54 埃克斯-道格拉斯致索尔兹伯里，1886 年 7 月 18 日，见费雷泽:《自由党-统一党联盟：张伯伦、哈廷顿与 1886—1904 年的保守党》，第 58 页。他认为，78 名统一党成员中，哈廷顿派有 43 人，张伯伦派有 21 人。

55 约瑟夫·张伯伦致奥斯丁·张伯伦，1887 年 6 月 11 日，转引自杰伊:《约瑟夫·张伯伦：一项政治研究》，第 153 页。丘吉尔致张伯伦，1887 年 8 月 22 日，见加文与埃默里，第 2 卷，第 315 页。

56 索尔兹伯里致比奇，1887 年 7 月 3 日，塞西尔夫人，第 4 卷，第 149—150 页。加文与埃默里，第 2 卷，第 306 页及后页。参阅彼得·马什（Peter Marsh）:《民选政府的自律：1881—1902 年索尔兹伯里勋爵的内政方略》(*The Discipline of Popular Government: Lord Salisbury's domestic statecraft 1881-1902*)，1978 年，第 120—121 页。

57 索尔兹伯里致女王，1887 年 2 月 24 日，塞西尔夫人，第 4 卷，第 15 页。肯尼迪:《英德对抗的兴起，1860—1914》，第 192 页及后页。

58 关于后座议员对教育的看法，参见乔治·温德姆 1889 年 9 月 7 日写给他父亲的信，见 J. W. 麦凯尔（J. W. Mackail）与温德姆（Guy Wyndham）:《乔治·温德姆的生平与书信》(*Life and Letters of George Wyndham*)，两卷本，1924 年，第 1 卷，第 235—236 页。什一税问题见布里奇斯（J. A. Bridges）:《乡村政治家回忆录》(*Reminiscences of a Country Politician*)，1906 年，第 119—120 页。

59 贝尔福致索尔兹伯里的信（未寄出），1888 年 11 月 23 日，见戴维斯，学位论文，第 171 页。

60 张伯伦致玛丽·恩迪科特，1888年3月19日，见加文与埃默里，第2卷，第347页。

61 关于丘吉尔的晚年，参见福斯特:《伦道夫·丘吉尔伯爵：政治人生》，第 348—381 页。

62 德比日记，1891 年 2 月 20 日，《德比晚年日记》；关于哈考特，参见亚瑟·庞森比（Arthur Ponsonby）:《亨利·庞森比：书信与生平》(*Henry Ponsonby: his life from his letters*)，1943 年，第 272 页。

63 转引自彼得·斯坦斯基（Peter Stansky）:《野心与策略：1890 年代争夺自由党领

导权的斗争》(*Ambitions and Strategies: the struggle for the leadership of the Liberal party in the 1890s*),牛津,1964 年,第 40 页。

64 汉密尔顿日记,1890 年 12 月 1 日,见斯宾纳:《乔治·约阿希姆·戈申:一位维多利亚自由党人的转变》,第 169 页。

65 哈考特致莫利,1892 年 7 月 15 日,加迪纳:《威廉·哈考特爵士传》,第 2 卷,第 179 页。

66 布鲁克斯(Brooks),学位论文,第 45 页及后页,全书多处。

67 加迪纳:《威廉·哈考特爵士传》,第 2 卷,第 171 页。

68 参见格莱斯顿的秘书阿尔吉·韦斯特的日记,1893 年 8 月 3、16 日,霍勒斯·B. 哈奇森(Horace B. Hutchinson)编:《阿尔杰农·韦斯特爵士的私人日记》(*The Private Diaries of Sir Algernon West*),1922 年,第 93 页。张伯伦日记,1893 年 8 月 17 日,见加文与埃默里,第 2 卷,第 579 页。

69 参见洛:《不情愿的帝国主义者》(*The Reluctant Imperialists*),两卷本,1967 年,第 1 卷,第 174 页。

70 详见斯坦斯基:《野心与策略》,第 41—78 页。

71 哈考特致罗斯伯里,1894 年 4 月 4 日,加迪纳,第 2 卷,第 284—285 页。 301

72 1894 年 3 月 1 日,转引自斯坦斯基,前引书,第 79 页。

73 关于政府最后几天的情况,参见罗伯特·罗德兹·詹姆斯(Robert Rhodes James):《罗斯伯里》(*Rosebery*),1963 年,第 381—384 页。

74 张伯伦致德文希尔,1895 年 4 月 19 日,加文与埃默里,第 2 卷,第 630 页。

第六章 打破常规?

1 彼得·T. 马什:《民选政府的风纪》(*Discipline of Popular Government*),第 237 页及后页。另见他新近出版的张伯伦传记《约瑟夫·张伯伦 : 从政的企业家》(*Joseph chamberlain: entrepreneur in politics*),纽黑文,1994 年,第 349—361 页。关于贵族的情况,参见 G. D. 菲利普斯(G. D. Philips):《辉格党上议院贵族与自由主义》("The Whig Lords and Liberalism"),《历史杂志》,1981 年,第 24 卷,第 167—173 页。

2 弗朗西斯·贝尔福(Frances Balfour):《勿忘录》,第 2 卷,第 270—271 页。

3 德文希尔致索尔兹伯里,1897 年 3 月 24 日,转引自 J. E. B. 芒森(J. E. B. Munson):《1895—1902 年的统一党联盟与教育》("The Unionist Coalition and Education 1895-1902"),《历史杂志》,1977 年,第 20 卷,第 622 页。

4 汉密尔顿日记,1895 年 6 月 29 日,达德利·W. R. 巴尔曼(Dudley W. R. Bahlman)编:《1885—1906 年爱德华·沃尔特·汉密尔顿爵士日记》(*The Diary of Sir Edward Walter Hamilton 1885-1906*),豪尔,1993 年,第 307 页。

5 有关查普林家族,见 R. J. 奥尔尼(R. J. Olney):《林肯郡政坛》(*Lincolnshire Politics*),牛津,1973 年,另见同一作者的《19 世纪林肯郡的乡村社会与郡政府》

(*Rural Society and County Government in Nineteenth-Century Lincolnshire*)，林肯，1979年。

6 转引自康福德：《议会的基石》(“Parliamentary Foundations”)，第296页。

7 奥弗：《1870—1914年的财富与政治》，第208页及后页；索尔兹伯里致贝尔福的信函，1889年2月6日，转引自邓巴宾（J. P. D. Dunbabin）：《郡议会体制的政治》(“The Politics of the Establishment of County Councils”)，《历史杂志》，1963年第6卷，第240页。

8 伯纳德·马利特的日记，未注明日期，转引自马克斯·埃格勒蒙特（Max Egremont）：《贝尔福》(*Balfour*)，1980年，第132页。

9 霍华德·文森特写给《泰晤士报》的信，1898年3月30日，转引自肯尼迪：《英德对抗的兴起，1860—1914》，第234页。

10 伊舍日记，1898年1月29日，《伊舍子爵雷金纳德的日记与书信》，第1卷，第210—211页。

11 张伯伦致塞尔伯恩，1897年12月29日，转引自杰伊：《约瑟夫·张伯伦：一项政治研究》，第214页。

12 马什：《约瑟夫·张伯伦》，第429页。

13 A. N. 波特（A. N. Porter）：《南非战争的起源：约瑟夫·张伯伦与1895—1898年的帝国主义外交》(*The Origins of the South African War: Joseph Chamberlain and the diplomacy of imperialism 1895–1899*)，曼彻斯特，1980年，第84页。

14 英德两国的秘密条约，1898年8月30日，见赫斯特（M. Hurst）编：《1814—1914年列强的关键条约》(*Key Treaties for the Great Powers 1814–1914*)，两卷本，牛顿阿伯特，1972年，第2卷，第691页。

15 塞尔伯恩的书信往来清楚地表明了米尔纳、张伯伦与塞尔伯恩之间的关系，见乔治·博伊斯（George Boyce）编：《英国强权的危机：1895—1900年第二代塞尔伯恩伯爵的帝国和海军文件》(*The Crisis of British Power: the imperial and naval papers of the second Earl of Selborne 1895–1900*)，1990年，第19—104页。

302 16 1901年4月菲茨罗伊与桑达斯的谈话，见于阿尔梅里克·菲茨罗伊（Sir Almeric FitzRoy）：《回忆录》(*Memoirs*)，两卷本，1925年，第1卷，第50页。

17 张伯伦致德文希尔，1902年9月22日，杰伊，前引书，第264页。

18 参见《泰晤士报》，1903年5月16日。

19 此处的分析主要依据戈林和伦佩尔两人的著作，见阿尔弗雷德·戈林（Alfred Gollin）：《贝尔福的负担：亚瑟·贝尔福与帝国特惠制》(*Balfour's Burden: Arthur Balfour and imperial preference*)，1965年；R. A. 伦佩尔（R. A. Rempel）：《统一党的分裂：亚瑟·贝尔福、约瑟夫·张伯伦与统一党自由贸易主义者》(*Unionists Divided: Arthur Balfour, Joseph Chamberlain and the Unionists free trader*)，牛顿阿博特，1972年。

20 例如，1903年10月2日、7日的《泰晤士报》报道了贝尔福在谢菲尔德的演说，以及张伯伦在格拉斯哥的演说。

21 约瑟夫致奥斯丁·张伯伦，1904年3月11日，转引自弗雷泽：《约瑟夫·张伯伦：

激进主义与帝国（1868—1914）》（*Joseph Chamberlain: radicalism and empire 1868–1914*），1966 年，第 254 页。参阅加文与埃默里，前引书，第 6 卷，第 562 页。

22 关于这个问题的详细探讨，参见肯尼迪：《英德对抗的兴起，1860—1914》，第 314—319 页。

23 关于这一时期英国犹太人的历史，近年来出版了大量重要著述。关于外侨立法的背景，参见欧根 · C. 布莱克（Eugene C. Black）：《英犹关系的社会政治，1880—1920》（*The Social Politics of Anglo-Jewry 1880–1920*），牛津，1988 年，第 302—317 页。阿德尔曼（Geoffrey Alderman）：《现代英国犹太人》（*Modern British Jewry*），牛津，1992 年，第 190—191 页。戴维 · 费尔德曼（David Feldman）：《英国人与犹太人》（*Englishmen and Jews*），纽黑文，1994 年，第 353—359 页。

24 罗斯伯里致里彭，1895 年 8 月 13 日，见斯坦斯基：《野心与策略》，第 180 页。另见詹姆斯《罗斯伯里》，第 405 页。

25 格雷致罗斯伯里，1902 年 2 月 22 日，转引自基思 · 罗宾逊（Keith Robbins）：《爱德华 · 格雷爵士：法洛登的格雷勋爵传》（*Sir Edward Grey: a biography of Lord Grey of Falloden*），1971 年，第 99 页。关于韦伯，参见罗宾逊出色的论文《罗斯伯里勋爵逃离哈恩斯迪奇》（"Lord Rosebery's Escape from Hounsditch"），《19 世纪》（*Nineteenth Century*），1901 年 9 月，第 50 卷，第 366—386 页。

26 这是詹姆斯 · 基特森爵士（Sir James Kitson）的看法。这一段叙述参见埃林斯（Ellins），学位论文，第 196、201 和 221—223 页。本节我借鉴了埃林斯博士的研究。

27 汉密尔顿日记，1898 年 11 月 26 日，见斯坦斯基，前引书，第 259 页。

28 罗宾逊：《爱德华 · 格雷爵士》，第 79、91 页。

29 查尔斯 · 马莱（Charles Mallet）：《赫伯特 · 格莱斯顿：一部回忆录》（*Herbert Gladstone: a Memoir*），1932 年，第 162、182 页。

30 关于自由党联盟，参见马修：《自由帝国主义者》，第 86 页及后页。G. R. 瑟尔（G. R. Searle）：《追求国家效率》（*The Quest for National Efficiency*），牛津，1971 年，第 127—136 页。

31 坎贝尔-班纳曼致西德尼-巴克斯顿，1900 年 11 月 21 日，转引自约翰 · 威尔逊（John Wilson）：《亨利 · 坎贝尔-班纳曼爵士传》（*C. B. : a life of Sir Henry Campbell-Bannerman*），1973 年，第 340 页。阿斯奎斯致格莱斯顿，1900 年 10 月 7 日，见斯蒂芬 · 科斯（Stephen Koss）：《阿斯奎斯》（*Asquith*），1976 年，第 52 页。

32 马修强调了自由党联盟的两难处境，见《自由帝国主义者》，第 96—97 页。

33 埃林斯，论文，第 210、235 页。

34 马修，前引书，第 103 页。关于劳合 · 乔治的观点，参见约翰 · 格里格（John Grigg）：《劳合 · 乔治：人民的斗士（1902—1911）》（*Lloyd George: the People's champion 1902–1911*），1978 年，第 82—85 页。

35 《泰晤士报》，1905 年 11 月 26 日。 303

36 F. 比利（F. Bealey）与佩林：《1900—1906 年的工党与政治》（*Labour and Politics 1900–1906*），1958 年，第 98—124 页。彼得 · 克拉克（Peter Clarke）：《兰开夏与

新自由主义》(*Lancashire and the New Liberalism*),剑桥,1971 年,第 91—93 页。

37 斯蒂芬·科斯(Stephen Koss):《1906 年的复兴与信仰复兴运动》("1906: revival and revivalism"),载 A. J. A. 莫里斯(A. J. A. Morris)编:《爱德华时代的激进主义》(*Edwardian Radicalism*),1974 年,第 83 页。

38 H. V. 艾米(H. V. Emy):《自由党、激进派与社会政治(1892—1914)》(*Liberals, Radicals and Social Politics 1892–1914*),剑桥,1973 年,第 68 页。

39 转引自彼得·克拉克:《自由党与社会民主党》(*Liberals and Social Democrats*),剑桥,1973 年,第 63 页。迈克尔·弗里登(Micheal Freeden):《新自由主义:社会改革的意识形态》(*The New Liberalism: an ideology of social reform*),牛津,1978 年,书中多处。

40 罗素:《我的哲学的发展》(*My Philosophical Development*),1959 年,第 61 页。

41 G. 克拉克(G. Kitson Clarke):《教士与 1832—1885 年英国状况》(*Churchmen and the Condition of England 1832–1885*),1973 年,第 227—267 页。

42 斯普林霍尔,学位论文。参阅迈克尔·本特利:《英国议会制度与政治思想,1865—1914 年》("British Parliamentary Institutions and Political Thought 1865–1914"),载《议会、财产与代表》(*Parliaments, Estates and Representations*),1983 年,第 3 卷,第 35—46 页。

43 米斯发表于《温莎杂志》(*Windsor Magazine*)上的文章,1909 年 12 月号,转引自斯普林霍尔(Springhall),学位论文,第 28 页。

44 A. M. 卢多维奇(A. M.Ludovici):《为贵族制度辩护》(*A Defence of Aristocracy*),1915 年,第 ix—x、4 页。

45 蒙克斯维尔夫人日记,1907 年 2 月 12 日,见 C. F. 科利尔阁下:《一位维多利亚时代的日记作者:蒙克斯维尔夫人玛丽日记选(1895—1909)》(*A Victorian Diarist: Later Extracts from the Journals of Mary, Lady Monkswell 1895–1909*),1946 年,第 171—172 页。

46 里德尔日记,1911 年 12 月 7 日,见里德尔勋爵(Lord Riddell):《我的日记》(*More Pages from My Diary*),1934 年,第 31 页。萨克维尔夫人提及的房子是她在肯特郡塞文欧克斯(Sevenoaks)附近的宅邸。

47 初步研究,参见克罗西克(G. Crossick)编:《1870—1914 年的英国中下层阶级》(*The Lower Middle Class in Britain 1870–1914*),1977 年。

48 关于这一过程及其影响,参见琼斯(Gareth Stedman Jones):《阶级的语言:英国工人阶级史研究(1832—1982)》(*Languages of Class: studies in English working class history 1832—1982*),剑桥,1983 年,尤其见第 179-238 页。

49 这句话出自哈考特 1912 年 3 月 16 日的日记,转引自埃林斯,学位论文,第 364 页。

50 转引自菲利普·齐格勒(Philip Ziegler):《戴安娜·库珀》(*Diana Cooper*),哈姆斯沃思,1983 年,第 31 页。

51 西德尼·洛(Sidney Low):《英国的政制》(*The Governance of England*),1904 年,第 132 页。参阅 A. J. 洛威尔(A. J. Lowell):《英国政府》(*The Government of England*),两卷本,1908 年,第 2 卷,第 513 页。

52 贝尔福致伊舍，1906年1月17日，见《伊舍子爵雷金纳德的日记与书信集》，第2卷，第136页。斯坦莫尔致哈利法克斯，1909年6月23日，诺森伯兰在上议院的发言，转引自G. D. 菲利普斯：《顽固派：爱德华时代英国的贵族社会与政治》(*The Diehards: aristocratic society and politics in Edwardian England*)，剑桥，1979年，第126、129页。

53 科利尔：《一位维多利亚时代的日记作者》，第208—209页。

54 西德尼·韦伯致比阿特丽斯·韦伯，1905年12月13日，见诺曼·麦肯齐（Norman Mackenzie）：《西德尼与比阿特丽斯·韦伯书信集》(*The Letters of Sidney and Beatrice Webb*)，三卷本，剑桥和伦敦，1978年，第2卷，第222页。丘吉尔致阿斯奎斯，304
1908年12月29日，见伦道夫·丘吉尔与马丁·阿尔伯特（Martin Albert）：《温斯顿·S. 丘吉尔》(*Winston S. Churchill*)，八卷本，1966—1988年，第2卷，第863页。

55 布赖斯致坎贝尔-班纳曼，1904年12月18日，转引自埃林斯，学位论文，第343页。

56 自由党与工党的关系已经引起了历史学家的广泛关注，尤其参见下列著述与文章，亨利·佩林（Henry Pelling）：《维多利亚晚期英国的大众政治与社会》(*Popular Politics and Society in Late-Victorian Britain*)，1968年，第101—120、130、146页；彼得·克拉克（Peter Clarke）：《英国的进步运动》("The Progressive Movement in England")，《皇家历史学会学报》，1974年第24卷；《1910—1914年自由党与工党的选举立场》("The Electoral Position of the Liberal and Labour Parties 1910-1914")，《英国历史评论》，1975年，第90卷；罗斯·麦基宾（Ross McKibbin）：《工党沿革》(*The Evolution of the Labour Party*)，牛津，1974年。

57 丘吉尔致克莱芒蒂娜，1912年3月24日，《丘吉尔》，第3卷，第1529页。

58 此处我参考了布里安·哈里森（Brian Harrison）：《1868—1928年威斯敏斯特的妇女选举权》("Women's Suffrage at Westminster 1868-1928")，载本特利与史蒂文森编：《现代英国的高阶政治与低阶政治》，第80—122页，以及他的《不同的领域：英国对妇女选举权的反对》(*Separate Sphere: the opposition to women's suffrage in Britain*)，1978年。关于妇女社会政治同盟，参见安德鲁·罗森（Andrew Rosen）：《妇女起来反抗！》(*Rise Up Women!*)，1974年。

59 C. P. 斯科特日记，1911年2月2日，见威尔逊编：《1911—1928年C. P. 斯科特政治日记》(*The Political Diaries of C. P. Scott 1911-1928*)，1970年，第36—37页。

60 G. R. 瑟尔（G. R. Searle）：《爱德华时代的自由党与商业》("The Edwardian Liberal Party and Business")，《英国历史评论》，1983年，第98卷，第28—60页。

61 参见迈克尔·拉什（Michael Rush）：《下议院议员》("The M. P. s")，载沃克兰德编：《20世纪的下议院》，第99—100、118页。瑟尔，前引书。W. L. 古特曼（W. L. Guttsman）：《英国政治精英》(*The British Political Elite*)，1965年，第104—105页。J. A. 托马斯（J. A. Thomas）：《1906—1911年的下议院》(*The House of Commons 1906-1911*)，卡迪夫，1958年。

62 里德尔日记，1911年8月，未标注具体日期，《我的日记》，第22页。

63 关于这一时期政治新闻的历史，参见斯蒂芬·E. 科斯（Stephen E. Koss）：《英国政治媒体的兴衰》(*The Rise and Fall of the Political Press in Britain*),两卷本,1981—1984年。

64 里德尔日记,1908年10月,未标注具体日期,前引书,第1卷。

65 里德尔日记,1911年11月初,前引书,第26页。

66 伊舍致费舍尔,1907年10月15日,《伊舍子爵雷金纳德的日记与书信集》,第2卷,第252页。关于福勒,见菲茨罗伊的日记,1909年2月13日,《回忆录》,第1卷,第374页。参阅阿尔弗雷德·皮斯爵士(Sir Alfred Pease):《大选与回忆》(*Election and Recollections*),1932年。

67 庞森比日记,1906年4月16日,转引自约塞埃林斯,学位论文,第350页。格莱斯顿致坎贝尔-班纳曼,1906年1月21日,转引自约塞·哈里斯(José Harris)与卡梅隆·黑兹利赫斯特(Cameron Hazlehurst):《作为首相的坎贝尔-班纳曼》("Campbell-Bannerman as Prime Minister"),《历史学》,1970年第55卷,第375页。参阅H. V. 埃米(H. V. Emy):《自由党激进派与社会政治》(*Liberals Radical and Social Politics*),第184—188页。

305 68 斯科恩·布伦特日记,1906年3月31日,见布伦特:《我的日记:1888—1914年间重大事件的个人叙述》(*My Diaries: being a personal narrative of events 1888–1914*),两卷本,1919—1920年,一卷本,1932年,第548页。埃林斯,学位论文,第339页。

69 贝尔福致兰斯多恩,1906年4月13日,转引自罗伊·詹金斯(Roy Jenkins):《贝尔福先生的走狗》(*Mr. Balfour's Poodle*),1954年,第40页。

70 梅特涅致比洛,1905年11月13日,转引自肯尼迪:《英德对抗的兴起,1860—1914》,第282页。罗宾斯:《爱德华·格雷爵士》,第145—149页。

71 伊舍致莫里斯·布雷特和萨瑟兰公爵夫人,1906年9月4、7日,《伊舍子爵雷金纳德的日记与书信集》,第2卷,第180、183页。

72 关于这一背景的讨论,参见布鲁斯·K. 默里(Bruce K Murray):《1909—1910年的人民预算案:劳合·乔治与自由党政治》(*The People's Budget 1909–1910: Lloyd George and Liberal Politics*),牛津,1980年,第1—51页,埃米:《1914年前财政政策对英国政党政治的影响》("The Impact of Financial Policy on English Party Politics before 1914"),《历史杂志》,1972年,第15卷,第103—132页。

73 默里,前引书,第310页。

74 里德尔日记,1908年11月24日,《我的日记》,第10页。

75 格雷致玛戈·阿斯奎斯,1909年11月5日,见《玛戈·阿斯奎斯自传》(*The Autobiography of Margot Asquith*),两卷本,1920年,第2卷,第124页。

76 1910年8月17日备忘录,转引自彼得·罗兰(Peter Rowland):《最后一届自由党政府》(*The Last Liberal Governments*),两卷本,1968—1971年,第1卷,第308—309页。

77 罗斯·麦基宾:《詹姆斯·拉姆齐·麦克唐纳与1910—1914年工党的独立性问题》("James Ramsay MacDonald and the Problem of the Independence of the Labour Party

1910-1914"),《现代史杂志》(*Journal of Modern History*),1970年,第42卷,第216—235页。

78 丘吉尔致莫利,1909年12月23日,《丘吉尔》,第2卷,第928页。

79 德比日记,1865年9月18日,见文森特编:《迪斯雷利、德比与保守党》(*Disraeli, Derby and the Conservative Party*),第236页。关于这种普遍现象,见佩林的论文《工人阶级与福利国家的起源》("The Working Class and the Origins of the Welfare Stare"),《大众政治》(*Popular Politics*),第1—19页。

80 里德尔日记,1912年2月17日,《我的日记》,第38—39页。参阅罗伊·格雷戈里(Roy Gregory):《英国政治中的矿工》(*The Miners in British Politics*),牛津,1968年。

81 丘吉尔致劳合·乔治,1912年8月21日,《丘吉尔》,第2卷,第1636年。

82 详见马丁·皮尤(Martin Pugh):《战时与和平年代的选举改革,1906—1918》(*Electoral Reform in War and Peace 1906-1918*),1978年,第36—43页。

83 皮斯在法案一读时的发言,《英国议会议事录》,第39卷,第1326、1341页。

84 关于马可尼公司事件,见约翰·格里格:《劳合·乔治:人民的斗士(1902—1911)》,1973年。埃米:《土地之争:1909—1914年作为社会改革家的劳合·乔治》("The Land Campaign: Lloyd George as a social reformer 1909-1914"),载A. J. P. 泰勒(A. J. P. Taylor)编:《关于劳合·乔治的12篇论文》(*Lloyd George: Twelve Essays*),1971年,第35—70页。

85 里德尔日记,1912年11月9日,《我的日记》,第98页。

86 埃默里致内维尔·张伯伦,1914年7月25日,见约翰·巴恩斯(John Barnes)与戴维·尼克尔森(David Nicholson)编:《利奥·埃默里日记》(*The Leo Amery Diaries*),1980年,第1卷,第101页。

87 这个论调源自乔治·丹杰菲尔德(George Dangerfield):《自由英国的离奇死亡》(*The Strange Death of Liberal England*),1936年。近年来,贾兰德从爱尔兰人的视角重申了这一观点,见帕特西娅·贾兰德(Patricia Jalland):《自由党与爱尔兰》(*The Liberals and Ireland, Brighton*),1980年。关于阿斯奎斯在此事上的错误,见 306
他与红颜知己维尼西娅·斯坦利(Venetia Stanley)的通信,现收入迈克尔·布罗克(Michael Brock)与伊丽诺·布罗克(Eleanor Brock):《阿斯奎斯:写给维尼西娅·斯坦利的信》(*H. H. Asquith: letters to Venetia Stanley*),牛津和纽约,1982年,尤其见第106—128页。

88 里德尔日记,1914年3月15日,《我的日记》,第204页。

89 塞缪尔写给其母亲的信,1914年7月26日,塞缪尔手稿,上议院档案馆,A/156/466。

90 参见迈克尔·本特利:《自由主义思想(1914—1929)》(*The Liberal Mind 1914-1929*),剑桥,1977年,第9—45页。

91 《玛戈·阿斯奎斯自传》,第2卷,第244页。

参考文献

研究论文

本目录仅包括注释中提及的书目。除非特别注明，所有论文均为博士论文。

Amery, P. M., "The Nature of the Concern with the Empire of Parliament and Some Leading Journals during Palmerston's Second Ministry" (M.Phil., London, 1971).

Bailey, V., "The Dangerous Classes: social order and popular disturbance in Victorian England, 1867–1900" (Warwick, 1975).

Barnett, C. A., "Fears of Revolution: 'finality' and the reopening of the question of parliamentary reform in England, 1832–1867" (Oxford, 1982).

Brooks, D. R., "Gladstone's Fourth Ministry, 1892–1894: policies and personalities" (Cambridge, 1978).

Cameron, R. H., "Lord Melbourne's Second Administration and the Opposition, 1837–1841" (London, 1970).

Chadwick, Mary E. J., "The Electoral System as Set Up by the Third Reform Act" (London, 1978).

Chamberlain, Muriel E., "The Character of the Foreign Policy of the Earl of Aberdeen, 1841–1846" (Oxford, 1961).

Close, D. H., 'The General Elections of 1835 and 1837 in England and Wales" (Oxford, 1967).

Cunningham, H. St. C., "British Public Opinion, 1877–1878" (Sussex, 1979).

Custance, R. D. H., "The Political Career of William Lamb, second Viscount Melbourne, to 1841" (Oxford, 1977).

Davis, P. G., "The Role of the Liberal Unionist Party in British Politics, 1886–1895" (London, 1975).

Breyer, F. R., "The Russell Administration, 1846–1852" (St Andrews, 1962).

Dunne, T. J., "Ireland, England and Empire, 1868–1886: the ideologies of British political leadership" (Cambridge, 1976).

Dwyer, F. J., "The Rise of Richard Assheton Cross and His Work at the Home Office, 1868–1880" (B.litt., Oxford, 1969).

Ellins, R., "Aspects of the New Liberalism, 1895–1914" (Sheffield, 1980).

Eyck, U. F. J., "The Political Influence of the Prince Consort" (B.Litt., Oxford, 1958).

Fisher, D. R., "The Opposition to Sir Robert Peel in the Conservative Party, 1841–1846" (Cambridge, 1970).

Fraser, P., "The Conduct of Public Business in the House of Commons, 1812–1827" (London, 308
1957).

Gross, I., "Commons and Empire, 1833–1841" (Oxford, 1975).

Harvey, A. D., "The Grenville Party, 1801–1826" (Cambridge, 1972).

Hawkins, A. B., "British Parliamentary Party Politics, 1855–1859" (London, 1979).

Johnson, Nancy E., "The Role of the Cabinet in the Making of Foreign Policy, 1885–1895, with Special Reference to Lord Salisbury's Second Ministry" (Oxford, 1971).

Kirkpatrick, R. L., "British Imperial Policy, 1874–1880" (Oxford, 1953).

Mullen, R. F., "The House of Lords and the Repeal of the Corn Laws" (Oxford, 1974).

Newbould, I. D. C., "The Politics of the Cabinets of Grey and Melbourne and Ministerial Relations with the House of Commons, 1830–1841" (Manchester, 1971).

Odurkee, J.N., "The British General Elections of 1830 and 1831" (B.Litt., Oxford,1977).

Powell, D., "The Liberal Party and Labour, 1886–1906" (Oxford, 1982).

Prochaska, Alice, "Westminster Radicalism, 1807–1832" (Oxford, 1975).

Simes, D. G. S., "The Ultra-Tories in British Politics, 1824–1834" (Oxford, 1975).

Springhall, J. O., "Youth and Empire: a study of the propaganda of imperialism to the young in Edwardian Britain" (Sussex, 1968).

Sumner, L. V., "The General Election of 1818" (Manchester, 1969).

Sweeney,J. M., "The House of Lords in British Politics , 1830–1841" (Oxford, 1973).

Wasson, E. A., "The Young Whigs:Lord Althorp, Milton and Tavistock and the Whig Party, 1809–1830" (Cambridge, 1976).

原始资料

以下书目仅限于我觉得最有用的书籍。如果传记和书信类包含有用的原始材料，我也将其列入。

Aspinall, A. (ed.), *The Letters of King George IV* (3 vols., Cambrige, 1938).

Aspinall, A. (ed.), *The Correspondence of Charles Arbuthnot* (Royal Historical Society, Camden series, 3s, LXV, 1941).

Aspinall, A. (ed.), *Three Early Nineteenth Century Diaries* (1952).

Aspinall, A. and Smith E. A., (eds.), *English Historical Documents*, XI (1959).

Asquith, Margot, *The Autobiography of Margot Asquith* (2 Vols., 1920).

309 Bagenal, P. H., *The Life of Ralph Bernal Osborne M. P.* (private circulation, 1884).

Bahlman, Dudley W.R., (ed.), *The Diaries of Edward Walter Hamilton* (2 vols., Oxford, 1972).

Balfour, Lady Frances, *Ne Obliviscaris* (2 vols., n.d.).

Bamford, F. and Wllington ,Duke of(eds.), *The Journal of Mrs. Arbuthbot* (2 vols., 1950).

Barnes, J. and Nicholson, D., (eds.), *The Leo Amery Diaries* (vol.i., 1980).

Beach ,Lady Victoria Hicks, *Life of Sir Michael Hicks Beach* (2 vols., 1932).

Blunt, Wilfrid Scawen, *My Diaries : being a personal narrative of events 1888–1914* (2 vols., 1919–1920).

Bourne, Kenneth (ed.), *The Letters of the third VIscount Palmerton to Laurence and Elizabeth Sulivan 1814–1863* (Royal Historical Society, Camden series, 4s, XXIII, 1979).

Brett, Maurice V. (ed.), *Journal and Letters of Reginald Viscount Esher* (4 vols., 1934–1938).

Bridges, J.A., *Reminiscences of a Country Politician* (1905).

Brock, Michael and Eleanor (eds.), *Asquith: letters to Venetia Stanley* (Oxford and New York, 1982).

Broughton, Lord, *Recollections of a Long Life* (6 vols., 1909–1911).

Buckingham and Chandos, Duke of, *Memoirs of the Court of George IV* (2 vols., 1859).

Bulwer, Sir Henry and Ashley, Hon. Evelyn, *The Life of Henry John Temple, Viscount Palmerston, with selections from his diaries and correspondence* (3 vols., 1870–1874).

Cavendish, F. W. H., *Society, Politics and Diplomacy 1820–64: passages from the journal of F. W. H. Cavendish* (1913).

Cecil, Lady Gwendolyn, *Life of Robert Marquess of Salisbury by his daughter* (4 vols., 1921–1932).

Childers, Lt. Col. Spencer, *The Life and Correspondence of the Right Hon. Hugh C.E. Childers* (2 vols., 1901).

Colchester, Lord (ed.), *The Diary and Correspondence of Charles Abbot, Lord Colchester* (3 vols., 1861).

Colchester, Lord (ed.),*Lord Ellenborough's Diary 1828–1830* (2 vols.,1881).

Collier, Hon. E. C. F. (ed.), *A Victorian Diarist: later extracts from the journals of Mary, Lady MOnkswell 1895–1909* (1946).

Cooke, A. B. and Vincent, J. R. (eds.), *Lord Carlingford's Journal: reflections of a cabinet minister,1885* (Oxford, 1971).

Cowper, Lady, *Earl Cowper: a memoir* (private circulation, 1913).

David, Edward (ed.), *Inside Asquith's Cabinet:from the diaries of Sir Charles Hobhouse* (1977).

Disraeli, Benjamin, *Lord George Bentinck* (1852).

Douglas, George, eighth Duke of Argyll, *Autobiography and Memoirs* (ed. Duchess of Argyll, 2 vols., 1906).

Douglas, Sir G. and Ramsay, Sir D. G. (eds.), *The Panmure Papers* (2 vols.,1908). 310

Drus, Ethel (ed.), *A Journal of Events during the Gladstone Ministry 1868–1874 by John, First Earl of Kimberley* (Royal Historical Society, Camden Miscellany, XXI, 1958).

Fitzmaurice, Lord Edmond, *Life of Lord Granville 1815–1891* (2 vols., 1905).

FitzRoy, Sir Almeric, *Memoirs* (2 vols.,1925).

Foot, M. R. D. and Matthew, Colin (eds.), *The Gladstone Diaries* (8 vols., and cont., Oxford, 1968–1994).

Garvin, J. L. and Amery, J., *The Life of Joseph Chamberlain* (6 vols., 1932–1969).

Gooch. G. P. (ed.), *The Later Correspondence of Lord John Russell 1840–1878* (2 vols., 1925).

Gordon, Peter (ed.), *The Red Earl: the papers of the fifth Earl Spencer 1835–1910* (vol.i, Northampton, 1981).

Grosvenor, Caroline and Beilby, Charles (eds.), *The First Lady Wharncliffe and Her Family 1779–1856* (2 vols., 1927).

Hardy, A.E. Gathorne, *Gathorne Hardy, First Earl of Cranbrook* (2 vols., 1910).

Historical Manuscripts Commission, *Bathurst*, 76 (1923).

Historical Manuscripts Commission, *Dropmore*, 10 (1927).

Historical Manuscripts Commission, *The Prime Minister's Papers* (*2*) *:W.E. Gladstone* (ed. J.Brooke and M.Sorenson, 1971).

Holland, Bernard, *The Life of Spencer Compton Eighth Duke of Devonshire* (2 vols., 1911).

Hutchinson, H.G. (ed.), *Private Diaries of the Rt. Hon. Sir Algernon West G. C. B.* (1922).

Ilchester, Earl of (ed.), *Elizabeth Lady Holland to her Son 1821–1845* (1946).

Jennings, Louis J., (ed.), *The Correspondence and Diaries of the late Rt.Hon. John Wilson Croker* (3 vols., 1884).

Kriegel, ABraham D. (ed.), *The Holland House Diaries 1831–1840* (Boston, Mass., 1977).

Lang, Andrew, *Life, Letters and Diaries of Sir Stafford Northcote, First Earl of Iddesleigh* (Edinburgh and London, 1891).

Le Marchant, Sire Denis, *Memoir of John Charles Viscount Althorp, Third Earl Spencer* (1876).

Lewis, Rev. Sir G. F. (ed.), *Letters of the Right Hon. Sir George Cornewall Lewis, Bart., to various friends* (1870).

Londonderry, Marchioness of (ed.), *Letters from Benjamin Disraeli to Frances Anne Marchioness of Londerrry 1837–1861* (1938).

Mackail, J. W. and Wyndham, Guy, *Life and Letters of George Wyndham* (2 vols., 1924).

Mackenzie, Norman (ed.), *The Letters of Sidney and Beatrice Webb* (3 vols., Cambridge and London, 1978).

Mallet, Charles, *Herbert Gladstone:a memoir* (1932).

311 Mallock, W. H., and Ramsden, Lady Gwendolen (eds.), *Letters, Remains and Memoirs of E. A. Seymour, Twelfth Duke of Somerset* (1893).

Mlamesbury, *Earl of, Memoirs of an ex-Minister* (2 vols., 1884).

Marindin, G. E. (ed.), *The Letters of Frederic Lord Blachford* (1886).

Martineau, John, *Henry Pelham, Fifth Duke of Newcastle* (1898).

Mather, F. C. (ed.), *Chartism and Society: an anthology of documents* (London and New Yorkm 1980).

Maxwell, Sir Herbert (ed.), *The Creevey Papers: a selection from the letters and diaries of the late Thomas Creevey M. P.* (2 vols., 1903).

Maxwell, Sir Herbert, *Life and Letters of George William Frederic, Fourth Earl of Clarendon* (2 vols., 1913).

Melville, Lewis (ed.), *The Huskisson Papers* (1931).

Monson, Lord and Gower, G. Leveson (eds.), *Memoirs of George Elers* (1903).

Moypenny, W. F. and Buckle, G. E. *The Life of Benjamin Disraeli, Earl of Beaconsfield* (6 vols., 1929).

Parker, C.S., *Sir Robert Peel* (3 vols., 1899).

Pellew, Georgemm *The Life and Correspondence of the Right Honble. Henry Addington, First Viscount Sidmouth* (3 vols., 1847).

Ponsonby, Arthur (ed.), *Henry Ponsonby: his life from his letters* (1943).

Ramn, Agatha (ed.), *The Political Correspondence of Mr. Gladstone and Lord Granville 1876–1886* (2 vols., Oxford, 1962).

Reeve, Henry (ed.), *The Greville Memoirs: a journal of the reigns of King George Ⅳ and King William Ⅳ* (3 vols., 1875).

Reeve, Henry (ed.), *A Journal of the Reign of Queen Victoria from 1837 to 1852 by the late Charles C. F. Greville* (3 vols., 1885).

Reid, Stuart J., *Life and Letters of the First Earl of Durham 1792–1840* (2 vols., 1906).

Riddell, Lord, *More Pages from My Diary* (1934).

Selbourne, Roundell, first Earl, *Family and Personal Memorials* (2 vols., 1896).

Thorold, Algar L., *The Life of Henry Labouchere* (1913).

Twiss, Horace, *The Public and Private Life of Lord Chancellor Eldon, with selections from his correspondence* (3 vols., 1844).

Vincent, J. R. (ed.), *Disraeli, Derby and the Conservative Party: the political journals of Lord Stanley 1849–1869* (Hassocks, 1978).

Vincent, J. R. (ed.), *The Later Derby Diaries: home rule, Liberal Unionism, and aristocratic life in late Victorian England* (Bristol, 1981).

Wellington, Duke of (ed.), *Despatches, Corrspondence and Memoranda of Field Marshal Arthur Duke of Wellington, K. G.* (8 vols., 1867−1880).

Whibley, Charles, *Lord John Manners and his Friends* (2 vols., Edinburgh, 1925).

White, William, *The Inner Life of the House of Commons*（1898）.

Wilson, Trevor（ed.）, *The Political Diaries of C.P. Scott 1911–1928*（1970）.

Wolf, Lucien, *Life of the First Marquess of Ripon*（2 vols., 1921）.

Yonge, C.D., *The Life and Administration of Robert Banks, Second Earl of Liverpool*（3 vols., 1868）. 312

Zetland, Marquess of（ed.）, *The Letters of Disraeli to Lady Bradford and Lady Chesterfield*（2 vols., 1929）.

推荐读物

本书注释清楚地说明了所使用的资料。以下列出与各章节相关的少量二手著作，而且主要是普通读者或是利用图书馆的六年级学生比较容易接触到的资料。不包括研究论文（除非是核心的历史论据）。我在第二版中加入了一些新近出版的资料，正文中没有全部使用。

总论

关于政治家们所处的环境，大多见于下列著作：F. M. L. 汤普森（F. M. L.Thompson）：《19 世纪英国土地社会》（*English Landed Society in the Nineteenth Century*, 1963），同一作者的《上流社会的兴起：1830—1900 年维多利亚时代英国的社会史》（*The Rise of Respectable Society: a Social History of Victorian Britain 1830–1900*）；马克·吉鲁阿尔（Mark Girouard）：《维多利亚时代的乡间别墅》（*The Victorian Country House, Oxford*, 1970）；唐纳德·奥尔森（Donald Olsen）：《维多利亚时代伦敦的发展》（*The Growth of Victorian London*, 1979）。R. 弗拉德和 D. 麦克洛斯基（R. Floud and D.McCloskey）：《1700 年以来的英国经济史》（*The Economic History of Great Britain since 1700*, 2 vols., Cambridge, 1981）对于政治家们做出回应的经济结构做了深入考察。关于经济动态如何影响到帝国扩张，目前依然有争议，例如，见 E. J. 霍布斯鲍姆：《工业与帝国》（*Industry and Empire*, 1968），比较 D. K. 菲尔德豪斯（D. K. Fieldhouse）：《经济学与帝国，1830—1914 年》（*Economics and Empire 1830–1914*, 1973）。由于 P. J. 凯恩和 A. G. 霍普金斯（P. J. Cain and A. G. Hopkins）：《英国帝国主义》（*British Imperialism*, 2 vols., 1993），晚近的历史学家已经将“绅士资本主义”概念当作帝国发展的关键。对于这些问题的出色评论，见帕特里克·奥布莱恩（Patrick O'Brien）：《英国帝国主义的成本收益分析》（“A Cost-Benefit analysis of British Imperialism”），载《过去与现在》。关于整个时期的外交政策，可以参考下面两部著作，D. E. D. 比尔斯（D. E. D. Beales）：《从卡斯尔雷到格莱斯顿，1815—1885 年》（*From Castlereagh to Gladstone 1815–1885*, 1969），肯尼思·伯恩（Kenneth Bourne）：《维多利亚时代英国的外交政策，1830—1902 年》（*The Foreign Policy of Victorian England 1830–1902*, Oxford, 1970）。马尔温·斯沃茨（Marvin Swartz）：《迪斯雷利和格莱斯顿时代英国

外交政策的政治》(*The Politics of British Foreign Policy in the era of Disraeli and Gladstone*, Oxford, 1985)从外交政策角度分析了格莱斯顿–迪斯雷利时期，尤其有用。这本书考察了英国政治的内部因素，指出教会和报界这两个核心“利益集团”是英国政治的关键特征。关于前者，见 G. I. T. 梅钦(G. I. T. Machin):《1832—1868 年的英国政治与教会》(*Politics and the Churches in Great Britain 1832–1868*, Oxford, 1967)，G. 基特森·克拉克(G. Kitson Clark):《1832—1885 年的牧师与英国状况》(*Churchmen and the Condition of England 1832–1885*, 1973)。爱德华·诺曼(Edward Norman):《1770—1970 年英国的教会与社会》(*Church and Society in England 1770–1970*, 1973)涉及面广泛，而晚近
313 关于英国(和其他国家)新教福音教派的研究，见 D. W. 博宾顿、M. A. 诺尔和 G. A. 罗利克(D. W. Bebbington, M. A. Noll and G. A. Rawlyk)编:《福音教派：1700—1900 年及以后北美、英伦诸岛兴盛的新教的比较研究》(*Evangelicalism: comparative studies of popular protestantism in North America, the British Idles and beyond 1700–1900*, Oxford, 1994)，博宾顿:《不从国教者的良知：1879—1914 年的礼拜与政治》(*The Nonconformist Conscience: chapel and politics 1879–1914*, 1982)。想要进一步深入了解的读者，见一部重要的分析著作，博伊德·希尔顿:《赎罪的年代：1795—1865 年福音教派对社会和经济思想的影响》。关于报界，不少研究强调了一个研究领域的重要性。艾伦·李的杰作：《1855—1914 年大众报刊的起源》让人想起了他早逝的悲剧；同样，历史学界有理由感到庆幸的是，斯蒂芬·科斯(Stephen Koss)在有生之年完成了重要的两卷本著作《英国政治报刊的兴衰》(*The Rise and Fall of the Political Press in Britain*, 2 vols., 1981–1984)。阶级是政治结构的第三个组成部分，它吸引了更多的研究，而不是通常是还原论的无益著作。但所有关于“民主”的现代著述(包括本书在内)都或多或少受益于 E. P. 汤普森(E. P. Thompson):《英国工人阶级的形成》(*The Making of the English Working Class*, 1963)，即便观点与之有分歧。另有一些关于特定城市和群体的极有价值的个案研究，如 R. Q. 格雷(R. Q. Gray)关于爱丁堡工匠的研究，见《维多利亚时代爱丁堡的工人贵族》(*The Labour Aristocracy in Victorian Edinburgh*,Oxford, 1976)。这个相关主题有两部一流的思想性文集，琼斯(Gareth Stedman Jones):《阶级的语言》(*Languages of Class*, 1983)和罗斯·麦基宾:《阶级意识形态》(*The Ideologies of Class*, 1990)。F. M. L. 汤普森的著作(见上文)、戴维·坎纳丁(David Cannadine):《英国贵族的衰亡》(*The Decline and Fall of British Aristocracy*, New Haven, 1990)和《贵族面面观》(*Aspects of Aristocracy*, New Haven, 1994)突出表明了忽视中产阶级和贵族有多么目光短浅。简要考察这一问题的还有阿利斯泰尔·里德(Alistair Reid):《1850—1914 年英国的社会阶级与社会关系》(*Social Classes and Social Relations in Britain 1850–1914*, 1992)。另一方面，宪政史已不再时髦；对于影响了英国统治的某些关键时刻的习俗和立法，学生们不应该一无所知。沃尔特·白芝浩(Walter Bagehot)的《英国宪法》(*The English Constitution*, 1867)至少应被列入必读的文化文献。H. J. 哈纳姆(H. J. Hanham)在《19 世纪的宪法》(*The Nineteenth Century Constitution*, 1969)中收录了一些更为基础的文献，勒梅(G. H. L. Le May):《维多利亚时代的宪法》(*The Victorian Constitution*, 1969)提供了有趣的注解。1915 年的一部宪政经典——查尔斯·西摩(Charles Seymour):《英格兰与威尔士的选举改革》(*Electoral Reform in England*

and Wales）——已经重印（Newton Abbot, 1970），附有迈克尔·赫斯特（Michael Hurst）撰写的导言。

第一章　政党的转型

对于这段被忽视时期的兴趣正在恢复，但大多数著作依然属于研究论文和学术刊物的层次。在政治领域，对选举行为的分析已经变得重要，尤其见弗兰克·奥戈曼：314
《选民、赞助人与政党：1714—1832 年英国汉诺威王朝的选举制度》和约翰·A. 菲利普斯（John A. Phillips）:《改革前英国的选举行为》（*Electoral Behaviour in Unreformed England*, Princeton, 1982）。关于经济动态，A. J. B. 希尔顿:《资金、谷物与商业：1815—1830 年托利党政府的经济政策》依然是不可或缺的，至少就其涵盖的阶段而言。不那么重要的是 J. E. 库克森:《利物浦勋爵政府的关键年代：1815—1822 年》，如今可以参看加什（Gash）教授的再思考之作《利物浦勋爵》（*Lord Liverpool*, 1984）。米切尔的老书《1815—1830 年在野时期的辉格党》翻印了有用的原始资料，虽然近年来学术界从截然不同的角度来看待辉格党（见下一节）。约翰·加农:《1642—1832 年的议会改革》最后几章对 18 世纪以来的时期做了重要梳理，并冷静理智地考察了拿破仑战争后的时期。《两党制的形成》（*The Emergence of Two-Party System*, 1982）中收录的奥戈曼的论文与本书这一章的观点相反，可以作为对立观点来阅读。已有不少研究著作论及具体的政治家和事件，让我们对事情的全貌有所了解。詹姆斯·J. 萨克（James J. Sack）:《格伦维尔派》（*Grenbillites*, Illinois, 1979）就是一个恰当的例子，类似的还有唐纳德·里德（Donald Read）富有感染力的作品《彼得卢："大屠杀"及其背景》（*Peterloo: the 'massacre' and its background*, Manchester, 1958）。关于政治家个人，见约翰·德里（John Derry）的一些研究，尤其是《卡斯尔雷》（*Castlereagh*, 1976）、《格雷伯爵》（*Earl Grey*, Oxford, 1973），或许还有 1965 年 J. V. 罗洛（J.V. Rollo）以及 1973 年温迪·欣德（Wendy Hinde）出版的两部坎宁传记。能够接触到"卡姆登文丛"的读者，将会发现亚瑟·阿斯皮纳尔:《1827 年 2—8 月坎宁内阁的形成》是一个基于档案的知识宝库。

第二章　革新与巩固

在这段时期，必然要遇到诺曼·加什教授，他的福特讲座讲稿《1832—1852 年英国政治中的反动与重建》（*Reactions and Reconstructions in English Politics 1832–1852*, Oxford, 1965）为不了解这段时期的人提供了一个绝佳的起点。同一作者的另外两本书也值得一读，皮尔的传记《罗伯特·皮尔爵士》（Sir Robert Peel, 2 vols., 1961,1972）以及《皮尔时代的政治》。约翰·普雷斯特提供了很多辉格党-自由党的观点，见他出版的传记《约翰·罗素勋爵》,《科布登时代的政治》对于反谷物法同盟的描绘完全不同于诺曼·麦科德（Norman McCord）早先的相关研究（1957），并且包含对同盟选民登记策略的重要评述。D. C. 莫尔《顺从的政治》在 1980 年代受到评论者的强烈批评，但若想了解 1832 年的改革者如何看待自己的行为，此书还是必读的。尤其是对比乔纳森·帕里:《维

315 多利亚时代英国自由党政府的兴衰》。一批研究自由党意识形态和宗教的著作有着不同的论证风格。尤其见理查德·布伦特的《自由党英国国教政治》和彼得·曼德勒的《改革时代的贵族政府》。希尔顿关于福音教派的著作（见总论）对这个时期多有涉及。更为基础的著作，学生们会发现迈克尔·布罗克的《伟大的改革法案》（*The Great Reform Act*，1973）能够提供有益的帮助，而帕特里夏·霍利斯（Patricia Hollis）主编的《维多利亚时代早期英国的外部压力》（*Pressure from Without in Early-Victorian England*, 1974）收录的论文涵盖了本章的主题，还有论文探讨了民众政治背后的压力集团，关于公众政治的一般性论述，见 J. T. 沃德主编:《1830—1850 年的民众运动》（*Popular Movements 1830–1850*, 1970）。威廉·托马斯（William Thomas）一流的文集《哲学激进派》讨论了一个颇具影响力但绝非大众化的群体。关于经济保护和农业部门，见罗伯特·斯图尔特:《贸易保护的政治》和特拉维斯·L. 克罗斯比:《英国农民与贸易保护政治》。名人传记让这个时期后半阶段显得尤为生动。见莫妮卡·夏洛特（Monica Charlot）:《维多利亚：年轻的女王》（*Victoria: the young Queen*, Oxford, 1991），菲利普·齐格勒:《梅尔本》（*Melbourne*, 1976），缪里尔·张伯伦（Muriel Chamberlain）:《阿伯丁勋爵》（*Lord Aberdeen*, 1983）以及伯恩出色的成果《帕麦斯顿》（*Palmerston*,1982）的第一卷。

第三章　稳定的机制

我写作本书第一版时，这个时期某种程度上就像“一个黑洞”，时至今日依然如此。至关重要的依然是科纳彻教授的著作《皮尔派与政党制度》和《阿伯丁联合政府》（*The Aberdeen Coalition*, Cambridge, 1968）。但议会方面更清晰的著述有约翰·文森特的论文《克里米亚战争的议会维度》（“The Parliamentary Dimension of the Crimean War”），载《皇家历史学会会刊》，以及安格斯·霍金斯（Angus Hawkins）更全面的分析《1855—1859 年英国的议会、政党和政治艺术》（*Parliament, Party and the Art of Politics in Britain 1855–1859*, 1987）。关于这场战争本身，最好的资料依然是奥利弗·安德森《战时的自由国度》。格莱斯顿的日记是了解其人的最佳途径，我们已经有了他的整个议会生涯的日记，见 M. R. D. 富特（M. R. D. Foot）和 H. C. G. 马修（H. C. G. Matthew）主编:《格莱斯顿日记》（*The Gladstone Diaries*, 14 vols., Oxford, 1868–1894），虽然这些日记卷帙浩繁，又引经据典，会令非专业的读者望而却步。理查德·香农在撰写传记《格莱斯顿》的第一卷时，充分利用了这些日记，这一卷截至 1865 年。E. D. 斯蒂尔:《帕麦斯顿与自由主义》（*Palmerston and Liberalism*, Cambridge, 1991）很好地关注了 1850、1860 年代的帕麦斯顿，他的有些观点得到了帕里的证实（见上一章）。这个时期的外交政策依然没有得到足够重视。不过，值得提及的是最近一位专家出版的关于外交政策的综合性著作，C. J. 巴特利特:《防务与外交：1815—1914 年的英国与列强》。关于具体问题的有用成果，见基思·桑迪福德（Keith Sandiford）:《英国与石勒苏益格-荷尔斯泰因问题，1848—1864 年》（*Great Britain and the Schleswig-Holstein Question 1848–1864*, Toronto and Buffalo, 1975）。

第四章　占据中心 316

F. B. 史密斯（F. B. Smith）:《第二次改革法案的出台》（*The Making of the Second Reform Act*, Cambridge, 1966）向读者介绍了改革的背景；想了解改革复杂细节的读者必须读一读莫里斯·考林:《1867 年：迪斯雷利、格莱斯顿与革命》，一项极其困难的叙事体研究。关于改革后的时期，H. J. 哈纳姆:《格莱斯顿与迪斯雷利时代的选举与政党管理》（*Elections and Party Management in the Age of Gladstone and Disraeli*, 1959, Hassocks, 1978）是从未被超越的最佳著作。在保守党方面，香农的《迪斯雷利时代》（*The Age of Disraeli*, 1992）和 E. J. 福伊希特万格（E. J. Feuchtwanger）的老书《迪斯雷利、民主与托利党》（*Disraeli, Democracy and the Tory Party*, Oxford, 1968）提供了有意思的新材料。第一届格莱斯顿政府的政治可以从首相的日记入手考察，但詹姆斯·温特（James Winter）的传记《罗伯特·洛》（*Robert Lowe*）对于了解这一时期来说很有价值，而要了解这届政府艰难的晚期，必读之书是 J. P. 帕里:《民主与宗教：格莱斯顿与 1867—1875 年的自由党》。关于保守党，见布雷克（Blake）勋爵收放自如的《迪斯雷利》（*Disraeli*, 1966），从来不让人失望的约翰·文森特（John Vincent）的简短而深刻的研究《迪斯雷利》（*Disraeli*,1990）则是有益的补充。这个时期的原始资料，比如德比日记（见原始资料部分），不仅是重要的读物，而且本身读起来饶有趣味，有大量事件、人物和偏见，不时体现出洞察力。保罗·史密斯编辑的克兰布鲁克的政治新闻《索尔兹伯里勋爵论政治》对于了解 1860 年代很有帮助，虽然他的《迪斯雷利民主与社会改革》（*Disraelian Democracy and Social Reform*, 1967）已经在一定程度上被香农的研究取代。劳工史提供了这个时期的重要观点，罗伊登·哈里森（Royden Harrison）的《社会党之前》（*Before the Socialists*, 1965）是一部出色的研究文集，而关于事情的另一面，见 W. D. 鲁宾斯坦《有产者：工业革命以来英国的巨富》。压力集团政治的暗流也在 1870 年代再度变强，相关研究见 D. A. 哈默尔（D. A. Hamer）:《选举压力的政治》（*The Politics of Electoral Pressure*, Hassock, 1977）和布赖恩·哈里森关于戒酒利益集团的有趣研究《酒与维多利亚时代人》。外交事务也在这个十年登上了舞台的中心，参见已列出的马尔温·斯沃茨的分析以及肯尼迪大部头研究《英德对抗的兴起，1860—1914》的前几章。香农的《格莱斯顿与 1876 年的保加利亚动乱》涉及的内容远比其书名广泛。

第五章　保守党的优势

如果我们的定义足够宽泛，帝国主义构成了这个时期人多数舆论和政党活动的基础。初学者要涉猎这个问题上复杂的历史著述，最好是先读 G. C. 埃尔德里奇（G. C. Eldridge）:《维多利亚时代帝国主义》（*Victorian Imperialism*, 1978），它在每一章末尾都列出了有用的书目，然后可以读一读香农:《帝国主义的危机，1865—1915 年》（*The Crisis of Imperialism 1865–1914*, 1974）。但严肃学者必须读凯恩和霍普金斯关于《英国帝国主义》（见总论）的两卷本著作，这是最新的颇具影响的分析。C. J. 洛:《不情愿 317

的帝国主义者》一卷收录了重要的文献，一卷则是评注；它可以与相关工具书一起使用，比如迈克尔·赫斯特:《1814—1914年列强的关键条约》。关于政党制度下帝国主义政治的研究，H. C. G. 马修:《自由帝国主义者》依然是非常重要的著作。关于第一届格莱斯顿政府，可以阅读其日记（或是每一卷前面的导言，这些导言已经汇集成书单独出版），科林·马修（Colin Matthew）:《格莱斯顿，1809—1874年》（*Gladstone 1809–1874*, Oxford, 1991）、出版的书信（包含在出版的日记中），但阿加莎·拉姆编辑的四卷本《格莱斯顿-格兰维尔书信集》（*Gladstone-Granville Correspondence*）也很有价值（见原始资料）。研究高阶政治的学者会从专题著作中找到相关资料，比如，安德鲁·琼斯的《改革的政治（1884）》会回报你付出的努力；A. B. 库克和约翰·文森特的《执政的热情》前七章所讲的超出了我们大多数人一辈子想说的。迈克尔·巴克:《格莱斯顿与激进主义》和 T. A. 詹金斯（T. A. Jenkins）:《1874—1886年的格莱斯顿、辉格党原则与自由党》（*Gladstone, Whiggery and the Liberal Party 1874–1886*, Oxford, 1988）则持相反的看法，应当作为反面观点来读。迈克尔·赫斯特的老书《约瑟夫·张伯伦与自由党的再联合》（*Joseph Chamberlain and Liberal Reunion*, 1967）如今应当补充下面两部著作的参考书目，理查德·杰伊:《约瑟夫·张伯伦：一项政治研究》；彼得·马什:《约瑟夫·张伯伦》（*Joseph Chamberlain*, New Haven, 1994）。E. F. 比亚吉尼（E. F. Biagini）和 A. J. 里德（A. J.Reid）主编:《激进主义的流派：1850—1914年英国的民众激进主义、劳工组织与政党政治》（*Currents of Radicalism: popular radicalism, organized labour and party politics in Britain, 1850–1914*, Cambridge, 1991）对自由党左翼政治有深刻的见解。彼得·斯坦斯基:《野心与策略》用平铺直叙的方式讲述了1890年代自由党灾难的十年，虽然需要关注新出版的原始资料《罗斯伯里勋爵的倒台：根据1894—1895年爱德华·沃尔特·汉密尔顿爵士的日记》（编者为戴维·布鲁克斯）（*The Destruction of Lord Rosebery: from the diary of Sir Edward Walter Hamilton 1894–1895*, ed. David Brooks），以及汉密尔顿日记的第三卷也是最后一卷（编者为达德利·W. R. 博尔曼）（Dudley W. R. Bahlman,Hull, 1993）。保守党方面，马什（Peter Marsh）在《民选政府的自律》（*The Discipline of Popular Government*, Hassock, 1978）中编制了索尔兹伯里政府的大事记。索尔兹伯里的相关研究依然薄弱，虽然目前有几项成果即将面世，其中之一是我本人的。J. A. S. 格伦维尔（J. A. S.Grenville）:《索尔兹伯里勋爵与外交政策》（*Lord Salisbury and Foreign Policy*, 1964）和上文提及的肯尼迪的著作提供了外交政策的详细年表。罗伯特·泰勒（Robert Taylor）著有索尔兹伯里的传记，充实了人物形象，但迄今为止关于索尔兹伯里的最佳读物是布雷克勋爵和休·塞西尔（Hugh Cecil）主编的文集《索尔兹伯里勋爵：其人及其政策》（*Lord Salisbury: the man and his policies*, Basingstoke, 1987），此书应当与保罗·史密斯（Paul Smith）编辑的索尔兹伯里政治思想一起读。关于社会层面的托利党政治，值得关注的著作有马丁·皮尤（Martin Pugh）:《1880—1935年的托利党与民众》（*The Tories*
318 *and the People 1880–1935*, Oxford, 1985）以及马修·福德（Matthew Fforde）:《1886—1914年的保守主义与集体主义》（*Conservatism and Collectivism 1886–1914*, Edinburgh, 1890）。

第六章　打破常规?

近年来，英国政治史上很少有哪个时期得到如此深入的考察，因此这里只能约略提及相关成果。依不同感受，这一时期的自由主义被说成“清晨”或是“傍晚”。前者见于1970年代的一些著作，H. V. 艾米:《自由党、激进派与社会政治（1892—1914）》、迈克尔·弗里登:《新自由主义》、彼得·克拉克关于爱德华时代“进步主义”的研究《兰开夏与新自由主义》和《自由党与社会民主党》。对自由党的前景不那么乐观的预测，参见保罗·汤普森（Paul Thompson）:《社会主义者、自由主义者与劳工》（*Socialist, Liberals and Labour*, 1967），亨利·佩林:《维多利亚时代晚期英国的大众政治与社会》以及同一作者的《英国选举的社会地理》。罗斯·麦基宾的早期著作，尤其是《1910—1924年工党的发展》（*The Evolution of the Labour Party 1910–1924*, Oxford, 1974）强化了这种观点，但随后对左右两端政党的研究更强调这个过程的复杂性。其中有两部著作非常出色，戴维·豪厄尔（David Howell）:《英国工人与独立工党》（*British Workers and the Independent Labour Party*, Manchester, 1983）和邓肯·坦纳（Duncan Tanner）:《政治变迁与政党（1900—1918）》（*Political Change and the Labour Party 1900–1918*, Cambridge, 1990）。这个时期托利党政治的一个永恒主题是关税改革，亚伦·赛克斯（Alan Sykes）的专题研究《英国政治中的关税改革（1903—1913）》富有洞察力地考察了这个问题，拓宽了阿尔弗雷德·戈林（Alfred Gollin）在《贝尔福的负担》（*Balfour's Burden*, 1965）中对1903年复杂局势的描述范围。走向第一次世界大战的过程意味着，保罗·肯尼迪对英德对抗的分析来到了尾声，也提醒我们关注外交部的重要性，扎拉·斯坦纳（Zara Steiner）:《外交部与外交政策》（*The Foreign Office and Foreign Policy*, Cambridge, 1969）、《英国与第一次世界大战的起源》（*Britain and the Origins of the First World War*, 1977）考察了这个课题。乔治·丹杰菲尔德有创意但凭想象的《自由英国的离奇死亡》中描绘的世界，得到了晚近历史学家的关注，安德鲁·罗森的《妇女起来反抗！》论及妇女参政论者，鲍勃·霍尔顿（Bob Holton）的《1900—1914年英国工团主义》（*British Syndicalism 1900–1914*）论及大动荡，帕特里夏·贾兰德（Patricia Jalland）的《自由党与爱尔兰》（*The Liberals and Ireland*, Brighton, 1980）深入考察了自由党与爱尔兰的关系。G. R. 希尔（G. R. Seale）的《英国政治中的腐败》（*Corruption in British Politics*, Oxford, 1973）提供了跨党派的视角。上述各个主题都有大量的相关人物传记，近来的著作有：约翰·威尔逊:《亨利·坎贝尔-班纳曼爵士传》，科斯（Stephen Koss）:《阿斯奎斯》（Asquith, 1976），基思·罗宾斯:《爱德华·格雷爵士》（*Sir Edward Grey*, 1971），拉多克·麦凯（Ruddock Mackay）:《贝尔福》（*Balfour*, Oxford, 1985），约翰·坎贝尔（John Campbell）:《第一代伯肯黑德伯爵F. E. 史密斯》（*F. E. Smith,First Earl of Birkenhead*, 1983），约翰·格里格:《劳合·乔治的青年时代》（*The Young Lyoyd George*, 1973）、《劳合·乔治：人民的斗士（1902—1911）》、《劳合·乔治：从和平到战争》（*Lloyd George: From Peace to War 1912–1916*, 1985），以及伯纳德·沃瑟斯坦:《赫伯特·塞缪尔》（Bernard Wasserstein, Herbert Samuel, Oxford, 1992）。原始资料丰富且引人入胜。查尔斯·霍布豪斯爵士的日记，爱德 319

华·戴维编:《阿斯奎斯内阁内幕》(*Inside Asquith's Cabinet*),提供了战争前夕高阶政治有趣的一瞥;关于这些时期以及更为神奇的时刻,也可以参见迈克尔与埃莉诺·布洛克:《阿斯奎斯:写给维尼西娅·斯坦利的信》。

索 引

（索引页码为原书页码，即本书边码）

英国史前沿译丛

H. T. 狄金森　钱乘旦　刘北成 主编

《1660—1832 年的英国社会》　〔英〕J. C. D. 克拉克

《十八世纪英国的大众政治》　〔英〕H. T. 狄金森

《英国人：国家的形成，1707—1837 年》　〔英〕琳达·科利

《英格兰景观的形成》　〔英〕W. G. 霍斯金斯

《人间烟火：英国近代早期的经济生活，1470—1750 年》　〔英〕基思·赖特森

《创造现代世界：英国启蒙运动钩沉》　〔英〕罗伊·波特

《权力的支柱：战争、金钱与英国的崛起，1688—1783 年》　〔英〕约翰·布鲁尔

《没有民主的政治（1815—1914）：英国政府的观念与关注》　〔英〕迈克尔·本特利

图书在版编目（CIP）数据

没有民主的政治：1815—1914：英国政府的观念与关注 /（英）迈克尔·本特利著；王皖强译. --北京：商务印书馆，2025. --（英国史前沿译丛）. -- ISBN 978-7-100-24249-3

Ⅰ. D756.19

中国国家版本馆CIP数据核字第2024QA2525号

英国史前沿译丛

没有民主的政治（1815—1914）

英国政府的观念与关注

〔英〕迈克尔·本特利 著

王皖强 译

商 务 印 书 馆 出 版

（北京王府井大街36号 邮政编码100710）

商 务 印 书 馆 发 行

北京博海升彩色印刷有限公司印刷

ISBN 978-7-100-24249-3

2025年9月第1版　　开本 710×1000 1/16

2025年9月北京第1次印刷　　印张 26 3/4

定价：108.00元